Diese fünfbändige Filmgeschichte versteht sich als Ergänzung zu den vorliegenden filmhistorischen Überblicksdarstellungen. Neu gegenüber anderen Ansätzen ist hier die Orientierung an einzelnen Filmen. Filmgeschichte wird nicht vorrangig aufgefaßt als Geschichte von Regisseuren und Filmemachern, auch nicht als Geschichte von Darstellern und Stars, auch nicht als Geschichte normativer Stilrichtungen, bestimmter Gattungen oder spezieller geistesgeschichtlicher Konzepte – sondern als Werk- bzw. Produktgeschichte, das heißt als chronikhafte Abfolge von Einzelfilm zu Einzelfilm. Der Kanon der behandelten Filme wurde nach verschiedenen Kriterien zusammengestellt und umfaßt neben ästhetisch herausragenden Werken auch Bestseller-Filme und repräsentative Beispiele für die verschiedenen Film-Genres. Dem Prinzip der Annalistik folgend, wird jeweils ein »Schlüsselfilm« im gesellschaftlichen und filmhistorischen Kontext exemplarisch analysiert.
Der vorliegende Band, mit dem die »Fischer Filmgeschichte« zum hundertjährigen Geburtstag des Mediums Film abgeschlossen wird, behandelt Klassiker wie Woody Allens STADTNEUROTIKER, Kurosawas KAGEMUSHA und Sauras CARMEN, die wichtigsten Genres der Zeit wie den neuen Horrorfilm (HALLOWEEN), den Frauenfilm (DIE STILLE UM CHRISTINE M.) oder den Vietnam- und Kriegsfilm (PLATOON), ferner Kultfilme der 80er Jahre wie BLADE RUNNER und BRAZIL sowie die Bestseller-Filme ROCKY, DIRTY DANCING, DAS SCHWEIGEN DER LÄMMER und JURASSIC PARK.

Kurzbiographien der Herausgeber, der Autorinnen und Autoren siehe Seite 334 ff.

Werner Faulstich/Helmut Korte (Hg.)

Fischer Filmgeschichte

Band 5:
Massenware und Kunst
1977–1995

Fischer
Taschenbuch
Verlag

Fischer Cinema
Lektorat: Ingeborg Mues

100 Jahre Film 1895–1995

Band 1 Von den Anfängen bis zum etablierten Medium (1895–1924)
Band 2 Der Film als gesellschaftliche Kraft (1925–1944)
Band 3 Auf der Suche nach Werten (1945–1960)
Band 4 Zwischen Tradition und Neuorientierung (1961–1976)
Band 5 Massenware und Kunst (1977–1995)

Originalausgabe
Veröffentlicht im Fischer Taschenbuch Verlag GmbH,
Frankfurt am Main, Februar 1995

Gesamtherstellung: Clausen & Bosse, Leck
Printed in Germany
ISBN 3-596-24495-1

Gedruckt auf chlor- und säurefreiem Papier

Inhalt

Vorwort der Herausgeber zum Gesamtprojekt

Es gibt bislang nur eine beschränkte Zahl von Gesamtentwürfen zur Geschichte des Films, und diese liegen zudem schon geraume Zeit zurück. Wenn hier der bescheidene Versuch gemacht wird, mit einem neuen Ansatz die Diskussion wieder zu beleben, so bedeutet das für uns zunächst einmal, die bisherigen Arbeiten nachdrücklich zur Voraussetzung und Grundlage zu erheben. Ohne die Leistungen von (um nur einige Namen zu nennen) Siegfried Kracauer, Georges Sadoul, Jerzy Toeplitz, Peter Cowie, Ulrich Gregor und Enno Patalas – und zahlloser anderer Autoren – hätte kein brauchbarer Ausgangspunkt für dieses Projekt bestanden.
Gleichwohl ist eines der zentralen Probleme *aller* bisherigen Filmgeschichten die mangelhafte Explikation der historiographischen Kriterien und der Auswahl- und Darstellungsprinzipien. Nur dann aber wird Filmgeschichte überprüfbar, kritisierbar, korrigierbar – und damit akzeptierbar –, wenn sie als Teil eines wissenschaftlichen Diskurses fungiert. Unser Ziel ist deshalb nicht »noch eine« Filmgeschichte oder gar »die«, vielleicht sogar »endgültige« Filmgeschichte, sondern ein Konzept von Filmgeschichte, dessen Konstruktionsprinzipien erkennbar sind und dessen Schwerpunkte und Ergebnisse damit modifiziert, erweitert, verbessert werden können – ohne daß damit stets gleich auch das Gesamtkonstrukt fallen muß. Wir wollen mit diesem Werk also die Diskussion *eröffnen*, nicht beenden.
Unser »erkenntnisleitendes Interesse« zielt nicht auf eine Filmgeschichte, die sich als Geschichte von einzelnen Regisseuren und Filmemachern oder auch als Geschichte von Darstellern und Stars schreiben ließe. Wir streben primär auch nicht nach einer Filmgeschichte als Geschichte von Kino und Filmindustrie. Und es geht uns auch keineswegs um eine Filmgeschichte als normative Stilgeschichte, als Geschichte von Film-Genres oder als Geschichte bestimmter geistesgeschichtlich-hermeneutischer Konzepte. Sondern Filmgeschichte heißt für uns zuallererst: Geschichte von einzelnen Filmen, also *Produktgeschichte*. Erst in dem Maße, in dem es uns zum besseren Verständnis der einzelnen Filme verhilft, beziehen wir entsprechende andere Zusammenhänge ein. Filmgeschichte als komplexer Prozeß von technischen, ästhetischen, politischen, wirtschaft-

lichen Entwicklungsfaktoren, einschließlich der Bedeutung des Films für das zeitgenössische Publikum, muß an konkreten Beispielen aufzeigbar und erfahrbar werden. Wir plädieren für einen Neuanfang, und zwar wieder bei den Filmen selbst – gerade *weil* sich in den 80er Jahren das Bewußtsein darüber verbreitet hat, daß der Kino-Spielfilm längst schon nicht mehr ohne den Dokumentarfilm und den Undergroundfilm, auch nicht mehr ohne das Fernsehen und ohne den Videorecorder, ja überhaupt nur als ein Teil einer umfassenden Mediengeschichte oder gar Kulturgeschichte in seiner historischen Entwicklung beschrieben werden dürfte.

Bislang scheint jedoch noch kein einzelner und auch kein Autorenteam dazu imstande, eine solche »Filmgeschichte als Teil von Mediengeschichte« zu verfassen. Auch dies ist ein Grund für das von uns gewählte Prinzip des Exemplarischen als Zwischenlösung: eine begründete Auswahl eines Samples aus dem Totum aller Filme zu treffen und einen analytischen Ansatz zu bevorzugen. Die Begrenzung des Samples auf gerade 100 Filme hat im wesentlichen pragmatische und arbeitsökonomische Gründe. (Es hätten auch 200 sein können.) Die Auswahl der einzelnen Filme aber folgt bestimmten Kriterien:

- erstens dem *Kriterium des Erfolgs*: Im Gegensatz zu anderen filmgeschichtlichen Versuchen spielt hier der kommerzielle Erfolg der Filme bei den Zuschauern, also die Abstimmung »mit den Füßen«, eine wichtige Rolle. Filmgeschichte ist nach unserer Auffassung auch Erfolgsgeschichte: Geschichte derjenigen Filme, die beim Publikum ankamen und beliebt waren. Deshalb werden viele Film-Bestseller aufgenommen. Damit wird die sozialgeschichtliche, die rezeptionsbezogene Relevanz des Films erfaßt.
- Zweitens gilt das *Kriterium des Einflusses*: Hier werden Filme einbezogen, die künstlerisch, im Vorbildcharakter »erfolgreich« waren, also bestimmte Filme, die auf spätere Werke großen Einfluß gehabt haben. Damit wird die künstlerisch-filmästhetische Relevanz, die produktionsästhetische Relevanz von Filmen erfaßt.
- Drittens gilt das *Kriterium des Typischen*: Damit werden Filme berücksichtigt, die weder besonders erfolgreich waren noch besonders einflußreich, die aber dennoch sozusagen das Gros der produzierten, im Kino gespielten und rezipierten Filme ausmachen. Selbstverständlich gehört heute aus unserer Sicht in eine Filmgeschichte jener Anteil von über 95 Prozent von Filmen, die ansonsten nirgendwo behandelt werden. Das bedeutet jedoch nicht, daß 95 unserer 100 Auswahlfilme Durchschnittsware sind; denn das Kriterium des Typischen meint definitionsgemäß das ausgewählte »pars pro toto«. Worum es hierbei geht, ist lediglich die stilistische oder genrespezifische oder zeitspezifische Relevanz, also die Repräsentanz bestimmter Filme.

Damit wird deutlich, daß wir Filmgeschichtsschreibung als einen Prozeß betrachten, der zwar jeweils konkrete Befunde erlaubt, der prinzipiell aber niemals abgeschlossen sein wird. Welchen Film also soll, kann, muß man unter die 100 »Schüsselfilme« aufnehmen? Welchen notgedrungen draußen lassen? Das Bemühen um plausible Antworten, die immer wieder neu gegeben werden müssen, zwingt zur Entscheidung und zur Diskussion, zur Auseinandersetzung wieder mit den Filmen selbst – unter dem Gesichtspunkt des Bestsellers, des Klassikers, des Repräsentativ-Typischen. Diese Nähe zu den Filmen scheint in den derzeitigen Debatten ein besonders eklatantes Desiderat darzustellen.

Als zentrales Darstellungsprinzip dient uns das *Kriterium des Annalistischen*, also die Auswahl von Filmen nach dem Prinzip der mechanischen Chronologie: nach Jahren. Selbstverständlich soll dieser Ansatz nicht um jeden Preis streng durchgezogen werden. Als Denkprinzip freilich erscheint er den neueren jahresspezifischen Filmbüchern und lexikalischen Bilanzen durchaus nicht fremd. Vor allem bietet er den Reiz, nicht nur die großen Linien von Filmgeschichte sichtbar zu machen, sondern dabei auch auf eine angemessene Proportionierung der verschiedenen Typen von Filmen, der unterschiedlichen Themen und Kontexte, der verschiedenen Stile und Stars, der unterschiedlichen Länder und Studios usf. achten zu müssen. Dieses Problem ist bislang kaum erst in den Blick gekommen, und die Beschränkung auf 100 Filme – also auf 100 Jahre – könnte dabei helfen, bislang fast unvermeidlich willkürliche, subjektive Verzerrungen zu reflektieren oder vielleicht überhaupt erst einmal bewußtzumachen. Auch damit kann die filmhistorische Debatte vielleicht bereichert werden. Der neue Kanon beansprucht, das Totum der Filme besser abzubilden als frühere Versuche: aber er will nicht mehr sein als ein Arbeitsinstrument, das sich verbessern ließe.

Neu gegenüber früheren Filmgeschichten, auch des Auslands, ist schließlich der primär *analytische Ansatz*. Die Filme werden – zumindest in der Tendenz – nicht deduktiv in einen theoretischen Zusammenhang eingerückt, in dem sie mehr oder weniger als Belege dienen, sondern als einzelne Werke zunächst einmal analysiert; und erst von daher wird induktiv ein Kontext und historischer Zusammenhang bestimmt. Das Allgemeine, Übergreifende wird also aus dem Besonderen, Einzelnen bestimmt und darin fundiert, nicht umgekehrt. Der einzelne Film dient als »Schlüssel« zum Verständnis einzelwerkübergreifender Phänomene. Das hat eine Reihe von Vorteilen: z. B. daß es primär stets um die Filme selbst geht, nicht um konstruierte Überbauphänomene; oder daß eine solche »analytische Filmgeschichtsschreibung« eher intersubjektiv nachvollziehbar und damit zwingender ist als andere Ansätze; auch daß man auf analytische Befunde bis zu einem bestimmten Punkt selbst dann noch zurückgreifen kann, wenn ein interpretativer Zusammenhang oder ein histori-

sches Konstrukt sich aufgrund neuer Einsichten ändern sollte, oder auch, wenn die Gesamtperspektive sich wandelt.
Dieser Versuch einer Filmanalyse als Filmgeschichte wirbt zuallererst um ein stärkeres Engagement für den Film und für filmhistorische Fragestellungen. Wenn es gelingt, die Diskussion der wenigen Fachleute, die sich seit jeher darum bemühen, auf ein breiteres Forum zu verlagern und filminteressierte Kreise auch der kulturellen Öffentlichkeit damit zu befassen, wird dem Film vielleicht eher jene Aufmerksamkeit zuteil, die ihm als dem zentralen audiovisuellen Kulturmedium des 20. Jahrhunderts gebührt.

1. Der Film zwischen 1977 und 1995: ein Überblick

von Werner Faulstich und Helmut Korte

1.

Endzeitvisionen, Science-fiction, Fantasy und eher private Melodramen, breit ausgemalte Gewaltorgien, Actionkomödien und soziale Märchen, Eklektizismus, sinnentleerter Bilderrausch und »special effects« bis hin zur Totalillusion, das »große« Leinwandspektakel, der Niedergang der Kinokultur, aber auch die Suche nach neuen Formen und Inhalten – diese keineswegs vollständige und auch widersprüchliche Auflistung von Schlagworten umreißt einige Auffälligkeiten der Filmgeschichte seit Mitte der 70er Jahre. In diesem Allgemeinheitsgrad trifft sie freilich ebenso auf frühere Phasen zu, d. h. viele der bereits vorher virulenten Inhalte und Motivkomplexe, Erzählformen und Genres sind auch für die letzten zwanzig Jahre kennzeichnend, wenngleich in anderer Gewichtung und neuer Akzentuierung. Daneben dürfte in kaum einer filmhistorischen Phase so beharrlich vom Ende des Kinofilms die Rede gewesen sein wie seit den 80er Jahren, in denen sich der entscheidende Schub zur totalen Mediengesellschaft vollzog. Und in der Tat scheint sich diese Entwicklung – bereits Anfang der 60er Jahre mit dem großen »Kinosterben« erstmals offensichtlich geworden – nach den gravierenden Veränderungen der Produktions- und Rezeptionsbedingungen durch die Konkurrenzmedien Fernsehen und Video spätestens mit den »Digital-Medien« der 80er Jahre zu erfüllen. Längst ist das wöchentliche Filmerlebnis im dunklen Kinosaal dem allabendlichen Film im Fernsehen gewichen, die große Leinwand dem Bildschirm, längst ist der Kinofilm nur noch eine Domäne der unter 30jährigen. Längst werden nicht nur die »special effects« im Interesse der größtmöglichen Realitätsillusion mit Rechnerunterstützung oder ausschließlich als Computeranimation realisiert, sondern auch die Produktion komplett rechnergenerierter Filme ist mittlerweile technisch möglich. Ob sich darin allerdings das Ende des Kinofilms abzeichnet und dieser gemeinsam mit den mittlerweile »klassischen« audiovisuellen Medien Fernsehen und Video in einem neuen digitalen »Hybrid«-Medium aufgeht oder ob sich, neben einer generellen Dominanzverschiebung, paradoxerweise gerade dadurch die Möglichkeit für mediale Ausdifferenzierungen eröffnet, läßt sich zum gegenwärtigen Zeitpunkt noch nicht absehen. Die unbestreitbare

Tatsache, daß einzelne Filme zu spektakulären Kassenerfolgen wurden, und der auch für Eingeweihte verblüffende kontinuierliche Wiederanstieg von Kinobesucherzahlen seit 1992 verstärken nur diese Ambivalenz.
So gilt für die jüngste Phase der Filmgeschichte das wohlbekannte prinzipielle Problem jeglicher Geschichtsschreibung: Je mehr sich die historische Betrachtung der Gegenwart nähert, desto schwieriger wird es, in der unübersichtlichen Vielzahl der Einzelphänomene dominante Entwicklungslinien herauszufiltern, wesentliche Veränderungen von nebensächlichen zu trennen, Dauerhaftes von temporären Erscheinungen, Repräsentatives von Zufälligem zu unterscheiden. Die notwendig kritische Distanz fehlt; Einschätzungen sind zwangsläufig subjektiver, vorläufig, hypothetisch.
Auf den Versuch der Kanonbildung soll gleichwohl auch hier nicht verzichtet werden. Und einige historisch-gesellschaftliche Fakten, die in unterschiedlicher Weise die Filmentwicklung beeinflußt haben, scheinen relativ gesichert. Dabei fällt zunächst auf, daß der Zeitraum ab 1977 trotz einiger gegenläufiger Tendenzen auf fast allen politischen Ebenen durch ein hohes Konfliktpotential geprägt ist, wie im folgenden an einigen Beispielen aufzuzeigen ist: So wurde bereits zu Beginn dieser Phase der allmähliche Ost-West-Annäherungsprozeß durch zwei Umstände empfindlich zurückgeworfen – durch die Stationierung der sowjetischen Mittelstreckenraketen SS 20 und den darauf bezogenen sogenannten NATO-Doppelbeschluß (1979), der eine entsprechende »Nachrüstung« vorsah, sowie durch die sowjetische Intervention in Afghanistan (1979). Während die Mittelstrecken-Diskussion schlagartig bewußtmachte, daß der Nuklear-Erstschlag im Ernstfall im dichtbesiedelten Mitteleuropa (vor allem in der Bundesrepublik Deutschland) stattfinden würde, und demzufolge die Friedensbewegung in fast allen westlichen Industriestaaten wieder auflebte, führte der Afghanistan-Einmarsch zu vehementen politischen und wirtschaftlichen Sanktionen und einer Verhärtung der Fronten. Der vom neugewählten US-Präsidenten Ronald Reagan kurz nach seinem Amtsantritt verkündete Bau der Neutronenbombe (1981) sowie die Pläne, den Atomkrieg in den Weltraum zu verlagern (SDI-Programm 1985), waren weitere erschreckende Eskalationspunkte dieser Entwicklung. Parallel dazu allerdings bemühte man sich mit wechselndem Erfolg um die Fortführung der Entspannungspolitik (START-Verhandlungen in Genf 1982, Rüstungskontrollverhandlungen ab 1985 etc.), zumal nicht nur die enormen wirtschaftlichen Probleme in den Ostblockstaaten, sondern auch die anhaltende Wirtschaftskrise in den westlichen Industriestaaten, verbunden mit zunehmender Arbeitslosigkeit, Inflation und wachsender Staatsverschuldung, eine drastische Verringerung der Militärhaushalte zwingend erforderlich machte. Aber erst mit der Wahl von

Michail Gorbatschow zum neuen Generalsekretär der KPdSU (1985) und den entsprechenden Veränderungen in den Ostblockstaaten (Glasnost, Perestroika) erhielt die Annäherung der Blöcke eine Dynamik, die mit dem Aufbrechen der starren Fronten, dem Zerfall der Sowjetunion (ab 1989) und der Auflösung des Warschauer Pakts (1991) ihren vorläufigen Höhepunkt fand (Öffnung der Berliner Mauer 1989/Beitritt der DDR zur Bundesrepublik 1990). Ebenso wie die kleineren oder größeren Kriegsschauplätze, Bürgerkriege, Staatskrisen in Südamerika, Südostasien und Afrika daneben weiter existierten, stellten sich die mit der Auflösung der Blöcke verbundenen Hoffnungen sehr bald als trügerisch heraus: Neben der wirtschaftlichen Not in den ehemaligen sozialistischen Staaten, den politischen Rückschlägen (Putschversuch in Moskau 1991 etc.), dem wiedererwachten Nationalismus (Separationsbestrebungen), erstarkenden Rechtsextremismus und politisch oder religiös motivierten Terrorismus zeigten beispielsweise der Golfkrieg 1991 – trotz der medienwirksamen Aufbereitung als »sauberer Krieg« – sowie die brutalen ethnischen »Säuberungen« im ehemaligen Jugoslawien, daß sich das Konfliktpotential insgesamt keineswegs verringert hatte. Ein übriges taten die Schreckensmeldungen von schweren Erdbeben, Flutkatastrophen und Überschwemmungen als Folge der bereits in den frühen 80er Jahren konstatierten weltweiten Klimaveränderung (»Treibhauseffekt«), das große Waldsterben in Mitteleuropa ab 1983, das »Ozon-Loch« ebenso wie spektakuläre Tankerunglücke, Atomunfälle (Harrisburg 1979/Tschernobyl 1986), Giftgaskatastrophen (Seveso 1976 etc.), aber auch die 1982 mit der internationalen Zahlungsunfähigkeit Mexikos bewußt gewordene enorme Verschuldung der »Schwellenländer« und vor allem der dritten Welt mit ihrem sozialen Sprengstoff. Der in diesen Jahren geprägte Begriff der »Risikogesellschaft« brachte diese bedrohliche Realität zutreffend auf einen Nenner. Die Ignoranz und/oder Unfähigkeit der politischen Entscheidungsträger, sinnvolle Lösungsstrategien zu entwickeln und zu realisieren, gaben zudem wenig Hoffnung für die Zukunft.

2.

Vor diesem Hintergrund ist es nicht erstaunlich, daß besonders ein zentraler inhaltlicher Schwerpunkt durchgängig in der Filmproduktion dieser Jahre nachweisbar ist: die unterschiedlich motivierte, direkt oder indirekt thematisierte Auseinandersetzung und Darstellung von Gewalt, Bedrohung und Angst, wobei es sich weniger um technisch bedingte Katastrophen-Visionen handelt, wie in den »desaster movies« der ausgehenden 60er und frühen 70er Jahre, als vielmehr neben direkter Gewaltverherrlichung vor allem um psychologisch wirksame Bedrohungsszenarien mit

einer eher diffusen Kausalität. Gerade unter den besonders erfolgreichen Filmen dieser Jahre finden sich zahlreiche Beispiele, die sich als Ventil für die verdrängte oder auch nur undeutlich wahrgenommene Bedrohung im Alltag anboten – entweder in Form des neuen Psycho-Thrillers, durch immer direktere brutale Gewaltorgien in den »splatter movies« oder aber durch die Etablierung von schier unbesiegbaren »Superhelden«, die im Alleingang die Welt wieder ins Lot brachten.
Ein weiterer Grundzug charakterisiert die Filmentwicklung ab 1977: Der behauptete Autonomiecharakter der Kunst, generell der kulturellen Produkte, wurde in den letzten zwei Jahrzehnten wieder verstärkt von jener Ambivalenz geprägt, nach der Eigenständigkeit und kritische Parteilichkeit mit geringem Verbreitungs- oder Bekanntheitsgrad und in der Folge auch gesellschaftlicher Wirkungslosigkeit gepaart sind. Mehr noch: Künstlerisch anspruchsvolle Filme wurden nicht nur kulturell und gesellschaftlich irrelevant, sondern die traditionellen Kunstkriterien selbst offerierten sich als merkwürdig anachronistisch und überholt, während andererseits Massenkunst, besonders erfolgreiche Filme ganz neue künstlerische Maßstäbe ins Leben zu rufen schienen. Das über lange Jahrzehnte vertraute Bewertungsraster von Wert und Unwert, von Kunst und Masse, von Ästhetik und Erfolg, von Filmkunst und Filmkommerz greift für die jüngste Phase der Filmgeschichte nicht mehr und scheint für Kultur generell weitgehend obsolet geworden zu sein. Daraus resultieren neben der immer schon beliebten Perpetuierung von einmal erfolgsträchtigen Motiven, Settings und Figuren in den zahlreichen Sequels dieser Jahre zwei andere Schwerpunkte jüngster Filmgeschichte: Filmkunst im Rekurs auf traditionelle ästhetische Wertvorstellungen und Filmkunst in Gestalt innovativer Formen mit einer neuen ästhetischen Konzeption.

3.

Thematisch der Rückzug ins Private, stilistisch der Rekurs auf traditionelle Formen ist eine der Reaktionen auf die Zeichen der Zeit, wie Hans Gerhold am Beispiel der Woody-Allen-Komödie DER STADTNEUROTIKER (Allen, 1977) deutlich macht (Kap. 2). Die Liebesgeschichte, mit einer aufwendigen Rückblendenstruktur und Dialogorientiertheit als Selbstreflexion gestaltet, endet bittersüß mit Trennung und dem Zweifel an den alten Illusionen. Ähnlich ambiguitiv zeigt sich die »Literaturverfilmung« wie beim Klassiker DIE BLECHTROMMEL (Schlöndorff, 1979/ Kap. 4), wo im filmischen Rekurs auf das »literarische Kunstwerk« kritisch bis resignativ Position gegenüber der neuen Jugend der Alt-68er bezogen wird, wenn die Rebellion Oskars im Protestgestus zur Weige-

rung kippt, erwachsen zu werden. Ähnlich auch KAGEMUSHA – DER SCHATTEN DES KRIEGERS (Kurosawa, 1980) mit seinem Doppelgängermotiv: Alle Bemühungen um Erhaltung der Stabilität, des Gleichgewichts, der politischen Ordnung enden in Katastrophe und Hoffnungslosigkeit; auch hier wird Anarchie zur Anpassung (Kap. 5). Und auch noch im »Musikfilm« CARMEN (Saura, 1983), in der musikalischen und filmischen Gestaltung des traditionellen Opernstoffs und -motivs, endet der Machtkampf der Geschlechter mit dem Tod der Normverletzerin (Kap. 8). Da mutet die Ermordung des Patriarchats wie im holländischen feministischen Film DIE STILLE UM CHRISTINE M. (Gorris, 1981) geradezu utopisch an, denn »Frauenfilm« meint hier beides, wie Ute Bechdolf belegt (Kap. 6): andere Themen, eine andere Lebenswelt ebenso wie eine andere Perspektive, den »weiblichen Blick«. Deren integrative Verknüpfung will reale Diskriminierung als kommunikative Unterdrückung entlarven, das Private als das eigentlich Politische aufzeigen.
Die andere Reaktion ist die unmittelbare Gestaltung des Unheimlichen, Bedrohlichen wie in HALLOWEEN – DIE NACHT DES GRAUENS (Carpenter, 1978/Kap. 3), womit das Genre des Horrorfilms einen neuen Impuls erhielt. Das Grauen bricht hier ohne Anlaß und grundlos in die kleinbürgerliche Idylle ein, eben nicht nur um moralistisch die erwachende Sexualität junger Leute zu bestrafen, sondern in jener Gestalt des »Schwarzen Mannes«, die sich in ihrer Anonymität und letztlich auch ihrer Unbesiegbarkeit dann gegen den Zuschauer wendet und ihn selbst bedroht. Das gilt nicht weniger für einen Film wie BLADE RUNNER (Scott, 1982), mit dem das Science-fiction-Genre eine neue Entwicklungsphase begann. Nur sind es hier Replikanten, die außer Kontrolle geraten sind und die Menschen bedrohen – wobei die Mensch-Maschine-Dichotomie angsterregend den Marionettenstatus auch des Zuschauers postuliert (Kap. 7). Ähnlich werden in den Visionen der Apokalypse, die in BRAZIL (Gilliam, 1984) entfaltet werden, vom Zufall eines toten Käfers auf einem Fahndungsblatt bis zum Traum auf dem Folterstuhl am Schluß, traditionelle, vertraute Grenzen aufgeweicht, hier zwischen Fiktionalem und Faktischem, zwischen Phantasie und Realität. Der Wahnwitz der dargestellten Gesellschaft wird aber gerade nicht mehr zu einer Message zugespitzt, deren Sinn die aus den Fugen geratene Welt wieder geraderücken würde, sondern der verwirrende Kosmos bleibt, wenn auch im Spiel mit der symbolträchtigen Jahreszahl »1984«, geschichtslos und subjektivistisch, weil weniger das vertraute Wahrgenommene destruiert wird als vielmehr die vertraute Form der Wahrnehmung (Kap. 9).
Unter die Filme mit deutlichem Zeitbezug fällt insbesondere der »realistische«, programmatisch »authentische« Antikriegsfilm PLATOON (Stone, 1986), einer der künstlerisch erfolgreichsten Vietnamfilme, wie Peter Drexler und Lawrence Guntner anhand ihrer Analyse der komplexen Er-

zählstrategien begründen (Kap. 11). Kommerziell am erfolgreichsten dagegen waren die Kriegsabenteuerfilme mit Sylvester Stallone als »Rambo« – Mechanismen der Geschichtsverdrängung oder -umdeutung. Von hier führt eine direkte Verbindung zu den ROCKY-Filmen, mit denen im scheinbar unpolitischen Boxermilieu der Vietnamkrieg im nachhinein ebenfalls gewonnen und die moralische Rehabilitierung der USA erzwungen wurde. Daß der Wandel vom Verlierer zum strahlenden Helden an denselben Schauspieler, Sylvester Stallone, geknüpft wird, macht die Parallele nur überdeutlich. Es sind die strukturellen, märchenähnlichen Besonderheiten der ROCKY-Filme mit ihrer zentralen Figur des Rocky Balboa, wie Peter Hoff belegt (Kap. 10), die den Erfolg der ROCKY-Serie bewirkt haben.

Auch andere gängige Unterhaltungsfilme Hollywoods aus dieser Zeit, vor allem als Musikfilme, spiegeln mit ihrem zentralen Motiv des Erwachsenwerdens eine märchenhafte Weltsicht – nur daß die Dinge nicht durch den rächenden Superman zurechtgerückt werden, sondern das infantile Weltbild, die falsche Sehnsucht nach der verlogenen, scheinpolitischen Heile-Welt-Romantik der Reagan-Ära sich im Vater als »deus ex machina« erfüllt – was Hans-Peter Rodenberg am Beispiel von DIRTY DANCING (Ardolino, 1987) aufzeigt (Kap. 12). Die Probleme der Welt werden hier auf Probleme individueller Entwicklung zurückgeschnitten und, exemplarisch an einzelnen Personen, wieder pseudogelöst. Zeitgeschichte wird damit indirekt durch ihr präzises Ausklammern thematisiert. Diesem Fluchtmechanismus steht die Erst- und Wiederaufführung neu entdeckter und von der Zensur unterdrückter Filme nach der deutsch-deutschen Vereinigung konträr gegenüber. Peter Hoff analysiert am Beispiel des DDR-Films DIE KOMMISSARIN von Aleksandr Askoldow aus dem Jahre 1967, erst 1988 uraufgeführt und mit einem Sonderpreis ausgezeichnet, die explizite Auseinandersetzung mit der künstlerischen, filmhistorischen, politischen, ideologischen Vergangenheit (Kap. 13). Nicht minder konträr verhalten sich aber auch die jeweiligen Zuschauerzahlen der Kinobesucher.

Die künstlerisch vielleicht aufregendsten Filme der letzten zwanzig Jahre, die zugleich auch beim Publikum höchst erfolgreich waren, fallen in die allerneueste Zeit. Sie sind von funktional eingesetzten Grausamkeiten, von extremen Formen der Gewalt geprägt:

– DER KOCH, DER DIEB, SEINE FRAU UND IHR LIEBHABER (Greenaway, 1989) holt die Themen und Formtraditionen insbesondere des klassischen Theaters und der holländischen Malerei ein (Kap. 14).
– WILD AT HEART – DIE GESCHICHTE VON SAILOR & LULA (Lynch, 1990) bietet ein Déjà-vu der gesamten amerikanischen Filmgeschichte, einschließlich Videoclips und Werbeästhetik (Kap. 15).
– Und DAS SCHWEIGEN DER LÄMMER (Demme, 1991) kombiniert Struk-

turmomente des Kriminalfilms und des Psychothrillers und konfrontiert den Zuschauer unrettbar mit der Frage nach seiner individuellen (und politischen) Identität (Kap. 16).

Diese Identitätsproblematik wird sehr spezifisch, als Frage nach der sexuellen Identität, noch einmal von THE CRYING GAME (Jordan, 1992) aufgeworfen, einem Film, der durch die Gewalt der IRA-Kämpfe in Nordirland nur vordergründig zu einem Politthriller gemacht wird, wie Jens Thiele verdeutlicht (Kap. 17). Kritik an der traditionell heterosexuellen Gesellschaft und speziell am heterosexuellen Mann, hier mit Androgynität als neuem Fluchtpunkt der Geschlechterbeziehungen, zielt vielmehr auf die Veränderbarkeit zu einem neuen Ich – das wäre die eine Möglichkeit. Die Kritik an der Welt und ihre Gestaltung zu einem neuen Paradies, also dessen strukturelle Anpassung an das alte Ich, wäre analog dazu der andere Weg. Er wird exemplarisch gestaltet in JURASSIC PARK (Spielberg, 1993) mit computeranimierten Dinosauriern, denen gegenüber nunmehr die Filmmenschen als ganz und gar künstlich erscheinen (Kap. 18). Inwieweit sich in der räumlichen Illusionsbildung die zukünftige Steigerung der Bewußtseinsillusionierung des Zuschauers ausdrückt, reflektiert Knut Hickethier abschließend mit Blick auf die neuen technologischen Möglichkeiten und vor allem die interaktiven Medienangebote (Kap. 19). Ganz offensichtlich muß die Geschichtsschreibung des Kinofilms längst in eine Geschichtsschreibung audiovisuellen Erzählens verwandelt werden.

Jahr	Thema	Schlüsselfilm	weitere Filme (Auswahl)
1977	Die Komödie als Spiel von Liebe und Selbstreflexion	DER STADTNEUROTIKER (R: Woody Allen)	INNENLEBEN (1978), ALICE LEBT HIER NICHT MEHR (1974), ICH NENN ES LIEBE (1980), BERLIN CHAMISSOPLATZ (1980)
1978	Die Eskalation des Horrors	HALLOWEEN – DIE NACHT DES GRAUENS (R: John Carpenter)	ZOMBIE (1977), AMITYVILLE HORROR (1979, II: 1982), ALIEN (1979, II: 1985), DRESSED TO KILL (1980), HALLOWEEN (II: 1981, III: 1982), POLTERGEIST (1982)
1979	Literaturklassiker im Film	DIE BLECHTROMMEL (R: Volker Schlöndorff)	MARQUISE VON O (1975), CHRISTUS KAM NUR BIS EBOLI (1979), EINE LIEBE VON SWANN (1984), HOMO FABER (1990)
1980	Das neue Generationenepos	KAGEMUSHA – DER SCHATTEN DES KRIEGERS (R: Akira Kurosawa)	NEUNZEHNHUNDERT (1976), RAN (1985), DER LETZTE KAISER (1987)
1981	Andere Frauenbilder – Feministische Filme	DIE STILLE UM CHRISTINE M. (R: Marleen Gorris)	REDUPERS (1977), DEUTSCHLAND, BLEICHE MUTTER (1980), MENSCHENGESICHTER (1981), DIE JUNGFRAUEN-MASCHINE (1988)
1982	Der neue Science-fiction-Film	THE BLADE RUNNER (R: Ridley Scott)	OUTLAND – PLANET DER VERDAMMTEN (1981), TRON (1982), PROJEKT BRAINSTORM (1982), WARGAMES (1982)
1983	Oper und Musik im Film	CARMEN (R: Carlos Saura)	DIE TRAGÖDIE DER CARMEN (1983), VORNAME CARMEN (1983)

Jahr	Thema	Schlüsselfilm	weitere Filme (Auswahl)
1984	Visionen der Apokalypse	BRAZIL (R: Terry Gilliam)	MAD MAX (1978), STALKER (1980), DAS CHINA-SYNDROM (1978), NEUNZEHNHUNDERT-VIERUNDACHTZIG (1984), THE ATOMIC CAFE (1982), THE DAY AFTER (1983)
1985	Kalter Krieg	ROCKY IV – DER KAMPF DES JAHRHUNDERTS (R: Sylvester Stallone)	ROCKY (I: 1976, II: 1978, III: 1981), EXCALIBUR (1981), RAMBO (1982, II: 1985, III: 1987), DER TERMINATOR (1984)
1986	Vietnam im Kino	PLATOON (R: Oliver Stone)	COMING HOME (1977), DRECKIGE HUNDE (1977), DIE DURCH DIE HÖLLE GEHEN (1978), FULL METAL JACKET (1987)
1987	Märchen für Teenies und Erwachsene	DIRTY DANCING (R: Emile Ardolino)	TIME BANDITS (1980), E. T. (1982), ZURÜCK IN DIE ZUKUNFT (1984), GHOSTBUSTERS (1984, II: 1989), GREMLINS (1984, II: 1989), PRETTY WOMAN (1989)
1988	Entmystifizierung der Geschichte	DIE KOMMISSARIN (1967) (R: Alexandr Askoldor)	TSCHAPAJEW (1934), REUE (1984), DEIN ZEITGENOSSE (1967)
1989	Neues britisches Kino	DER KOCH, DER DIEB, SEINE FRAU UND IHR LIEBHABER (R: Peter Greenaway)	MEIN WUNDERBARER WASCHSALON (1985), SAMMY UND ROSIE TUN ES (1987), VERSCHWÖRUNG DER FRAUEN (1988)
1990	Alte und neue Bauformen des Erzählens	WILD AT HEART (R: David Lynch)	JÄGER DES VERLORENEN SCHATZES (1981), DER GROSSE LEICHTSINN (1986), SIESTA (1987), BASIC INSTICT (1992)

Jahr	Thema	Schlüsselfilm	weitere Filme (Auswahl)
1991	Der neue Thriller	DAS SCHWEIGEN DER LÄMMER (R: Jonathan Demme)	BLUE VELVET (1986), ANGEL HEART (1986), ARACHNOPHOBIA (1989)
1992	Auf der Suche nach der sexuellen Identität	THE CRYING GAME (R: Neil Jordan)	MONA LISA (1986), DER KUSS DER SPINNENFRAU (1985), PHILADELPHIA (1993)
1993	Computeranimation im populären Film	JURASSIC PARC (R: Steven Spielberg)	RENDEZ-VOUS A MONTREAL (1987), TERMINATOR II (1990), DER TOD STEHT IHR GUT (1992)
1994/95	Ausblick: Nach einhundert Jahren Film – ein Ende des Films oder ein neuer Anfang in einer digitalen Medienwelt?		

2. Die Komödie als Spiel von Liebe und Selbstreflexion: DER STADTNEUROTIKER (ANNIE HALL, 1977)

von Hans Gerhold

Comin' close together with a feelin'
that I've never known before in my time
She ain't afraid of being human or
ashamed to be a friend
I don't know the answer to the easy way
she opened every door in my mind
But dreamin' was as easy as believin'
that it's never gonna end
And lovin' her was easier
than anything I'll ever do again

Kris Kristofferson
»Loving her was easier« (1970)

Mitte der 70er Jahre: Der Vietnamkrieg ist für die USA verloren, der Watergate-Skandal hat das politische System desavouiert, die Counter Culture opfert ihre neuen und eventuell revolutionären Ideen sofortiger Kommerzialisierung und Kapitalisierung, das Jahrzehnt der ›Me-Decade‹, das ›Ich-Zeitalter‹ floriert. Da gewinnt eine kleine, produktionshistorisch billige und mit allen formalen Schemata der Gattung brechende innovative Komödie wider alle Erwartungen vier »Oscars«: bester Film, beste Regie, beste Hauptdarstellerin und bestes Drehbuch. ANNIE HALL (DER STADTNEUROTIKER, 1977), der sechste eigene Film des New Yorker Autors, Regisseurs und Darstellers Woody Allen, trifft auf sofortige Akzeptanz von Publikum und Kritik und bündelt in Form einer frei assoziierenden Erzählung kaleidoskopartig die Strukturen modernen Lebens, wie sie zwischen Liebe und Selbstreflexion als Polen menschlicher Erfahrungswelten angesiedelt sind und sich in soziokulturell spannungsvollen Klimata ständig neu definieren.[1]

Die nervöse Romanze zwischen dem erfolgreichen jüdischen Kabarett-Komiker Alvy Singer (Woody Allen) und der titelgebenden Annie Hall (Diane Keaton), einer archetypischen WASP aus Wisconsin, steht am Anfang einer Reihe von Filmen, in denen Allen sich mit den Spielarten von Liebe und Entfremdung unter den Bedingungen der urbanen Neurose auseinandersetzt. Hatten Hollywood-Komödien der 30er und 40er Jahre als »screwball comedies« den romantischen Irrsinn jener verrückten Geschlechterkampffarcen in den Mittelpunkt gestellt,[2] so bricht Allen

mit den Regeln der Gattung, indem er konsequent vom Scheitern einer Beziehung berichtet, auf ein Happy-End wie in den standardisierten Doris-Day-Komödien der 50er und 60er Jahre verzichtet und seine Protagonisten kontinuierlich als soziokulturelle Ideenträger definiert. Er entwikkelt den durch Überlappung charakterisierten Dialog-Stil der »screwball comedies« weiter zu dem, was der Autor Flatter-Dialog[3] genannt hat, und legt als filmhistorische Innovation ausgerechnet eine Komödie als Muster von Selbstreflexion(en) an, die als Arbeit an der Erinnerung in ineinander verschachtelten Rückblenden psychoanalytische Prozesse filmisch formuliert.

Nach knapp zwanzig Jahren ist ANNIE HALL im Gegensatz zu vielen zeit- und modegebundenen Komödien erstaunlich jung, frisch, aktuell und experimentierfreudig geblieben. Die »love story« einer Liebe, aus der Freundschaft wird, kann heute als Metapher für die Sehnsucht des Menschen nach Glück ebenso gelesen werden, wie der Film die Yuppie-Burlesken der 80er (BLIND DATE; BRIGHT LIGHT, BIG CITY; SKIN DEEP; LESS THAN ZERO) vorwegnimmt und als Pygmalion-Geschichte funktioniert. ANNIE HALL hat Imitatoren gefunden (WHEN HARRY MET SALLY . . .; STARTING OVER; IT'S MY TURN) und universell übertragbar die Quintessenz von Partnerschaften, Ehen, Beziehungen und Romanzen artikuliert: »Love fades«. Wie in dem Song von Kris Kristofferson, der als Motto dient, formuliert er jedoch eine repressionsfreie Utopie, wenn er die Hoffnung auf das »Du« in der Liebe illustriert.

1. Pygmalion im Zeitalter verbaler Dekonstruktionen

ANNIE HALL kann über weite Strecken als Variation des Pygmalion-Motivs gedeutet werden: Ein Künstler verliebt sich in seine Schöpfung und verliert sie, als sie sich emanzipiert und ihr eigenes Leben sucht. Alvy Singer, der neurotische Komiker um die Vierzig, lernt Annie Hall, die Landpomeranze aus Chippewa Falls, kennen. Er verliebt sich in die vereinsamte Provinzlerin, bildet sie, fördert ihre Anfänge als Sängerin und verliert sie, als sie in Kalifornien von Professionals der Musikbranche von ihm weggelockt wird. Annie hat sich inzwischen in New York von der nervös-scheuen Landmaus zur selbstsicheren Frau und ausgefeilten Sängerin entwickelt. Alvy und Annie suchen beide während ihrer Partnerschaft Psychiater auf, doch während Alvy mit seinen unlösbaren Problemen im Zirkel von Zerredung und Fixierung gefangen bleibt, schwingt sich Annie zu einem auf die Zukunft ausgerichteten Leben auf. Sie wird nicht Mrs. Alvy Singer,[4] sondern bleibt eine Sängerin mit eigener Karriere. Die Beziehung von Annie und Alvy endet, wird zeitweise wiederaufgenommen und löst sich endgültig, bis aus der ehemaligen, auch gegenseitig selbstzerstörerisch gewordenen Liebe eine tiefe Freundschaft geworden ist.

Der Pygmalion-Mythos, am bekanntesten in der Populär-Version des Lerner/Loewe-Musicals »My Fair Lady« (1956, verfilmt 1964), ist insofern eine kluge Wahl, als er keine falschen Sympathie- oder Antipathiezuschreibungen kennt. Man versteht den Schmerz des Verlustes, den Alvy hinnehmen muß, *und* den unbedingten Freiheitsdrang der sich emanzipierenden Annie. Das Musical bindet jedoch an ein Happy-End, was Allen in der Tiefenstruktur von ANNIE HALL in den inhaltlichen und formalen Invarianten abgebrochener Szenen wie aufgelöster Beziehungen als offene Kompositionsform strukturiert hat.

Zu den Mitteln dieser Invarianten gehört der Flatter-Dialog des Films, der als verbale Dekonstruktion angelegt ist. Beinahe alle Dialoge bestehen aus ironischen Fragen, Bemerkungen und Kommentaren. Sie brechen ab, knüpfen selten am selben Punkt wieder an, zeigen stets eine gewollte oder unbewußte Doppeldeutigkeit und bringen das Thema von ANNIE HALL auf den Punkt: Der Konflikt zwischen Körper und Geist, Gefühl und Verstand, Wollen und Zwangshemmung schwingt als Damoklesschwert der vorhersehbaren Trennung über Annie und Alvy.

Bezeichnend für die verbalen Auflösungen, Spitzfindigkeiten und Mehrdeutigkeiten ist folgender Dialog (nach dem Besuch bei Annies Familie streiten Annie und Alvy in Annies Küche):

Alvy: Zzzz. Und was meint die Frau Doktor?

Annie: Na ja, sie hat dann gesagt, daß ich besser fünfmal die Woche kommen soll. Und weißt du, was noch? Ich glaub', es macht mir überhaupt nichts aus, in ihre Praxis zu gehen. Die Frage ist nur, ob es mein Lieben verändert?

Alvy: Ob es dein Lieben verändert?

Annie: Ob es mein Leben verändert!

Alvy: Jaja, du hast aber gesagt: »Ob es mein Lieben verändert.«

Annie: Neinnein, gar nicht wahr. Ich hab gesagt »Ob es mein Leben verändert...«

Alvy: Du hast gesagt: »Mein Lieben.« Ob es das verändert.

Annie: »Leben!« Ich sagte: »Leben!«

Alvy: Sie hat gesagt: »Ob es mein Lieben verändert.« Und Sie haben's gehört, wenn Sie zugehört haben – und ich nicht ganz bescheuert bin.

Annie: Und dann, Alvy, dann hab' ich ihr noch gesagt, daß du mich meiner Meinung nach nie richtig ernst genommen hast, weil ich dir nämlich nicht schlau genug bin.

Alvy: Wie du nur immer auf so Zeugs kommst!...

Der Einfluß der Psychiater spielt in der um einen Buchstaben (im Original der phonetische Unterschied von »love« und »life«) kreisenden Auseinandersetzung ebenso eine Rolle wie Annies durchaus realistische Einschätzung der Lage: Denn Alvy löst den Dialog durch sein semantisches Beharren auf dem großen kleinen Unterschied nicht positiv auf, er treibt Annie gerade dadurch zu weiteren Aussagen, die zur zunächst verbalen Dekonstruktion ihrer Partnerschaft führen. Foster Hirsch geht in seiner Allen-Studie[5] bis zur Behauptung: Die Beziehung von Alvy und Annie beruht auf der Prämisse, daß Alvy Annie für eine Idiotin hält.

Das ist sicher zu weit gedacht, doch es enthält einen Kern, der zum Pygmalion-Motiv zurückführt: Alvy glaubt, Annie formen zu können und zu müssen, damit sie die Welt so sieht wie er. Genau darin aber liegt der Trugschluß, denn die zu Beginn harmonische Lebens- und Liebesphase des Paares beruhte auf der völligen Akzeptierung gerade der Unterschiede. In ANNIE HALL, der wegen der Offenheit, mit der über sexuelle Probleme, Orgasmen, Oralsex und das wechselnde Bedürfnis, miteinander zu schlafen, geredet wird, ein Pionierfilm der 70er ist, zeigt sich der Kontrast zwischen Harmonie und Trugschluß–Verzerrung–Dekonstruktion speziell im Bereich der sexuellen Anziehungskraft. Zu Beginn redet Alvy in schönen unverkrampften Komplimenten zu Annie: »Du bist unwahrscheinlich sexy... du bist nämlich außergewöhnlich im Bett, weil du hast – weil du in jedem Quadratzentimeter deines Körpers Lust empfindest, wenn ich dich berühre.« Später wird Annie Marihuana rauchen, bevor sie mit Alvy schläft.

Die perfekte Harmonie ist in jener Szene erreicht, in der die beiden in dem Haus am Strand mit den Hummern kämpfen und Annie währenddessen Fotos schießt. Ausgelassen, albern, kreischend, kichernd, wie selbstvergessen ist da das Paar mit sich und der Welt im Einklang. Die Fotos hängen in Annies Apartment, wenn Alvy die Spinnen tötet: in der Szene ihrer Versöhnung nach der ersten Trennung. Auch die Hummer-Sequenz wird variiert: zwischen Alvy und einem Mädchen, doch diesmal stellt sich die Natürlichkeit nicht ein. Das gewisse Etwas, das Annie und Alvy verband, ist mit einem anderen Partner nicht herzustellen.[6]

Ähnliche Korrespondenzen zeigen sich in den beiden Musik-Szenen im ersten und zweiten Drittel von ANNIE HALL. In der ersten Szene singt Annie, die kurz zuvor Alvy kennengelernt hat, in einem Nachtclub: »It had to be you« bezieht sich auf Alvy. Ihr Lied geht im Geräuschpegel des Clubs unter: Annie singt vor desinteressiertem Publikum. Um ihre Verlorenheit zu betonen, ist sie aus großer Distanz in einer Totalen über das Publikum hinweg aufgenommen, so daß sie klein und schüchtern wirkt. Die Szene ist für beide Partner von Bedeutung: Nach dem Singen gehen sie aus und tauschen den ersten Kuß. Für Annies Entwicklung heißt die

Szene: Hier liegt ihr Debüt als Sängerin, eine Karriere, die sie letztlich von Alvy wegführen wird.
In der zweiten Musik-Szene – Annie und Alvy haben sich nach zeitweiliger Trennung wieder versöhnt – singt Annie: »Seems like old times.« Sie ist aus leichter Untersicht aufgenommen und dominiert die Szene. Ihr Material ist besser, sie ist beruflich, stimmlich und vom Talent her gewachsen. Der Song – eine Art vorweggenommene Rückschau – weist auf den emotionalen Gehalt des Films, der aus Alvys Sicht als Rückblende zwischen Aufarbeitung und Nostalgie angelegt ist.

2. Sprache im Zeitalter soziokultureller Sensoren

ANNIE HALL beginnt mit einem von Alvy Singer in die Kamera gesprochenen Monolog, der von Witzen wie ein sanft brodelnder Bewußtseinsstrom untermalt ist. Die wie improvisiert wirkende freie Rede über Lebenskrisen, Existenzangst, Frauen und die Bruchstücke der Beziehung mit Annie Hall ist programmatisch für Woody Allens Einstellung gegenüber der Sprache als Mittel von Kommunikation: Sie versagt. Sprache ist stets unvollständig, sie ist ein tastendes Versuchsmedium, das mehr verbirgt, als daß es enthüllt. Sie ist bestenfalls ein Annäherungswert an die Realität von Gefühlen oder gar die Liebe, und sie ist schlimmstenfalls total chaotisch. Sie ist wie das Leben »eines Toren Fabel nur, von Schall und Wahn, jedweden Sinnes bar« (Shakespeare, »Macbeth«, V. Akt, 5. Szene).
Aus dieser Erkenntnis heraus hat Allen seinen berühmten Flatter-Dialog entwickelt, der wie die Alltags- und Umgangssprache mit Pausen, Lükken, Verheddern und Stottern arbeitet, der eine neue filmdramaturgische Qualität erschließt: eine »stotternde Poesie der Unsicherheit«[7] und der unabgeschlossenen Rede. Dahinter steckt der Gedanke der Unvollkommenheit angesichts unbekannter Bedeutungen. In der berühmten Szene vor dem Beekman-Kino, in der der wirkliche Medienprophet Marshall McLuhan seinen »magischen Auftritt« aus dem Off ins Bild hat, sagt er zu einem angeblichen Kulturspezialisten: »You – you know nothing of my work. You mean, my whole fallacy is wrong. How you ever got to teach a course in anything is totally amazing. (Sie, Sie wissen überhaupt nichts über mein Werk. Sie halten meine ganzen Trugschlüsse für falsch. Wie Sie überhaupt irgend etwas lehren dürfen, ist mir total schleierhaft.)«[8]
McLuhans öffentliche Demonstration ist natürlich purer Nonsens und steht in einer Linie mit Alvys Sensoren: Der Mann, der die Frauen liebt, versteht sie nicht. Dem sexuellen Anspruch einer reifen Frau gegenüber ist der intellektuelle Liebhaber Alvy, der als Kind kleine Mädchen küßt, »eine gesunde Neugier an der Welt des Sex gezeigt« hat und stolz ist, »keine Latenzperiode gehabt zu haben«, unerfahren, unsensibel und nur

zeitweise fähig, auf die Bedürfnisse der Partnerin(nen) und ihre Probleme einzugehen. Als Annie vor dem Kino mit dem Taxi ankommt, reagiert er mit dem typisch männlichen Vorurteil, sie bekomme wohl, da sie sich »angeknatzt« fühle, ihre Periode. Um nicht mit seiner ersten Frau Allison schlafen zu müssen, verwickelt Alvy sie in eine Diskussion über den Kennedy-Mord und den Warren-Report. Für die »Rolling Stone«-Reporterin ist Sex mit Alvy »ein kafkaeskes Erlebnis«. Auf der anderen Seite ist Alvys zweite Frau Robin nicht bereit, während der Verleger-Party mit ihm spontan »in aller Stille zu rammeln«. Da ist Alvy der Meinung, der Körper lüge nicht, was Robin mit analytischem Impetus als »Du benutzt Sex nur, um deine Wut auszudrücken« abtut.
Die Bedürfnisse des Körpers, von der Sprache nur mühsam in den Griff zu bekommen, wo es um Körperkontakte, Lustbedürfnisse und Triebhemmungen geht, führen zu verbalen Assoziationen und Übersprunghandlungen. Wie subtil Woody Allen dabei vorgeht, um zu einer unverkrampften Haltung beizutragen (auf diese Pionierrolle von ANNIE HALL ist bereits kurz verwiesen worden), ist durchgängig in allen Szenen zu beobachten, in denen Alvy mit Annie zusammen ist. Trotz seiner Ungeschicklichkeiten und Mißverständnisse ist Alvy doch über weite Strecken jemand, der auf seine Partnerin verständnisvoll eingehen kann (und der Filmemacher Allen einer der wenigen Regisseure, die Frauen filmisch feiern: als Momente selbstverständlicher Gleichberechtigung).
Die erste Szene nach dem Tennis-Match, bei dem Annie und Alvy sich kennenlernen, ist verbal und körpersprachlich ein zwischen Anspannung und unverhohlener Neugier pendelndes Abtasten des anderen. Die gegenseitige Anziehungskraft überwiegt; Annies Tändeln, ihr nervöses Lachen und ihre Sprach-Kapriolen führen Alvy zu eindeutigen Übersprunghandlungen, indem er sein eigentliches Interesse verschiebt, wenn er statt dessen an Annies Krawatte tastet. In Annies Apartment geht das Umkreisen, Abschätzen, Einschätzen und Abtasten weiter: mit jenem starken Unterton des immer stärkeren Interesses am anderen, der erotisches und sexuelles Unterfutter verbirgt. Woody Allen hat in dieser Szene ein innovatives Dialog-Verfahren erfunden, das das gegenseitige Werben von Annie und Alvy auch formal sinnfällig macht: Während ihres Flatter-Dialogs zeigen Untertitel, was die beiden denken. Im Schlußmonolog gelangt Alvy nach einem argen Weg der Erkenntnis zu folgender Einschätzung: »Ich hab mir klargemacht, was für eine ungeheure Persönlichkeit sie ist und was für eine Freude es war, sie nur schon zu kennen...« Die gelungene Analyse trifft an dieser Stelle auf eine Sprache, die nichts mehr zu verbergen hat: Alvy ist durch Annie zu einer größeren Achtung Frauen gegenüber geführt worden. Das letzte Wort, das im Film zu hören ist, gehört Annie, es ist das »you« aus dem Song im Nachtclub, das beide gesucht, gefunden und wieder verloren haben.

Mag Alvys Sensorium gegenüber Frauen zuweilen versagen, seine soziokulturellen Antennen stehen permanent auf Empfang. In ANNIE HALL übt er Kritik am Konsumismus, was Allen mit Pier Paolo Pasolini[9] verbindet, und an der Medienkultur und ihren Auswüchsen. Von den synthetischen Lachkonserven der TV-Shows über das Gebaren der »beautiful people« der Plastic-Society in Kalifornien und die sterile Sauberkeit in L. A. bis zum Verhalten aufdringlicher Autogrammjäger oder den Auftritten selbsternannter Gurus wie des Maharishi: Immer wieder springen Alvy zivilisatorische Fehlentwicklungen, Kuriositäten und sein selbstsüchtiger Narzißmus ins Auge. Alvy hat ein hochentwickeltes Gespür für auch nur entfernt antisemitische Äußerungen und Anspielungen.[10]

Die scharfe Beobachtungsgabe Alvys resultiert teils aus seiner jüdischen Herkunft, teils aus einem Mißtrauen, das an leichte Paranoia grenzt. ANNIE HALL sollte ursprünglich »Anhedonia« heißen: ein psychologischer Zustand der völligen Unfähigkeit, Freude zu empfinden, eine Art chronisch-akuter Melancholie. Die setzt bereits in Alvys Kindheit ein. Seine erste Erkenntnis ist eine kosmische: »Das Universum dehnt sich aus.« Wenn es folglich irgendwann wieder auseinanderbricht, dann besteht in der kurzen Geschichte der Zeit, die den Menschen bleibt, kaum ein Sinn im Leben: und keine Notwendigkeit, Schulaufgaben zu machen. Über den Gag hinaus spricht Allen sein Generalthema an, das er in MANHATTAN (1979) und SEPTEMBER (1987) ausformulieren wird: Wie lebt man angesichts der ungelösten Probleme des Universums?

In ANNIE HALL lautet die erste (Alvys Arzt in Coney Island) und letzte (Annies Rat im Straßencafé) Antwort: Das Leben genießen, solange wir hier sind. Es gehört zu den produktiven Paradoxien von ANNIE HALL, daß Allen trotz der kritisch-ironisch-satirisch-melancholischen Einstellung seines Protagonisten Situationen inszeniert, die das genaue Gegenteil transportieren: einen warmherzigen, selbstlosen und kraftvollen Humor, der dramaturgisch zur Charakterzeichnung der Personen und zur Entwicklung menschlicher Beziehungen dient. Alle Familienszenen, die Momente des Glücks, das Annie und Alvy erleben, und die Schlußsequenzen gehorchen diesem Prinzip.

Damit zeichnet sich ANNIE HALL in hohem Maße als eine Komödie der Selbstreflexion aus, was es in der Filmgeschichte bislang nicht gegeben hatte. Bis auf den Schlußmonolog, den Charles Chaplin in THE GREAT DICTATOR (1939/40) als falscher Diktator Hynkel an die Menschheit richtet (siehe Bd. 2, Kap. 15), war die Komödie auf physische Aktion, konfrontative Dialoge und Verwechslungssituationen fixiert, in denen »running gags«, das Vorwissen des Zuschauers, filmhistorische Anspielungen und Wortwitz die Quintessenz bildeten. Die Protagonisten dieser Komödien (vgl. Bd. 2, Kap. 3) waren vielfach als Fremdkörper, als Ungleichzei-

tige in einem Ambiente charakterisiert, mit dem sie zu kämpfen hatten (Tati, Keaton, Chaplin, Laurel & Hardy).
Mit Alvy Singer betritt ein neuer Komödiant die filmhistorische Szene: einer, der eher denkt statt handelt, der die Welt in Zweifel zieht, der Rollenfixierungen überprüft und weiß, daß man Worten mißtrauen muß. Alvy trägt die Bürde der Geschichte, er formuliert Ängste, er ist selbstzentriert und weiß um die Lebenskrisen und die Probleme der Existenz. Aus dieser Prämisse ergibt sich für Allen die formal innovative Struktur von ANNIE HALL: Denn der Film ist ein Erzählangebot aus vielfach gebrochenen narrativen Strategien – ein Puzzle wie Orson Welles' CITIZEN KANE (1940).

3. Die Rückblende im Zeitalter formaler Konsolidierungen

Mitte der 70er Jahre hatte sich die als New Hollywood bekannte neue Generation amerikanischer Filmautoren weitgehend wieder den Standards der Industrie angepaßt, waren die Experimente der 60er und beginnenden 70er Jahre passé. Was Filme wie EASY RIDER (1969) oder THE CONVERSATION (1973), was Talente wie Francis Ford Coppola, Peter Bogdanovich, Paul Mazursky oder Robert Benton in einer kurzen Phase kreativer Freiheit an neuen Inhalten und Ausdrucksformen gesucht hatten, war einer formalen Konsolidierung gewichen. Bogdanovich filmte klassischer als sein erklärtes Vorbild Howard Hawks, das Wunderkind Steven Spielberg überantwortete sich dem Katastrophenfilmgenre (JAWS) oder der Science-fiction (CLOSE ENCOUNTERS OF THE THIRD KIND), Coppola war für Jahre in sein produktionstechnisches Abenteuer APOCALYPSE NOW verwickelt, und Regisseure wie Hal Ashby oder Robert Benton fuhren auf dem Zug der Mainstream-Unterhaltung (BOUND FOR GLORY; THE LATE SHOW).
Einzig Robert Altman, John Cassavetes, Martin Scorsese und Woody Allen wagten in ihren Filmen aufregend neue Seherfahrungen. Altman schuf mit NASHVILLE (1974) und A MARRIAGE (1978) gesellschaftspolitische und sozialkritische Panoramen in der Tradition experimentierfreudiger Schriftsteller wie John Dos Passos (»Manhattan Transfer«) oder William Faulkner (»The Sound and the Fury«). Cassavetes erforschte mit einer insistierenden Psycho-Kamera das Innenleben von mit Neurosen und Depressionen geplagten Mittelstandsamerikanern (A WOMAN UNDER THE INFLUENCE). Martin Scorsese analysierte die Ursachen urbaner Gewalt zwischen obsessioneller Sexualität und katholischen Schuldzuschreibungen (MEAN STREETS; TAXI DRIVER).
Ihnen gleich hatte Woody Allen seit 1969 (TAKE THE MONEY AND RUN) mit Formen subversiver Sozialkomödien und Sexualfarcen, mit Paro-

dien auf Genrefilme (SLEEPER) und mit der einzigen filmhistorisch faßbaren Komödie experimentiert, deren Thema die Metaphysik zwischen Liebe und Tod ist: In LOVE AND DEATH (1974) geht es um nichts weniger als den komischen Kampf mit den Menschheitsfragen nach den letzten Dingen. LOVE AND DEATH bereits, obwohl sich der Film im äußerlichen Set-Design eines Historienfilms gibt, versammelt die Motive, mit denen Allen in seinen urbanen Tragikomödien weltweit berühmt werden sollte.

ANNIE HALL bricht die Form der klassischen Filmkomödie zunächst durch seine Rückblendenstruktur. Die Rückblende entspricht seit CITIZEN KANE dem filmischen Äquivalent einer Psychotherapie (siehe Bd. 2, Kap. 18). Wie im Verlauf der Sitzungen bei einem Analytiker das Unbewußte sich durch freies Assoziieren und die Arbeit an der Erinnerung bis in die Kindheit hinein von Traumata befreien soll, so befreit sich Alvy Singer im Prozeß der filmischen Erinnerungsarbeit. Nun hatte es die Rückblende schon vor KANE oder ANNIE HALL gegeben, doch sie war eingegrenzt auf zwei Möglichkeiten. Zum einen wurde sie als relativ kurzer und deutlich durch Wischblenden, Off-Kommentar oder Unschärfenverteilung kenntlich gemachter Handlungseinschub eingesetzt, zum anderen konnte sie als chronologisch und linear verlaufender Erzählblock zwischen einem Prolog und einem Epilog stehen, wobei vielfach diese Rahmensequenzen, speziell im Film noir, selbst eine kontinuierliche Handlung bildeten.

CITIZEN KANE hatte radikal mit dieser konventionellen Rückblendentechnik gebrochen. In Welles' Meta-Film, der fiktionalen Biographie des Medientycoons Charles Foster Kane, waren mehrere Rückblendenblöcke ihrerseits wieder durch Vor- oder Rückblenden zeitlich zersplittert worden. In ähnlicher Weise funktioniert Allens ANNIE HALL: In 21 Sequenzen, darunter eine Trickfilmsequenz, wird die bittersüße Romanze von Annie Hall und Alvy Singer in einer Folge von einander überlappenden Rückblenden erzählt. Dem Monolog Alvy Singers, der zu Beginn die Erzählperspektive etabliert, die konsequent durchgehalten wird – Alvy ist Erzähler/Erzählsubjekt/Kommentator –, folgen zunächst fünf Rückblendenblöcke, die zeitlich nicht linear, chronologisch oder kontinuierlich strukturiert sind. Die erste Rückblende, in der Alvys Kindheit zum Gegenstand wird, ist ihrerseits durch eine eingeschnittene Vorblende – Alvy in der Dick-Cavett-Show – zeitlich unterbrochen. Die zweite Rückblende führt nach einem Gespräch mit Alvys Freund Rob (der Antisemitismus-Dialog) zur Sequenz mit Annie Hall vor dem Beekman-Kino, in der erzählten Zeit eine Periode, die in der Chronologie erst nach der zwölften Sequenz von ANNIE HALL einzuordnen ist. Diese zweite Rückblende führt durch das Gespräch von Alvy und Annie zu drei weiteren Rückblendensequenzen, die zeitlich wiederum auf die Perioden anspie-

len, bevor Alvy und Annie sich kennenlernten und Erfahrungen mit anderen Partnern hatten.
Erst die siebte Sequenz, also die sechste Rückblende, führt zu dem, was man als den zentralen Handlungsstrang von ANNIE HALL ansehen kann: Die Sequenz ist nicht nur die von der Erzähldauer her längste des Films, sie demonstriert in der Ausführlichkeit, mit der auf die erste Begegnung von Alvy und Annie eingegangen wird, auch die spezielle Bedeutung der Szenenfolge (diese Szenen in der Rückblende gehen chronologisch ineinander über): Die Welten von Alvy und Annie treffen aufeinander und ergeben das dramaturgische Konfliktpotential.
Zwischen die nun folgenden drei Rückblendenblöcke (Besuch bei Annies Familie, Streit und Trennung des Paares sowie die folgende Versöhnung) ist als elfte Sequenz ein Zeichentrickfilm montiert, in dem Annie als die böse Königin aus »Schneewittchen und die sieben Zwerge« erscheint und Alvy und Freund Rob als Cartoon-Figuren auftreten: Alvy wird als der Tyrann gedeutet, der ständig auf Annie herumhackt, sie solle sich weiterbilden (das Pygmalion-Motiv).
Die Sequenzen 13 bis 18 (Alvy verliert Annie an die Musikbranche von Kalifornien) liegen zeitlich nach der dritten Sequenz und sind chronologisch. Ein Off-Kommentar Alvys schließlich, der den Monolog der ersten Sequenz fortsetzt, führt zu den Schlußsequenzen des Films (endgültige Trennung). Zwischen die vorletzte und letzte Sequenz sind noch einmal 17 sekundenlange Einstellungen als Spotlight-Rückblenden des Gesamtfilms montiert, bevor mit Alvys Schlußmonolog aus dem Off und der Musik von Annies Song »Seems like old times« ANNIE HALL zum Erzählende kommt.
Neben dem virtuosen Umgang mit der Rückblendenstruktur fällt ANNIE HALL durch weitere formale Innovationen auf. Da ist der bereits erwähnte Doppel-Dialog von Annie und Alvy, in dem während ihres Gesprächs Untertitel zeigen, was die beiden wirklich denken: eine Strategie versteckter Bedeutungen, die mit den eigentlichen Wünschen des Paares spielt. Da führen als Erweiterungen von Alvys Monolog Off-Kommentare, Dialoge und Monologe assoziativ von einer Szene oder Sequenz zur nächsten (visuell-verbale Assoziationsmontagen). Da schneidet Allen Ausschnitte aus Marcel Ophüls' Dokumentarfilm LE CHAGRIN ET LA PITIE (DAS HAUS NEBENAN, 1969), den sich Alvy mit Annie ansieht, zweimal als Übergang und Kommentar zwischen die Szenen, nutzt also Fremdmaterial, um über den Stand der Beziehung seines Neurotikerpaares zu informieren.
Zu den klug in ANNIE HALL aufgebauten inhaltlichen und formalen Korrespondenzen, die den ästhetischen und gehaltlichen Reichtum des Films ausmachen, gehört als weiteres Beispiel von Allens Experimentierfreudigkeit die Auflösung von Zeitgrenzen: Wenn Alvy sich an die Schule

(Sequenz 2) erinnert, sitzt er als Erwachsener unter den Kindern von damals. Wenn er mit Annie und Rob (Sequenz 12) sein Elternhaus besucht, wandern die drei durch die damalige Szenerie, kommentieren sie und befragen die Personen der Vergangenheit. Diese Szene, die wie eine Vision oder wie ein Traum wirken mag – weil die drei physisch in Alvys Kindheitswelt eindringen –, ist visuell ungewöhnlich aufgebaut: Im Vordergrund der Einstellung streiten Alvys Eltern, in der mittleren Bildebene liegt der junge Alvy, der vorgibt, sich nicht um den Streit zu scheren, im oberen Teil des Hintergrundes schließlich stehen Alvy, Annie und Rob und beobachten die Szenerie. Die Spannung entsteht durch die Form: Die Gegenüberstellung des jungen und des erwachsenen Alvy weist, in psychoanalytischen Termini, auf die permanente Präsenz der verborgenen Kindheits- und Jugenderlebnisse oder Traumata in der Gegenwart des täglichen Lebens.

Zweimal nutzt Allen das »split-screen«-Verfahren (das geteilte Bild) zur Schaffung komischer und ethnischer Oppositionen: Wenn Annie und Alvy Annies Familie besuchen, teilt sich die Einstellung in zwei Bilder, und wir sehen Annies WASP-Familie und Alvys jüdische Familie jeweils bei den Mahlzeiten, bis zu jenem Punkt, an dem die Mitglieder des Hall-Verbandes mit dem Singer-Clan über die imaginäre Begrenzung/Grenzlinie des Bildrahmens miteinander sprechen: wie Öl und Wasser. Das ruhig gesittete Hall-Dinner steht gegen die geräuschstarke rauhe Singer-Vesper. Thema der Unterhaltung ist die Schuld, sind Sünden, die keiner beim Namen nennen kann. Yacowar sieht Alvy als Juden zwar herzlich im Hall-Heim aufgenommen, doch im nächsten Moment taucht unweigerlich radikale Entfremdung auf: Grammy Hall sieht Alvy in dem Habitus und der Kleidung eines orthodoxen Rabbi am Tisch sitzen. So präsentiert die Dinner-Szene ein Bild der Eintracht mit einem eindeutigen Unterton von Trennung und Zwietracht.[11]

Der Höhepunkt des »split-screen«-Verfahrens ist erreicht, wenn Annie und Alvy ihre jeweiligen Psychiater konsultieren. Es ergibt sich der Effekt wechselseitiger Kommentierung. Auf die Frage, wie oft sie zusammen schlafen, sagen beide »dreimal«, doch für Annie ist das zuviel, während es für Alvy zuwenig scheint. Die Körperhaltung der beiden ist nicht weniger signifikant. Während Annie, die keinen »shrink« brauchte, bevor sie Alvy kannte, aufrecht im Sessel sitzt, liegt Alvy ausgestreckt auf der Couch. Annies Wesen drängt nach Bewegung, Entwicklung, Zukunft, Vorwärts; Alvy verharrt wie im Schneckenhaus. Annies Analytikerin spricht aus dem Off, Alvys Seelenarzt, der dem seiner Kindheit gleicht, dominiert den Patienten.

Neben diesen Verfahren wendet Allen die eigentlich dokumentarische cinéma-vérité-Methode an, indem er (Sequenz 10) Alvy aus der laufenden Handlung heraus Passanten befragen läßt und von denen auch Antworten erhält. Auch hier ist Allen originell und innovativ: Während Dokumentaristen wie Jean Rouch oder D. A. Pennebaker es bei Fragen und Antworten belassen, kehrt Allen die Methode um: Passanten wenden sich an Alvy, geben ihm Informationen oder kommentieren selbst (Sequenzen 10 und 16). Auf diese Weise erfährt er, wie es Annie in Kalifornien ergeht. Vor allem aber erhält er die kürzestmögliche Antwort auf die Frage, die über ANNIE HALL schwebt, die Frage, warum die Liebe zwischen Annie und Alvy nicht gehalten hat: Eine alte Frau sagt, was bis in Allens HUSBANDS AND WIVES (EHEMÄNNER UND EHEFRAUEN, 1992) gilt, kurz und bündig: »Es ist nie etwas, was man getan hat. So sind die Menschen eben. Liebe schwindet.«

Zu den formalen Experimenten, die eine bruchlose Einheit mit dem jeweiligen psychischen Entwicklungsstand der Personen bilden, gehört die Szene, in der sich Annie von ihrem Körper löst (Sequenz 7). Als leicht transparentes Schemen und Silhouette, als »Seele« in einem Kopiertrick steht sie vom Bett auf, setzt sich in einen Stuhl und beobachtet Annie und Alvy, die miteinander schlafen wollen, was Annie inzwischen nur noch mit Marihuana gelingt, derart verspannt ist sie geworden. Erneut eine sinnstiftende Szene zum Konflikt Körper, Geist und Seele.

Das Innenleben von Allens Stadtneurotikern ist verworren, kompliziert und vertrackt, weil ihnen partout nicht der Einklang mit dem anderen, mit Freunden, der Welt und dem sich ausdehnenden Universum gelingen will. Sie hinterfragen alles, ziehen ironisch jedermann in Zweifel und verstehen wenig. Deshalb sind sie keineswegs weniger menschlich oder sympathisch. Im Gegenteil, ihre Fehler, Marotten und Schwächen machen sie zu Identifikationsobjekten vor allem des großstädtischen Zuschauers, der ähnliche Probleme kennt. Zeitweise ist die Mode, die Diane Keaton in ANNIE HALL trägt, sogar Kleider-Vorbild gewesen.

Die Klugheit von Allens Methode besteht darin, keine Lösungen anzubieten, weil die nicht greifen und weil Filme falsche Vorbilder sind; stattdessen verweist er auf die notwendige Arbeit des Zuschauers, sich mit Inhalt und Form auseinanderzusetzen. Daraus erklären sich, wie im Körper-Seele-Konflikt, Allens gebrochene Film-Erzähl-Rückblenden-Strategien in ANNIE HALL. Nicht der im konsolidierten Hollywoodfilm viel zu häufig viel zu verlogene Verlauf einer Geschichte setzt Denkprozesse in Gang, sondern das ungewöhnliche Stilmittel, die wechselnde Perspektive, die zerstörte Chronologie, die Wechsel der Zeit- und Raumebenen und der Dialog der Filmfiguren über diese Ebenen hinweg (was Allen in THE PURPLE ROSE OF CAIRO 1984 vervollkommnet). Die als innovativ begrüßten Filmtechniken halten nach zwanzig Jahren einer Überprüfung stand: ANNIE HALL ist auch heute das Meisterwerk, als das es 1977 gefeiert wurde.

Jean-Philippe Guerand hat in seiner Studie zu Allen am Beispiel der cinéma-vérité-Sequenzen Allens Vorgehensweisen und Versuche folgendermaßen übertragen: Es ist, als könne das Individuum sein Heil in den Ratschlägen des Restes der Menschheit finden.[12] Ein schönes Kompliment für Allen, »the universal filmmaker«.

Anmerkungen

1 Hans Gerhold: Woodys Welten. Die Filme von Woody Allen. Frankfurt am Main 1991, S. 94–109.
2 Vgl. Ed Sikov: Screwball. Hollywood's Madcap Romantic Comedies. New York 1989, speziell S. 32ff. und S. 174ff. sowie das Vorwort von Molly Haskell.
3 Vgl. Hans Gerhold, a. a. O., S. 105f.
4 Gerhold, a. a. O., S. 95, geht auf die Namenssymbolik von Alvy Singer näher ein.
5 Foster Hirsch: Love, Sex, Death & the Meaning of Life. The Films of Woody Allen. Revised and updated. New York 1990, S. 86.
6 Hans Gerhold, a. a. O., S. 106.
7 Sam B. Girgus: The Films of Woody Allen. Cambridge Film Classics. Cambridge 1993, S. 35.
8 Woody Allen: Four Films of Woody Allen. London 1983, S. 16. Die deutsche Ausgabe des Drehbuchs, dessen Übersetzung auf dem amerikanischen Skript und nicht auf der Synchronisation des Films basiert, erschien als: Woody Allen: Der Stadtneurotiker. Zürich 1981. Dort S. 26. Die Fassungen weisen beträchtliche Unterschiede auf.
9 Vgl. vor allem Pier Paolo Pasolini: Freibeuterschriften. Die Zerstörung der Kultur des einzelnen durch die Konsumgesellschaft. Berlin 1978, S. 25–48.
10 Vgl. Sam B. Girgus, a. a. O., S. 32.
11 Maurice Yacowar: Loser Take All. The Comic Art of Woody Allen. New York 1979, S. 175.
12 Jean-Philippe Guerand: Woody Allen. Paris 1989, S. 137.

Auswahlbibliographie

Bill Adler und Jeffrey Feinmann: Woody Allen. Clown Prince of American Humor. New York 1975.

Woody Allen: Four Films of Woody Allen. New York 1982 und London 1983 (enthält die Drehbücher von ANNIE HALL, INTERIORS, MANHATTAN und STARDUST MEMORIES).

Robert Benayoun: Woody Allen au-delà du langage. Paris 1985; engl.: Woody Allen Beyond Words. With an Introduction by Alexander Walker. London 1986.

Giannalberto Bendazzi: Woody Allen. Florenz 1976; frz.: Paris 1986.

Douglas Brode: Woody Allen. His Films and Career. Secaucus, New Jersey 1985.

Gilles Cèbe: Woody Allen. Paris 1981.

Christian Dureau: Woody Allen. Paris 1985.

Hans Gerhold: Woodys Welten. Die Filme von Woody Allen. Frankfurt am Main 1991.
Sam B. Girgus: The Films of Woody Allen. Cambridge 1993.
Jean-Philippe Guerand: Woody Allen. Paris 1989.
Lee Guthrie: Woody Allen. A Biography. New York 1978.
Foster Hirsch: Love, Sex, Death & the Meaning of Life. New York 1981 und 1990.
Diane Jacobs: ...but we need the eggs. The Magic of Woody Allen. New York 1982.
Peter W. Jansen und Wolfram Schütte (Hrsg.): Woody Allen/Mel Brooks. München und Wien 1980.
Eric Lax: On Being Funny. Woody Allen and His Comedy. New York 1975; engl.: Woody Allen and His Comedy. London 1976; dt.: Woody Allen. Wie ernst es ist, komisch zu sein. München 1980.
Eric Lax: Woody Allen. A Biography. New York 1991; dt.: Woody Allen. Eine Biographie. Köln 1992.
Michel Lebrun: Woody Allen. Paris 1979.
Graham McCann: Woody Allen. New Yorker. Cambridge 1990.
Gerald McKnight: Woody Allen. Joking Aside. London 1982.
Myles Palmer: Woody Allen. An illustrated biography. London und New York 1980.
Neil Sinyard: The Films of Woody Allen. New York 1987; engl.: Leicester 1987.
Maurice Yacowar: Loser Take All. The Comic Art of Woody Allen. New York 1979.

Auswahlfilmographie

SCENER UR ETT ÄKTENSKAP (SZENEN EINER EHE), Ingmar Bergman, Schweden 1973
UNE PARTIE DE PLAISIR (EIN LUSTIGES LEBEN/EINE LUSTPARTIE), Claude Chabrol, Frankreich 1974
A WOMAN UNDER THE INFLUENCE (EINE FRAU UNTER EINFLUSS), John Cassavetes, USA 1974
ALICE DOESN'T LIVE HERE ANYMORE (ALICE LEBT HIER NICHT MEHR), Martin Scorsese, USA 1974
NASHVILLE (NASHVILLE), Robert Altman, USA 1974
SHAMPOO (SHAMPOO), Hal Ashby, USA 1974
TOUTE UNE VIE (EIN LEBEN LANG), Claude Lelouch, Frankreich 1974
ANNIE HALL (DER STADTNEUROTIKER), Woody Allen, USA 1977
AN UNMARRIED WOMAN (EINE ENTHEIRATETE FRAU), Paul Mazursky, USA 1977
CET OBSCUR OBJET DU DESIR (DIESES OBSKURE OBJEKT DER BEGIERDE), Luis Buñuel, Frankreich/Spanien 1977
SEMI-TOUGH (ZWEI AUSGEBUFFTE PROFIS), Michael Ritchie, USA 1977
INTERIORS (INNENLEBEN), Woody Allen, USA 1978
STARTING OVER (AUF EIN NEUES), Alan J. Pakula, USA 1978
A PERFECT COUPLE (EIN PERFEKTES PAAR), Robert Altman, USA 1978
GIRL FRIENDS (GIRLFRIENDS), Claudia Weill, USA 1978
10 (DIE TRAUMFRAU), Blake Edwards, USA 1979
MANHATTAN (MANHATTAN), Woody Allen, USA 1979
IT'S MY TURN (ICH NENN ES LIEBE), Claudia Weill, USA 1980

ALL NIGHT LONG (JEDE NACHT ZÄHLT), Jean-Claude Tramont, USA 1980
BERLIN CHAMISSOPLATZ, Rudolf Thome, BRD 1980

Sequenzprotokoll

Vorspann mit Credits

1 Monolog Alvy Singer

Alle folgenden Sequenzen, außer 11, sind Rückblenden bis einschließlich Sequenz 18, die zeitlich an den Monolog aus Sequenz 1 anschließt.

2 Alvys Kindheit und Schulzeit (mit einer Vorblende zur Dick-Cavett-Show)

3 Gespräch Alvys mit Rob und Treffen mit Annie Hall vor dem Beekman-Kino (Auftritt Marshall McLuhan): zeitlich zwischen Sequenz 12 und 13

4 Alvy und seine erste Frau Allison

5 Annie und Alvy im Haus am Strand: erste Hummer-Sequenz und Gespräche über Annies Männer

6 Alvy und seine zweite Frau Robin auf der Verleger-Party

7 Alvy lernt Annie kennen; Nachtclubsequenz; die erste Zeit mit Annie bis zur Szene mit Annies »Seele« (die längste Rückblendensequenz des Films: die Szenen gehen chronologisch ineinander über)

8 Alvy und ein Stand-Up-Komiker

9 Alvy und Annie in der Theaterbühne der Uni und zu Besuch bei Annies Familie

10 Folge von Streit-Szenen des Paares (und cinéma-vérité-Sequenz: Alvy befragt Passanten)

11 Zeichentrickfilmsequenz à la »Schneewittchen«

12 Alvy und die »Rolling-Stone«-Reporterin; Versöhnung mit Annie; Besuch von Alvy, Annie und Rob in Brooklyn (Zeitgrenzenauflösung: Film-Gegenwart und 1945); Annies Geburtstag

13 Nachtclubsequenz 2; Annie und Alvy bei ihren Analytikern; Alvy niest Kokain in den Raum seines Apartments (diese Sequenz liegt zeitlich nach Sequenz 3)

14 Annie, Alvy und Rob in Kalifornien: TV-Regieraum, Hotel, Party

15 Trennungssequenz des Paares: Flugzeug und Alvys Apartment

16 Alvy befragt Passanten (cinéma-vérité-Sequenz) und zweite Hummer-Sequenz mit einer anderen Partnerin

17 Alvy wieder in Kalifornien: Treffen mit Annie und Auto-Crash (Parallelmontage Auto-Skooter mit jungem Alvy); Alvy im Gefängnis

18 Theater: Proben für Alvys erstes Stück

Die Sequenzen 13 bis 18 sind chronologisch. Ein Off-Kommentar Alvys führt zu den Schlußsequenzen.

19 Letzte Begegnung von Alvy und Annie vor einem Kino und in einem Café (zeitlich nach Sequenz 1)

20 Siebzehn sekundenlange Einstellungen als Rückblenden des Gesamtfilms zur Musik von Annies Song »Seems like old times« (aus Sequenz 13)

21 Annie und Alvy trennen sich vor dem Café; darüber im Off Alvys Schlußmonolog und Annies »Seems like old times«

Nachspann mit den Credits

3. Die Eskalation des Horrors: HALLOWEEN – DIE NACHT DES GRAUENS (1978)

von Helmut Korte

1.

Produktionsangaben in hellen Schriftzügen auf schwarzem Grund. Daneben ein ausgehöhlter, von innen durch eine Kerze beleuchteter Fratzen-Kürbis. Während eine nervöse, spannungssteigernde Musik einsetzt, nähert sich die Kamera und bleibt schließlich auf dem Kürbis stehen ... Dunkelheit ... »Haddonfield Illinois, Halloween Night 1963« ... Nacht ... Ein Kinderreim über den »Schwarzen Mann«. Die Kamera bewegt sich lautlos auf die hell erleuchtete Front eines typischen amerikanischen Vorstadt-Einfamilienhauses zu. Für einen kurzen Moment ist hinter der Eingangstür schemenhaft ein engumschlungenes Pärchen zu erkennen. Mädchenstimme: »Meine Eltern sind bestimmt nicht vor zehn zurück.« Jungenstimme: »Bist du sicher... Mensch, super!« Die Kamera umschleicht das Haus und beobachtet die beiden durch das Wohnzimmerfenster. Er: »Wir sind also ganz allein?« Sie: »Michael treibt sich hier irgendwo herum.« Sie küssen sich, verlassen das Zimmer und gehen nach oben. Die Kamera »blickt« vorsichtig nach links und nach rechts, »geht« schnell nach vorn und beobachtet das erleuchtete Schlafzimmerfenster im Obergeschoß. Das Licht erlischt. Ein geheimnisvolles Sirren setzt ein. Die Kamera »schleicht sich« an der dunklen Hauswand entlang wieder zurück, am Fenster vorbei zur Gartentür und »betritt« die Küche. Licht wird eingeschaltet, eine Schublade geöffnet: Eine Kinderhand ergreift ein großes Küchenmesser. Das Sirren hat sich verstärkt und wird durch eine darüberliegende Tonfolge bedeutungsvoll gesteigert. Die Kamera durchquert geräuschlos das dunkle Wohnzimmer, »späht« in den Treppenflur und weicht schnell wieder zurück. Der Junge streift sich gerade sein Hemd über, verabschiedet sich und verläßt das Haus. Die Kamera nähert sich vorsichtig der Treppe, »steigt« die Stufen hinauf. Von oben hört man das Mädchen fröhlich vor sich hin summen. Der Kamerablick hat sich verändert und zeigt das Geschehen nun durch die Augenausschnitte einer Maske: Ein Spielzeug liegt im Weg und wird von der Kinderhand behutsam aufgehoben, Kleidungsstücke wahllos auf dem Boden verstreut, ein zerwühltes Bett, das Mädchen; es sitzt nackt vor dem Spiegel und kämmt sich gedankenverloren. Ihr Summen bricht plötzlich ab; sie dreht sich

überrascht um und ruft erschrocken »Michael!« Das Sirren schwillt bedrohlich an, nur von den Schreien und den »schmatzenden« Messerhieben überlagert. Blutüberströmt bricht das Mädchen schließlich zusammen und bleibt regungslos auf dem Boden liegen. Die Kamera »blickt« sich im Raum um und »geht schwer atmend« die Treppe hinab, »öffnet« die Haustür und »tritt« in die Dunkelheit. Ein Auto fährt vor; jemand steigt aus: Die Eltern sind offenbar gerade zurückgekommen. Eine vorwurfsvoll-erstaunte Männerstimme »Michael!« Schnitt. Eine Maske wird abgenommen: Vor dem Haus ein kleiner Junge in einem Harlekinkostüm, in der Hand ein großes Messer, daneben die Eltern. Die Kamera entfernt sich langsam... Dunkelheit...
»Smith's Grove, Illinois« / »October 30, 1978.« Ein Wagen führt durch die Nacht: Der mit dem Fall »Michael Myers« betraute Psychiater Dr. Loomis (Donald Pleasence) befindet sich gemeinsam mit einer Krankenschwester auf der Fahrt in die Anstalt, um zu verhindern, daß Michael jemals wieder freigelassen wird. Dort angekommen, wird die Krankenschwester, die allein im Auto wartet, plötzlich angegriffen und überwältigt. Ein Unbekannter (Michael?) kann mit dem Wagen fliehen...
Mit dieser fast elfminütigen Sequenz beginnt der Film HALLOWEEN – DIE NACHT DES GRAUENS des jungen amerikanischen Regisseurs John Carpenter.[1] Wie seine beiden vorherigen Kinofilme, DARK STAR – FINSTERER STERN von 1973 und ASSAULT ON PRECINCT 13 – ANSCHLAG BEI NACHT von 1976, ist HALLOWEEN mit insgesamt 20 Drehtagen und einem Finanzvolumen von 320000 Dollar – sogar für europäische Verhältnisse – eine ›lowbudget‹-Produktion, die gänzlich ohne den für Hollywoodfilme mittlerweile üblichen Aufwand für Kulissen, ›special effects‹ und das entsprechende Staraufgebot auskommt. Auch die Handlung – der sechsjährige Michael Myers ersticht am Halloween-Abend seine Schwester ohne ersichtlichen Grund, kann 15 Jahre später aus der geschlossenen Anstalt fliehen, kehrt zurück und begeht weitere Morde – ist nicht gerade spektakulär.[2] Dennoch gehört HALLOWEEN mit zu den erfolgreichsten Hollywood-Produktionen dieser Jahre und konnte bis 1981 bereits über 60 Millionen Dollar weltweit einspielen. Der Film gilt bis heute gemeinsam mit einigen anderen folgenreichen Billigproduktionen wie George A. Romeros NIGHT OF THE LIVING DEAD (DIE NACHT DER LEBENDEN TOTEN) von 1968 oder Tobe Hoopers TEXAS CHAINSAW MASSACRE (BLUTGERICHT IN TEXAS) von 1974 als ein entscheidender Schritt in der Entwicklung des neuen Horrorfilms.[3] Für die meisten Rezensenten der Beginn einer Welle von »phantasielos-grobschlächtigen«, nur auf »blutrünstige Schockeffekte« und »ekelerregende Schlachtfeste« reduzierten »Gewaltfilmen«, deren einziges Ziel darin liege, die Kassen der Produzenten zu füllen.[4]
HALLOWEEN nimmt in dieser Entwicklung – wie gezeigt werden soll – eine gewisse Mittlerfunktion ein, da die entsprechenden Schockeffekte noch

vergleichsweise verhalten und vor allem subtil in ein primär durch Dramaturgie, Kamera- und Toneinsatz erzeugtes eindringliches Szenario der Bedrohung eingebunden sind, wobei allerdings die Charakterisierung der handelnden Personen ausschließlich auf diesen Effekt hin reduziert ist und auf tieferliegende »Bedeutungen« verzichtet wird. »... kein Film für: Oberlehrer, Bedeutungsfahnder, Moralprediger und Leute mit noch schlechteren Nerven als gemeinhin üblich. ›Halloween‹ ist ein Film für Freunde meisterlicher Breitwandkompositionen (die besten seit langem), Anhänger komplexer Kameraoptionen, Partisanen des schlechten Geschmacks, Hitchcock-Anbeter...«[5] Die auffallende formale Qualität des Films war für viele Kritiker zu diesem Zeitpunkt (noch) Anlaß genug, in Carpenter sogar den möglichen »Erneuerer des amerikanischen Genre-Kinos« zu sehen.[6]

2.

Alle für den gesamten Film wesentlichen Erzählmomente sind bereits in der oben ausführlich beschriebenen Einleitungssequenz enthalten: die sachlich-knappe, auf den Handlungsfortgang konzentrierte und zugleich fließende Präsentation der Informationen einerseits und die suggestiven Kamerafahrten, die den Betrachter aktiv in das Geschehen einbeziehen, sowie ein exakt darauf abgestimmter Toneinsatz andererseits. Nach dem üblichen Produktionsvorspann findet sich der Zuschauer – in einer nur durch Kamerabewegungen verbundenen gut vierminütigen Plansequenz – unvermittelt als Voyeur wieder, dann als unmittelbar an einem Mord Beteiligter und schließlich sogar als der Mörder selbst. Ohne diese Irritation und den Schock verarbeiten zu können, wird er, wiederum aus dem Schwarzbild heraus, in eine nächtliche Autofahrt katapultiert, wobei nur die nüchternen Schriftzüge »Smith's Grove, Illinois« und »October 30, 1978« verdeutlichen, daß mittlerweile 15 Jahre vergangen sind. Rufen diese auditiven und visuellen Eindrücke zunächst verwirrend-unheilvolle Ahnungen wach, so werden sie im weiteren Verlauf zunehmend als Anzeichen von direkter Bedrohung identifizierbar. Mit der überraschenden Flucht von Michael ist die Schilderung der notwendigen Vorinformationen abgeschlossen (siehe dazu auch Seite 41: Sequenzgrafik). Der Betrachter kann nun der eigentlichen Haupthandlung, den Geschehnissen am 31. Oktober 1978, dem Halloween-Tag, folgen.[7]
Eine friedliche Vorstadt-Straße, ein freundlicher, sonniger Tag beginnt (Sequ. 2). Darüber: »Haddonfield« / »Halloween.« Die Teenager Laurie (Jamie Lee Curtis) und der kleine Tommy auf dem Weg zur Schule. Laurie deponiert für ihren Vater einen Schlüssel beim Myers-Haus, in dem es spuken soll, wie Tommy beharrlich versichert. Ein Unbekannter steht

M'Sek	Sequenzen / Subsequenzen
00'00	**1.** Vorspann: Casts & Credits Michael ermordet seine Schwester Judith Dr. Loomis, Krankenschwester / Fahrt zur Anstalt Angriff auf die Krankenschwester Michaels Flucht
10'51	**2.** Laurie, Tommy auf dem Weg zur Schule Laurie beim Myers-Haus / Der »Schwarze Mann« Loomis, Anstaltsarzt / Laurie, das geheimnisvolle Auto Tommy und der »Schwarze Mann«
19'13	**3.** Laurie, Linda, Annie / Das geheimnisvolle Auto Laurie, Annie und der »Schwarze Mann« (Hecke) Laurie sieht den »Schwarzen Mann« im Garten
27'05	**4.** Dr. Loomis auf dem Friedhof: der fehlende Grabstein Annie, Laurie im Wagen / Der Sheriff und Dr. Loomis Annie, Laurie. Gespräch über Tanzen und Jungen / Nacht: Der geheimnisvolle Verfolger / Der »Schwarze Mann«
34'54	**5.** Sheriff und Dr. Loomis im Myers-Haus Telefongespräch Annie, Laurie. Annie wird beobachtet / Laurie, Tommy. Gespräch über den »Schwarzen Mann«
43'53	**6.** Annie im Waschhaus Telefongespräch Annie, Paul Lindsay wird zu Laurie und Tommy gebracht Annie am Auto. Sie wird erwürgt
52'07	**7.** Tommy sieht den »Schwarzen Mann« vor dem Nachbarhaus / Dr. Loomis vor dem Myers-Haus, der Sheriff / Ankunft Linda, Bob. Telefongespräch Linda, Laurie
59'50	**8.** Linda und Bob im Bett. Der »Schwarze Mann« ersticht Bob / Linda, das Gespenst. Telefongespräch Linda, Laurie / Linda wird erwürgt
66'26	**9.** Dr. Loomis entdeckt das geheimnisvolle Auto Laurie sucht Annie, Linda, Bob im Nachbarhaus Sie findet die Leichen
73'39	**10.** Erster Angriff auf Laurie. Sie flieht ins Freie Laurie vor Tommys Haus Zweiter Angriff auf Laurie (am Sofa) Dritter Angriff auf Laurie (Kleiderschrank) Vierter Angriff auf Laurie (Flur). Dr. Loomis erschießt den »Schwarzen Mann«. Die Leiche ist verschwunden
87'13	**Ende (?)**

Sequenzgrafik HALLOWEEN (1978)

hinter der Eingangstür und beobachtet sie. Er blickt ihr nach. Während des Unterrichts bemerkt Laurie einen geheimnisvollen Wagen vor der Schule, doch die Straße ist im nächsten Moment wieder leer. Bewegungsbetonte Seitfahrt auf ein Schulgebäude, der Unbekannte: Tommy wird von mehreren älteren Mitschülern geärgert, der Schwarze Mann würde ihn heute holen. Während er nach Hause geht, folgt ihm der Unbekannte im Auto.
Parallel zu diesen Merkwürdigkeiten wird in zwei Einschüben deutlich, daß Michael aus der Anstalt geflohen ist und trotz der Straßensperren entkommen konnte (Gespräch Loomis – Anstaltsarzt), und etwas später warnt Loomis, der sich auf dem Weg nach Haddonfield befindet, telefonisch den dortigen Sheriff eindringlich vor Michaels Ankunft. Loomis untersucht einen verlassenen Lastwagen. Die Kamera schwenkt abschließend auf eine im Gebüsch halbverdeckte Leiche.
In begleitenden und auffallend ausgedehnten Kamerafahrten werden zunächst die drei Hauptpersonen, Laurie und ihre Freundinnen Linda und Annie, auf dem Heimweg gezeigt und eher beiläufig charakterisiert (Sequ. 3). Im Gegensatz zu Laurie, die noch keine sexuellen Erfahrungen hat, da sie nach Meinung der Jungen zu intelligent ist, sind Linda und Annie diesbezüglich deutlich weiter. Sie unterhalten sich über Sex und die entsprechenden Vorhaben für den Abend: Laurie hat bei Tommys Eltern einen Job als Babysitter, Annie soll im Nachbarhaus auf die kleine Lindsay aufpassen, möchte sich aber lieber mit Paul vergnügen. Linda will später mit Bob dazukommen. Der geheimnisvolle Wagen fährt vorbei. An einer Hecke bemerkt Laurie kurz darauf den Unbekannten, als ob er auf sie warte, und – zu Hause angekommen – steht er im Garten, ist aber in beiden Fällen sofort wieder verschwunden. Annie ruft an. Sie will Laurie abends mit dem Auto abholen.
Beide Handlungsstränge werden nun schrittweise weiter zusammengeführt: Während Annie und Laurie zu Tommy bzw. Lindsay fahren (Sequ. 4), gefolgt von dem geheimnisvollen Wagen, und bei ihrer Ankunft von dem Unbekannten in der Dunkelheit beobachtet werden, hat Dr. Loomis auf dem Friedhof von Haddonfield entdeckt, daß der Grabstein von Judith Myers entfernt wurde (Loomis: »Michael ist nach Hause gekommen!«), und den Sheriff informiert. Während Loomis kurz darauf das nächtliche Myers-Haus inspiziert und dabei dem Sheriff ausführlich Michaels Charakter als bar jeglicher menschlicher Gefühle und Verhaltensweisen, als »das absolut Böse« beschreibt, versucht Laurie – im Schutz des erleuchteten Wohnzimmers – etwa gleichzeitig den ängstlichen Tommy mit der mehrfach wiederholten Versicherung zu beruhigen, daß es den Schwarzen Mann nicht gäbe (Sequ. 5). Doch die folgenden Einstellungen, die überwiegend aus der Beobachterperspektive vom nächtlichen Garten aus erfolgen, das Telefongespräch zwischen Laurie

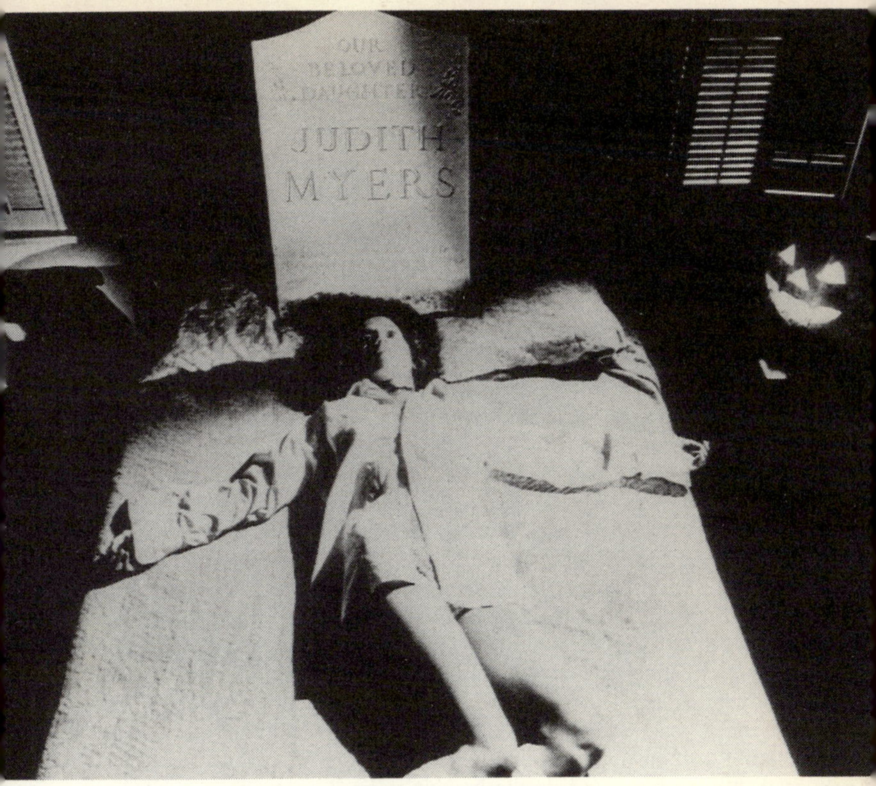

und Annie, ihr Wechseln der verschmutzten Bluse vor dem Fenster, der Gang durch die Nacht zum Waschhaus und anschließend zu Laurie, um Lindsay abzuliefern, verstärken die unheilvolle Ahnung des Betrachters (Sequ. 6). Spätestens zu diesem Zeitpunkt ist dem Zuschauer klar, daß der geheimnisvolle Unbekannte Michael sein muß, vielleicht sogar (Loomis' Einschätzung folgend) als Inkarnation des Bösen der Schwarze Mann sein könnte. Vor allem nach dem sexuell betonten Telefonat mit Paul und der ebenso eindeutigen Verabredung ist es absehbar, daß Annie das nächste Opfer sein wird. Ihr Tod wird zwar spannungssteigernd noch etwas hinausgezögert, indem sie – bereits an der Wagentür, um sich mit Paul zu treffen – noch einmal umkehren muß, um den Schlüssel zu holen. Aber das folgende Geschehen hat eine gewisse Zwangsläufigkeit. Die Feststellung von Dr. Loomis »Der leibhaftige Tod ist in Ihre kleine Stadt gekommen, Sheriff« (Sequ. 7) ist denn auch nur eine Bestätigung dessen, was der Betrachter gerade »miterlebt« hat. Insofern verfolgt er mit wachsender Unruhe die Ankunft von Linda und Bob, die arglos im dunklen Haus nach Annie suchen und sich schließlich ins Schlafzimmer zurückziehen, um sich ihrem eigentlichen Vorhaben zu widmen (Sequ. 8). Daß sie für ihren freien und unbekümmerten Umgang mit der Sexualität »bestraft« werden müssen, ist nach dem bisherigen Geschehen zu erwarten, so daß die Ermordung Bobs in der dunklen Küche ebenso wie Lindas Tod im Schlafzimmer in diesem Sinne konsequent erscheinen. Anders verhält es sich mit der ernsten und sexuell abstinenten Laurie, als sie im Nachbarhaus nach Annie und Linda sucht (Sequ. 9) und dabei offensichtlich beobachtet wird. Hier rechnet der Betrachter zwar ebenfalls mit einem jederzeitigen Angriff, der – nachdem sie die eindrucksvoll drapierten Leichen gefunden hat – auch erwartungsgemäß erfolgt; aber der Ausgang ist ungewiß (Sequ. 10). Laurie kann sich zunächst ins Freie retten und durch den dunklen Garten zu Tommy und Lindsay zurückkehren. Bereits beim folgenden Angriff (am Sofa) zeigt sich, daß sie als einzige in der Lage ist, sich zu wehren. Aber der überraschend schnelle Sieg über den Unbekannten läßt Zweifel zurück. So ist der Betrachter mittlerweile eher bereit, Tommy zu folgen, der Lauries Behauptung, sie hätte den Schwarzen Mann getötet, nicht glauben will, da dieses gar nicht möglich sei – zumal er durch das plötzliche Wiederauftauchen des Unbekannten bestätigt wird. Erst nach einer langen und heftigen weiteren Attacke (Schrank), in deren Verlauf Laurie den geheimnisvollen Angreifer durch mehrere Stiche schließlich töten kann, läßt die Anspannung nach. Die Gefahr scheint überstanden. Doch das Unglaubliche geschieht. Während Laurie erschöpft am Boden kauert, steht der »Tote« wieder auf und kommt auf sie zu. Für Laurie, die ahnungslos in den Nebenraum geht, gibt es jetzt keine Rettung mehr. Erst der herbeigeeilte Dr. Loomis kann dem Grauen ein Ende bereiten. Nachdem Michael, von mehreren Schüssen getroffen, vom Balkon gestürzt ist und Loomis der völlig verstörten Laurie bestätigt, daß es sich seiner Meinung nach um den Schwarzen Mann gehandelt hat, verdeutlicht die Kamera, daß die Leiche verschwunden ist...

3.

In die Idylle der ›suburbs‹ mit ihren gepflegten Vorgärten und der sorgsam zur Schau gestellten Wohlanständigkeit, der puritanischen Sexualmoral mit ihren Heimlichkeiten und unterdrückten Wünschen, die allerdings für die Jugendlichen keine Gültigkeit mehr zu haben scheinen – in diese vorgeblich heile Welt bricht das in seiner Vehemenz und Motivlosigkeit unerklärlich-animalische Grauen.

Der Film vermittelt von Beginn an eine anwachsende Intensität der Be-

drohung, die den (zeitgenössischen) Betrachter im dunklen Kinosaal einer bis dahin kaum gekannten psychischen Gewalt aussetzt und – sofern er bis zum Schluß durchhält – durchaus auch physisch empfunden wird. Ausschlaggebend dafür ist zum einen das hautnah miterlebte Geschehen in der Eingangssequenz, das den Betrachter nicht nur bedrohlich irritiert, sondern ihm auch für den weiteren Verlauf einen erheblichen Informationsvorsprung vor den handelnden Personen gibt, und zum anderen die Art und Weise, in der die Handlung durch die zeitliche Verteilung der Aggressionshöhepunkte, die darauf abgestimmte Kamerastrategie und den Toneinsatz filmisch präsentiert wird. Die spannungssteigernde Wissensdifferenz (›suspense‹), die in den folgenden Sequenzen durch die Entdeckungen von Loomis, seine Einschätzungen der Situation sowie die wechselnden Erzählperspektiven ständig aktualisiert wird, ist durchgängig vorhanden und erst in den letzten Einstellungen weitgehend aufgehoben, als der Betrachter sich gemeinsam mit Laurie fragt, ob dieses der Schwarze Mann war.
Anhand der Abb. Seite 46 soll zunächst das subtile Zusammenspiel der primären Spannungsmomente genauer untersucht werden: Dafür wurden die einzelnen Angriffe, auffallende Kameraaktivitäten sowie das bereits im Vorspann auftauchende musikalische Leitmotiv einschließlich der Variationen jeweils in ihrer Abfolge und Länge auf der Zeitachse des Films markiert.
Insgesamt werden 10 verschiedene Angriffe gezeigt, die über den gesamten Film verteilt sind. Bis auf den zweiten (Krankenschwester) sowie die vier letzten (Laurie) enden sie tödlich. Die Länge der direkten Attacken nimmt zwar im Finale zu, aber bedeutsamer noch ist ihre Anordnung im Filmverlauf und die jeweils dazwischenliegenden Intervalle[8]: Nach den beiden ersten Angriffen, die völlig unerwartet den Betrachter – wie beschrieben – in höchstem Maße verwirren, folgt eine über 40 Minuten lange scheinbare »Ruhepause« (nur in der 42. Minute durch die kurze Einstellung auf den getöteten Hund unterbrochen), in der Carpenter virtuos die eingangs vorgestellten visuellen und auditiven Mittel als Bedrohungsmotive erkennbar macht – oder anders formuliert: Was Laurie als allenfalls merkwürdige Zufälle (das Auto, der Unbekannte etc.) zu verdrängen versucht, wird vom Betrachter zunehmend als eindeutiges Gefahrensignal identifiziert, so daß seine Anspannung ins fast Unerträgliche gesteigert wird, während die Protagonisten sich weiterhin ahnungslos dem lauernden Tod aussetzen.
Nicht zufällig finden sich gerade mit Beginn der 2. Sequenz auffallend viele betont lange Plansequenzen, die auch, ohne daß ein Beobachter erkennbar ist (hellgraue Markierung), zeitliche und räumliche Kontinuität und damit eine Nähe zu den gezeigten Personen suggerieren. Daneben wird von hier an die bereits zu Beginn (Judith) verwendete Möglichkeit

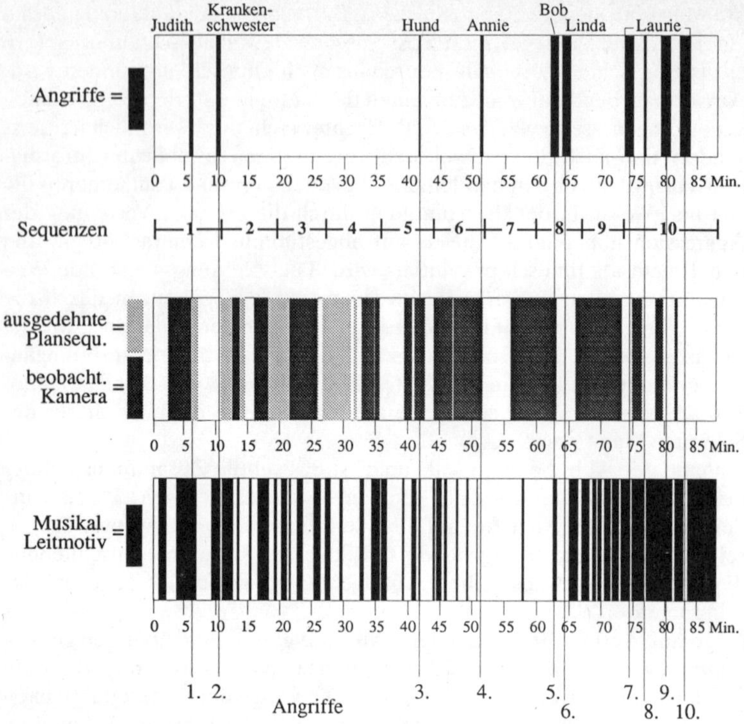

Zeitachse/Einsatz der formalen Mittel

intensiv eingesetzt, durch bewegungsbetonte Seitfahrten bzw. durch einen nur angedeuteten Beobachter (schwarze Markierung) dem Zuschauer die Perspektive des Täters aufzuzwingen. Die meist ebenfalls als Plansequenzen ausgeführten beobachtenden Kameraeinstellungen dominieren von nun an den gesamten Film und bereiten den Betrachter auf die Angriffe vor, die im Unterschied dazu überwiegend in klassischer Weise durch schnelle Schnittfolgen präsentiert werden.

In exakter Abstimmung mit diesen visuellen Momenten hat das immer wiederkehrende und zum Teil variierte musikalische Leitmotiv, das im Wechsel mit Dialogen, Realgeräuschen und Phasen absoluter Stille auftritt, die Funktion, auch an sich harmlos erscheinende Bildfolgen spannungssteigernd aufzuladen. Dieses musikalische Gefahrensignal addiert sich im Filmverlauf auf fast 39 Minuten, also knapp 45 % der Gesamtzeit und beherrscht damit die Tonebene. Häufig wird es noch ergänzt durch lautes Atmen, etwa in den Einstellungen mit deutlich beobachtendem Charakter – und zwar nicht nur dann, wenn der Unbekannte oder ein Teil von ihm (eine Schulter, ein Fuß, das Gesicht) am Bildrand oder im Hintergrund kurz zu sehen ist. Während dieser Toneinsatz vor allem zu Beginn unmittelbar vor und während der beiden ersten Angriffe auftaucht, hat er bis zu Annies Ermordung (52. Minute) gemeinsam mit dem oben beschriebenen Kameraverhalten die Aufgabe, das visuell allenfalls beunruhigende Geschehen bedrohlich zuzuspitzen, die Ahnungen des Betrachters zu intensivieren, um von der 66. Minute an das Geschehen ständig zu begleiten. Bereits nach dem Telefongespräch mit Paul (48. Minute) wird ein weiteres Motiv eingeführt, das zwischen der 52. und der 63. Minute an Stelle des musikalischen Signals als ironisch gebrochener Gefahrenhinweis oder Kommentar fungiert: Im Fernsehen läuft der Film THE THING von Howard Hawks (1951). Während Annie Lindsay überredet hat, den weiteren Abend mit Laurie und Tommy zu verbringen, und sie sich anschicken, das Haus zu verlassen, hört man den Ton des Fernsehgerätes: »Schließt die Riegel vor euren Türen, schließt die Fenster und macht das Licht aus und laßt auf gar keinen Fall...« Unmittelbar nach Annies Tod – Lindsay und Tommy sitzen vor dem Fernseher und sehen den Film THE FORBIDDEN PLANET (Fred M. Wilcox, 1956) – wird ein Raumschiff bei der Landung auf einem fremden Planeten gezeigt: »Alle Bordinstrumente auf Sicherheitsstufe A umstellen... Handfeuerwaffen klarmachen und bereithalten... Ende der Durchsage...« Etwas später, Laurie blickt nachdenklich aus dem Fenster und stellt seufzend fest, daß sich alle Leute heute abend amüsieren, nur sie nicht, wird dieses wieder durch den Fernsehton ergänzt: »Harris, ich bekomme keinen Kontakt... Soll ich die Vorfälle untersuchen lassen, Sir?... Nein, noch nicht. Wir müssen uns erst einen generellen Überblick verschaffen.«

Die inhaltlichen Anleihen und direkten Rückgriffe auf das Arsenal der Spannungseffekte in den mittlerweile schon klassischen ›suspense‹-Filmen von Alfred Hitchcock sind offensichtlich.[9] Ähnlich wie Hitchcocks VERTIGO (1958), PSYCHO (1960) oder THE BIRDS (DIE VÖGEL, 1963), Henri-Georges Clouzots LES DIABOLIQUES (DIE TEUFLISCHEN, Frankreich 1954) oder Orson Welles' TOUCH OF EVIL (IM ZEICHEN DES BÖSEN, USA 1958) in der obsessiven Einbeziehung der Emotionen des Betrachters einen qualitativen Sprung in der Entwicklung des Genres bedeuten und den »Psycho-Thriller« eigentlich erst begründen, markiert Carpenters HALLOWEEN gemeinsam mit den Arbeiten anderer Regisseure dieser Jahre einen weiteren Schritt hin zum »neuen Horror-Film«. Während allerdings Hitchcock mit den Ahnungen, Hoffnungen und unterdrückten Wünschen des Betrachters spielt, ihn einem Wechselbad der Gefühle und Perspektiven aussetzt und durch die subtile Mischung von gezielten Hinweisen über den weiteren Handlungsverlauf, ihrer scheinbaren Bestätigung und

den überraschenden Wendungen eine bedrohlich-verunsichernde Orientierungslosigkeit herbeiführt, ist der Spannungsaufbau bei HALLOWEEN deutlich restriktiver, eindimensionaler. Von der bewußt provozierten Vielzahl emotionaler Leerstellen, die der Zuschauer mit eigenen Erinnerungen und Ängsten ausfüllen muß, der exakt auf diese Wirkung abgestimmten Kamerastrategie und dem häufig chaotischen Bündel von auch widersprüchlichen Assoziationen – die Hitchcocks oben genannte Filme kennzeichnen[10] –, ist hier kaum etwas zu spüren.
Die unmittelbare Verbindung von Sexualität und Gewalt, gerade in ihrer sado-masochistischen Ambivalenz, in der der Betrachter also Opfer und Täter zugleich ist, gehört seit jeher zu den prägenden Topoi des Horror-Films, auch wenn diese Thematik vor allem in den Klassikern des Genres häufig nur latent angelegt oder in symbolischer Form dargestellt wird. Bereits in PSYCHO, der am deutlichsten die spätere Entwicklung beeinflußt hat, steht diese Problematik inhaltlich und formal im Mittelpunkt und ist mit all ihren Facetten ein integrierter, sogar wesentlicher Teil der Handlung. In den entsprechenden Filmen der 70er und 80er Jahre wird daraus häufig ein rein formal gehandhabtes Mittel der Spannungsdramaturgie. Ähnlich wie Spielberg in JAWS (DER WEISSE HAI, USA 1975) durch die Präsentation der Haiangriffe dem Betrachter sowohl die Rolle des lauernden Raubfisches als auch die des Opfers aufzwingt, wird das Geschehen in HALLOWEEN über den gesamten Film hinweg aus beiden Perspektiven gezeigt, wobei allerdings durch das sorgfältige Arrangement aus voyeuristisch betonter subjektiver Kamera, den »neutraleren« Plansequenzen und schnellen Schnittfolgen sowie dem Toneinsatz und der Zeitdramaturgie eine formal überzeugende Einheit geschaffen wird – eine Qualität, die in den unmittelbar an HALLOWEEN anknüpfenden gleichnamigen Sequels anderer Regisseure (s. u.) allenfalls noch in den übernommenen Bruchstücken erahnt werden kann.

4.

Ebenso begrenzt wie Handlungsort und -zeitraum (eine Kleinstadtstraße, eine Nacht) sind der Kreis der Hauptpersonen und ihre Funktionen für die erzählte Geschichte. Im Mittelpunkt stehen die drei Teenager Laurie, Linda und Annie mit ihrer erwachenden oder bereits erwachten Sexualität und den entsprechenden erotischen Interessen. Der Psychopath Michael – einerseits der gesichtslose Serien-Mörder ohne erkennbares Motiv, andererseits der »Schwarze Mann« aus den Kindertagen, der die Ungehorsamen bestraft – erfüllt dramaturgisch die Aufgabe, die Handlung voranzutreiben. Der durch seine Erfahrungen hart und kompromißlos gewordene Psychiater Dr. Loomis übernimmt die Rolle des wissenden Erklärers sowie am Schluß des Films des Retters der »bedrängten Jung-

frau«. Der Sheriff als Vertreter der Staatsgewalt verkörpert – wie in den meisten dieser Filme – mit seinem ständigen Zweifel und seiner obligaten Handlungsunfähigkeit das retardierende Moment.
Von den beiden Kindern hat nur Tommy eine benennbare Funktion. Er ist der einzige, der den »Schwarzen Mann« gesehen hat und an das glaubt, was er sieht oder zu sehen meint. Da für ihn die Grenze zwischen Phantasie und Wirklichkeit noch fließend ist, kommt er in »kindlicher Einfalt« zu dem richtigen Schluß. Die zurückhaltende, nachdenklich-intellektuelle Laurie ist zwar aufgrund ihrer mehrfachen Begegnungen mit dem Unbekannten verunsichert, bemüht sich aber – zunächst erfolgreich –, das Unerklärliche durch rationale Erklärungen zu bewältigen und damit die Bedrohung ihrer bis dahin geordneten Welt zu verdrängen. Erst durch die unaufhaltsame Eskalation der Ereignisse und die schmerzlichen Erfahrungen in der Realität ist sie in der Lage, ihren Irrtum zu akzeptieren. Annie und Linda, die vor allem ihre sexuellen Bedürfnisse im Sinn haben und diesen auch unbekümmert nachgehen, bemerken die Gefahr überhaupt nicht und sind von daher die »natürlichen« Opfer.
Der unmittelbare Zusammenhang von »unerlaubter« Sexualität und Gewalt ist offensichtlich. Bemüht man sich allerdings, diese bereits durch den Handlungsablauf gegebene recht allgemeine »Erklärung« zu differenzieren, also die verschiedenen Bedeutungsangebote interpretierend zu einem sinnvollen Ganzen zu verbinden, so wird es problematisch: Ob man nun in Michael das nicht weiter hinterfragbare Prinzip des Bösen sieht, den »Schwarzen Mann« als reaktionäres Wunschbild der Moralhüter im Sinne einer strafenden Gewalt begreift, das Geschehen als Projektion der unbewußten, verdrängten Ängste derjenigen, die leichtfertig die überkommenen Normen und Regeln verletzen, interpretiert oder auch als Aufbrechen von Lauries unterdrückten sexuellen Bedürfnissen und das unaufhaltsame Eindringen der maskulinen Gewalt in ihr bis dahin rational kontrolliertes Gefühlsleben – all diese Deutungen wären denkbar, bleiben aber bruchstückhaft, subjektiv, beliebig. Die allenfalls rudimentären Anhaltspunkte in Handlungsdetails und filmischer Präsentation reichen für eine schlüssige Interpretation nicht aus. Die obligate Sinnsuche entlarvt sich hier (wie so häufig) als vorwiegend akademisches Problem des literarisch geschulten Betrachters, weniger des gemeinten Kinopublikums und schon gar nicht als das der Produzenten. Dieses gilt noch eindeutiger für die Masse der Folgefilme und ist auch an den zahlreichen HALLOWEEN-Sequels ablesbar: HALLOWEEN II (DAS GRAUEN KEHRT ZURÜCK, Rick Rosenthal, USA 1981), III: SEASON OF THE WITCH (Tommy Lee Wallace, USA 1982), IV: THE RETURN OF MICHAEL MYERS (MICHAEL MYERS KEHRT ZURÜCK, Dwight D. Little, USA 1988), V: THE REVENGE OF MICHAEL MYERS (DIE RACHE DES MICHAEL MYERS, Dominique Othenin-Girard, USA 1989).[11]

Die Kombination der bereits einzeln als erfolgsträchtig erwiesenen Motive wie Teenager-Sex, Brutalität und Tod, eingebettet in atemlose Spannung, setzt in der narrativen Verknüpfung zwangsläufig »bedeutungsträchtige« Assoziationen als additives Beiwerk frei – gewollt oder ungewollt. Auch die auffallend flachen Plots in vielen dieser Filme und die rudimentäre Personencharakterisierung haben hierin ihren Grund. Es werden nur soviel Informationen gegeben wie unbedingt notwendig, um der meist sehr oberflächlich zusammengestellten Handlung folgen zu können, wobei die häufig ausschließlich als Videos produzierten und vermarkteten eindeutigen ›splatter‹- oder ›slasher movies‹ sogar noch auf diese Reste einer inhaltlichen Legitimation verzichten.
Bis auf HALLOWEEN III, der nur in Titel und kleineren Zitaten auf Carpenters Film Bezug nimmt und inhaltlich an ›Science-fiction‹-Filme der 50er Jahre anknüpft (z. B. INVASION OF THE BODY SNATCHERS – DIE DÄMONISCHEN, Don Siegel, USA 1956), wird die Geschichte von Michael Myers in den Folgen II, IV und V wieder aufgenommen und dabei das an sich schon dünne Handlungsgerüst (s. o.) bis zur Unkenntlichkeit weiter reduziert – als dürftige Folie für die ausgereizten immer blutrünstiger werdenden Schockeffekte. So ist beispielsweise in der von Dominique Othenin-Girard besorgten Folge V (1989) eine »Logik« in der Aneinanderreihung von brutalen Attacken und übernommenen Versatzstücken nur dann noch erahnbar, wenn man das Original und vor allem den Teil IV von Dwight D. Little (1988) kennt. Es versteht sich von selbst, daß auch die Sequels immer mit der Wiederauferstehung des Totgeglaubten enden.
Ein Jahr nach Carpenters HALLOWEEN kam ein Film in die Kinos, der bei unübersehbaren formalen und inhaltlichen Anleihen ebenfalls geheimnisvolle Mordattacken an Teenagern, diesmal in einem Jugendcamp, zum Inhalt hat und ungeachtet seiner im Vergleich zum HALLOWEEN-Original deutlich minderen Qualität bis 1988 mit insgesamt sieben »legitimen« Folgen ebenfalls eine Serie auslöste: FRIDAY THE 13TH – FREITAG, DER DREIZEHNTE von Sean S. Cunningham (USA 1979). Auch hier tauchen die subjektiven Kamerafahrten auf, auch hier werden die Pärchen bevorzugt beim Liebesspiel beobachtet und reihenweise hingemordet, und die einzige Jungfrau ist am Schluß in einer begehbaren Speisekammer (wie Laurie im Schrank) den Angriffen ausgeliefert; auch hier endet der Film mit der nur temporären Beseitigung der akuten Gefahr.[12] Wie stark diese Thematik bei dem überwiegend jugendlichen Publikum auf Interesse stieß, zeigt sich neben zahlreichen unbekannteren Filmen ebenso an dem Erfolg von NIGHTMARE ON ELM STREET (NIGHTMARE – MÖRDERISCHE TRÄUME, Wes Craven, USA 1984) und seinen zahlreichen Sequels, in denen der Kindermörder Freddy Krueger, der ebenfalls immer überlebt, sich zunächst nur im Traum und später real über ahnungslose Teenager hermacht.

Zweifellos hat der bei all diesen Filmen auffallende offene Schluß zunächst den strategischen Grund, unproblematisch an etwaige Erfolge anknüpfen zu können. Da dieses Phänomen allerdings quer durch die Genres in den »Angst-Filmen« der 70er und 80er Jahre gehäuft in Erscheinung tritt, dürfte sich darin auch ein verändertes Publikumsinteresse widerspiegeln. Die wirklichen Gefahren außerhalb des Kinos sind offenbar schon so bedrohlich geworden, daß eine stellvertretende, an einem eingegrenzten Konflikt erfolgende endgültige »Gefahrenbereinigung« nicht mehr glaubhaft ist.

Obwohl diese Filme nicht mehr wie ihre »gothischen« Vorläufer bevorzugt im historischen Ambiente der modrigen Gemäuer und dunklen Schlösser spielen – allenfalls die Villa in PSYCHO erinnert noch daran –, sondern das Hereinbrechen des Grauens in die vertraute Gegenwart des Publikums schildern, haben sie vordergründig keinen erkennbaren Bezug zum realen Alltag der Kinozuschauer; denn statistisch gesehen dürfte nur ein verschwindend kleiner Teil des Publikums jemals Augenzeuge oder direkt Beteiligter eines abartigen Mordes oder anderer kaum vorstellbarer Greuel sein. Interessanterweise zählen ja gerade die Filme, die engagiert und direkt auf den Horror der Realität Bezug nehmen, nicht zum Genre des Horror-Films – etwa die Kehrseite des unbedingten Technikglaubens in CHINA SYNDROM (James Bridges, USA 1978), des atomaren Overkill wie in THE DAY AFTER (DER TAG DANACH, Nicholas Meyer, USA 1983) oder auch die zahlreichen kritischen Auseinandersetzungen mit dem Vietnamkrieg (z. B. PLATOON, Oliver Stone, USA 1986) – und noch weniger die ohnehin nur vereinzelten Produktionen, in denen unmittelbar die tagtäglich vom Publikum erfahrene Gewalt – wachsende Armut, Massenarbeitslosigkeit, Wohnungsnot, Rassismus etc. – im Mittelpunkt stehen. Um die von jeher für den Horror-Film wesentliche Angst-Lust erfahren zu können, bedarf es neben der höchstmöglichen Aktivierung eigener verborgener Ängste offensichtlich dieser Distanz zum Alltag der Menschen.

Gleichwohl liegt hier, in den realen Sorgen, Hoffnungen und unerfüllbaren Wünschen, der nicht nur diffus empfundenen Bedrohung und eigenen Machtlosigkeit, das Potential, aus dem diese Filme schöpfen. Die etwa gleichzeitig entstehende Welle der Teufelsfilme (z. B. DER EXORZIST, William Friedkin, USA 1973), die ›desaster movies‹ der frühen 70er Jahre (z. B. AIRPORT, George Seaton, USA 1969, oder ERDBEBEN, Mark Robson, USA 1974), die brutalen Feldzüge einzelner gegen Verbrechen und Ungerechtigkeit (von EIN MANN SIEHT ROT, Michael Winner 1974, bis RAMBO II – DER AUFTRAG, George B. Cosmatos, USA 1985) ebenso wie die Killermaschinen aus der Zukunft (z. B. DER TERMINATOR, James Cameron, USA 1984) sind nur andere Formen – zeitgemäß aktualisierte Variationen des Verhältnisses von Realitätserfahrung und filmischer Angstbewältigung.

Symptomatisch dafür ist das immer offenere und detailliertere Ausspielen brutaler Gewaltrituale sowie in vielen Fällen die Vorenthaltung einer befriedigenden kathartischen Lösung, die noch die entsprechenden Produktionen etwa der 50er Jahre kennzeichnete.

Auch wenn die kurz- und längerfristige Wirkung dieser Filme auf das Publikum strittig ist (Ventilfunktion versus Stimulanzthese), sich also ein potentieller Zusammenhang von gesellschaftlich zu beobachtender Zunahme der Gewaltbereitschaft besonders bei Jugendlichen und einem entsprechenden Medienkonsum allenfalls individuell, für jeden einzelnen Film und unter Beachtung der jeweiligen Rezipientengruppe, nachweisen ließe, so ist auf jeden Fall festzustellen, daß sich die *Wahrnehmungs*bereitschaft von Brutalität und Gewalt im Film bis hin zu den extremen Formen in den ›slasher-movies‹ erheblich verändert hat. Wenn der Schatten des Vampirs in F. W. Murnaus NOSFERATU von 1922, Bela Lugosi in Tod Brownings DRACULA von 1931 oder auch Peter Cushing in dem gleichnamigen Remake von 1958 (Terence Fisher, Großbritannien) sich als blutsaugender Graf in eindeutiger Absicht über das schöne Mädchen beugen und dabei dem zeitgenössischen Publikum noch Gruselschauer über den Rücken jagten, so dürfte ein heutiger Horror-Film-Fan für dieses »Grauen« gerade noch ein müdes Lächeln erübrigen.

Anmerkungen

1 Neben der Regie war John Carpenter für das Buch (gemeinsam mit Debra Hill) sowie für die Musik zuständig. Als einziger bekannterer Schauspieler wurde Donald Pleasence engagiert. Jamie Lee Curtis gab als Laurie hier ihr Filmdebüt. Die Zeitangaben der nachfolgenden Analyse basieren auf der vom ZDF am 7.10.93 ausgestrahlten Fassung des Films.

2 Das Motiv des psychotischen Mörders gehört nach den entsprechenden klassischen Vorläufern wie z.B. DAS CABINET DES DR. CALIGARI (Robert Wiene, Deutschland 1920, siehe Band 1) oder auch THE SPIRAL STAIRCASE (DIE WENDELTREPPE, Robert Siodmak, USA 1945) und spätestens seit dem Erfolg von PSYCHO (Alfred Hitchcock, USA 1960) zum festen Repertoire des phantastischen und des Kriminalfilms. Eine aktuelle Problematisierung dieser Thematik nebst Filmographie und umfangreicher Bibliographie findet sich in Matthias Kuzina: Psychopathologie und Filmästhetik – Studien zur Phänomenologie und Entwicklung des US-amerikanischen Psychothrillers. Magisterarbeit an der TU Braunschweig, Dezember 1992.

3 Vgl. dazu beispielsweise Pat H. Broeske: Halloween, in: Frank N. Magill (ed.): Magill's Survey of Cinema: English Language Films. Second Series, Vol. 2. NJ: Salem Press, 1981, S. 969ff.

4 Vgl. dazu beispielsweise Wolfram Schütte: Ornamente der Gewalt – John Carpenters Film HALLOWEEN und der einiger anderer. Frankfurter Rundschau v. 6.7.1979 (Feuilleton) – Halloween, die Nacht des Grauens. In: R.M. Hahn/ V. Jansen: Lexikon des Horror-Films. Bergisch Gladbach 1989, S. 212 – oder auch H. G. Pflaum: Reibach der letzten Stunden – Halloween II, ein Film, der

keine Kritik verdient. Süddeutsche Zeitung vom 15.11.82 (Feuilleton) und viele andere mehr.

5 H.C. Blumenberg: Halloween – Die Nacht des Grauens. Die Zeit vom 6.7.1979, S. 37 (Feuilleton, Filmtips).

6 So z.B. H.C. Blumenberg: Die langen Nächte des Terrors – Großstadt Western und Horrorfilm: ASSAULT und HALLOWEEN. Die Zeit vom 23.3.1979, S. 47 (Feuilleton). – Vgl. auch Pat H. Broeske (Anm. 3) – Douglas L. Rathgeb: Bogeyman From the Id – Nightmare and Reality in HALLOWEEN and A NIGHTMARE ON ELM STREET. Journal of Popular Film and Television 12.1 (Spring 1991), S. 36ff. und andere.

7 Das Halloween-Fest am Vorabend von Allerheiligen hat im angelsächsischen Bereich eine lange Tradition und geht auf das keltische Winteranfangsfest zurück. Im heutigen Brauchtum besonders in den USA ist es die »Nacht der Gespenster«, in der sich vor allem die Kinder entsprechend verkleiden und an den Haustüren Süßigkeiten einfordern – »Jeder darf jeden mal so richtig erschrekken«, wie der Sheriff zu Beginn des Films zu Laurie sagt. Das Halloween-Symbol ist der ausgehöhlte, mit einer Kerze beleuchtete Fratzen-Kürbis.

8 Im Rahmen einer bisher unveröffentlichten Studie über »Spannungsaufbau und Erzählstrukturen im Thriller« habe ich u. a. die Aggressionshöhepunkte in zahlreichen Action-Filmen mit dem Zeitachsen-Verfahren untersucht. Ein Vergleich damit zeigt, daß bei HALLOWEEN die Angriffe in ihrer zeitlichen Anordnung – ähnlich wie beispielsweise bei THE BIRDS (DIE VÖGEL, Hitchcock, USA 1963) – weitgehend einem der beiden polaren Grundraster entsprechen. Siehe dazu Helmut Korte: DER WEISSE HAI, das lustvolle Spiel mit der Angst. In: Korte/Faulstich (Hrsg.): Action und Erzählkunst, die Filme von Steven Spielberg. Frankfurt/M.: 1987 (Fischer Cinema Bd. 4476), S. 89ff.

9 Vor dem Hintergrund der im folgenden genauer beschriebenen inhaltlichen und formalen Rückbezüge auf die Filme von Alfred Hitchcock und andere Klassiker dürfte es kein Zufall sein, daß der Psychiater in HALLOWEEN ausgerechnet Sam Loomis heißt – ebenso wie der Freund der unglücklichen Marion Crane aus PSYCHO. Dieses Spiel mit den Filmnamen ist bereits in ASSAULT (1976), der sich inhaltlich auf die Howard-Hawks-Western RIO BRAVO (1959) und EL DORADO (1965) bezieht, nachweisbar. Auch das auffallende Zitat aus THE THING (Hawks, 1951) in Carpenters HALLOWEEN ist vermutlich nicht zufällig: Vier Jahre später kommt sein Remake DAS DING AUS EINER ANDEREN WELT in die Kinos.

10 Zur Charakteristik der Hitchcock-Filme sowie zur Herausbildung des Psycho-Thrillers Ende der 50er Jahre vgl. meinen Beitrag: Trügerische Realität – VERTIGO, AUS DEM REICH DER TOTEN. In: Faulstich/Korte (Hrsg.): Fischer Filmgeschichte, Band 3: 1945–1965, S. 331ff. – und zu THE BIRDS. In: F.-J. Albersmeier/V. Roloff (Hrsg.): Literaturverfilmungen. Frankfurt/M. (st 2093) 1989, S. 281ff. – oder zur Weiterentwicklung in Spielbergs JAWS mein Beitrag DER WEISSE HAI, das lustvolle Spiel mit der Angst (Anm. 8).

11 Siehe zu Carpenters HALLOWEEN und zu den zahlreichen Folgefilmen bis Ende der 80er Jahre z.B. Vera Dika: Games of Horror: HALLOWEEN, FRIDAY THE 13TH, and the Films of Stalker Cycle. London–Toronto (Associated University Presses), 1990 u. a.

12 Die bei HALLOWEEN immerhin ansatzweise noch interpretierbare Verbindung des Mörders und der Opfer vor dem Hintergrund sexueller Tabus (s. o.) wird bei FREITAG, DER 13. völlig abstrus: hier mordet – wie sich herausstellt – die Mutter eines Jahre zuvor ertrunkenen Jungen, um sich an den jetzigen Bewoh-

nern des Camps zu rächen, obwohl diese mit dem Tod ihres Kindes nichts zu tun haben. Nachdem im Finale des Films die Mutter getötet wurde, setzt ihr wiederauferstandener Sohn in den folgenden Teilen den Rachefeldzug fort.

Auswahlbibliographie

Hans D. Baumann: Horror – Die Lust am Grauen. Weinheim 1989.

Vera Dika: Games of Horror: HALLOWEEN, FRIDAY THE 13TH, and the Films of Stalker Cycle. London–Toronto (Associated University Presses), 1990.

Rolf Giesen: Sagenhafte Welten – Der Phantastische Film. München 1990.

Barry Keith Grant (Hrsg.): Planks of Reason – Essays on the Horror Film. Metuchen, N.J.–London (Scarecrow) 1984.

Helmut Korte: DER WEISSE HAI – das lustvolle Spiel mit der Angst. In: Korte/Faulstich (Hrsg.): Action und Erzählkunst – Die Filme von Steven Spielberg. Frankfurt/M. 1987 (Fischer Cinema 4476).

Ders.: Trügerische Realität: VERTIGO, AUS DEM REICH DER TOTEN. In: Faulstich/Korte (Hrsg.): Fischer Filmgeschichte, Band 3: 1945–1965. Frankfurt/M. 1990, S. 331 ff.

Gabriele Meierding: Psychokiller, Massenmedien und alltägliche Gewalt. Reinbek b. Hamburg 1993.

Georg Seeßlen: Kino der Angst – Geschichte und Mythologie des Film-Thrillers. Reinbek bei Hamburg 1980.

Georg Seeßlen/Claudius Weil: Kino des Phantastischen – Geschichte und Mythologie des Horror-Films. Reinbek bei Hamburg 1980.

Georg Seeßlen: Aus rettungsloser Welt. Wie sich ein Genre verändert – Zum neuen Horror-Film. In: Medium 10/1981, S. 9 ff.

Norbert Stresau: Der Horror-Film. Von Dracula zum Zombie-Schocker. München 1987.

Frank Trebbin: Die Angst sitzt neben Dir – Psychothriller, Horror- und SF-Filme seit 1960, 4 Bände. Berlin (Selbstverlag) 1990, 1991, 1992, 1993.

Gregory A. Waller (Hrsg.): American Horrors: Essays on the Modern American Horror Film. Urbana/Chicago (University of Illinois Press) 1987.

Auswahlfilmographie

PSYCHO (PSYCHO), Alfred Hitchcock, USA 1960

NIGHT OF THE LIVING DEAD (DIE NACHT DER LEBENDEN TOTEN), George A. Romero, USA 1968

WILLARD (WILLARD), Daniel Mann, USA 1970

THE EXORCIST (DER EXORZIST), William Friedkin, USA 1973

TEXAS CHAINSAW MASSACRE (BLUTGERICHT IN TEXAS), Tobe Hooper, USA 1974

THE OMEN (DAS OMEN), Richard Donner, USA 1975

JAWS (DER WEISSE HAI), Steven Spielberg, USA 1975

ZOMBIE – DAWN OF THE DEAD (ZOMBIE), George A. Romero, USA 1977

HALLOWEEN (HALLOWEEN – DIE NACHT DES GRAUENS), John Carpenter, USA 1978

FRIDAY THE 13TH (FREITAG, DER DREIZEHNTE), Sean S. Cunningham, USA 1979

THE SHINING (SHINING), Stanley Kubrick, GB 1979

THE AMITYVILLE HORROR (AMITYVILLE HORROR), Stuart Rosenberg, USA 1979

ALIEN (ALIEN – DAS UNHEIMLICHE WESEN AUS EINER FREMDEN WELT), Ridley Scott, Großbritannien 1979

DRESSED TO KILL (DRESSED TO KILL), Brian de Palma, USA 1980

POLTERGEIST (POLTERGEIST), Tobe Hooper, USA 1982

NIGHTMARE ON ELM STREET (NIGHTMARE – MÖRDERISCHE TRÄUME), Wes Craven, USA 1984

THE SILENCE OF THE LAMBS (DAS SCHWEIGEN DER LÄMMER), Jonathan Demme, USA 1991

4. Literaturklassiker im Film: DIE BLECHTROMMEL (1979)

von Uwe Müller

Einleitung

Der Roman »Die Blechtrommel« (1959) von Günter Grass gehört anerkanntermaßen zum Kanon der Klassiker deutscher Nachkriegsliteratur. Der Film DIE BLECHTROMMEL (1979) von Volker Schlöndorff muß allein schon wegen seiner Erfolge (Goldene Schale des Bundesfilmpreises 1979, Goldene Palme Cannes 1979, ein Oscar der amerikanischen Academy of Motion Picture Art and Sciences 1980) zu den Klassikern des westdeutschen Nachkriegsfilms gezählt werden. Der Regisseur versammelte Profis und Prominenz um sich, um diesen Film zu realisieren: Mario Adorf, Angela Winkler, Katharina Thalbach und Otto Sander sind zu nennen. Weiterhin: Fellinis Maskenbildner Rino Carboni; Jean-Claude Carrière (ein Mitarbeiter L. Buñuels) und Franz Seitz arbeiteten mit Schlöndorff am Drehbuch, und Suzanne Baron, die Cutterin von J. Tati, übernahm den Schnitt. Das Wichtigste allerdings war die Zusage von Grass, die Rechte zu vergeben, so daß sein Roman für einen Film verwertet werden konnte. Grass wurden die verschiedenen Drehbuchfassungen vorgelegt, und er arbeitete intensiv an den Dialogen mit. Es entstand der Film, den man zu den sogenannten Literaturverfilmungen rechnet.

Das Liebäugeln von Volker Schlöndorff mit der Literatur ist nicht neu: Zu nennen sind die Filme DER JUNGE TÖRLESS nach Musil, DIE VERLORENE EHRE DER KATHARINA BLUM (mit Margarethe von Trotta) nach Böll und dann DIE BLECHTROMMEL; später kommen noch DIE FÄLSCHUNG, EINE LIEBE VON SWANN und HOMO FABER hinzu – wie stehen diese Arbeiten zu ihren printliterarischen Vorlagen? Sind sie ihnen »adäquat«? Werden hier »literarische Klassiker verramscht«? Wie läßt sich jeweils das »Wertungsgefälle« zwischen Roman und Spielfilm, zwischen Buch und Film angemessen beurteilen? Solche und ähnliche Fragen wurden durch DIE BLECHTROMMEL und durch die Zusammenarbeit von Schlöndorff und Grass aktuell und führten in Deutschland zu einer besonders intensiven Diskussion, die eine weitgehend konsensfähige Antwort erbrachte: Der Vergleich mit der »literarischen Vorlage« ist »eine unzulässige Verengung des Blicks«; »der Film nach der Literatur ist Film«, wie Knut Hickethier es für DIE BLECHTROMMEL auf den Nenner brachte.[1] Mit anderen

Worten: Die Frage nach der Adäquatheit, der zwanghafte Werkvergleich, die Wertungsintention selbst ist irreführend bzw. falsch. Während des Herstellungsprozesses notierte Schlöndorff in seinem Tagebuch: »Ich verfilme nicht seinen Roman, um ihm – Günter Grass – einen Gefallen zu tun, sondern ich mache einen Film, der DIE BLECHTROMMEL heißt und dessen Drehbuch auf dem gleichnamigen Roman basiert.«[2] Als Grass zum erstenmal eine Fassung des Films sah, urteilte er: »Ich habe das Buch vergessen und einen Film gesehen...«[3] Die Adaption, auch wenn sie sich noch so nahe an die Vorlage hält, ist stets Transposition und eröffnet mit dem neuen Werkcharakter auch eine neue Dimension. Nur um diese geht es hier. Dabei mag dahingestellt bleiben, ob diese befreite Sicht, die den Film endlich nur *als Film* in den Blick nimmt, auf die zunehmend eingestandene Dominanz des Sehens gegenüber dem Lesen zurückzuführen ist, des Sinnlich-Vergegenständlichten gegenüber dem Imaginierten, des audiovisuellen Mediums Film gegenüber dem Printmedium Buch; oder ob sich nicht eher das Wertesystem, nach dem hier ästhetische Urteile gefällt wurden, und seine strengsten Verfechter, die Literaturkritiker, als obsolet erwiesen hatten. Ende der 70er, Anfang der 80er Jahre hat sich die Filmgeschichte gegenüber der traditionellen Literaturgeschichte jedenfalls endgültig emanzipiert.

Die Filmhandlung

Der Film – siehe ausführlicher die »Handlungsphasen« im Anhang – beginnt auf einem Kartoffelacker in der Kaschubei mit der vierfach berockten Großmutter von Oskar. Unter diesen Röcken versteckt sich Joseph Koljaiczek auf der Flucht vor zwei Gendarmen. Offenbar nutzt er den dortigen Aufenthalt, um Oskars Mutter Agnes zu zeugen. Nachdem Agnes geboren ist, muß der Koljaiczek wieder vor seinen Häschern das Weite suchen. Sein Schicksal bleibt ungewiß: Entweder ist er ertrunken oder Millionär in Chicago geworden.

Agnes steht als junge Frau mit ihren Gefühlen zwischen ihrem Cousin Jan Bronski und Alfred Matzerath. Mit letzterem geht sie die Ehe ein. Als Oskar geboren wird, wird ihm zum dritten Geburtstag eine Blechtrommel von seiner Mutter versprochen. Am 12.9.1927 ist dieser Geburtstag, ein besonderer Tag: Oskar bekommt seine Trommel und erlebt das offen heimliche Begehren Jan Bronskis seiner Mutter gegenüber. Im Off hört man Oskars Erklärung, daß er seinerzeit beschlossen habe, nicht mehr zu wachsen. Er stürzt sich die Kellertreppe hinunter. Die Erwachsenen sind entsetzt.

Das Trommeln wird zu seiner Lieblingsbeschäftigung. Als sein Vater ihm sein Krachinstrument einmal entnervt wegreißen will, schreit Oskar schrill auf, und das Glas der Standuhr zerspringt. Diese wundersame Gabe wird von ihm fortan mehrmals eingesetzt:

- Beim ersten Schultag, als er die Trommel weglegen soll, gehen so die Brillengläser der erst erzürnten und dann entsetzten Lehrerin zu Bruch.
- Beim Arzt, der ihn untersuchen will, zerbrechen die gläsernen Behälter, in denen außer Reptilien und Affen auch ein Menschenfötus in Spiritus eingelegt ist.
- Und als Agnes sich heimlich mit Jan zum außerehelichen Beischlaf in der Pension Flora trifft, zerschreit Oskar ingrimmig die Foyerfenster des Stadttheaters.

Oskar ist schon in jungen Jahren ein ausgegrenzter Sonderling. Die gleichaltrigen Kinder zwingen ihn bis zum Erbrechen, ein Gebräu mit Kröten und Urin zu probieren. Die einzigen Menschen, mit denen er sich auf einer Stufe verbunden fühlt, trifft er bei einem Zirkusbesuch. Bebra und seine Liliputanergruppe treten dort auf. Nach der Vorführung spricht Bebra mit Oskar, der seine Fähigkeit demonstriert, aber ein Engagement in der Künstlergruppe vorerst noch ablehnt. Bebra warnt ihn vor den »Anderen«, die die Tribünen besetzen würden.[4]

Wer die »Anderen« sind, wird anschließend deutlich: Kinder grüßen mit »Heil Hitler!«; ein Volksempfänger wird von Matzerath, der inzwischen zur SA gehört, angeschafft. Und dann folgt auf der Maiwiese eine Veranstaltung der Faschisten. Oskar schleicht sich unter die Tribüne und unterlegt der dort gespielten Marschmusik einen Walzerrhythmus, der die gesamte Ordnung aus dem Takt bringt. Mit dieser Tat und dem einsetzenden Gewitterregen werden die herrschaftlichen Rituale ad absurdum geführt.

Parallel zu den politischen Veränderungen finden familiäre Veränderungen statt, wie eine zentrale Episode verdeutlicht: Matzerath, Jan, Agnes und Oskar machen einen Spaziergang an der Ostsee und beobachten eine (damals) bekannte Aalfangmethode. Ein Mann holt einen im Wasser ausgelegten Pferdekopf an Land, um aus diesem fette Aale herauszuziehen. Agnes muß sich übergeben; Matzerath hingegen ergattert voller Freude einige Aale, die er zu Hause ohne Rücksicht auf seine Frau schlachtet und zubereitet. Nach einem Streit mit Matzerath und einer ›Tröstung‹ von Jan ißt Agnes eigenartig ruhig von dem Aalmahl und fängt bald daraufhin an, übermäßig ihren Heißhunger auf Fisch (Ölsardinen, Salzheringe) zu stillen. Offenbar ist sie schwanger und verzweifelt. Auch eine Beichte bietet ihr keine Hilfe; Jesus bleibt stumm. Das zumindest erfährt Oskar: Als er der Jesusfigur in der Kirche seine Trommel umhängt, fängt die nicht an zu trommeln. Die Beichte und die heilige Stille werden dann durch Oskars zorniges Trommeln unterbrochen.

Agnes ist tot. Sie habe, so heißt es bitterböse im Kommentar, zuviel Fisch gegessen. Es folgen die Beerdigung und der sogenannte Leichenschmaus. Die familiäre wie die politische Veränderung bedeutet: Tod. Im öffentlichen Bereich agieren die Faschisten. Die Synagoge brennt und wird u. a. von Matzerath geplündert. Ebenfalls wird das Spielzeuggeschäft von Markus verwüstet. Vom Juden Markus, der sich in höchster Gefahr mit Gift umgebracht hat, hatte Oskar immer seine Trommeln bekommen.
Es muß der 1. September 1939 sein: Die polnische Post, in die Oskar Jan gebracht hat, wird von den Deutschen belagert und erstürmt. Jan wird standrechtlich erschossen und Danzig vom Deutschen Reich annektiert.
Durch die Großmutter vermittelt, kommt die junge Maria zu Matzerath und Oskar. Maria hat mit den beiden ein Verhältnis, mit Oskar ein heimliches und mit Matzerath letztendlich ein offizielles. Der Sohn Kurt wird geboren, und Oskar verspricht ihm eine Trommel zum dritten Geburtstag. Bis dahin aber schließt er sich Bebra an, den er wiedergetroffen hat und der als ein Hauptmann der Propagandakompanie mit seinen Liliputanern Fronttheater organisiert. Sie arbeiten in Frankreich. Die dortige Geliebte Oskars, die Zwergin Signorina Roswitha, kommt durch eine Granate um.
Als der Krieg zu Ende geht und Danzig in Trümmern liegt, kehrt Oskar zum dritten Geburtstag von Kurt heim. Er hat eine Trommel mitgebracht. Politisch kompromittierende Photos werden vernichtet, und als die Russen in Danzig einrücken, nimmt Oskar Rache an Matzerath, indem er ihm ein Parteiabzeichen in die Hand drückt. Matzerath versucht es vor dem russischen Soldaten im Mund zu verbergen, verschluckt sich und kann seine Hände nicht wie befohlen hochhalten. Er wird sofort erschossen. Bei der Beerdigung wirft Oskar seine Trommel mit ins Grab. Er hat sich entschlossen, nicht mehr zu trommeln, aber nun zu wachsen. Da trifft ihn ein von Kurt geworfener Stein am Hinterkopf, und er stürzt ins offene Grab. Als er aus der Bewußtlosigkeit erwacht, erklärt ihm seine Großmutter, daß es die Kaschuben immer am Kopf treffen würde. Als Maria und Oskar mit anderen im Zug in Richtung Westen fahren, bleibt die Großmutter Anna Bronski zurück.

Die »neue Dimension«

Sehr viel, was im Roman steht, kommt im Film nicht vor. Der Roman bietet z. B. eine Rahmenhandlung mit Oskar als Insasse einer Heil- und Pflegeanstalt, der sich erinnert bzw. phantasiert. Oder das gesamte dritte Buch spielt im Film keine Rolle, ebenso wie auch sehr viele Personen nicht auftauchen. Ganze Passagen sind im Film verändert wiederzufin-

den. »Die Blechtrommel« von Günter Grass ist etwas anderes als DIE BLECHTROMMEL von Volker Schlöndorff.
Günter Grass: »Schlöndorff hat bewußt (...) nach einer einfacheren Narrationsweise gesucht. Er hat sich auf die Fabel konzentriert. Die zweitrangigen Gestalten wurden überhaupt nicht im Film eingesetzt, obwohl sie im Roman eine wichtige Rolle spielen. Ganze Fragmente wurden einfach weggelassen. Trotzdem habe ich den Eindruck, daß es ihm gelungen ist, mit Hilfe von filmischen Mitteln, ein neues Licht auf die ganze Geschichte zu werfen.«[5]
Volker Schlöndorff: »Für mich ist zunächst mal das wichtigste und ausschlaggebende die Hauptfigur, dieser Oskar Matzerath; ein Junge, der einfach nicht erwachsen werden will, der dem Traum der Kindheit nachhängt, der keine Verantwortung möchte, der sich der Gesellschaft verweigert – und das ist ja ein Motiv, was besonders aktuell ist heute. Der Junge verweigert sich, bis zum Wachstum, protestiert aber trotzdem, und zwar so lautstark und schrill, daß dabei Glas zu Bruch geht. Insofern ist dieser Oskar Matzerath eine Ausgeburt unseres Jahrhunderts und vielleicht auch unserer deutschen Geschichte.«[6]
Schlüsselszenen um die Figur Oskar bilden das Zentrum des Films. Zu nennen sind allen voran die Szenen:
- Oskars Geburt; E 53–E 69,
- Oskars Treppensturz; E 94–E 110,
- der erste Schrei (Standuhr); E 113–E 125,
- der zweite Schrei (die Brillengläser); E 137–E 153,
- der dritte Schrei (Spiritusgläser); E 154–E 167,
- der vierte Schrei (Foyerfenster); E 216–E 236,
- Oskars Trommeleinsatz (Maiwiese); E 281–E 343.

Bei den ersten beiden Szenen wird teilweise mit der subjektiven Kamera gearbeitet, die die Zuschauer unmittelbar mit in die Handlung einbezieht. Ansonsten haben wir in dem Film sehr oft die Kamera auf Höhe Oskars, sind also stillschweigende Begleiter und nicht erhöhte Betrachter. Und bereits mit der Geburt kündigt sich Oskars Protesthaltung an: Eigentlich möchte er in der embryonalen Kopflage bleiben, wie mit stets elaborierter Sprache im Kommentar Oskars Stimme zu hören ist. Sein Protest gegen seine befremdliche Umwelt zeigt sich dann auch nachdrücklich vom Treppensturz bis zu seinem Dreivierteltakt, den er auf der Maiwiese durchsetzt. Und als Zuschauer partizipieren wir an dieser steten Revolte gegen Elternhaus, Schule, ungewünschte körperliche Nähe, gegen das politische System und gegen Rivalen im Buhlen um die mütterliche Gunst.
Schlöndorff meint, die Figur des Oskar Matzerath bezeichne »genau eine Haltung des Kleinbürgers. Sie karikiert und stellt dar, bis ins Extreme

überzogen, alle diese Eigenschaften: das Nörglerische, das Egoistische, das Opportunistische, das Nicht-mitmachen-Wollen, das Die-Verantwortung-von-sich-weisen-Wollen, nur ihm ist das alles erlaubt, weil er ein Kind ist, und bei einem Kind ist das eben kindlich. Nur: dadurch, daß er die Umgebung kopiert, wird an ihm wie an einem Zerrbild klar, wie all die anderen sich auch verhalten, nämlich nicht anders als dieses Kind. Das Kind kopiert eigentlich nur das Verhalten der Erwachsenen.«[7]
Mit dieser allgemeinen Aussage über die Haltung des Kleinbürgers werden, bezogen auf den Film DIE BLECHTROMMEL, mindestens zwei wesentliche Interpretationsdimensionen aufgezeigt: Mit Blick auf den deutschen Faschismus wird mit Oskar ein Charakter vorgestellt, der letztendlich Mitläufer ohne aktives Engagement gewesen ist. In manchen Bereichen und Situationen des gesellschaftlichen Lebens hat sich dieser Charakter auch schon mal gegen die offizielle Ideologie gestellt, aber eher zufällig und dabei immer ängstlich darauf bedacht, die Anpassungsleistungen im rechten Licht sehen zu lassen. Mit anderen Worten: Oskar ist trotz seiner ausgeprägten Protesthaltung weniger der Held, als der er gerne hingestellt wird: »...ein kindlicher Held, der sich nicht einpaßt, sondern verweigert und (...) gegen seine Umwelt protestiert.«[8] Sondern er verkörpert eher eine Haltung, die dem deutschen Faschismus mit zum Erfolg verhalf. Daß die Figur Oskar dennoch als Charakter gebrochen erscheint, liegt nicht an den inneren Widersprüchen der ideologischen Position, die er verkörpert – des rebellischen Kleinbürgertums, das sich vom faschistischen System gleichwohl vereinnahmen läßt –, sondern an der Ergänzung der historischen Politisierung. Die Schnittstelle Drittes Reich wird gleichsam verdoppelt durch eine zeitgenössische Geschichtsreflexion. Die weitere Schnittstelle deutscher Geschichte, um die es in DIE BLECHTROMMEL unterschwellig geht, ist das politische Klima der Bundesrepublik Deutschland zum Ende der 70er Jahre. Die vorausgegangene Politisierungsphase, die ein Jahrzehnt zuvor ansetzte, der Protest und die Kritik gegen eine ungerechte und korrupte Gesellschaft lösten sich langsam auf. Die Strukturen, in denen das Leben institutionalisiert und organisiert wurde, verfestigten sich wieder und ließen dem einzelnen, der auf sich selbst zurückgeworfen wurde, nur noch wenig Entfaltungschancen. Für den literaturphilen Intellektuellen Schlöndorff, der ein Gespür für die jeweils aktuellen Tendenzen hat, bedeutet das, die letzten Lebensjahre zu hinterfragen und neu zu beurteilen.[9] Die Kinder von Marx, Coca-Cola und der Kriegsgeneration erhalten in der Sicht Schlöndorffs, der zu eben dieser Generation zählt, eine heimliche Nähe zu Oskar. Somit beinhaltet die »neue Dimension«, die Schlöndorff herausfiltert, einen zeitgeschichtlichen Kern der Beurteilung, der die Depolitisierung kennzeichnet – ein wenig verbittert und ein wenig von oben herab.

Im Irgendwo zwischen Ironie und Zynismus

Mit welchem stilistischen Mittel filtert Schlöndorff hauptsächlich seine filmische Beurteilung heraus? Ohne Zweifel kann man an einzelnen Stellen des Films lachen, doch es ist zumeist jenes Lachen, das im Halse steckenbleibt. Erreicht wird diese Reaktion vor allem durch das In-Szene-Setzen von Ironie und Zynismus. Im gesamten Film herrscht eine ironische, zum Teil zynische Haltung in der Darstellung vor. Die Ironie verbindet das Komische, Ernste und Tragische, und zwar ohne den Anspruch, eine Versöhnung anzustreben. Die einzelnen Abschnitte des Films, epischen Sinninseln gleich, sind dementsprechend nicht isoliert, sondern verbunden über die ironisierende Darstellung.[10] Hierin besteht eine entscheidende Klammer zum Zusammenhalt des auf den ersten Blick disparaten Geschehens. Die meisten Szenen beschreiben die Welt der Möglichkeit: Selbstverständlich ist Agnes nicht tatsächlich so gezeugt worden und nicht am Übergenuß von Fisch gestorben. Selbstverständlich wären die Faschisten niemals so töricht gewesen, ihre Kundgebung derart stören zu lassen. Das alles sind Konstruktionen, Handlungstableaus, die mit dem roten Faden der Ironie verklammert sind. Und die Ironie ist ein »vortrefflicher Chirurg« (Kierkegaard), um die tatsächliche Welt als nichtig bzw. bestenfalls defizient zu analysieren. Daraus resultiert durchaus eine besondere Qualität: Indem ein Geschehen ironisierend dargestellt wird, wird für das Publikum produktiv die Möglichkeit der Reflexion herausgefordert. Die Ironie taugt als Provokation, die Darstellung nicht einfach zu konsumieren.

Ironie als zentrales rezeptions- und filmerlebnissteuerndes Moment in DIE BLECHTROMMEL offenbart sich so als Strategie der reflexiven Konfrontation. Die sogenannte Protestgeneration der 60er Jahre, der Schlöndorff selbst angehört, stellt weniger für sich selbst als vielmehr für die nachkommenden Jüngeren wieder jene Tendenzen fest, die in der Figur Oskar gestaltet sind: Rebellion, Sensibilität und Wachsamkeit, gepaart mit Verletzbarkeit, kippen im Protestgestus zur resignativen Flucht in die Weigerung, erwachsen zu werden. Somit kommen implizit auch die Aussteiger und »Null-Bock«-Vertreter aus der Generation von Schlöndorff in den Bereich der politisch motivierten Kritik. Und für den Betrachter des Films DIE BLECHTROMMEL verbleibt ein »bös-klarer Blick« auf die Gesellschaft Ende der 70er Jahre, der einen eigentümlich düsteren Schatten enthält, weil der Oskar der Zeit des Nationalsozialismus nicht einer abgeschlossenen Vergangenheit angehört. Insofern thematisiert DIE BLECHTROMMEL nicht nur die mehr oder minder unliebsame Vergangenheit, sondern zugleich die zeitgenössische Gegenwart.

Anmerkungen

1 Siehe die Analyse von K. Hickethier in dem Sammelband »Literaturverfilmungen« (1989), vgl. Auswahlbibliographie.
2 Volker Schlöndorff: DIE BLECHTROMMEL, Tagebuch einer Verfilmung. Darmstadt/Neuwied 1979, S. 91.
3 G. Grass, zit. nach V. Schlöndorff: Tagebuch (Anm. 2), S. 121.
4 Der Zirkus ist eigentlich eher ein Ort der Heiterkeit. Doch die programmatischen Sätze Bebras sind ernst, nämlich: .»... und die Anderen werden kommen, sie werden die Festplätze besetzen, sie werden Fackelzüge veranstalten, sie werden Tribünen bauen, Tribünen bevölkern und von Tribünen herunter unseren Untergang predigen.« Bebra weiß, daß er sich zum Überleben mit seiner Liliputanergruppe anpassen muß. Als kleine Menschen, nicht dem Rasseideal entsprechend, benötigen sie im Faschismus zum Vorspielen die erhöhte Bühne, zur relativen Stabilisierung der eigenen Sicherheit.
5 G. Grass, zit. n. Halina Stasiak: Günter Grass in Danzig. In: Sequenz No. 5, Nancy (hrsg. vom Goethe Institut, Nancy) 1992, S. 22.
6 Volker Schlöndorff: Tagebuch, S. 22.
7 Volker Schlöndorff: Interview: Das Kind kopiert eigentlich nur die Erwachsenen. In: Rheinische Post vom 11. 5. 1979.
8 Vgl. Hickethier (Anm. 1), S. 189.
9 Die Hinterfragung läuft bei Schlöndorff über den Umweg Literatur: »Bei mir liegt es, glaube ich, daran, daß ich schon immer sehr viel gelesen habe und Literatur ganz stark zu meinem Leben gehört... Meine Hauptlebenserfahrun-

gen waren Leseerfahrungen.« (Schlöndorff in: Rainer Lewandowski, Die Filme von Volker Schlöndorff. Hildesheim 1981, S. 23)

10 Hans C. Blumenberg bezeichnete den Film als »Horror- und Heimatfilm, Slapstick, heroisches Drama, kleinbürgerliches Satyrspiel und politische Satire« und Schlöndorff als einen »Regisseur ohne Stil«. (Hans C. Blumenberg: Das war der wilde Osten. In: Die Zeit, 4. 5. 1979, S. 41.) Indem Schlöndorff mit der Ironie in allen Formen spielt – was zur Annahme (ver)führt, er habe Beispiele gezielt von Hitchcock, Polanski, Sergio Leone, Keystone Cops, Chaplin, Caspar David Friedrich, Fellini und Riefenstahl entlehnt –, ist sein Film keineswegs »stillos«.

Auswahlbibliographie

Sigrid Bauschinger, Susan L. Cocalis, Henry A. Lea (Hrsg.): Film und Literatur. Literarische Texte und der neue deutsche Film. Bern, München 1984.

André Bazin: Was ist Kino? Bausteine zur Theorie des Films. Köln 1975.

Wolfgang Boehme: Unterschiede der Verständlichkeit eines filmisch und sprachlich dargestellten Handlungsablaufes. Wien (Diss.) 1954.

Rudolf Busch: Über Verfilmung von Literatur. In: Akzente 20 (1973), S. 300–309.

Alfred Estermann: Die Verfilmung literarischer Werke. Bonn 1965.

Herbert Grabes (Hrsg.): Literatur in Film und Fernsehen: Von Shakespeare bis Beckett. Königstein 1980.

Knut Hickethier: Der Film nach der Literatur ist Film. Volker Schlöndorffs DIE BLECHTROMMEL (1979) nach dem gleichnamigen Roman von Günter Grass (1959). In: Franz-Josef Albersmeier/Volker Roloff (Hrsg.): Literaturverfilmungen. Frankfurt/Main 1989, S. 183–198.

Friedrich Knilli, Knut Hickethier, Wolf Dieter Lützen (Hrsg.): Literatur in den Massenmedien – Demontage von Dichtung? München 1976.

Helmut Kreuzer (Hrsg.): Literaturwisenschaft – Medienwissenschaft. Heidelberg 1977.

Rainer Lewandowski: Die Filme von Volker Schlöndorff. Hildesheim 1981.

Joachim Paech: Methodenprobleme der Analyse verfilmter Literatur. Münster 1984.

ders.: Literatur und Film. Stuttgart 1988.

Rudolf Rach: Literatur und Film. Möglichkeiten und Grenzen der filmischen Adaption. Köln/Bern 1964.

Monika Reif: Film und Text. Tübingen 1984.

Volker Schlöndorff: DIE BLECHTROMMEL, Tagebuch einer Verfilmung. Darmstadt/Neuwied 1979.

Ders./Günter Grass: DIE BLECHTROMMEL als Film. Frankfurt/Main 1979.

Irmela Schneider: Der verwandelte Text. Tübingen 1981.

Gabriele Seitz: Film als Rezeptionsform von Literatur. München 1979.

Sequenz. Film und Pädagogik, No. 5 DIE BLECHTROMMEL. (Hrsg.: Goethe-Institut Nancy, Peter Schott, Sylvie Schott-Bréchet.) Nancy 1992.

Jürgen Wolff: Literaturverfilmungen. Landesbildstelle Württemberg 1983.

Auswahlfilmographie

FONTANE: EFFIE BRIEST – ODER VIELE, DIE EINE AHNUNG HABEN VON IHREN MÖGLICHKEITEN UND IHREN BEDÜRFNISSEN UND (DENNOCH) DAS HERRSCHENDE SYSTEM IN IHREM KOPF AKZEPTIEREN DURCH IHRE TATEN UND ES SOMIT FESTIGEN UND DURCHAUS BESTÄTIGEN, Rainer Werner Fassbinder, BRD 1972–74
DIE MARQUISE VON O, Eric Rohmer, BRD/Frankreich 1975
DIE VERLORENE EHRE DER KATHARINA BLUM, Volker Schlöndorff, BRD 1975
APOCALYPSE NOW, Francis Ford Coppola, USA 1979
DESPAIR – DIE REISE INS LICHT, Rainer Werner Fassbinder, Deutschland 1977
WOYZECK, Werner Herzog, BRD 1978
CHRISTUS KAM NUR BIS EBOLI, Francesco Rosi, Italien 1979
BERLIN ALEXANDERPLATZ, Rainer Werner Fassbinder, BRD 1980
DIE FÄLSCHUNG, Volker Schlöndorff, BRD 1981
EINE LIEBE VON SWANN, Volker Schlöndorff, BRD 1984
ES WAR EINMAL IN AMERIKA, Sergio Leone, Italien 1984
HIMMEL ÜBER DER WÜSTE, Bernardo Bertolucci, Italien 1990
HOMO FABER, Volker Schlöndorff, BRD 1990

Handlungsphasen mit Segmenten und Einstellungen

(von Peter Schott aus: Sequenz No. 5, Nancy 1992, S. 101 ff.; Ergänzung der Zeitangaben von Uwe Müller)

S 1 3:57 E 1 – E 29
Auf einem Kartoffelacker in der Kaschubei: Anna Bronski versteckt Joseph Koljaiczek vor zwei Gendarmen.

S 2 0:58 E 30 – E 27
Flußufer/Holzhafen: Polizisten machen Jagd auf Koljaiczek. (Großmutter) Anna mit ihrer Tochter Agnes und dem Cousin Jan versucht die Gendarmen daran zu hindern.

S 3 0:30 E 38 – E 39
Chicagoer Bürohaus. Koljaiczek als Millionär in Sachen »Holz« und »Feuerversicherung«.

S 4 0:50 E 40 – E 42
Markt im Danziger Hafen: Die Jahre vergehen; Großmutter Anna und ihre Tochter Agnes werden älter.

S 5 0:44 E 43 – E 46
In/Vor der Musterungsbehörde: Jan Bronski, der Cousin von Agnes, wird zurückgestellt. Er und Agnes freuen sich darüber.

S 6 0:18 E 47
Lazarett (Küche): Agnes probiert in der Küche die Suppe von Alfred Matzerath.

S 7 1:21 E 48 – E 52
Markt im Danziger Hafen: Anna Bronski und Tochter Agnes schauen zu Alfred Matzerath und Jan, die sich beide, sonst verschieden, auf Agnes verstehen.

S 8 2:27 E 53 – E 69
Wohnung Matzerath: Geburt Oskars. Jan, Anna Bronski und Matzerath sind anwesend. Oskar wird eine Blechtrommel in Aussicht gestellt.

S 9 2:26 E 70 – E 86
Wohnung Matzerath: Großmutter Anna Bronski, Gemüsehändler Greff und seine Frau, Bäcker Scheffler und seine Frau, Matzerath, Jan und Agnes feiern den 3. Geburtstag von Oskar.

S 10 1:59 E 87 – E 93
Kolonialwarenladen/Wohnung Matzerath: Die gleichen Anwesenden; Matzerath holt Bier. Man nimmt Oskars Maß und dann spielt man Skat.

S 11 3:00 E 94 – E 110
Flur/Kolonialwarenladen/Keller: Oskars Entschluß, das Wachstum anzuhalten, Oskar stürzt von der Kellertreppe; Greff, Anna Bronski, Jan und Matzerath kommen zu Hilfe.

S 12 0:32 E 111
Wohnung Matzerath: Matzerath, Agnes und Jan stehen um das Bett von Oskar, als Dr. Hollatz ihm Bettruhe verordnet.

S 13 0:21 E 112
Labesweg: Oskars erster öffentlicher Trommelauftritt, den Greff beobachtet.

S 14 1:16 E 113 – E 125
Wohnung Matzerath: Matzerath, Jan und Agnes wollen Oskar die Trommel wegnehmen: Der zerstörerische Schrei.

S 15 0:52 E 126 – E 130
Labesweg: Oskar kreuzt trommelnd vor einem SA-Spielmannzug die Straße.

S 16 1:30 E 131 – E 135
Gemüseladen Greff: Greff und seine außergewöhnliche Kartoffel. Oskar will lesen und schreiben lernen.

S 17 0:12 E 136
Labesweg: Matzerath macht ein Erinnerungsfoto von Oskars erstem Schultag.

S 18 1:32 E 137 – E 153
Klassenzimmer: Oskar »zersingt« in Anwesenheit seiner Mutter die Brillengläser der Lehrerin Spollenhauer.

S 19 1:29 E 154 – E 167
Arztpraxis Dr. Hollatz: Oskar »zersingt« Spiritusgläser, das Phänomen Oskar. Agnes, seine Mutter, kann nur untätig zusehen.

S 20 0:52 E 168 – E 169
Kolonialwarenladen: Agnes liest der Großmutter, Matzerath und einigen Kunden einen Artikel aus einer medizinischen Zeitschrift vor.
Wegen eines neuen Streits zwischen Agnes und Matzerath verläßt Oskar trommelnd den Laden.

S 21 2:02 E 170 – E 177
Hof: Kinder lassen Oskar eine Suppe schmecken. Labesweg: Meyn bläst seine Trompete.

S 22 2:20 E 178 – E 190
Innenstadt (Polnische Post / Vor dem Spielzeuggeschäft): Oskar und seine Mutter Agnes treffen Jan Bronski.
Hausmeister Kobyella will Oskars Trommel reparieren.
»Abschied« vor dem Spielzeuggeschäft.

S 23 2:11 E 191 – E 201
Spielzeuggeschäft: Oskar bekommt bei Sigismund Markus eine neue Trommel. Agnes muß »wichtige« Besorgungen machen.

S 24 1:06 E 202 – E 208
Straße / Tischlergasse: Oskar folgt seiner Mutter und beobachtet sie.

S 25 2:13 E 209 – E 215
Pension »Flora«: Jan und Agnes lieben sich leidenschaftlich; draußen kollidiert Oskar mit einem Radfahrer.

S 26 1:47 E 216 – E 236
Stockturm: Oskar »zerschreit« die Foyerfenster des Stadttheaters.

S 27 0:47 E 237
Labesweg / Kolonialwarenladen: Aus den Fenstern ist eine Hitlerrede zu hören; Agnes beschwert sich bei Matzerath: Der Führer ist bei ihnen nicht zu hören.

S 28 2:35 E 238 – E 251
Zirkus: Oskar staunt mit Agnes und Matzerath über Bebra und seine Liliputanergruppe.

S 29 3:30 E 252 – E 263
Zirkuszelt / Menagerie: Bebra warnt Oskar vor den »Anderen«.

S 30 2:20 E 264 – E 271
Treppenhaus / Wohnung Matzerath: Kinder grüßen Jan mit »Heil Hitler!«.
Das neue Radio überträgt in Anwesenheit von Oskar und Agnes die Großkundgebung auf der Maiwiese, auf die Matzerath dann auch geht.

S 31 0:44 E 272 – E 280
Maiwiese: Gauschulungsleiter Löbsack spricht auf der Großkundgebung vor einer großen Menschenmenge.

S 32 4:49 E 281 – E 343
Maiwiese: Oskar »schlägt« Walzerrhythmus statt Marschrhythmus. Löbsack ist wutentbrannt: die Menschenmenge tanzt, anstatt ihm zuzuhören.

S 33 0:54 E 344 – E 348
Zoppot: Oskar beobachtet, wie Jan Agnes unter den Rock greift. Matzerath macht einen Schnappschuß.

S 34 1:52 E 349 – E 369
Mole: Aalfang aus einem Pferdekopf; Jan, Agnes, Oskar und Matzerath sehen zu.

S 35 4:02 E 370 – E 377
Wohnung Matzerath: Oskar sieht zu, wie Matzerath die Aale schlachtet; Agnes weigert sich, die Aale zu essen. Jan beruhigt Agnes.

S 36 1:05 E 378 – E 380
Wohnung Matzerath: Agnes' rätselhaftes Verhalten; sie verspeist den kalten Aal; Jan und Matzerath starren sie an.

S 37 1:19 E 381 – E 387
Spielwarengeschäft: Markus warnt Agnes vor Bronski; er will sie und Oskar mit nach London nehmen.

S 38 2:41 E 388 – E 391
Herz-Jesu-Kirche: Oskar möchte, daß Jesus trommelt. Agnes beichtet Pfarrer Wiehnke ihre Sünden.

S 39 1:44 E 392 – E 397
Kolonialwarenladen: Agnes' rätselhaftes Verhalten; sie verschlingt Ölsardinen, während Oskar sie beobachtet.

S 40 1:03 E 398 – E 399
Kolonialwarenladen mit Straße: Matzerath und Großmutter Anna beobachten Agnes' rätselhaftes Verhalten. Meyn meint, daß eine »Neue« Zeit begonnen hat.

S 41 1:50 E 400 – E 408
Küche/Treppenhaus: Die Großmutter errät, daß Agnes schwanger ist.
Matzerath und Oskar wollen Agnes bewegen, das Klo zu verlassen.

S 42 3:18 E 409 – E 415
Friedhof: Begräbnis von Agnes, dem Oskar, Matzerath, Jan und die Großmutter beiwohnen.
Markus' Vertreibung vom Friedhof. Ein Almosen für Schugger-Leo.

S 43 1:36 E 416 – E 423
Landstraße/Bauernhof: Jan, Oskar und Matzerath auf dem Weg zum Leichenschmaus.

S 44 0:28 E 424
Friedhof: Schugger-Leo beobachtet das hebräische Totengebet von Markus.

S 45 0:58 E 425 – E 427
Bauernhof: Oskar sucht Trost bei Großmutter Anna; Jan und Matzerath im Kartenspiel.

S 46 0:20 E 428
Stadtpanorama Danzig: »Es war einmal ein Blechtrommler...«

S 47 0:32 E 429 – E 433
Synagoge: Oskar beobachtet die Brandschatzung und Plünderung durch Uniformierte, SA-Mann Meyn und Matzerath.

S 48 1:29 E 434 – E 438
Spielzeuggeschäft: Eindringen von SA-Männern und Entdeckung von Markus' Selbstmord durch Oskar.

S 49 1:08 E 439 – E 442
Heveliusplatz, 1. September 1939: Oskar »verschleppt« Jan zur Polnischen Post.

S 50 0:59 E 443 – E 449
Polnische Post: Ankunft Oskars und Jans. Die Polen treffen Verteidigungsvorbereitungen.

S 51 0:23 E 450
Stadtpanorama Danzig: Hitlers Rede vor dem Reichstag (1.9.1939).

S 52 1:13 E 451 – E 458
Polnische Post: Oskars Suche nach Jan. Verteidigungsanstrengungen der Polen gegen die Deutschen.

S 53 1:25 E 459 – E 476
Polnische Post: Jans Verteidigungsunfähigkeit. Beim Holen der Blechtrommel für Oskar wird Kobyella tödlich getroffen.

S 54 0:16 E 477 – E 479
Polnische Post: Verteidigungsanstrengungen und Gebet der Polen.

S 55 3:07 E 480 – E 501
Polnische Post: Kartenspiel zwischen Kobyella, Jan und Oskar. Eroberung der Polnischen Post durch die Deutschen.

S 56 0:27 E 502
Polnische Post: Die Deutschen holen Jan und Oskar.

S 57 0:52 E 503 – E 505
Im Hof der Polnischen Post: Die »Herzdame« des Gefangenen Jan.

S 58 1:04 E 506 – E 508
Friedhof: Jan Bronskis Exekution: Schugger-Leo zeigt Oskar die leere Patronenhülse.

S 59 0:48 E 509 – E 512
Innenstadt: Oskar, Scheffler, Greff und Matzerath wohnen dem »historischen« Augenblick bei.

S 60 0:39 E 513 – E 514
Kolonialwarenladen: Ankunft Marias.

S 61 0:53 E 515
Wohnung Matzerath: Oskar, Maria und Matzerath sprechen ein Nachtgebet.

S 62 1:46 E 516 – E 520
Strand: Maria und Oskar vergnügen sich mit Brausepulver. Oskars erste Liebe.

S 63 0:38 E 521 – E 522
Treppenhaus: Oskar und Maria sind gleich alt, 16 Jahre.

S 64 2:45 E 523 – E 533
Badekabine am Strand: Oskar erlebt erste sinnliche Freuden.

S 65 2:40 E 534 – E 541
Wohnung Matzerath/Zimmer im oberen Stock: Matzerath geht Siege feiern, Oskar und Maria erleben körperliche Freuden.

S 66 4:18 E 542 – E 549
Wohnung Matzerath: Oskar rächt sich an Maria und Matzerath.

S 67 1:21 E 550 – E 552
Wohnung Matzerath: Oskars eigenes Zimmer. Oskars zweiter Racheversuch.

S 68 1:32 E 553 – E 554
Wohnung Greff: Frau Greffs Einladung an Oskar.

S 69 0:19 E 555
Labesweg: Abhärtungen Greffs und seiner Jungen.

S 70 2:24 E 556 – E 563
Wohnung Matzerath: Taufe von Oskars Sohn Kurtchen.

S 71 2:15 E 564 – E 573
Vor einem Theater / Im Café: Treffen Oskars mit Bebra und Signorina Roswitha. Oskars Engagement für das Fronttheater.

S 72 0:30 E 574 – E 575
Paris: Propaganda von Oskar und Bebras Fronttheatertruppe für den »Endsieg«.

S 73 0:50 E 576 – E 578
Fronttheater: Bebra präsentiert Oskars »Wunderwaffe«.

S 74 2:45 E 579 – E 591
Bunker am Atlantikwall: Oskar picknickt mit Bebras Fronttheaterleuten.

S 75 2:14 E 592 – E 601
Schloß (in Frankreich): Oskars Vorstellung mit Bebra und Roswitha. Vorstellung und Fliegeralarm.

S 76 1:46 E 602 – E 610
Schloß / Schloßhof: Oskar und Bebra müssen den Tod Roswithas mit ansehen.

S 77 1:10 E 611 – E 612
Lastkraftwagen: Oskars Abschied von Bebra und den Fronttheaterleuten.

S 78 1:23 E 613 – E 620
Wohnung Matzerath: Rückkehr Oskars zum 3. Geburtstag von Kurtchen.

S 79 0:13 E 621 – E 623
Danziger Stadtpanorama: Oskar und Matzerath sehen auf die brennende Stadt.

S 80 0:50 E 624 – E 627
Wohnung Matzerath: Oskar verbrennt kompromittierende Fotos. Matzerath: »Beethoven, das Genie!«

S 81 2:18 E 628 – E 640
Keller Matzerath: Maria und Kurtchen müssen mit ansehen, wie Matzerath das Parteiabzeichen zum Verhängnis wird: Ein russischer Soldat erschießt ihn.

S 82 2:17 E 641 – E 653
Friedhof: Maria und Fajngold begraben in Anwesenheit von Schugger Leo Matzerath. Oskars Entschluß, wieder wachsen zu wollen.

S 83 0:50 E 654 – E 655
Wohnung Matzerath: Großmutter Anna tröstet Oskar.

S 84 1:17 E 656 – E 659
Labesweg / Bahnhof Langfuhr: Maria, Oskar und Kurtchen nehmen von Großmutter Anna Abschied.

S 85 2:49 E 660
Auf einem Kartoffelacker in der Kaschubei: Eine alte Frau verrichtet ihre Arbeit. Ein Güterzug entfernt sich in Richtung Westen.

Abspann

5. Das neue Generationenepos: KAGEMUSHA – DER SCHATTEN DES KRIEGERS (1980)

von Gottfried Schlemmer

Akira Kurosawas Filmepos KAGEMUSHA spielt im ›Zeitalter der kämpfenden Staaten‹ (1467–1590), in einer Epoche, in der Japan in eine Vielzahl von Fürstentümern zersplittert war. Eine Reihe von Feudalherren, in erbitterte Kämpfe um die Herrschaft im Lande verstrickt, versucht die Ankunft der um 1543 gelandeten Portugiesen ökonomisch und militärisch zu nutzen. Für Kurosawa sind die historischen Figuren und Ereignisse allerdings nur Mittel, um menschliches Handeln unter außergewöhnlichen Bedingungen zu reflektieren. Welch große Bedeutung das Thema des Films für Akira Kurosawa hatte, beweist die Vorgeschichte von KAGEMUSHA. Die in der zweiten Hälfte der 60er Jahre voll zum Ausbruch gekommene Krise der japanischen Filmindustrie machte es Kurosawa immer schwerer, seine ästhetisch anspruchsvollen Projekte zu realisieren. Aber auch der zusammen mit Keisuke Kinoshita, Kon Ichikawa und Masaki Kobayashi gegründeten Firma Yonki no kai war kein Glück beschieden. Schon das erste 1970 von dieser Firma produzierte Projekt, Kurosawas DODES'KA-DEN, führte zu einem finanziellen und künstlerischen Fiasko. Ein Selbstmordversuch des renommierten Regisseurs war die Antwort auf diese aussichtslose Lage. Aber auch nach dem 1975 in der Sowjetunion gedrehten, künstlerisch erfolgreicheren DERSU UZALA fanden Kurosawas Projekte kein Interesse in Japan. Aus Angst, »er würde KAGEMUSHA nicht realisieren können«, entstand ein »ganzer Film aus Papier«, eine Vielzahl von »Tuschzeichnungen mit Figuren, Dekorationen und ein Storyboard«.[1] Daß er den Film doch noch drehen konnte, verdankte er der Fürsprache von Francis Ford Coppola und George Lucas, die über Alan Ladd jr. eine finanzielle Zusage der 20th Century-Fox erhielten. Nachdem sich die Fox bereit erklärt hatte, für eine kürzere internationale Version die Weltrechte zu erwerben, konnte auch die Toho für die Restfinanzierung gewonnen werden.[2]

Obwohl Kurosawa voll Bewunderung von jenen Territorialfürsten spricht, die das Geschick der Momoyama-Zeit bestimmten, wie die Fürsten Shingen Takeda, Ieyasu Tokugawa und Nobunaga Oda, die nicht nur »ungestüme Krieger, die allein danach trachteten, Krieg zu führen, sondern auch hochgebildete Politiker«[3] waren, so wird in KAGEMUSHA trotz größter Opulenz in der Darstellung des höfischen Lebens ein kleines

Schicksal zum Maßstab seiner humanistischen Überlegungen. Ein Dieb, der große Ähnlichkeit mit Shingen Takeda hat, wird diesem von seinem Bruder Nobukado als »Kagemusha«, als Doppelgänger[4], vorgeschlagen. Shingen kämpft mit Nobunaga Oda und Ieyasu Tokugawa um Kyoto. Als das Leben des Fürsten durch eine schwere Schußverletzung unmittelbar bedroht ist, veranlaßt er, daß der Doppelgänger ihn im Falle seines Todes drei Jahre lang zur Täuschung seiner Feinde vertreten soll. Als der Kagemusha aus Neugier die Urne mit dem Leichnam des Fürsten zerschlägt, wird er von Nobukado zur Rede gestellt. Da er sich in diesem Gespräch weigert, als Doppelgänger des Fürsten zu agieren, wird er »entlassen«. Heimlich folgt er der Versenkung der Urne im Suwa-See und bemerkt bei dieser Gelegenheit feindliche Spione. Weil er das Haus Takeda in Gefahr wähnt, bietet er Nobukado diesmal seine Dienste freiwillig an. Es gelingt ihm, Shingen so perfekt nachzuahmen, daß auch die Mitglieder des Clans getäuscht werden. Dem scharfen Blick des Enkels des Fürsten weiß er durch Geistesgegenwart zu begegnen. Durch die ständige Präsenz des Kagemushas bleiben auch die Feinde des Hauses Takeda in Ungewißheit über Shingens Tod. Die Abneigung des illegitimen Sohns des Fürsten, Katsuyori, gegen den Kagemusha verstärkt sich, da die Eroberung der feindlichen Festung Takatenjin nur durch die Anwesenheit »Shingens« gelingt. Als dann das Pferd des Fürsten den Kagemusha abwirft, weil es sich im Unterschied zu den Menschen nicht täuschen läßt, wird er als Doppelgänger enttarnt und des Hofes verwiesen. Damit ist auch der Mythos des Shingen gebrochen. Nachdem Katsuyori als Nachfolger des Fürsten dessen letzten Willen, den Feind niemals anzugreifen, mißachtet, werden die Takedas durch den nach modernen Gesichtspunkten kämpfenden Feind bis auf den letzten Mann aufgerieben. Der Kagemusha, der das Gemetzel beobachtet hat, hebt eine Lanze auf und läuft über das mit Leichen übersäte Schlachtfeld. Von einem Schuß getroffen, gelingt es ihm noch, den See zu erreichen, in dem auch Shingen Takeda seine letzte Ruhe gefunden hat.

Obschon Kurosawas Karriere der vieler Professionals gleicht, kann man hinter der Beharrlichkeit, mit der er zeitlebens seine Projekte verfolgte, mehr als nur kommerzielles Interesse vermuten. Gerade weil er alle Stadien der Filmherstellung durchmachte, war es ihm trotz der Kollektivarbeit möglich, eigene Vorstellungen in seinen Filmen auszudrücken[5] – wobei allerdings nicht übersehen werden kann, wie sehr sie durch Lese- und Filmerfahrungen[6] »gebrochen« sind. Vor dem Hintergrund bewußt wahrgenommener sowohl japanischer als auch westlicher ästhetischer Tradition und durch seine Auseinandersetzung mit philosophisch-ethischen Grundfragen erfährt der »subjektive Faktor« allerdings seine Verallgemeinerung. Dies erklärt auch Kurosawas symbolträchtige Bildsprache, wobei deren ungewöhnliche Expressivität wohl auf die Rezeption

von »nahezu einhundert«[7] Stummfilmen zurückgeführt werden kann. Über den Zusammenhang von Realität und »Bildzeichen« in seinen Filmen hat sich Kurosawa selbst profund geäußert.[8] Behält man bei der Betrachtung seiner Filme den für ihn typischen ästhetischen Diskurs im Auge, dann fällt es nicht schwer, hinter den verschiedenen Themen und Motiven Probleme zu entdecken, die ihn immer wieder persönlich berührten. Wenn in dem Film KAGEMUSHA z. B. Identität, Loyalität und Aufopferung eine wesentliche Rolle spielen, so erinnert man sich an jene Stelle in seiner Autobiographie, wo von der Ich-Schwäche der Japaner die Rede ist, und kann sie mit der Rundfunkansprache des Kaisers am 15. August 1945 in Beziehung setzen. Hätte der Kaiser, so überlegt Kurosawa, »statt dessen den ›ehrenhaften Tod der hundert Millionen‹ befohlen, so hätten diese Menschen... höchstwahrscheinlich getan, was man von ihnen verlangte«.[9]

KAGEMUSHA wird von einer mit statischer Kamera gedrehten Sequenz von 6 Minuten Dauer eröffnet (siehe Protokoll im Anhang: E 2). Die Bedeutung der Einstellung liegt nicht nur in ihrer Länge und im Kameraverhalten, sondern auch durch ihre Positionierung hinter der Nennung des Regisseurs (E 1) und vor dem Filmtitel (E 3). Die Szene zeigt ein niederes Podium, auf dem unter einem Familienwappen Fürst Shingen Takeda und links von ihm sein Bruder Nobukado dem Publikum frontal gegenübersitzen. Wie man dem Dialog entnehmen kann, hat Nobukado den Fürsten viele Jahre als Doppelgänger vertreten. Optisch wird dieser Sachverhalt durch die gleiche Kleidung und Barttracht der Brüder und durch die von seinem langjährigen »Schatten« nachgeahmte Gestik des Fürsten unterstrichen. Dem ruhigen und gemessenen Verhalten der Takedas steht die spontane und vulgäre Ausdrucksform des rechts vor dem Podium sitzenden Räubers gegenüber. Eine durch die Sitzordnung sich ergebende Diagonale bringt eine leichte Disharmonie in einen an und für sich symmetrischen Bildaufbau. Das entspricht sowohl der sozialen Rangordnung der Figuren als auch – auf der dramaturgischen Ebene – der gegensätzlichen Ideologie der beiden Personen. Als der Fürst ihn als möglichen Doppelgänger ablehnt, weil dies gegen die Ehre des Hauses Takeda verstoßen würde, wehrt sich der »kleine Fisch«, der bloß »ein paar Münzen gestohlen« hat, indem er Shingen Landraub und den damit zusammenhängenden Tod unzähliger Menschen vorwirft. Shingen hält dem Dieb ruhig entgegen, daß ihm jedes Mittel recht wäre, um das »zerrissene Land zu einen«. Die symbolische Funktion des Bildaufbaus entschlüsselt sich spätestens, wenn der Fürst, den eine alte Wunde schmerzt, am Ende der Einstellung nach links abgeht. Der nunmehr leere Raum unter dem Wappen der Takeda verweist darauf, daß die von Shingen vertretene Idee auch einer physischen Präsenz bedarf.[10] Die ehrerbietige Geste des Diebes beim Abgang des Fürsten ist ein Zeichen, daß Shingens Argument nicht ohne Wirkung geblieben ist. Über die unmittelbare Funktion als Einführung der Hauptfiguren und der Vermittlung der handlungsleitenden Idee hinaus läßt der »Prolog« auch das Inszenierungsprinzip erkennen. Wenngleich die Figur des Räubers so positioniert ist, daß sie sich zwischen Shingen und dem Kinopublikum befindet, kann sie nur bedingt die Aufgabe einer »Einführungsfigur« erfüllen. Denn die vom Räuber ausgehenden Appelle zur Identifikation, hervorgerufen durch sein aufbegehrendes Verhalten und durch seine, im Gegensatz zu Shingen und Nobukado (Vordersicht), sich mehrmals stark verändernde Körperstellung (Vorder- bis zur Rückensicht), werden in ihrer Wirkung durch die frontale und bühnenhafte Ausrichtung des Bildes nivelliert (E 2). Drei die Exposition beschließende Inserts geben dem Gespräch einen realen geschichtlichen Hintergrund (E 4–6). Diese, wie die ins Bild eingeblendeten Jahreszahlen, die bestimmte Sequenzen (S 2, 33 und 38) einleiten, lassen die Aufeinanderfolge der einzelnen Erzählmomente als ein historisches Geschehen erscheinen, welches sich nach seinen eigenen Gesetzen entwickelt.[11] KAGEMUSHA erinnert wohl nicht nur zufällig an das Geschichtsdrama der englischen Renaissance. Abgese-

hen davon, daß für Kurosawa das »16. Jahrhundert in Japan... eine Epoche Shakespearescher Emotionen«[12] ist, kommt die epische Darstellungsweise historischer Ereignisse, die Verknüpfung von geschichtlichem Prozeß und individuellem Schicksal, wie sie für Shakespeares Historiendramen typisch ist, seinen Intentionen entgegen. Wenn in KAGEMUSHA durch die formale Anlage das geschichtliche Geschehen[13] in den Vordergrund gerückt wird, so hat dies allerdings nur strategische Bedeutung. Mit diesem Kunstgriff soll die in die Chronologie der Ereignisse eingebettete Tragödie einer fiktiven Figur vom Rezipienten als ein geschichtlich Mögliches erfahren werden. So läßt denn auch eine genauere Betrachtung des Handlungsaufbaus die Geschichte des Kagemusha in den Vordergrund treten.[14] Schließlich verweist auch der dem Prolog folgende Haupttitel (E 3) auf den wahren Helden des Films und bestätigt die Äußerung Kurosawas, daß nicht Shingen Takeda, sondern »der ›Kagemusha‹ die Hauptrolle«[15] spielt.
Obwohl der Fürst auf der Handlungsebene nur wenig in Erscheinung tritt, löst er doch das äußere Geschehen aus und bestimmt es noch weit über seinen Tod hinaus. Von ihm aus gesehen kann man drei Zeitphasen bestimmen, die das Beziehungsverhältnis der Figuren untereinander jeweils verändern: die Zeit vor Shingens Tod (S 1–10); die Zeit der Geheimhaltung des Todes von Shingen (S 11–37); die Zeit nach der Aufdekkung des Todes von Shingen (S 38–42). Entsprechend dem historischen Vorbild, welches dem Zen-Buddhismus anhing und neben einer großen Liebe zur Natur auch eine »vollendete literarische Bildung und eine tiefe Religiosität«[16] besaß, wird auch die Filmfigur charakterisiert. Als er in seinem Studierzimmer den Bericht von Masakage Yagamata über die neueste Situation im Zusammenhang mit der Belagerung der Festung Noda entgegennimmt und dieser ein geheimnisvolles Flötenspiel erwähnt, welches täglich am Abend erklingt und von der Ausdauer der Belagerten kündet, verlangt der Fürst, es zu hören (S 3). Die Bedeutung Shingens ergibt sich aus dem Status, der ihm als Feudalfürst aus der hierarchischen Ordnung des Clans erwächst. Als dessen Repräsentant steht er exemplarisch für die ganze Gemeinschaft, die ihre Identität im Wappen zum Ausdruck bringt. Als Zeichen der Macht bilden Symbolfigur und Wappen eine Einheit. Um die Funktionstüchtigkeit des Clans nach innen und außen unter Beweis zu stellen, bedarf es neben der Präsentation der Kennzeichen, wie Wappen, Wimpeln und dergleichen mehr, auch der physischen Präsenz des Fürsten. Ein altes Leiden des Fürsten läßt gerade diesen Sachverhalt, um den der Dialog des Prologs kreist und der sich auch in seinem Bildaufbau symbolisch ausdrückt (E 2), zum Problem werden. In Gefahr ist die Mythe des Shingen, die auf früheren Siegen beruht und sich im Banner der Takedas als Bildmetapher in der Form eines Berges, »der unser Herr ist« (E 429), verselbständigt hat. Die Anwesenheit

Shingens bei allen Kämpfen ist der Garant des Sieges und macht daher die Täuschung des Gegners durch einen Doppelgänger nötig. Wie sehr ein solcher Mythos auch dem Selbstschutz des Clans dient, zeigt jene Stelle des Films, an der Yamagata den Fürsten bei einem Zornesausbruch in rüder Form belehrt und Shingen dies durchaus zuläßt (S 3). Es ist eine der Funktionen Yamagatas neben seiner Feldherrntätigkeit, dem Herrn zur Seite zu stehen, damit die von ihm ausstrahlende Aura erhalten bleibt. Die Bezeichnungen der Eliteeinheiten der Takedas »Wind, Feuer und Wald« lassen sich auf Shingens Verhältnis zur Natur zurückführen, mit der er sich kraft seines religiösen Selbstverständnisses im Einklang weiß. Auch Yamagatas Deutung eines Regenbogens als Zeichen des verstorbenen Shingen, der damit die Takedas vor einem Angriff auf den Feind warnen möchte (E 782), verweist auf ein Denken, welches alles Geschehen auf Wirkungen der Natur zurückführt. Und Shingens Verständnis des Kämpfens wiederum kann man aus dem Ehrenkodex der Samurais, dem »Bushido«[17], ableiten, welches nur ein Vorwärts kennt. Unbesiegbar sind die Armeen der Takedas, weil die Krieger wissen, daß bei jeder Schlacht im Hintergrund »unerschütterlich wie ein Berg« ihr Herr ausharrt. Es ist die Kraft des Mythos – »Ein Berg bewegt sich nicht!« –, der nicht nur die naive Einbildungskraft der eigenen, sondern auch der feindlichen Krieger steuert.

Shingens Traum, Kyoto einzunehmen, um das Land zu beherrschen, ist auch das Bestreben der Feudalherren Nobunaga und Ieyasu. Wie sehr das Geschick der Takedas mit der Mythe Shingens verbunden ist, wissen auch seine Gegner. Entgegen Shingen, der sich noch auf ein intuitives Wissen stützt, sind seine Gegner schon Vertreter eines rationalen Denkens. Sie gehören zu jenen Feudalherren, die Handel mit den Portugiesen betreiben und – auf deren Feuerwaffen gestützt – eine neue Kriegstechnik begründen. Westlicher Einfluß zeigt sich in Nobunagas guten Kontakten zu den Jesuitenmissionaren (E 526–529) und in seiner Lebensweise (E 700). Nobunaga, der den Buddhismus bekämpft, um dessen Macht zu brechen, ist der eigentliche Inszenator im Kampf gegen Shingen (S 34). Er läßt eine Festung der Takedas zur Probe angreifen, um zu erfahren, ob Shingen noch lebt (S 26).[18] Aus dem gleichen Grund werden pausenlos Spione ausgesandt, um die Lage zu erkunden (S 13, 16, 17, 38): Vorgehensweisen, die über das bloße Deuten von Zeichen hinausgehen. Wenn die Takedas noch an Kräfte glauben, die von außen auf sie einwirken, und in Erscheinungen des Himmels zukunftsanzeigende Zeichen erblicken, versuchen ihre Gegner längst, Mutmaßungen durch Tatsachen zu ersetzen. Die geänderte Haltung gegenüber der Realität drückt sich z. B. in jener Sequenz aus, in der Ieyasu durch die genaue Rekonstruktion einer Situation das wahrscheinlichste Ergebnis zu ermitteln versucht: Er läßt durch jenen Scharfschützen, der bei der Belagerung der Festung Noda Shingen

schwer verwundete, quasi in einer wissenschaftlichen Versuchsanordnung den ursprünglichen Vorgang wiederholen (S 9).
Um den Kerngedanken des Films, die »Darstellung« eines Identitätswechsels bei einem Mann »aus dem Volk«,[19] auszudrücken, entwickelte Kurosawa eine bestimmte Strategie, die sich vor allem an der Besetzung des Territorialfürsten und des Räubers mit dem gleichen Schauspieler zeigt. Dramaturgisch gesehen wird dadurch[20] nicht nur die Täuschung des engsten Kreises um Shingen plausibel vermittelt, sondern auch die Wirkung des schließlichen Scheiterns verstärkt. Denn das Experiment endet trotz größtmöglicher Mimikry vorzeitig, da man den dabei ausgelösten psychischen Prozeß nicht hatte voraussehen können. Obwohl mit weniger Schuld beladen als der Fürst (E 2), steht der Dieb außerhalb der Gesellschaft, was ihn zum Freiwild stempelt. Shingens Machtstreben hingegen ist durch ein kodifiziertes System abgesichert. Folgerichtig ist nicht nur der Fürst, sondern sind alle dem starren höfischen Ritual unterworfenen Figuren stark typisiert.[21] Um so stärker kann dadurch die Wandlung des Kagemusha sichtbar werden. Der entscheidende Augenblick für den Sinneswandel des Diebes ist der Blick in die aufgebrochene Urne (E 185–188).[22] Dadurch wird eine Automatik in Gang gesetzt, die schließlich zur Demontage des anarchischen Ichs führt. Das irrationale Erlebnis leitet eine Phase ein, in der das Seelendrama gegenüber der Historie immer mehr an Bedeutung gewinnt. Der Dieb, welcher durch Zufall in ein seiner Klasse nicht entsprechendes »Beziehungsnetz« versetzt worden ist, rückt immer mehr in den Mittelpunkt. Einmal ergriffen von jener Aura, die Shingen umgibt, erhält sein verlorenes Leben schließlich im Dienen einen neuen »Sinn«.
Das Besondere der Bewußtseinsveränderung, die der Kagemusha durchmacht, zeigt sich im Vergleich mit den Identitätsproblemen der Kontrastfiguren Nobukado und Katsuyori. In der Szene, in der Nobukado in einem gemeinsamen Gespräch mit den Konkubinen die Glaubwürdigkeit des Kagemusha in seiner Rolle als Shingen überprüft, stellt die Kamera immer wieder den ehemaligen und den neuen »Schatten« in frontalen Aufnahmen bis zur Austauschbarkeit der beiden Gesichter gegenüber (S 22). Und wenn später Nobukado sein früheres Dasein als Schatten reflektiert (S 36), dann trifft der nach Herkunft und Rang im Clan entsprechend Eingebundene nicht die existentielle Situation des ehemaligen Diebes. Denn die Abtötung des Ichs, die für Nobukado eine schmerzvolle Aufgabe ist, ändert nichts an seinem Status im Clan. Die Frage, was mit dem Double geschieht, wenn das Original verschwindet, beantwortet sich daher im Falle des Kagemusha weitaus radikaler. Vor allem die Gefühle, die er in seiner Großvaterrolle gegenüber Takemaru, dem Enkel Shingens (der bezeichnenderweise immer Angst vor dem echten Großvater gehabt hat), entwickelt (S 18, 24, 32), zeigen, wie sich die Beziehungen

des »Kagemusha auf Zeit« zu dem Haus Takeda auf eine seine Existenz gefährdende Weise verinnerlichen.
Im Gegensatz zum Kagemusha, der seine frühere anarchische Identität in einem Anpassungsprozeß[23] verliert, einer Sozialisation, die ihn allmählich zum Mitläufer macht, versucht Katsuyori sich vom mythischen Ich seines Vaters zu emanzipieren. Solange der Vater lebt, fällt Katsuyori, der wegen seiner illegitimen Herkunft trotz »großen Ruhms von der Erbfolge ausgeschlossen geblieben ist«, nur durch widersprüchliche Meinungen auf (z. B. S 12). Erst nach dem Tod des Fürsten offenbart sich der Vater-Sohn-Konflikt in seiner ganzen Heftigkeit (S 23, 35, 41). Daß Shingen bewußt ist, wie sehr die Erfolge der Takedas mit seiner Person verbunden sind, beweist sein Letzter Wille (S 8). Als Katsuyori, ohne den Generalstab zu informieren, die Festung Takatenjin angreift und sich die Gefahr einer Niederlage abzeichnet, kommt ihm wider Willen in der Gestalt des Kagemusha der Mythos seines Vaters zu Hilfe. Der getäuschte Feind erleidet eine Niederlage, doch Katsuyori empfindet den »Sieg« als Schande, da dieser in der Person des »Schattens« eigentlich dem Vater zu verdanken ist (S 33). Als er die Führung der Takedas übernimmt (S 37), versucht er sich endgültig aus der Abhängigkeit zu seinem Vater zu begeben, indem er die Regeln seines Vaters bricht. Doch mit Shingen ist auch der Mythos der Takedas verschwunden. Da Katsuyori die »Zeichen der Zeit« nicht erkennt und sich innerhalb eines überlebten Systems zu emanzipieren versucht, scheitert nicht nur seine Revolte, sondern es kommt zur Vernichtung des ganzen Clans.
Auffallend an der Gestaltung von KAGEMUSHA ist seine »archaisierende« Bildsprache. Überwiegend wurde mit starrer Kamera gedreht (57 % der Einstellungen), so daß der Eindruck von Expressivität in der Regel durch die Bewegung im Bild bzw. durch Schnitte in die Bewegung entsteht. Dadurch besitzt der Film trotz aller Dynamik eine Neigung zur Bewegungslosigkeit (»Ein Berg bewegt sich nicht«). Neben der starren Kamera erinnern auch die vielen Totalen und die »Heransprünge« (z. B. E 62–66 oder 228) an den frühen Film. Nicht zuletzt betonen dramaturgische Techniken, wie man sie vom Theater her kennt – der Botenbericht (z. B. S 2), die Teichoskopie (z. B. S 33) und das Tableau (z. B. ab E 194) –, die Distanz zwischen Darstellung und Dargestelltem. Diese Verfahren entsprechen einer Grundtendenz des Films, wesentliche Ereignisse nur zum Teil zu zeigen oder indirekt »sichtbar« werden zu lassen. Es sind z. B. die Aufmärsche der Krieger und nicht die Kämpfe selbst, die den Bildern den Anstrich des Aggressiven verleihen. Um so intensiver wirken daher jene Einstellungen, in denen der übliche Abstand zu den Figuren aufgegeben wird. Es sind vor allem der Traum des Kagemusha (S 29) und seine Vision während der Schlacht (E 592–596), die inneres Geschehen näherbringen. In dem Traum wird der Kagemusha von Shingen verfolgt; als dieser um-

kehrt, folgt er ihm (S 29). In der Erscheinung des toten Fürsten meldet sich das Über-Ich des Kagemusha zu Wort, als Ergebnis seiner Domestikation durch den Clan. Oder seine Vision auf dem Feldherrnhügel nimmt das Ende der Takedas vorweg (S 33). Daß die individuelle Geschichte des Kagemusha gegenüber jener des Clans immer stärker in das Bewußtsein des Rezipienten tritt, hängt aber nicht nur von solchen »Einschüben« ab. Es ist vor allem der spezifische Einsatz der Gestaltungsmittel, wodurch sich im Fortlauf des Films eine Doppeldeutigkeit, sowohl der kinematographischen Zeichen als auch der durch sie vermittelten Symbolik, ergibt. So läßt beispielsweise eine Reihe von Nahaufnahmen Rückbezüge zwischen den Figuren des Nobukado und Kagemusha zu. Abgesehen von der schon erwähnten Einstellungsfolge mit den Konkubinen (S 22) kommt es zu weiteren strukurell verbundenen Einstellungen, z. B. jenen, die zuerst den Kagemusha (S 33) und später den Nobukado (S 42) auf dem Feldherrnhügel zeigen, oder Nobukados Gesicht voller Schrecken in Verbindung mit der Enttarnung (E 738) und das Entsetzen spiegelnde Antlitz von Kagemusha, als er das Massaker beobachtet (S 42). Bedeutung kommt auch der Stellung bzw. Bewegungsrichtung der Figuren im Raum zu: Als der Kagemusha nach seinem Sturz vom Pferd verjagt wird, befindet er sich wie im Prolog (E 2) wieder auf der rechten Seite (S 37). Nabokado wiederum kommt die linke Seite zu, ob er sitzt oder steht (z. B. E 2 oder E 27) bzw. sich bewegt (S 15).[24] Ähnlich jene Zeichen, deren Bedeutung nicht auf der Figurenebene liegt, wie z. B. der Regenbogen (S 41), sondern deren Funktion in der Steigerung der inhaltlichen Aussage zum Ausbruch kommt, wie z. B. das Bild der blutrot untergehenden Sonne, welches den Kommentar unterläuft: »Die Unschlagbare Takeda-Armee auf ihrem Marsch.« (S 11) Auch Wasser (E 221) besitzt im Kontext des Films eine negative Bedeutung: Als der Kagemusha dem Takeda-Clan seine Dienste anbietet, steht er einige Schritte vom Ufer entfernt im Wasser (S 16), und in ihm wird er auch sterben (E 910). Und in der Szene, in der sich Katsuyori über seine Rechte im Clan unterrichten läßt, sieht man durch die Fenster auf den See, in dem die Graburne des Shingen versenkt wurde (S 23 und S 35).[25] Und am Ufer des Sees stellt Katsuyori Yamagatas Weissagung über den Untergang des Hauses Takeda in Frage (S 41). Das Pferd wiederum steht für das Ende einer Epoche, denn im Gegensatz zu den Takedas benützt der Gegner in erster Linie Schußwaffen.[26] Als der Kagemusha in der Rolle des Shingen zur Täuschung der Gegner die Parade abnimmt, fällt er von einem Pferd (S 13). Zum Verhängnis wird ihm schließlich das Pferd des Fürsten, welches nur dieser reiten konnte (S 36). Pferde in den Boxen bilden den Hintergrund jener Einstellung, in der nach der Enttarnung des Kagemusha führende Persönlichkeiten des Clans feststellen, daß nunmehr Katsuyori Herr des Hauses Takeda ist (S 37). Und in der letzten Sequenz stehen der stakkatoartigen Montage, die in Aktion befindliche Gewehre zeigt und an ein modernes Trommelfeuer denken läßt, die in Zeitlupe gedrehten Einstellungen der sterbenden Krieger und Pferde oppositionell gegenüber (S 42). Auch Farbe und Musik überhöhen das Geschehen in einer Weise, die der Figur des Kagemusha zugute kommt. Während der Schlacht um die Festung Takatenjin im Mai 1574 blitzt z. B. der Himmel während der Schlacht abwechselnd blau und rot auf, und gegen Ende dieser Sequenz erklingt, als Kagemushas Leibwächter fallen, Trauermusik, die in der letzten Einstellung langsam ausklingt: Ein Soldat mit der Fahne in der Hand steht vor einem Berg von Leichen (S 33).

Doch alles, was sich gemeinhin auf einen Helden bezieht und seine Unsterblichkeit anklingen läßt, gilt bloß einer untergehenden Sippe und vor allem einem »Helden ohne Namen«, von dem kein Dokument jemals Zeugnis ablegen wird. Wenn Kurosawa das 16. Jahrhundert als »eine Epoche der Freiheit« bezeichnet, denn »jeder war frei in der Wahl seines Schicksals« und ein »Bauer konnte der Herrscher von Japan werden«,[27] mag das in einer eingeschränkten Weise richtig sein: angesichts der Tatsache, daß z. B. die beiden Territorialfürsten Nobunaga und Ieyasu, die an der Einigung Japans wesentlich beteiligt waren, eher niedriger Herkunft waren. Doch der Kagemusha ist kein Aufsteiger, sondern jemand, der sich freiwillig den Takedas zur Verfügung gestellt hat (S 16) und für den ihr Untergang, auch als Ausgestoßener, die Zerstörung einer sinnverbürgenden Ordnung ist. War im japanischen Feudalismus die »Stärke einer Sippe... von jenen... Bindungen abhängig, deren affektive Intensität alle Hierarchieebenen durchdrang«, und beruhte die »Macht einer Familie... nur auf der Ergebenheit, derer sie sich versichern konnte«, so sind es diese aus der Vergangenheit resultierenden Formen und die damit verbundenen Emotionen, die »auch heute noch prägend für den Alltag der Industriebetriebe«[28] sind. Der Identitätswechsel des Kagemusha weist voraus auf den modernen, sich frei verdingenden »Lohnempfänger«,[29] dessen Ich nach wie vor an seiner Anpassungsfähigkeit laboriert. Auf den Kagemusha trifft zu, was Kurosawa den Japanern vorwirft, die »in der Behauptung der eigenen Person etwas Unmoralisches, in der Selbstaufopferung dagegen die wahre Tugend«[30] erblicken. Es wird für Kurosawa immer schwerer, die Frage nach dem Sinn des Lebens in zufriedenstellender Weise zu beantworten. Die Frage nach dem Sinn von Herrschaft hat er freilich nie gestellt.[31]

In den beiden letzten Jahrzehnten sind überraschend viele und aufwendige Werke mit epischem Zuschnitt entstanden, in denen gesellschaftliche Machtverhältnisse im Zusammenhang mit der patriarchalisch strukturierten Familie thematisiert wurden. In Francis Ford Coppolas Trilogie THE GODFATHER wird die Geschichte eines Mafiaclans erzählt, wobei »in der Gestalt des Paten, des Don, des beschützenden wie rächenden Vaters selber... dessen Sturz, dessen Ende und das seiner ›Familie‹... angelegt«[32] ist. Ebenfalls drei Generationen umfaßt Bernardo Bertoluccis Film NOVECENTO, der vor allem am Verhältnis der zwei ungleichen Freunde Olmo, des Bauernbastards, und Alfredo, des Sohns des Padrons, den Kampf der Landarbeiter gegen die Großgrundbesitzer schildert. Obgleich »die Figur des ›Herrn‹« längst »ihre historisch-ökonomische Funktion« verloren hat und Olmo den Bauern verkündet: ›Der Padrone ist tot‹, kann im Finale »Alfredo triumphierend feststellen: ›Der Padrone lebt!‹«[33] Trotzdem bleibt noch ein Rest an Hoffnung: Der Film zeigt am Ende Olmo, wie er sein Ohr an den Telegrafenmast legt, um zu horchen, ob der Zug der Revolution nicht doch noch kommt. Auch in Andrej Michalkow-Kontschalowskis SIBIRIADA wird die Geschichte dreier Generationen in einem sibirischen Dorf von der Jahrhundertwende bis in die Gegenwart erzählt. Hier ist es der »Fortschritt«, der das alte Dorf und die Natur zerstört. Mit THE LAST EMPEROR versucht Bertolucci, anhand der Autobiographie des letzten Kaisers von China, der Frage des Identitätswechsels nachzugehen. Kurosawas RAN übertrifft seinen KAGEMUSHA noch an Hoffnungslosigkeit. Der einzige Überlebende ist ein Blinder, der sich mit einem Stock am Rande einer Mauer vortastet. Kurosawas Resümee zu diesem Ende macht deutlich, was sich schon in KAGEMUSHA abzeichnete: »Der Mensch ist vollkommen allein (...) ein Bild der Menschheit heute, der Menschheit im nuklearen Zeitalter, die ins Leere tappt.«[34]

Anmerkungen

1 Vgl. Hans-Christoph Blumenberg: Die Götterdämmerung der Samurai. Der japanische Meisterregisseur Akira Kurosawa und sein neuer Film KAGEMUSHA: ein Interview, ein Porträt, eine Kritik. In: Ders.: Gegenschuß. Texte über Filmemacher und Filme 1980–1983. Frankfurt am Main 1984, S. 167.

2 Vgl. Beverley Bare Buehrer: Japanese Films. A Filmography and Commentary, 1921–1989. Jefferson, North Carolina und London 1990, S. 235.

3 Marcel Martin: Vom gewöhnlichen Dieb zum echten Takeda. Gespräch mit Akira Kurosawa. In: Film und Fernsehen, 9. Jg., Heft 6, 1981, S. 26.

4 Marcel Martin, a. a. O., S. 26: »Die historische Wahrheit läßt sich heute gewiß nur schwer nachprüfen, aber schenkt man der Legende Glauben, so hat sich Shingen Takeda vor seinem Tod recht oft ›doublen‹ lassen; es hieß, er wäre ›allgegenwärtig‹ dank der außergewöhnlichen Ähnlichkeit mit seinem Bruder Nobukada.«

5 Vgl. Klaus Kreimeier: Fliehendes Leben, extreme Tode. In: Peter W. Jansen und Wolfram Schütte (Hrsg.): Akira Kurosawa. München, Wien (Reihe Film 41) 1988, S. 19ff.

6 Vgl. Akira Kurosawa: So etwas wie eine Autobiographie. München 1986, S. 89ff.

7 Vgl. Akira Kurosawa, a. a. O., S. 91f.

8 Vgl. z. B. Akira Kurosawa, a. a. O., S. 185.

9 Akira Kurosawa, a. a. O., S. 173.

10 Der Platz unter oder neben Wappen dient nicht nur im Prolog (E 2) zur Kennzeichnung der Situation, sondern auch in der Folge: Im Gespräch über das Banner bleibt der Platz unter dem Wappen frei (S 24). Der Kagemusha sitzt wie schon im Prolog rechts daneben. Später, wenn er als Shingen agiert, wird er darunter sitzen (S 27).

11 Diese Absicht erklärt auch, warum Kurosawa weder die auf »Einfühlung« zielenden Mittel des klassischen Hollywoodfilms einsetzt noch auf radikale, illusionsdurchbrechende Methoden zurückgreift.

12 Hans-Christoph Blumenberg, a. a. O., S. 163.

13 Unverständlicherweise fehlen diese Angaben in der deutschen Synchronfassung: 1572 marschiert Shingen auf Kyoto zu (E 4–6); 1573 – Belagerung der Festung Noda (E 7); Mai 1574 – Belagerung der Festung Taketenjin (E 539); April 1575 – Offizielle Trauerfeierlichkeiten für Shingen (E 750); 21. Mai 1575 – Vernichtung des Hauses Takeda (E 789).

14 Man kann folgende Gliederung erkennen: Einleitung (S 1); Steigerung (S 19); Höhepunkt (S 33); Fall (S 37); Katastrophe (S 42).

15 Marcel Martin, a. a. O., S. 26.

16 Daisetz Teitaro Suzuki: Zen und die Kultur Japans. Hamburg 1958, S. 38.

17 Vgl. Daisetz Teitaro Suzuki, a. a. O., S. 34.

18 Der Angriff erfolgt durch den ehemaligen Vasall Ieyasu Tokugawa, den Nobunaga sich zu verpflichten weiß (S 34).

19 Marcel Martin, a. a. O., S. 26.

20 Nichts liegt Kurosawa ferner, als mittels einer Doppelbesetzung unterschiedliche darstellerische Methoden – Identifikation versus Verfremdung – zu exemplifizieren, um damit die Arbeit des Schauspielers zu reflektieren bzw. bewußt zu machen.

21 Wohl unterscheiden sich die einzelnen Figuren voneinander – so z. B. Nobunaga Oda durch sein ungestümes Auftreten (z. B. in S 14) von Ileyasu Tokugawa, der immer gefaßt bleibt (z. B. S 6), oder Katsuyoris Benehmen innerhalb des Takeda-Clans ist immer von Auflehnung begleitet (z. B. S 12) –, aber in ihrem Grundverhalten erfahren sie keine Veränderungen.

22 Es ist bezeichnenderweise eine jener wenigen Stellen des Films, wo die Kameraperspektive dem Zuschauer einen ähnlichen Blick in die Graburne gewährt wie der Figur. Durch diesen Kunstgriff soll wohl das Interesse des Rezipienten am Kagemusha gesteigert werden, ohne ihn aber an diesen zu binden.

23 Vgl. Marcel Martin, a. a. O., S. 26: »Nach und nach wandelt sich der ›Kagemusha‹ während des Films: Er wird zum echten Takeda, und als die Takeda-Sippe besiegt wird, stirbt er mit ihr und ist gewissermaßen mit der Gestalt der Takedas eins geworden.«

24 Bewegungsrichtungen spielen auch im allgemeinen eine Rolle. Z. B. läuft in S 2 ein Krieger im Zickzack einen Berg abwärts – was im Zusammenhang mit dem Bergmotiv durchaus auf das schreckliche Ende bezogen werden kann.

25 Übrigens sind diese beiden Sequenzen Knotenpunkte in der Beziehung Vater–Sohn.

26 Nobunaga gibt seinen Schützen den Befehl, sie sollen zuerst auf die Pferde zielen, denn die Reiter der Takedas wären zwar vorzügliche Krieger, aber ohne sie können sie nicht kämpfen (S 42).

27 Hans-Christoph Blumenberg, a. a. O., S. 163.

28 Maurice Pinguet: Der Freitod in Japan. Ein Kulturvergleich. Berlin 1991, S 78.

29 Vgl. Marcel Martin, a.a.O., S. 26. Der Begriff stammt interessanterweise von Kurosawa selbst. Für ihn ist allerdings der vorausweisende Aspekt an der Figur nicht von Interesse, denn »die Geschichte« hätte ihn »kaum gereizt«, wäre »der ›Kagemusha‹ lediglich eine Art Lohnempfänger gewesen, der die ihm zugewiesene Rolle spielt«.

30 Akira Kurosawa, a.a.O., S. 173.

31 Bezeichnenderweise ist die Behauptung des Diebes, Shingen hätte noch größere Untaten begangen als er, kein Aspekt, der im weiteren Verlauf des Films eine Rolle spielen würde.

32 Werner Faulstich und Joachim Auch: DER PATE, TEIL II / THE GODFATHER, PART II. Ein Filmtranskript. Siegen 1987, S. 10.

33 Alexander Karaganow: Vom Monolog zum Epos. Gespräch mit dem italienischen Regisseur Bernardo Bertolucci. In: Film und Fernsehen. 6. Jg., Heft 4, 1978, S. 38.

34 Zit. nach Karsten Visarius: Kommentierte Filmographie. In: Peter W. Jansen und Wolfram Schütte (Hrsg.): Akira Kurosawa. München, Wien (Reihe Film 41) 1988, S. 265.

Auswahlbibliographie

Hans-Christian Blumenberg: Die Götterdämmerung der Samurai. Der japanische Meisterregisseur Akira Kurosawa und sein neuer Film KAGEMUSHA: ein Interview, ein Porträt, eine Kritik. In: Ders.: Gegenschuß. Texte über Filmemacher und Filme 1980–1983. Frankfurt am Main 1984.

David Desser: The Samurai Films of Akira Kurosawa. Ann Arbor, Michigan 1983.

Genèse d'un film. In: Image et Son / La Revue du Cinéma, Nr. 354, Oktober 1980, S. 66–84.

John Gillet: Kurosawa's Army. In: Sight and Sound, Vol. 49, Nr. 2, Frühjahr 1980, S. 71–73.

James Goodwin: Akira Kurosawa and Intertextual Cinema. Baltimore, London 1994.

Peter W. Jansen und Wolfram Schütte (Hrsg.): Akira Kurosawa. München, Wien (Reihe Film 41) 1988.

Marsha Kinder: KAGEMUSHA. In: Film Quarterly 34 (Winter 1980–81), S. 44–48.

Akira Kurosawa: So etwas wie eine Autobiographie. München 1986 (Orig. Tokio 1982).

Marcel Martin: Vom gewöhnlichen Dieb zum echten Takeda. Gespräch mit Akira Kurosawa. In: Film und Fernsehen, 9. Jg., Nr. 6, Juni 1981, S. 26f.

Stephen Prince: The Warrior's Camera. The Cinema of Akira Kurosawa. Princeton, New Jersey 1991.

Tony Rayns: Tokyo Stories. Kurosawa and Oshima interviewed on their recent films. In: Sight and Sound, Vol. 50, Nr. 3, Sommer 1981, S. 170–176.

Donald Richie: The Film of Akira Kurosawa. Berkeley, Los Angeles, London 1984.

Ernst Schumacher: Der Schatten eines Kriegers. Akira Kurosawas Meisterwerk KAGEMUSHA. In: Film und Fernsehen. 9. Jg., Heft 6, 1981, S. 21–25.

Dan Yakir: The Warrior Returns. In: Film Comment, Vol. 16, Nr. 6, November/Dezember 1980, S. 54–57.
Keiko Yamane: Das japanische Kino. Geschichte, Filme, Regisseure. München und Luzern 1985.

Auswahlfilmographie

DODESKADEN – MENSCHEN IM ABSEITS (DODES'KA-DEN), Akira Kurosawa, Japan 1970
THE GODFATHER (DER PATE), Francis Ford Coppola, USA 1972
THE GODFATHER, PART II (DER PATE. TEIL II), Francis Ford Coppola, USA 1974
DERSU UZALA (UZALA, DER KIRGISE), Akira Kurosawa, UdSSR, Japan 1975
NOVECENTO (1900, 1. TEIL – GEWALT, MACHT UND LEIDENSCHAFT), Bernardo Bertolucci, Italien, Frankreich, BRD 1976
NOVECENTO (1900, 2. TEIL – KAMPF, LIEBE, HOFFNUNG), Bernardo Bertolucci, Italien, Frankreich, BRD 1976
SIBIRIADA (SIBERIADE), Andrej Michalkow-Kontschalowski, UdSSR 1979
KAGEMUSHA (KAGEMUSHA – DER SCHATTEN DES KRIEGERS), Akira Kurosawa, Japan, USA 1980
RAN, Akira Kurosawa, Japan, Frankreich, 1985
THE LAST EMPEROR (DER LETZTE KAISER), Bernardo Bertolucci, Großbritannien 1987
THE GODFATHER PART III: THE CONTINUING STORY (DER PATE III), Francis Ford Coppola, USA 1990

Sequenzprotokoll

Sequenz-Nummer	Geschehen	Ein-stellungs-Nummer	Zahl	Dauer Sek.
1	Titel und Prolog	0001–0006	6	6:45
2	Die Belagerer der Festung Noda beraten.	0007–0026	20	2:28
3	Masakage Yamagata berichtet Fürst Shingen.	0027–0042	16	3:36
4	Ein Schuß unterbricht das Flötenspiel.	0043–0050	8	1:10
5	Nobunaga erhält Bericht von Shingens Tod.	0051–0059	9	1:25
6	Ieyasu erhält Bericht von Shingens Tod.	0060–0067	8	0:56
7	Die Truppen der Takedas ziehen sich zurück.	0068–0070	3	1:10
8	Fürst Shingens letzter Wille	0071–0086	16	2:33
9	Rekonstruktion des Anschlags auf Shingen.	0087–0114	28	4:26
10	Fürst Shingens Tod	0115–0121	7	1:46

Sequenz-Nummer	Geschehen	Ein-stellungs-Nummer	Zahl	Dauer Sek.
11	Die Takeda-Armee auf dem Marsch	0122–0127	6	1:49
12	Nobukado stellt den Kagemusha vor.	0128–0138	11	3:02
13	Die Heerschau der Takedas	0139–0175	37	5:32
14	Nobunaga erhält erneut Bericht.	0176–0178	3	0:50
15	Die »Entlassung« des Kagemusha	0179–0220	42	9:00
16	Der Kagemusha bietet dem Clan seine Dienste an.	0221–0255	35	5:17
17	Das No-Spiel	0256–0268	13	2:23
18	Der Kagemusha besteht seine erste Probe.	0269–0303	35	6:09
19	Die Einführung des Kagemusha in die Welt Shingens	0304–0361	58	9:58
20	Probleme mit Katsuyori	0362–0368	7	2:18
21	Katsuyori bricht zu seiner Festung am Suwa-See auf.	0369–0371	3	0:38
22	Der Kagemusha bei den Konkubinen Shingens	0372–0422	51	4:50
23	Katsuyori berät sich über seinen Status im Clan.	0423	1	2:38
24	Gespräch über das Banner Fürst Shingens	0424–0435	12	1:54
25	Ieyasu läßt sich wieder berichten.	0436–0439	4	1:00
26	Der Feind greift eine Festung der Takedas an.	0440–0444	5	0:34
27	Die Beratung der Takedas über die Lage	0445–0488	44	7:16
28	Ein Gespräch über das Verhalten des Katsuyori	0489–0492	4	1:27
29	Der Traum des Kagemusha	0493–0514	22	2:31
30	Nobunaga bricht zum Kampf gegen Fürst Asai auf.	0515–0529	15	1:56
31	Bericht über den Fall der Festungen Noda und Nagashino	0530–0538	9	0:39
32	Takemaru und sein »Großvater«	0539–0553	15	2:19
33	Der Kampf um die Festung Takatenjin und Katsuyoris »Sieg«	0554–0680	127	17:27

Sequenz-Nummer	Geschehen	Ein-stellungs-Nummer	Zahl	Dauer Sek.
34	Ein Treffen von Nobunaga und Ieyasu	0681–0721	41	4:08
35	Katsuyori berät sich neuerlich.	0722–0723	2	1:01
36	Shingens Pferd läßt sich nicht täuschen.	0724–0738	15	3:56
37	Katsuyori wird Herr des Hauses Takeda.	0739–0749	11	3:59
38	Trauerfeierlichkeiten für Shingen	0750–0759	10	1:26
39	Ieyasu erhält Nachricht von Shingens Tod.	0760–0761	2	0:24
40	Auch Nobunaga erfährt von Shingens Tod.	0762–0775	14	2:33
41	Das Regenbogenzeichen	0776–0788	13	2:05
42	Der Untergang der Takedas und der Tod des Kagemusha	0789–0912	124	14:52
			912	2:32:10

6. Andere Frauenbilder – Feministische Filme: DIE STILLE UM CHRISTINE M. (DE STILTE ROND CHRISTINE M., 1981)

von Ute Bechdolf

1. Frauenbilder

Bilder von Frauen zeigt beinahe jeder Spielfilm, doch sind dies zumeist schöne, begehrenswerte Frauen, eher junge reiche als ältere arme, eher gebildete Mittel- und Oberschichtsfrauen als Arbeiterinnen. Daß für die Hälfte der Menschheit im Kino nur ein geringes Rollenspektrum zur Verfügung steht, daß die ›laufenden Bilder‹ Frauen weitaus mehr als Männer auf Liebe und Sexualität reduzieren, daß die Dichotomie Hure-Heilige vom Western über den Thriller bis hin zum Melodram bestimmend ist, darauf weisen Kritikerinnen besonders seit der Entstehung der neuen Frauenbewegung Ende der 60er Jahre immer wieder hin.
Der filmische Blick auf die Frau ist zumeist ein männlicher, denn bei den meisten Filmen stehen Männer hinter der Kamera, führen Männer Regie, zeigen Männer uns ihre Perspektive der Welt. Berühmte Regisseurinnen jedoch haben die herkömmlichen Filmgeschichten nur wenige zu bieten, trotz der zahlreichen Pionierinnen in Hollywood wie Alice Guy Blaché und Lois Weber, trotz der amerikanischen Ausnahmefrauen der 40er Jahre, Dorothy Arzner und Ida Lupino – ihre Werke sind häufig verschollen, wurden der Archivierung oder der Auflistung in Filmographien und Nachschlagewerken nicht für wert befunden. Filmkritikerinnen, Filmemacherinnen wie auch feministische Wissenschaftlerinnen versuchen daher, diese vergessene, ›übersehene‹, ignorierte Filmgeschichte von Frauen zu rekonstruieren und ihre Werke einer Re-Vision zugänglich zu machen.[1] Neben der Frage nach einem ›anderen‹ Blick in Filmen von Frauen ist es ein zentrales Anliegen von Feministinnen, auch selbst andere, positivere, realistischere, differenziertere oder auch feministisch-utopische Bilder von Frauen zu produzieren.
Gerade weil das Kino Traumbilder für uns inszeniert, dabei kollektive wie individuelle Wünsche und Ängste verarbeitet und somit nicht nur die patriarchal geprägte Realität kritisiert, sondern auch Utopien entwirft, ist der Spielfilm für die Frauenbewegung ein wichtiges Medium. Seit den 70er Jahren drehen zahlreiche Regisseurinnen nicht nur Filme über andere Themen, konzentrieren sich auf die häufig ignorierte Lebenswelt von Frauen, sondern tun dies auch aus einer anderen Perspektive. DIE

STILLE UM CHRISTINE M. der Niederländerin Marleen Gorris weist inhaltlich wie formal so viele Innovationen auf, daß er bei der Kritik höchst widersprüchliche Reaktionen auslöste. Er erhielt den ersten Platz beim Internationalen Frauenfilmfestival in Sceaux und wurde 1982 als bester niederländischer Film ausgezeichnet; gleichzeitig wurde er aber auch als dumm (»inherently stupid«), »technisch unzureichend«, von »primitiver Plakativität« beschrieben und mit nationalsozialistischem Gedankengut verglichen.[2]

2. Die Ermordung des Patriarchats

Christine Molenaar, Ehefrau eines lieblosen Mannes, Hausfrau und Mutter von drei kleinen Kindern, hat sich in ihre eigene Welt zurückgezogen und spricht schon lange nicht mehr. Als sie eines Morgens in einer Boutique vom Besitzer beim Ladendiebstahl ertappt wird, sind einige andere Frauen Zeuginnen des Vorfalls, darunter Annie Jongman, eine geschiedene Frau mittleren Alters, die als Bedienung in einer Imbißkneipe arbeitet, und die unverheiratete Chefsekretärin Andrea Brouwer. Als der Besitzer Christine das Diebesgut abnehmen will, nähern sich die beiden Frauen langsam und stecken ebenfalls Kleider in ihre Einkaufstaschen. Christine schlägt den Besitzer zu Boden, und gemeinsam bringen die drei Frauen ihn um: durch Fußtritte und Schläge sowie mit Hilfe von zerbrochenen Kleiderbügeln und Glasscheiben. Von den anderen vier Zeuginnen unbehelligt, verlassen sie den Laden. Nach der Tat kocht Annie sich ein exquisites Mahl, Christine besucht mit ihrem Sohn den Rummelplatz, und Andrea schläft für viel Geld mit einem Fremden.
Erst nach ihrer Verhaftung lernen sich die drei Frauen auf dem Polizeirevier kennen. Unumwunden gestehen sie den Mord, weigern sich jedoch, eine Begründung abzugeben, weshalb für den Kommissar der Fall schnell klar ist: Die Frauen sind verrückt. Die mit einem Gutachten beauftragte Psychiaterin Janine van den Bos jedoch ist sich dessen nicht so sicher, ihr erscheinen die drei ganz normal. Durch ihre Versuche, mit den Frauen zu sprechen und dadurch deren Motivation aufzuklären, erfährt sie, daß jede vor der Tat auf ihre Weise ein ganz gewöhnliches Frauenleben führte, in dem Männer das Sagen hatten. Zunehmend verunsichert, fängt sie an, ihr eigenes Dasein als Ehefrau eines Anwalts, als privilegierte Intellektuelle in Frage zu stellen.
In der Gerichtsverhandlung zeigt sich, daß das Urteil über die drei bereits feststeht – solcherart leidenschaftslos mordende Frauen können nur wahnsinnig sein. Trotz des umfassenden Drucks – ihr Mann hat Angst vor dem Schaden, den seine Anwaltskarriere erleiden könnte – bleibt Janine bei ihrer Ansicht, daß die Frauen voll zurechnungsfähig sind. Die urtei-

lenden Herren jedoch verstehen sie nicht. Als der Staatsanwalt schließlich behauptet, es hätten ebensogut drei Männer die Besitzerin eines Kleidergeschäfts umbringen können, brechen die Angeklagten in lautes, höhnisches Lachen aus und sind durch nichts mehr zu stoppen. Die vier unbekannten Ladenbesucherinnen, die die Verhandlung bislang schweigend beobachteten, stimmen in das Gelächter mit ein, zuletzt auch Janine. Der Richter will die Verhandlung in Abwesenheit der Angeklagten fortsetzen, doch als die Frauen abgeführt werden, verläßt Janine ebenfalls den Gerichtssaal. Ungeduldig hupend wartet ihr Mann draußen im Auto, doch auf der Treppe wendet sie ihren Blick den Frauen zu...
DIE STILLE UM CHRISTINE M. verknüpft zwei Geschichten miteinander: die Aufklärung eines Mordes, hier nicht klassisch als »whodunnit«, sondern eher als »whydunnit« betrieben, wird verbunden mit der schrittweisen Bewußtseinserweiterung einer Frau. Weil die Täterinnen keineswegs psychisch krank sind, sondern eine ganz normale Existenz im Patriarchat führen, bringen sie Janine – ohne jegliche verbale Überzeugungsarbeit – zum Nachdenken über sich und ihre Ehe, zur Reflexion ihrer Funktion als Frauen beurteilende Frau. In den Gefängniszellen der drei sieht die Psychiaterin nach und nach ein, daß sie hier mit der üblichen Methode, der Tonbandaufzeichnung von Gesprächen, nicht weiterkommt: Annie lacht und redet viel über Belangloses, Andrea kontert mit einer Mischung aus scheinbar einfachen Erklärungen aus der Kindheit und scharfen Gegenfragen, und Christine schweigt. Daß die Frauen ihr dennoch etwas mitteilen, merkt sie erst, als sie sich ihnen annähert, dem Schweigen zuhört, Gesten und Blicke lesen lernt und sich auf Berührungen einläßt. Über diese nichtsprachliche Verständigung kommt sie zu einer doppelten Einsicht: sie findet Begründungen (nicht aber Entschuldigungen) für die weibliche Gewalttat – und sie erkennt ihre eigene Unterdrückung in der Ehe wie auch als Vertreterin einer männlich geprägten Gerichtsbarkeit.
Die komplexe filmische Erzählung DIE STILLE UM CHRISTINE M. fragt zum einen danach, was Frauen zur Gewalt treibt, behandelt den Mord jedoch weniger als reale Möglichkeit, sondern vielmehr als Metapher für eine kollektive Zerstörung des Patriarchats. Zum anderen konzentriert sich der Film auf zwei zentrale Aspekte des Geschlechterverhältnisses: auf die Unmöglichkeit von Kommunikation zwischen Männern und Frauen einerseits wie auch auf das große Potential an Verständigungsformen unter Frauen andererseits. Unabhängig von Sprache stellt sich ›female bonding‹ durch Schweigen, Blicke, Berührungen oder Lachen her – und kann sich im Extremfall in einer gemeinschaftlichen Gewalthandlung manifestieren.

3. Das Puzzle

Strukturell wird das Gemeinsame der vier Frauen bereits zu Beginn des Films angedeutet, denn die ersten vier Szenen, unterbrochen jeweils von einer Schrifttafel des Vorspanns, zeigen Alltagssituationen von Janine, Christine, Annie und Andrea. Während die nächsten drei Sequenzen der Verhaftung der verdächtigten Frauen aus eben diesen Situationen heraus gewidmet sind, entfaltet sich die weitere Filmhandlung nicht streng chronologisch, sondern wird mit Hilfe von zahlreichen Rückblenden erzählt (vgl. Sequenzprotokoll im Anhang). Wie bei einem Puzzle, vergleichbar auch mit einem Quilt, werden verschiedene Teile der Geschichte an- und ineinandergesetzt, bis sie ein Muster, einen Sinn ergeben. Janines persönliche Kontakte mit den Frauen, oder auch die Stimmen der Frauen auf den Tonbändern, gestatten uns einen Blick zurück auf die kleinen alltäglichen Diskriminierungen, denen diese ausgesetzt waren. Von einer identifizierbaren auktorialen Erzählerin kann allerdings nicht gesprochen werden, denn viele Puzzleteile kommen scheinbar unmotiviert ins Bild, und die drei Rückblenden zum Mord in der Boutique, die gleichmäßig über den ganzen Film verteilt sind, werden ebenfalls diegetisch nicht verankert, sondern erfolgen jeweils unabhängig vom narrativen Kontext.

Daß Janines Entwicklung zu einer autonom denkenden und fühlenden Frau das zentrale Moment der filmischen Erzählung ist, beweist nicht nur die Tatsache, daß sie in 29 von insgesamt 47 Sequenzen präsent ist (dies macht etwa 65 Minuten Filmzeit aus), sondern wird auch dadurch betont, daß der Film mit ihrem Bild anfängt und aufhört. Zu Beginn verführt Janine ihren Mann, indem sie mit einem Stift an seinem Körper vom Adamsapfel bis zu den Genitalien entlangfährt – diese Anfangsszene nimmt in ihrer parallelen Gestik bereits den Mord symbolisch vorweg. Am Ende wird ihr Blick, den sie vor dem Gerichtsgebäude auf die Zeuginnen des Mordes richtet, in einem *freeze frame* festgehalten.

Die erzählte Zeit erstreckt sich also von der Zeit des ›Vorspiels‹ auf Janines Sofa über ihre Arbeit, die Recherchen und Gespräche mit den Frauen im Gefängnis, d. h. die Zeit der wachsenden Erkenntnis, bis hin zum abschließenden Höhepunkt, dem eruptiven Lachen im Gerichtssaal. Aus dieser Perspektive läßt sich der Film in fünf Phasen gliedern: Auf eine kürzere expositorische Phase (»Vier Frauen«) mit anschließender »Kontaktaufnahme« folgen erste »Erklärungsversuche«, die mit der vollständig dargestellten Mordszene und ihren Nachwirkungen auf die Frauen enden. An die vierte Phase, die Janines zunehmendes »Einfühlungsvermögen« thematisiert, schließt sich der symbolische Akt der »Befreiung« an. In Abweichung vom klassischen Hollywoodfilm, in dem meist Männer die Handlung initiieren und vorantreiben, Auftritte von Frauen jedoch eher verzögernd wirken und den Ablauf der Handlung verlangsamen,[3] sind hier alle vier Frauen strukturell wie auch durch die Blickorganisation als handlungstragende Subjekte verankert, die sich in den männerdominierten Institutionen ihren Weg zu bahnen versuchen. Obwohl sie sich vor der Tat nicht kannten und im Hinblick auf die Kategorien Alter, Schichtzugehörigkeit, Familienstand und Bildungsgrad sehr verschieden sind, wird über die Filmstruktur von Anfang an eine Ebene der Gemeinsamkeit, des Zusammenhalts hergestellt. Zwar sind sie nur in sechs Sequenzen zu dritt im Bild, doch die Rückblenden in das Leben der Frauen vor der Tat erfolgen meist symmetrisch in einem Dreierschritt, und auch die Gesprächsszenen mit Janine wechseln sich ab, greifen zunehmend ineinander, beeinflussen sich auch inhaltlich. So läßt der Film die Frauen über die trennenden Gefängnismauern hinweg in einen wortlosen Dialog treten und sorgt damit – über die Mittelsfrau Janine – auch strukturell für Austausch und Verständigung.

4. Gestörte Kommunikation

DIE STILLE UM CHRISTINE M. verweist schon im Titel nicht nur auf das Schweigen der Angeklagten selbst, sondern auch auf den emotionalen Leerraum um die Figur herum. Trotz mehrfacher Versuche kann Janine Christine im Gefängnis nicht zum Sprechen bewegen, diese schweigt sich aus. Im Gespräch mit Christines Ehemann erfährt die Psychiaterin, daß sie für ihn einfach ein »ruhiger Typ« war, die mit den Kindern zwar gut konnte, doch insgesamt nicht viel mitzuteilen hatte. Der hart arbeitende Mann, der nicht versteht, wie seine Frau ihm das antun konnte, verweist allerdings ebenfalls auf sein abendliches Ruhebedürfnis. Wenig später bekommen wir in einer kurzen Sequenz (20) Einblick in das Alltagsleben der Familie Molenaar: Während er über das morgendliche Chaos, das die Kinder im Wohnzimmer angerichtet haben, hinwegsteigt und fluchend nach seinem Hemd sucht, hält Christine in der Küche die Teetasse für ihn bereit. »Kuß!« sagt er, sie hält ihm die Wange hin, und weg ist er – sie bleibt wie ein fester Einrichtungsgegenstand zurück. Wir sehen sie hier in leichter Aufsicht im Halbdunkel stehen, eingerahmt von zwei Türpfosten, die auf die äußere wie innere Einengung aufmerksam machen.
Nur zweimal spricht sie überhaupt im Film – ganz am Anfang, als sie ihren Sohn liebevoll »kleiner Junge« nennt, und kurz vor der Gerichtsverhandlung, wenn sie Janine bittet, ihren Mann an den Termin des Elternabends zu erinnern. Sie kommuniziert jedoch auf andere Weise erfolgreich: mit ihren Augen, wie beispielsweise in der Boutique, als sie sich durch Blickkontakt mit den beiden anderen Frauen verständigt, und über das Malen von Bildern. Im Gefängnis drückt sie ihre Gefühle durch einfache Zeichnungen aus: In der Familienkonstellation haben ihre Strich-Frauen keine

Arme, sind von einem engen schwarzen Kasten umrahmt, doch auf einem späteren Bild, auf dem mehrere Frauen zusammen in einem Haus wohnen, sind sie komplett, in Rot gezeichnet, erscheinen fröhlich. Janine wird nach und nach klar, daß Christines »katatoner Zustand« nicht erst seit dem Mord besteht, sondern sich bereits viel früher verfestigt hat. Erst in der letzten Begegnung vor der Verhandlung kann sie mit Christine kommunizieren: Sie berührt ihr Gesicht, hält ihre Hand, sieht ihr in die Augen – ein wortloses Verstehen. Die Sekretärin Andrea hingegen weiß, auch ohne Christine zu kennen, worin der Grund ihres umfassenden Schweigens liegt: »Weil ihr kein Schwein mehr zuhört! Das sieht doch ein Blinder!« (36) Sprachliche Kommunikation, so versucht Janine dann auch dem Gericht klarzumachen, lohnt sich nicht für Christine M., sie sieht keinen Sinn mehr darin.

Da Sprache bei der Diskriminierung von Frauen in unserer Gesellschaft eine wichtige Rolle spielt, verweigert Christine dieses Kommunikationsmittel radikal, sie ist still geworden. Der Film jedoch zeigt die sprachliche Unterdrückung auch im Leben der anderen Frauen: Annie wird in der Kneipe mit grob sexistischen Äußerungen bedacht, und Andreas Chef schneidet ihr in einer Sitzung mitten im Satz das Wort ab, worauf ein männlicher Mitarbeiter für die bloße Wiederholung ihres Vorschlags, den er als seinen eigenen ausgibt, großes Lob erntet. Sogar die Psychiaterin Janine, die professionell sehr gewandt mit Sprache umgeht, erlebt den gewaltvollen Aspekt des Herrschaftsinstruments im Kontakt mit Männern. Dem Redeschwall des Kommissars über den Wahnsinn der drei Frauen hat sie nichts entgegenzusetzen, und auf die wortreichen Schilderungen des Arztes über die schreckliche Zurichtung der Leiche reagiert sie wortlos. In den Unterhaltungen mit ihrem Mann zeigt sich das gesamte Spektrum der Schwierigkeiten in der Kommunikation zwischen den Geschlechtern: Er ignoriert ihre Hinweise auf eine angemessene Wortwahl (*die* Angeklagte, »Klientinnen, nicht Patientinnen«), doziert ungebetenerweise vor den Gästen über das niederländische Rechtssystem (braucht aber Janines Erläuterungen zur Unterstützung des Gesagten), schneidet ihr in der Auseinandersetzung immer wieder das Wort ab und setzt sich, wenn er mit ihr schlafen will, über ihre deutlich gezeigte Ablehnung einfach hinweg. Trotz seiner liberalen Haltung wird Janines Mann insgesamt als desinteressiert, unsensibel und nur auf die Auswirkungen des »Falles« auf seine eigene Karriere bedacht dargestellt.

Die vielfältigen Kommunikationsprobleme zwischen Frauen und Männern sind visuell einleuchtend umgesetzt. So wird beispielsweise das Schuß-Gegenschuß-Prinzip, das traditionell nicht nur Nähe zwischen den Filmpartnern ausdrücken kann, sondern vor allem für ein Eintauchen der Zuschauerin in die fiktionale Welt, für ein Omnipotenzgefühl des beide Seiten anblickenden Zuschauers sorgt, kaum jemals in der klassischen Form angewandt (Groß bis Nah, Kamera dicht hinter dem Kopf der Figuren, häufige Wechsel). Wenn auch zwischen den Teilnehmern eines Gesprächs hin- und hergeschnitten wird, so liegt die Einstellungsgröße meist bei Amerikanisch bis Nah, der Winkel ist generell ein sehr weiter, was uns die Identifikation mit einer der beiden Personen erschwert und die Distanzierung vom Geschehen fördert.[4] Zunehmende Entfernung zwischen den Figuren wird ebenfalls sichtbar gemacht, so auch zwischen Janine und ihrem Mann, wenn sie nebeneinandersitzen, jedoch bei der verbalen Auseinandersetzung in schneller Folge nur abwechselnd in Nah gezeigt werden – dadurch wird die Leere zwischen ihnen spürbar. Umgekehrt läßt sich die abnehmende Distanz zwischen Janine und den drei Frauen auch visuell nachvollziehen: Der räumliche Abstand zwischen ihnen wird geringer, das anfangs Trennende (Aktenkoffer auf dem Tisch, Cassettenrecorder mit Mikrofon) verschwindet, Andrea nähert sich Janine an, und

am Ende sehen wir Janine und Christine nebeneinander auf dem Bett sitzen.
Grundlage der Verständigung zwischen den drei Täterinnen sind Blicke, die durch die Kameraführung nachvollziehbar gemacht werden. In der Boutique (S 22 und 29) tauschen sie scheinbar ausdruckslose Blicke aus, die dennoch eine schreckliche Konsequenz haben, denn der Besitzer ist unfähig, sich gegen die Bedrohung zur Wehr zu setzen. Als die drei Frauen den Mann langsam einkreisen, folgt die Kamera ihrer Bewegung und stellt über eine schnelle Schnittfolge ein unsichtbares Dreieck her, aus dem es für ihn kein Entrinnen mehr gibt – sein Blick ist machtlos. Indem sie neugierig zusehen, nehmen die vier Zeuginnen zwar Anteil am Verbrechen, doch erst durch die Blickkonstruktion über die Montage werden sie zu regelrechten Komplizinnen: Durch den Gewaltakt ist eine Gemeinschaft von Frauen entstanden.

5. Gewalt im Blick

Die visuelle Darstellung dieses Mordes unterscheidet sich grundlegend von der üblichen Repräsentation von Gewalt im Kino. Es fließt kein Blut in Nahaufnahme, es fehlen die schnellen Schnitte und Perspektivwechsel, die in solchen Extremsituationen zu erwarten wären, und auch Schreie sind nicht zu hören. Als Christine den Mann zu Boden geschlagen hat, bleibt er für die Zuschauerinnen und Zuschauer unsichtbar, wir sehen nur, wie die Täterinnen ihr Opfer mit Fußtritten traktieren, wie sie ihn mit einem Kleiderständer und einer Einkaufskarre schlagen und seinen Körper mit einem zerbrochenen Kleiderbügel und einer Glasscherbe langsam aufschlitzen. Die Kamera bleibt statisch, zeigt die Frauen in aller Ruhe bei ihrer Tat (fast in Realzeit) und wechselt dabei zwischen einzelnen Täterinnen und der Gruppe ab. Die Gesichter sind ausdruckslos, die Mörderinnen erscheinen gefaßt und konzentriert bei ihrem Tun. Durch die Vorinformation des Pathologen wissen wir bereits, in welchem Zustand die Leiche eingeliefert wurde, und können uns die Verletzungen daher nach Belieben ausmalen. Während uns das gewohnte voyeuristische Vergnügen genommen, unsere Schaulust (Angstlust) am Zerstükkeln eines menschlichen Körpers zerstört wird, bekommen wir allerdings einiges zu hören. Zunächst plappert Christines Kind freundlich vor sich hin, dann hören wir das Fallen und das Stöhnen des Mannes und vor allem, überdeutlich, die Geräusche der verschiedenen Tatwerkzeuge: die aufprallenden Tritte, den dumpfen Schlag eines Aschenbechers, das Zerreißen der Kleider und Aufschlitzen der Haut mit einem Kleiderbügel.
Die Regisseurin verweigert den Blick auf den Mord, hält uns visuell auf Distanz, holt uns andererseits jedoch durch die Betonung des Auditiven – die langsam auf- und absteigenden Synthesizer-Klänge unterstützen die-

sen Effekt – ganz nah an das Geschehen heran: das Grausige wird auf einer anderen, ungewohnten Ebene hörbar, erfühlbar. Die Spannung, die der Film bis zu dieser Sequenz aufgebaut hatte, ist durch die dritte Rückblende an den Tatort zwar gemildert, aber nicht aufgelöst. Denn was dort passiert ist, wußten wir ohnehin von Anfang an, aber wir hätten es gerne, entsprechend den Spielfilm-Konventionen, auch gesehen. Durch die Konzentration auf die Frauen selbst wird unsere Aufmerksamkeit jetzt noch stärker auf die Frage nach den Beweggründen der Täterinnen gelenkt, auf das *Warum* statt auf das *Wie*. Deutlich sichtbar ist allerdings, daß sie sich keineswegs in einem Zustand der Raserei befanden, wodurch die gängigen Mythen von gewalttätigen Frauen dekonstruiert, die »rasenden Furien« oder die »Megären« als männliche Projektionen entlarvt werden. Ohne den Mord an irgendeiner Stelle des Films rational zu erklären oder zu entschuldigen, gibt die Regisseurin doch immer wieder Hinweise darauf, wie es so weit kommen konnte. Die strukturelle Gewalt dieses Gesellschaftssystems, die in diesem Film nicht plakativ als Unterdrückung einer Frau, sondern als generalisierbare alltägliche Diskriminierungserfahrung aller Frauen dargestellt wird, ist Ursache dieser grenzenlosen Aggression. Der Mord am Geschlechtswesen Mann wird dadurch zum metaphorischen Sprechakt einer genuin weiblichen Wut.[5] Rationale Begründungen können in der Logik des Films nicht greifen, und so gibt es – nach der langen Schweigephase – am Ende vor Gericht auch keine andere Wahl mehr für die Frauen, als zu lachen, herzhaft und höhnisch, amüsiert und boshaft, laut und gemein: eine erneute Attacke gegen das Patriarchat, gegen die auch der wild hämmernde Richter erst einmal machtlos ist.

Die amerikanische Filmkritikerin B. Ruby Rich[6] hat (in Anlehnung an die Linguistin und Philosophin Hélène Cixous) vorgeschlagen, feministische Filme, die den Humor von Frauen als Waffe einsetzen, mit dem Attribut »medusisch« zu versehen, um auf die nicht zu unterschätzende subversive Kraft des Lachens hinzuweisen: Es sind die Frauen, die zuletzt lachen. Indem sie sich den polarisierenden Zuschreibungen (verrückt/nicht verrückt; schuldig/nicht schuldig) verweigern, greifen sie die Fundamente des Denksystems an, das Männlichkeit von Weiblichkeit trennt und Öffentlichkeit, gesellschaftliche Institutionen, Macht und Rationalität auf der einen und Privatheit, Körper, Ohnmacht und Emotionalität auf der anderen Seite verortet. Durch Schweigen und Lachen stellen sie sich außerhalb des rationalen Diskurses und entziehen sich dadurch der Sinnproduktion des herrschenden Systems: ein System, das von der Regisseurin nicht nur als eine von Männerstimmen und Monitoren überwachte Gefängnisarchitektur visualisiert wird, sondern seinen symbolischen Ausdruck auch in der ›Ehe‹ von Psychiatrie (Janine) und Justiz (Anwalt) findet.[7]

6. Eine Frau in Bewegung

Die Figur der Psychiaterin Janine van den Bos ist geprägt von einem zentralen Konflikt. Einerseits hat sie in dieser Gesellschaft eine sonst von Männern besetzte Funktion übernommen, in der sie das Unnormale, das Abweichende, das Unpassende ausgliedert – in diesem Fall soll sie die mordenden Frauen als wahnsinnig, als ›ver-rückt‹ klassifizieren und sie aus dem System entfernen. Andererseits, und darauf wird sie von Kommissar und Staatsanwalt hingewiesen, spricht sie immer auch als Frau, sie kann sich nicht außerhalb ihres Geschlechts stellen, sondern wird immer als weibliches Wesen gesehen und findet gerade aufgrund ihres Frauseins ja auch den Zugang zu den Angeklagten.

Janine bewegt sich als forschendes Subjekt wie selbstverständlich in den Männerinstitutionen; Gefängnis und Gericht sind Orte, die sie kennt, doch einen Weg zu den Frauen findet sie damit nicht. Dies gelingt ihr erst, als sie sich auf die Begegnungen ganz einläßt, und sich damit auch selbst zum Objekt der Suche, des unbedingten Wissenwollens macht. Es ist also eher die innere Bewegung, die nach und nach Besitz von ihr ergreift, die sie auf die entscheidende Spur bringt und auf der ›richtigen‹ Seite enden läßt.

Visuell wird dies über eine durchgängige Seitenaufteilung in der Bildkomposition verdeutlicht: Janine sitzt bei nahezu allen Gesprächen mit den Frauen rechts im Bild, wobei die rechte Bildhälfte für ihr Verhaftetsein in traditionellen Denkmustern, die Zugehörigkeit zur männlichen, rational orientierten Sphäre steht. Erst nach und nach gelingt es ihr, auf die andere, die linke Seite überzuwechseln: ein erstes Mal (zu Beginn von Phase III) im Gespräch mit dem Arzt, dann im Bett mit ihrem Mann, später mit Christine in der Gefängniszelle und ganz am Ende vor Gericht. Auf dieser Seite, die für Kritik und Aufbruch steht, ist eine andere Art des Verstehens möglich: durch weibliche Intuition, nämlich Zuhören, Einfühlen, Berühren, ja auch durch Visionen und Alpträume, erlangt sie die innere Freiheit, sich gegen die Anforderungen des patriarchalen Systems zu stellen.

Am Anfang von Phase IV geben drei Sequenzen detailliert Auskunft über Janines Entwicklung (34–36). Nach einem Essen mit einem befreundeten Paar sitzt sie ganz in Gedanken versunken vor dem Spiegel, als plötzlich ganz kurz ein blaugefärbtes Bild der drei Frauen mit der Männerleiche vor ihren Augen aufscheint. Zu kurz, um detailliert betrachtet zu werden, sind auch die drei weiteren Einstellungen derselben Vision, die eingeschnitten werden, als ihr Mann sich ihr im Bett sexuell nähert. An dieser Stelle folgt eine Alptraum-Sequenz aus 30 extrem schnell hintereinandermontierten Einstellungen, Blickwechseln der vier Frauen aus den bereits gezeigten Gesprächen, die mit einer Toncollage (Sätze der Männer über die Frauen sowie weibliches Gelächter als Antwort) unterlegt sind. Interessant ist die Veränderung der Blickrichtung während dieser 24 Sekunden. In den ersten Einstellungen ist Janine die aktiv Blickende, die Frauen weichen ihrem forschenden Blick aus, indem sie nach links aus dem Bild sehen. Doch dann kehren sich die Blicke um: Janine senkt den Blick und beginnt dann nach rechts zu sehen, als ob sie an ihrem bisherigen Platz eine Antwort auf ihre Fragen finden könnte. Jetzt zeigen sich in der blaugefärbten Boutique-Szene, die ein weiteres Mal auftaucht, die bislang unsichtbaren Zeuginnen, woraufhin in den nächsten Einstellungen die drei Frauen nacheinander neugierig-forschend in Janines Richtung blicken, während Janine den Kopf nach rechts wegdreht. Am Ende dieser Alptraum-Sequenz stellt sie sich jedoch den fragenden Blicken der Frauen und dreht ihren Kopf energisch nach links. Diese kurze Detail-Aufnahme wird viermal hintereinander in Überblendung gezeigt, wodurch der Eindruck entsteht, als wende sie sich damit sich selbst zu. Schweißgebadet wacht sie auf, und als sie danach ins Arbeitszimmer hinuntergeht und anfängt nachzudenken, verbinden sich Emotionalität/Intuition und Rationalität/Analyse zu einer Gedankenkette. Sichtbar gemacht wird ihr Erkenntnisprozeß als Bewegung einer Reihe von hintereinander aufgehängten Kugeln, die sie in Gang setzt, wobei durch den Impuls jeweils die letzte Kugel der Reihe ausschlägt.

In dieser Sequenz werden wir über den tatsächlichen Verlauf der sexuellen Begegnung zwischen Janine und ihrem Mann im unklaren gelassen, können unserer Phantasie die Entscheidung zwischen »Schlafen«, »Erotik« und »Vergewaltigung«[8] überlassen. Weibliches Begehren hatte hier allerdings keinen Raum, sondern wird in einer späteren Sequenz (42) auf eine andere Weise sichtbar oder erfühlbar gemacht. Bevor Janine das Gefängnis verläßt, sucht sie die Sekretärin Andrea ein letztes Mal in ihrer Zelle auf, gibt jedoch auf deren Frage, was sie denn jetzt noch wolle, keine Antwort. Daraufhin beginnt diese, Janines Konturen mit ihren Händen nachzuzeichnen, indem sie in einigem Abstand an ihrem Körper entlangfährt. Langsam und behutsam sind ihre Bewegungen, es scheint, als wolle sie diesen unbekannten Frauenkörper genau erforschen, Janine berühren, ohne sie anzufassen. Diese stille Szene, die in einem langen tiefen Blick zwischen den beiden Frauen endet, wird von einer Männerstimme gestört – man(n) hat sich in der Tür geirrt.

Erotische Spannung zwischen den Frauen ist zwar sichtbar, manifestiert sich jedoch nicht in visuellen Anreizen. In diesem Film werden uns die üblichen Zuschauerprivilegien auf mehreren Ebenen entzogen. Die Frauen werden nicht als Objekte männlicher Begierde präsentiert, sie sind – im Gegensatz zu zwei Männern – auch nicht nackt zu sehen, sondern werden eher aus einer weiblichen Perspektive betrachtet, die der sonst üblichen Verdinglichung und Fetischisierung[9] eine erotische Neugier gegenüberstellt. Marleen Gorris weist auf die Möglichkeit lesbischer Liebe zwischen Frauen hin, ohne sie der Schaulust des Publikums darzubieten, aber auch ohne sie als unabdingbares Ziel einer politischen Theorie (»feminism is the theory, lesbianism the practice«) festzuschreiben.[10]

7. Grenzüberschreitungen

Die Regisseurin vereinigt in DIE STILLE UM CHRISTINE M. zwei unterschiedliche Strategien feministischer Filmpraxis. Auf der einen Seite benutzt sie traditionelle narrative wie filmästhetische Mittel, um uns Zuschauerinnen und Zuschauer in ihre Geschichte hineinzuziehen: eine Identifikationsfigur, Rückblenden, spannungssteigernde Musik, interessante Blickkonstruktionen sowie eine ausgeklügelte Farbsymbolik.[11] Diese Nutzbarmachung von Spielfilm-Konventionen für feministische Zwecke geht über die übliche Konstruktion »positiver Rollenmodelle« zu Beginn der Frauenfilmbewegung weit hinaus und kann als »korrektiver Realismus«[12] bezeichnet werden, der sich hin und wieder auch der Möglichkeit bedient, Wichtiges durch Stilisierung zu betonen. Auf der anderen Seite jedoch erfüllt Gorris unsere voyeuristischen Wünsche nicht, wir vermissen die üblichen erotischen Objekte der Begierde. Sex und Gewalt in ihrer konventionellen Darstellungsweise bleiben uns versagt, wodurch gleichzeitig eine Distanzierung eintritt, die eine kritische Reflexion der Geschichte bereits während des Zuschauens ermöglicht. Ohne das Sehvergnügen als Ganzes zerstören zu wollen, legt die Regisseurin uns nahe, die typischen Sehweisen zu hinterfragen und als patriarchal geprägte zu entlarven.

Dabei überschreitet DIE STILLE UM CHRISTINE M. die üblichen Genregrenzen. Zum einen bewegt er sich in der Tradition des sozialkritischen Spielfilms, der gesellschaftliche Probleme ins Bewußtsein rückt und mit Hilfe von Realismus-Elementen (die hier auch einen quasi-dokumentarischen Charakter haben) über Mißstände und Ungerechtigkeiten aufklärt. Zum anderen benutzt er einige Konventionen des Thrillers mit seiner zentralen Identifikationsfigur, die auf der Suche nach der Lösung eines Falles entscheidende Entdeckungen macht. Allerdings ist hier nicht die scharfe Analyse, die Logik der Schlüssel zum Erfolg und damit zum Abschluß der Handlung, sondern Intuition und Selbstreflexion führen zur angedeuteten Befreiung, während das Ende offenbleibt. In der Kombination von harscher Patriarchatskritik mit utopischen Elementen, die andere Existenzmöglichkeiten von Frauen erahnen lassen, erfüllt DIE STILLE UM CHRISTINE M. eine doppelte Funktion. Als zutiefst feministischer Film dekonstruiert er gängige Mythen, stellt unsere üblichen Seh-

und Denkmuster radikal in Frage und bereitet dennoch vielen Zuschauerinnen ein besonderes Kinovergnügen, kurz, er will sowohl aufklären als auch unterhalten und erfüllt damit die Forderung der feministischen Filmtheoretikerin Claire Johnston an den »Frauenfilm als Gegenfilm«, nämlich die Verwendung des Unterhaltungsfilms für politische Zwecke.[13]
Diese Grenzüberschreitung auf mehreren Ebenen machte ihn zu Beginn der 80er Jahre dann auch zu einem der erfolgreichsten Spielfilme im Kontext der Frauenbewegung – in den Niederlanden, Großbritannien und Deutschland[14] reagierte besonders das weibliche Publikum völlig begeistert auf den Debütfilm der Bühnenautorin. Weil er die Zuschauerinnen nicht nur mit der Darstellung von Frauenunterdrückung konfrontiert und sie damit auch nicht in völliger Niedergeschlagenheit aus dem Kino entläßt, sondern in seiner Komik die Imagination einer »kraftvoll-leichten inneren Freiheit«[15] ermöglicht, wurde er eine Zeitlang als Kultfilm gehandelt. Ähnliche Diskriminierungserfahrungen ermöglichen auch heute noch den meisten Zuschauerinnen eine intensive Anteilnahme am fiktionalen Geschehen, die häufig in einem lustvollen Mitlachen am Ende gipfelt – die Komplizinnenschaft (und kraftspendende Solidarität) wird auf das Publikum ausgedehnt.
Für manchen zeitgenössischen Filmkritiker allerdings überschritt der Film eine persönliche Grenze, bietet er doch dem beunruhigten männlichen Zuschauer keine einzige Identifikationsfigur als Ausnahmeerscheinung der Gattung ›Mann‹. Daß die Absicht der Filmemacherin immer wieder mißverstanden wurde, lassen Vorwürfe wie »peinlich überdeutliche Klischees«, »didaktische Penetranz« oder »verfälschende Karikatur«[16] vermuten. Schockierend war für einen Kritiker der FAZ auch die »brüllende, sadistische Begeisterung, wenn ein Mord geschieht« – er hatte die »Feministen-Ode«[17] offenbar als direkte Kriegserklärung, als Aufforderung zur Gewalt gegen Männer aufgefaßt.

8. Frauenfilme – Feministische Filme

Die Bezeichnung »Frauenfilm« für Werke wie DIE STILLE UM CHRISTINE M. zu verwenden ist irreführend, werden unter diesem Etikett auch einige Filme von Männern gehandelt, die sich seit Ende der 70er Jahre ebenfalls vermehrt mit der Emanzipation von Frauen auseinandersetzen – wie zum Beispiel Paul Mazursky, der in EINE ENTHEIRATETE FRAU (USA 1977) die Scheidung einer Frau einfühlsam erzählt, dabei jedoch voyeuristische Blicke auf die Alleinlebende nicht ausspart.
Für Filme von Regisseurinnen, die sich aus einem gesellschaftskritischen Engagement heraus besonders an ein weibliches Publikum wenden, er-

scheint mir der Begriff »feministisch« passender, trotz der negativen Konnotationen, die in den letzten Jahren häufiger mit dieser Bezeichnung verknüpft werden. International läßt sich seit Beginn der 80er Jahre eine starke Zunahme dezidiert feministischer Filme – wie auch anderer Filme von Regisseurinnen – beobachten, doch vor allem das »kleine Wunder des deutschen Frauenfilms«[18] fand im In- und Ausland große Beachtung. Zu diesen Filmen zählen die Filme von Helke Sander wie DIE ALLSEITIG REDUZIERTE PERSÖNLICHKEIT – REDUPERS (1977) oder DER BEGINN ALLER SCHRECKEN IST LIEBE (1983), die Aufarbeitung ihrer Kindheit in den 50er Jahren in HUNGERJAHRE von Jutta Brückner (1979) oder die Suche nach einer weiblichen Geschichte in DIE REISE NACH LYON (Claudia von Alemann, 1979). Die Verknüpfung der subjektiven Erfahrungen ihrer eigenen Mutter mit der Aufarbeitung deutscher Vergangenheit in DEUTSCHLAND, BLEICHE MUTTER (1980) brachte Helma Sanders-Brahms zwar im Ausland viel Anerkennung, im Inland selbst jedoch gröbste Kritikerschelte ein. Ein anderes Kapitel deutscher Geschichte, den Herbst 1977, verarbeitete Margarethe von Trotta in ihrem mehrfach preisgekrönten Film DIE BLEIERNE ZEIT (1981), der sich, angelehnt an Gudrun Ensslins Biographie, auf die Beziehung zweier Schwestern konzentriert. Mit Prostitution beschäftigt sich Marleen Gorris in ihrem zweiten Film, DIE GEKAUFTE FRAU (1984), und entlarvt sie als eine spezifische Ausprägung des Gewaltverhältnisses zwischen Männern und Frauen. Während in vielen Filmen der frühen 80er Jahre die weiblichen Figuren noch in der Opferrolle verhaftet bleiben und die strukturelle und individuelle Unterdrückung von Frauen oftmals im Zentrum der Handlung steht, nehmen in der zweiten Hälfte des Jahrzehnts mehrere Filme die in DIE STILLE UM CHRISTINE M. diskutierten Fragen wieder auf und thematisieren weibliche Gegenwehr und Gewalttätigkeit.[19]

Dezidierte (aber nicht unkritische) Parteinahme für Frauen, Subjektivität in Inhalt und Formsprache, eine detaillierte Betrachtung weiblichen Arbeits- und Beziehungsalltags, eine eher zögernde Erzählweise sowie ein anderer Blick auf Mütterlichkeit, Sexualität und Gewalt – diese Aspekte können als charakteristisch für die feministischen Filme zu Beginn der 80er Jahre bezeichnet werden. In ihrer inhaltlichen wie stilistischen Vielfalt sind sie eindrucksvolle Umsetzungen eines Grundgedankens der Neuen Frauenbewegung: Das Private ist politisch.

Anmerkungen

Ich danke meinen Tutorinnen und Studentinnen aus den Filmseminaren »Gewalt im Blick« und »Ein anderer Blick?« für die vielfältigen Anregungen und Denkanstöße (insbesondere Regine Dittmann, Simone Heyder, Lucia Pröger, Sandra Schrimm und Helle S. Wentzer).

1 Anthony Slide: Engel vom Broadway oder Der Einzug der Frauen in die Filmgeschichte. Frankfurt 1982. – Vgl. dazu auch Ally Acker: Reel Women. Pioneers of the Cinema 1896 to the Present. New York 1991.

2 Philip French: A QUESTION OF SILENCE. In: Observer vom 20.2.83, S. 30. – (eas): DIE STILLE UM CHRISTINE M. In: Frankfurter Allgemeine Zeitung vom 17.10.83. – Milton Shulman: A QUESTION OF SILENCE. In: The Standard vom 17.2.83, S. 23.

3 Laura Mulvey: Visuelle Lust und narratives Kino. In: Gislind Nabakowski/Helke Sander/Peter Gorsen (Hrsg.): Frauen in der Kunst. Frankfurt/M. 1980, S. 37.

4 Vgl. dazu die theoretischen Ausführungen zum Prinzip der »Suture« von Gabriele Donnerberg: Warum DIE STILLE UM CHRISTINE M. kein ›patriarchalisches Erzählkino‹ ist, obwohl theoretisch alle Bedingungen dazu erfüllt sind. In: Frauen und Film, H. 36, Feb. 1984, S. 61–72.

5 Vgl. den ausführlichen Aufsatz von Geetha Ramanathan: Murder as Speech. Narrative Subjectivity in Marleen Gorris' A QUESTION OF SILENCE. In: Genders, No. 15, Winter 1992, S. 58–71.

6 B. Ruby Rich: Im Namen einer feministischen Filmkritik. In: Sibylle Koch-Grünberg (Hrsg.): Auf der Suche nach den Gärten unserer Mütter. Feministische Kulturkritik in Amerika 1970–80. Frankfurt/M. 1982, S. 126–150.

7 Diesen Hinweis verdanke ich Ralph Winkle.

8 Diese Auffassung vertritt Jeannette Murphy: A QUESTION OF SILENCE. In: Charlotte Brunsdon (Ed.): Films for Women. London 1986, S. 99–107.

9 Hier kann ich nur auf die ausgedehnte Diskussion über die Konstruktion eines männlichen Blicks im Film verweisen. Ausgehend vom richtungsweisenden Aufsatz Laura Mulveys (vgl. Anm. 3) hat sich die feministische Filmtheorie vor allem mit psychoanalytischen Erklärungsansätzen zum Thema Voyeurismus auseinandergesetzt. Einen Überblick gibt Sabine Gottgetreu: Der bewegliche Blick. Zum Paradigmawechsel in der feministischen Filmtheorie. Frankfurt/M. 1992.

10 Vgl. Murphy (Anm. 8).

11 Auf die Funktion der Farben Blau (männliche Domäne, Rationalität, Kühle, Strenge) und Rot (weibliche Domäne, Emotionalität, Wärme, Sinnlichkeit) kann hier nur kurz verwiesen werden. Die Farb-Aufteilung manifestiert sich sowohl in der Kleidung der Frauen – Janine tendiert immer mehr zu Rot –, in den roten Boutique-Tragetaschen wie auch in der in blau-graues Licht getauchten Gefängniswelt und den blau gefärbten Visionen Janines.

12 Vgl. Rich (Anm. 6), S. 144.

13 Claire Johnston: Frauenfilm als Gegenfilm. In: Frauen und Film, H. 11, März 1977, S. 17.

14 Positive Kritiken hat der Film in weiteren Ländern (z. B. in den USA) erhalten, Berichte über Publikumsreaktionen hingegen liegen mir nur für diese Länder vor. Vgl. Donnerberg (Anm. 4), Verleih-Auskunft (endfilm) sowie Jane Root: Distributing A QUESTION OF SILENCE – A Cautionary Tale. In: Charlotte Brunsdon (Ed.). Films for Women. London 1986, S. 213–223.

15 Vgl. Donnerberg (Anm. 4), S. 62.

16 Karsten Visarius: Rache, weiblich. In: Frankfurter Rundschau v. 19.10.83. – Karl-Ludwig Baader: Erbarmen mit den männlichen Unterdrückern. In: Frankfurter Allgemeine Zeitung vom 19.7.84. – (eas): DIE STILLE UM CHRISTINE M. In: Frankfurter Allgemeine Zeitung vom 17.10.83.

17 Ebenda.

18 Vgl. Renate Möhrmann: Frauen erobern sich einen neuen Artikulationsort: den Film. In: Hiltrud Gnüg/Renate Möhrmann (Hrsg.): Frauen – Literatur – Geschichte. Stuttgart 1985, S. 434.

19 Vgl. beispielsweise den von der Wiener Frauenfilminitiative herausgegebenen Sammelband »Mörderinnen im Film«. Berlin 1992.

Auswahlbibliographie

Ally Acker: Reel Women. Pioneers of the Cinema 1896 to the Present. New York 1991.

Rotraud Biem u. a.: Zum Stand der feministischen Filmtheorie. In: Augen-Blick. Marburger Hefte zur Medienwissenschaft 7, Sept. 1989, S. 6–44.

Charlotte Brunsdon (Ed.): Films for Women. London 1986.

Gabriele Donnerberg: Warum DIE STILLE UM CHRISTINE M. kein ›patriarchalisches Erzählkino‹ ist, obwohl theoretisch alle Bedingungen dazu erfüllt sind. In: Frauen und Film. H. 36, Feb. 1984, S. 61–72.

Lucy Fischer: A QUESTION OF SILENCE: Ritual in Transfigured Time. In: Lucy Fischer: Shot/Countershot. Princeton 1989.

Renate Fischetti: Das neue Kino. Acht Porträts von deutschen Regissseurinnen. Dülmen 1992.

Mary C. Gentile: Feminist or Tendentious? Marleen Gorris's A QUESTION OF SILENCE. In: Patricia Erens (Ed.): Issues in Feminist Film Criticism. Bloomington 1990, S. 395–404.

Sabine Gottgetreu: Der bewegliche Blick. Zum Paradigmawechsel in der feministischen Filmtheorie. Frankfurt/M. 1992.

Stefanie Hetze: Happy-End für wen? Kino und lesbische Frauen. Frankfurt/M. 1986.

Claire Johnston: Frauenfilm als Gegenfilm. In: Frauen und Film, H. 11 (März 1977), S. 10–18.

E. Ann Kaplan: Women and Film. Both Sides of the Camera. New York 1983.

Julia Knight: Women and the New German Cinema. London 1990.

Gertrud Koch: ›Was ich erbeute, sind Bilder‹. Zum Diskurs der Geschlechter im Film. Frankfurt 1989.

Julia und Claudia Kuderna: Lauter ganz normale Frauen. DIE STILLE UM CHRISTINE M. von Marleen Gorris. In: Frauenfilminitiative (Hrsg.): Mörderinnen im Film. Berlin 1992, S. 135–137.

Annette Kuhn with Susannah Radstone (Eds.): The Women's Companion to International Film. London 1990.

Renate Möhrmann: Frauen erobern sich einen neuen Artikulationsort: den Film. In: Hiltrud Gnüg/Renate Möhrmann (Hrsg.): Frauen – Literatur – Geschichte. Stuttgart 1985, S. 434–452.

Laura Mulvey: Visuelle Lust und narratives Kino. In: Gislind Nabakowski/Helke Sander/Peter Gorsen (Hrsg.): Frauen in der Kunst. Frankfurt/M. 1980, S. 30–46.

Barbara Koenig Quart: Women Directors. The Experience of a New Cinema. New York 1988.

Geetha Ramanathan: Murder as Speech. Narrative Subjectivity in Marleen Gorris' A QUESTION OF SILENCE. In: Genders, No. 15, Winter 1992, S. 58–71.

Anthony Slide: Engel vom Broadway oder Der Einzug der Frauen in die Filmgeschichte. Frankfurt 1982.

Eva-Maria Warth: Blickwechsel. Ansätze feministischer Filmtheorie. In: Karin Fischer/Eveline Kilian/Jutta Schönberg (Hrsg.): Bildersturm im Elfenbeinturm. Ansätze feministischer Literaturwissenschaft. Tübingen 1992, S. 66 bis 77.

Linda Williams: A Jury of their Peers. Marleen Gorris's A QUESTION OF SILENCE. In: E. Ann Kaplan (Ed.): Postmodernism and its Discontents. London 1988, S. 107–115.

Auswahlfilmographie

NEUN LEBEN HAT DIE KATZE, Ula Stöckl, BRD 1968
JEANNE DIELMANN, 23 QUAI DU COMMERCE, 1080 BRUXELLES, Chantal Akermann, Belgien 1975
UNSICHTBARE GEGNER, Valie Export, Österreich 1976
DIE ALLSEITIG REDUZIERTE PERSÖNLICHKEIT – REDUPERS, Helke Sander, BRD 1977
TOCHTERRITUS (DAUGHTER RITE), Michelle Citron, USA 1978
DER SCHREI AUS DER STILLE (MOURIR A TUE TETE), Anne Claire Poirier, Kanada 1979
HUNGERJAHRE, Jutta Brückner, BRD 1979
WAS SOLL'N WIR DENN MACHEN OHNE DEN TOD, Elfi Mikesch, BRD 1979
DIE REISE NACH LYON, Claudia von Alemann, BRD 1979
DEUTSCHLAND, BLEICHE MUTTER, Helma Sanders-Brahms, BRD 1980
KRAFTPROBE, Heidi Genée, BRD 1981
MALOU, Jeanine Meerapfel, BRD 1981
FREAK ORLANDO, Ulrike Ottinger, BRD 1981
DIE BLEIERNE ZEIT, Margarethe von Trotta, BRD 1981
MENSCHENGESICHTER, Agnès Varda, Frankreich 1981
MIT STARREM BLICK AUFS GELD, Helga Reidemeister, BRD 1982
BORN IN FLAMES, Lizzie Borden, USA 1982
DER BEGINN ALLER SCHRECKEN IST LIEBE, Helke Sander, BRD 1983
VARIETY, Bette Gordon, USA 1983
DIE GEKAUFTE FRAU (GEBROKEN SPIGELS), Marleen Gorris, Niederlande 1984
I'VE HEARD THE MERMAIDS SINGING, Patricia Rozema, Kanada 1987
DIE LAST DER GEFÜHLE (SHE MUST BE SEEING THINGS), Sheila McLaughlin, USA 1987
WINTER ADE, Helke Misselwitz, DDR 1988
DIE JUNGFRAUENMASCHINE, Monika Treut, BRD 1988
BLUE STEEL, Kathryn Bigelow, USA 1989
IM KREISE DER LIEBEN, Hermine Huntgeburth, BRD 1991
DIE UNHEIMLICHEN FRAUEN, Birgit Hein, BRD 1991
ORLANDO, Sally Potter, Großbritannien u. a. 1992
DAS PIANO, Jane Campion, Neuseeland 1992

Sequenzprotokoll

J: Janine van den Bos, Psychiaterin
C: Christine Molenaar, Hausfrau
AJ: Annie Jongman, Bedienung
AB: Andrea Brouwer, Sekretärin

Seq.	Einst.	Dauer	Handlung / Besonderheiten

Phase I: Vier Frauen

Seq.	Einst.	Dauer	Handlung / Besonderheiten
1	1	1:25	Bei J zu Hause: J stört ihren Mann beim Arbeiten, verführt ihn spielerisch, Lachen (J1) → Vorspann: »Die Stille um Christine M.«
2	1	0:42	Wohnung: C hütet ihr Kind, Lachen im Radio (C1) → Vorspann: »mit Edda Barends, Nelly Frijda, Cox Habbema, Henriette Tol«
3	1	0:32	Kneipe: AJ bedient Männer (AJ1) → Vorspann: »Kamera: Frans Bromet, Musik: Lodewijk de Boer, Schnitt: Hans van Dongen«
4	1	0:42	Büro: AB arbeitet als Sekretärin (AB1) → Vorspann: »Produktion: Matthus van Heyningen, Drehbuch und Regie: Marleen Gorris«
5	4	0:40	bei C: Verhaftung (C2)
6	7	1:50	Kneipe: Verhaftung von AJ (AJ2)
7	2	0:27	Büro: Verhaftung von AB (AB2)
8	8	0:50	Polizeirevier: Die drei Frauen geben den Mord zu und lernen sich mit Namen kennen (alle 1)
9	1	1:22	bei J, Wohn- und Eßzimmer: Mann bewirtet Gäste, ein Telefonanruf für J (J2)

Phase II: Kontaktaufnahme

Seq.	Einst.	Dauer	Handlung / Besonderheiten
10	10	1:30	Autofahrt von J → Parkplatz: Der Kommissar hält die Frauen für verrückt → Gefängnis: J geht zur Zelle ... (J3)
11	16	3:44	... und versucht vergeblich, mit C zu sprechen (C3)
12	15	2:06	Gefängnisflure: J+C+Bewacherin gehen durch die technisch hoch gesicherte Anlage (J4)
13	22	3:07	Rückblende, Boutique 22: C und AJ betreten das Geschäft, C stiehlt ein Kleid (alle 2)
14	12	2:59	bei J, Arbeitszimmer: sie hört AB auf dem Tonband → Gefängnis: Gespräch mit AB, Lachen (AB3)
15	12	2:08	Büro: J spricht mit ABs Chef → Rückblende: AB wird bei einer Sitzung zurechtgewiesen (AB4)
16	6	1:23	Rückblende: C hütet ihr Kind → Zeitsprung: J spricht mit Cs Mann (C4)
17	19	2:14	Gefängnis: Gespräch mit AJ, Lachen (AJ3)
18	1	2:23	bei J, Arbeitszimmer: sie hört AJ auf dem Tonband, Lachen, ihr Mann kommt herein, Lachen (J5)
19	9	1:10	Rückblende: AJ kommt nach dem Mord nach Hause → denkt rückblickend an ihre Familie (AJ4)
20	2	0:39	Rückblende: C bedient ihren Mann (C5)

Phase III: Erklärungsversuche

Seq.	Einst.	Dauer	Handlung / Besonderheiten
21	3	1:17	Klinik: ein Arzt erläutert J das Obduktionsergebnis und beschreibt die grausig zugerichtete Leiche (J6)
22	32	2:14	Rückblende, Boutique 22: Die drei Frauen verständigen sich über Blicke (alle 3)

Seq.	Einst.	Dauer	Handlung / Besonderheiten
23	3	1:44	Gefängnishof: AJ erzählt J von einem exklusiven Essen (AJ5)
24	22	2:26	Gefängnis: AB erzählt J aus ihrer Kindheit, Frage nach Zeuginnen (AB5)
25	1	0:14	Gefängnisflur: Blicke nach draußen
26	20	1:13	Gefängnis: C schweigt J an und malt. Frage nach Zeuginnen (C6)
27	4	0:30	Gefängnis: J bringt AJ Schokolade. Frage nach Zeuginnen (AJ6)
28	33	4:10	bei J: Streit mit Ehemann über ihr Engagement sowie über ihre Einschätzung der Frauen (J7)
29	39	2:45	Rückblende Boutique 22: Die drei Frauen ermorden den Besitzer (alle 4)
30	9	1:00	Rückblende, vor der Boutique 22: vier Zeuginnen verlassen den Laden in dieselbe Richtung
31	9	0:45	Rückblende: C auf dem Rummelplatz (C7)
32	1	0:47	Rückblende: AJ beim Abendessen (AJ7)
33	11	1:10	Rückblende: AB ›verkauft‹ sich an einen Autofahrer (AB6)

Phase IV: Einfühlungsvermögen

34	13	1:24	bei J, Eßzimmer: ihr Mann doziert beim Essen vor Gästen über die Ungerechtigkeiten im niederländischen Rechtssystem (J8)
35	38	1:36	bei J, Schlafzimmer: Ihr Mann bedrängt sie im Bett → sie hat Visionen und einen Alptraum über die drei Frauen; Lachen (J9)
36	3	2:04	bei J, Arbeitszimmer: sie hört AB auf dem Tonband (J10)
37	6	0:57	Gefängnis: AB spricht mit J, Lachen (AB7)
38	1	1:26	Rückblende: Ab schläft mit dem Fremden, Lachen (AB8)
39	36	4:50	Gefängnis: J befragt AB über Sexualität, Gegenangriff (AB9)
40	14	1:20	Gefängnis: AJ tobt, zerstört ihre Einrichtung, beschimpft J (AJ8)
41	24	2:36	Gefängnis: C will J zunächst nicht sehen, spricht dann einen Satz, Berührung (C8)
42	1	2:10	Gefängnis: Annäherung von AB und J (AB10)
43	1	0:17	Gefängnistür: J verläßt das Gebäude (J11)

Phase V: Befreiung

44	54	7:15	Gericht: J. hält die Frauen für voll zurechnungsfähig, Auseinandersetzung mit dem Staatsanwalt. Die vier Zeuginnen der Tat sitzen im Publikum (alle 5)
45	1	2:10	Restaurant, Mittagspause: J streitet sich heftig mit ihrem Mann (J12)

Seq.	Einst.	Dauer	Handlung / Besonderheiten
46	67	7:30	Gericht: Der Konflikt eskaliert, die angeklagten Frauen beginnen zu lachen, die Zeuginnen und J stimmen mit ein, J verläßt den Saal (alle 6)
47	13	1:36	vor dem Gerichtsgebäude: Js Mann wartet, doch sie blickt die Zeuginnen an (J 13)

7. Der neue Science-fiction-Film: BLADE RUNNER (1982)
von Werner Faulstich

1.

Der neue Science-fiction-Film der 80er Jahre sprengt die traditionellen Handlungs-, Wahrnehmungs- und sogar Denkdimensionen. In seiner einfachsten Form transformiert er frühere Schemata in zeitgemäße Sujets. Bestes Beispiel dafür ist OUTLAND – PLANET DER VERDAMMTEN (1981): eine Art Remake von ZWÖLF UHR MITTAGS (1952), nur daß an der Stelle von Marshal Kane (Gary Cooper) nunmehr Marshal O'Niel (Sean Connery) gegen die Bedrohung der modernen Frontiers ankämpft: in den Erzminen auf dem fernen Planeten Io. Der »wilde Westen« hat sich in den Weltraum verlagert. Und während der bis zum abschließenden Showdown durchgehaltene Individualismus des Helden, infolge der Auflösung der alten Genres, kaum anachronistischer wirkt als schon beim klassischen Vorbild (vgl. Band 3, Kap. 9), akzentuieren die neuen Handlungsmotive: Drogenkonsum, absolutes Leistungsprinzip und grenzenlose Gewinnsucht, jenen Schritt vom Banditen Frank Miller (der noch persönliche Rache suchte) zu anonymen eiskalten Profikillern (die lediglich von der Erde bestellt werden müssen), der den Abstand des kalten Realismus in den 80ern zur naiv hoffnungsvollen Moral der 50er Jahre ausmacht.
Thematisch und strukturell näher an den gesellschaftlichen Umständen der Zeit liegt ein Science-fiction-Film wie WARGAMES (1982). Hier kippt die Öffnung des vermeintlichen Videospiels »Weltweiter thermonuklearer Krieg« durch den 17jährigen Computerfreak David unversehens in den Ernstfall um, weil es sich dabei um ein zufällig »geknacktes« reales Programm im gigantischen US-Militärcomputer in Colorado handelt – und die Russen greifen an, oder doch nicht? Die Grenzen zwischen »wirklicher« Wirklichkeit und »gespielter« Wirklichkeit, zwischen realer und bloß simulierter Bedrohung verschwimmen – Ausdruck faktischer Ängste damals in weiten Teilen der Bevölkerung, angesichts der zunehmenden Ausbreitung und Bedeutung des Mediums Computer.
Auch TRON (1982), der erste Computer-Spielfilm mit elaborierter Computeranimation, erhebt den Krieg (zwischen zwei Programmierern) zum zentralen Motiv, verpackt in den Kampf der »guten« Programme gegen die finsteren Schergen des Master-Control-Programms. Aber was WAR-

GAMES als negative Utopie lediglich andeutet, ist hier bereits märchenhaft umgesetzt: Der Wettkampf zwischen Gut und Böse findet »innerhalb« des Computers statt. Diese »dematerialisierte« Realität ist eine gänzlich neue Kategorie, und diese originäre Welt, ebenso unendlich wie klaustrophobisch, in ständiger Bewegung, mit sich laufend verschiebenden Perspektiven und Farben, ein prinzipiell nicht mehr überschaubares Netzwerk von Möglichkeiten, macht die Bedrohung nicht nur handlungsmäßig oder thematisch, sondern auch erzählerisch hautnah.[1]
Nonplusultra, inzwischen zum preisgekrönten Kultfilm avanciert,[2] ist freilich erst BLADE RUNNER unter der Regie von Ridley Scott, der mit ALIEN (1979) bereits einen Schlüsselfilm des Genres vorgelegt hatte.[3] Bei BLADE RUNNER, »eine große Ausnahme im Science-fiction-Kino der achtziger Jahre«[4], ist der eklektizistische Rückgriff auf die Filmgeschichte sehr umfassend – Filme, die von der Kritik mit BLADE RUNNER in Verbindung gebracht wurden, reichen von METROPOLIS (1926) über 2001 – A SPACE ODYSSEY (1968) und SOYLENT GREEN (1973) bis zu ESCAPE FROM NEW YORK (1980), von FRANKENSTEIN (1931, siehe Bd. 2, Kap. 8) über TOTE SCHLAFEN FEST (1946, siehe Bd. 3, Kap. 3) und BLOW UP (1966) bis zu LOGAN'S RUN (1976) und E. T. (1982). Dabei aber gelingt Scott, wie zu zeigen sein wird, eine Verdichtung ganz neuer Qualität, in bezug auf »Gott und die Welt« und vor allem auf den »Menschen«.

2.

Zunächst scheint es allerdings nötig, auf die verwirrend verschiedenen Fassungen von BLADE RUNNER abzuheben.[5] Die Handlung (vgl. das Sequenzprotokoll am Schluß)[6] verbindet zunächst drei verschiedene Bedeutungsebenen miteinander: Erstens gibt es einen Kriminalfall. In Los Angeles im Jahre 2019 erhält Deckard (Harrison Ford) einen Auftrag (Sequ. 4). Er soll vier sogenannte Replikanten, das sind künstlich hergestellte Menschen mit einer begrenzten Lebensdauer von vier Jahren, die verbotenerweise auf die Erde gekommen sind, »ausknipsen«.[7] Für solche Fälle wurden die »Blade Runner« eingerichtet, das sind Detektiv, Polizist, Kopfgeldjäger in einem. Deckard spürt zunächst den weiblichen Androiden Zhora auf und erschießt sie nach einem Kampf und einer wilden Jagd durch die Straßen der Stadt (Sequ. 12). Als Leon, der zweite Replikant, ihn dafür töten will, wird er seinerseits von Rachael erschossen (Sequ. 13). Währenddessen ist es den restlichen beiden Maschinen Roy und Pris gelungen, über Chew, den biologischen Augengenetiker, und J. F. Sebastian, den genetischen Designer der Tyrell Corporation, an den genialischen Tyrell selbst, den »Schöpfer« des Gehirns der Replikanten, heranzukommen. Sie wollen die Begrenzung ihrer Lebensdauer aufgehoben haben. Als sich eine Änderung ihrer Lebensprogrammierung als nicht möglich erweist, tötet Roy Tyrell und Sebastian (Sequ. 16). Dekkard hat inzwischen Pris gefunden und erschießt sie nach einem kurzen Kampf (Sequ. 17). In der abschließenden Konfrontation zwischen Dekkard und Roy, dem letzten Androiden, behält Roy (Rutger Hauer) die Oberhand. Er rettet jedoch Deckard, als dieser auf seiner Flucht über die Dächer abzustürzen droht, um dann vor Deckards Augen selbst zu sterben (Sequ. 18).

In diesen Science-fiction-Krimi ist zweitens eine Liebesgeschichte eingebettet, die musikalisch stets mit einer sehnsuchtsvollen, klagenden Melodieführung in Erinnerung gerufen wird. Bei seiner Suche nach den vier Replikanten stößt Deckard auf die hübsche Rachael (Sean Young), die er als Replikantin erkennen muß (Sequ. 5). Bei ihrer erneuten Begegnung (Sequ. 8) verliebt er sich gleichwohl in sie. Als sie ihm bei der Bedrohung durch Leon das Leben rettet (Sequ. 13), nimmt er sie zu sich nach Hause; es kommt zu einem intimen Kontakt zwischen den beiden (Sequ. 14). Nach dem Tod von Roy flieht er mit Rachael, die als Replikantin ebenfalls der Eliminierung ausgesetzt ist, aus der Stadt (Sequ. 20).

Die Verflechtung dieser beiden Ebenen wird aber handlungsstrukturell erst bedeutsam unter dem Gesichtspunkt der Mensch-Maschine-Dichotomie: Nach Vorspann und Trailer (Sequ. 1–2) erhält der Mensch Dekkard den Auftrag, vier Maschinen zu zerstören (Phase I). Er verfolgt alle Spuren und kommt mit dem Tod von Zhora auch zu einem ersten Erfolg (Phase II). Dann aber wird der programmatische Gegensatz von Mensch und Maschine, von Fleisch und Blut gegenüber konstruierter Biomechanik brüchig und in Frage gestellt (Phase III): Eine Maschine (Rachael) rettet einen Menschen (Deckard) vor einer anderen Maschine (Leon). Ein Mensch verliebt sich in eine Maschine. Die Probleme der Maschinen (vorzeitige Alterung) finden sich auch bei einem Menschen (Sebastian). Und die Maschine bzw. das Geschöpf (Roy) vernichtet den Menschen bzw. seinen Schöpfer (Tyrell). Bei der Retardierung (Phase IV) wird diese Aufweichung der anfänglich klaren Unterschiede vorangetrieben mit der zunehmenden Vermenschlichung des »Lustroboters« Pris und der »Kampfmaschine« Roy sowie der Verkehrung der Ausgangshandlung, wenn nunmehr Deckard seinerseits von Roy gejagt wird. Der Schluß des Films, wenn sich Deckard und Rachael zusammentun und fliehen, macht den Ausgangskontrast von Mensch und Maschine endgültig hinfällig (Phase V).

Jede dieser melodramatischen Entwicklungsphasen wird auch von Schlüsselhinweisen als solche markiert: Bereits bei der Einführung (Phase I) wird das Problem diskutiert, daß sich Mensch und Maschine einander derart angenähert haben, daß ein Replikant nur noch mittels eines höchst diffizilen »Voigt-Kampff-Gefühlstests« als solcher erkennbar sei (wenn überhaupt). Bei der Entwicklung (Phase II) wendet Dek-

kard diesen Test zwar noch einmal erfolgreich bei Rachael an, zweifelt freilich zunehmend an sich als dem eiskalten und erfolgsgewohnten Blade Runner und versucht, sein emotionales Involvement zu unterdrücken. Die »Maschine« Rachael, als Sondermodell bereits ohne Begrenzung der Lebenszeit gebaut, entwickelt nunmehr selbst Gefühle und beginnt, sich eine eigene Vergangenheit aufzubauen. Schlüsselsätze bei der Peripetie (Phase III) sind vor allem die Frage von Rachael an Deckard: »Hast du dich selbst je diesem Test unterzogen?«, die Selbstdefinition Roys gegenüber Sebastian: »Wir sind keine Computer, Sebastian. Wir sind physisch« (Pris zitiert dazu: »Ich denke, also bin ich«), und Roys appellative Forderung gegenüber Tyrell: »Das ist keine leichte Sache, deinem Schöpfer zu begegnen (...) Ich will mehr Leben, Vater!« Bei der Retardierung (Phase IV) zeigt sich zunehmend die »menschliche« Dimension der Androiden, insbesondere in den Zärtlichkeiten und der Trauer von Roy gegenüber seiner getöteten »Partnerin« Pris und in seinem Verhalten gegenüber dem unterlegenen Deckard. Und zum Schluß (Phase V) reflektiert Deckard über sich und Rachael: »Ich wußte nicht, wieviel Zeit uns zusammen bleiben würde. Aber wer weiß das schon?«
Offenbar um diese dritte Bedeutungsebene deutlicher zu machen, hat Scott neben der vom Verleih zunächst verbreiteten Version (als Video 112 Min.)[8] später noch eine Fassung als »director's cut« (als Video ebenfalls 112 Min.) herausgebracht. Die wichtigsten Änderungen sind: 1. BLADE RUNNER hat keinen inneren Monolog mehr. Dieser Schnitt wird mit der Überlegung begründet, daß sich Deckard im inneren Monolog angeblich als Mensch offenbart und sich also die angestrebte Suggestion, er sei vielleicht selbst ein Replikant, nicht mehr einstelle. 2. In einer kurzen zusätzlichen Einstellung ist ein Einhorn zu sehen. 3. Der optimistische Schluß des Films, bei dem Deckard und Rachael die düstere Stadt verlassen, fällt weg: Statt dessen endet die Schlußsequenz bereits mit dem Schließen der Fahrstuhltür in Deckards Wohnung.[9] Erwähnenswert ist außerdem noch die Laserdisc-Fassung als »extended play« (118 Min.), welche die erste Fassung ausweitet durch mehr futuristische Flüge und Szenerie-Darstellung, eine elaboriertere Verknüpfung von Sequenzen per Montage und die Verlängerung einiger weniger Einstellungen.[10]

3.

Die Leistung von Scotts BLADE RUNNER liegt in der Beglaubigung eines Denkmodells, das Gott, die Welt und den Menschen total säkularisiert. Es geht also um mehr als nur um den Menschen als Maschine und die Maschine als »menschlich« – auch die Bezeichnung »Nexus 6« für die Replikanten neuen Typs suggeriert diese enge Beziehung –, um mehr als die Zusammenhänge von Leben und Sterben und von Töten und Lieben. Der

Film entwickelt vielmehr ein Referenzsystem, in dem alle wichtigen Fragen des Menschen in einer für die 80er Jahre attraktiven und plausiblen Gestaltung ihren Platz finden. Nicht zufällig erschießt Leon den Blade Runner Holden in der einleitenden Sequenz als Antwort just auf die Frage: »Beschreiben Sie nun in einzelnen Worten alle positiven Dinge, die Ihnen in den Sinn kommen, zum Beispiel über Ihre – Mutter.« Die Chiffre »Mutter« meint Herkunft, Geborgenheit, Wärme, Gefühle usf. Oder am Schluß heißt es über den Replikanten Roy nach dessen Tod, im inneren Monolog Deckards: »Alles, was er wollte, waren die Antworten, die wir alle wollen: Woher komme ich? Wohin gehe ich? Wieviel Zeit bleibt mir?«[11] Es geht um die Grundprobleme der menschlichen Exi-

stenz. Ist das Leben selbst nichts weiter als Materie, die Natur im Grunde Technik? Das BLOW UP-Motiv in der Fotosequenz (Sequ. 10) stellt nachdrücklich die Frage: Was ist die wirkliche Wirklichkeit? Sind Replikanten Fiktion? Sind Menschen Fiktion? Sind Fiktionen wirklich? Thematisiert werden zugleich die Zukunftslosigkeit von Zeit und die Grenzenlosigkeit von Raum. »Ich habe Dinge gesehen«, gesteht Roy kurz vor seinem Ende/Tod, »die ihr Menschen niemals glauben würdet: gigantische Schiffe, die brannten draußen vor der Schulter des Orion ...« Gegenüber Chew (Sequ. 7) rezitiert Roy: »Strahlend, feurig stürzten die Engel, tiefer Donner rollte um ihre Küsten, brennend mit den Feuern von Ork« – was wie ein Zitat aus der »Hölle« von Dantes Göttlicher Komödie klingt, tatsächlich aber eine Stelle aus William Blakes »America: A Prophesy« paraphrasiert[12] –, mit der Forderung: »Wir wollen Antworten!« Die Dimensionen des räumlichen Universums prallen kontradiktorisch auf eine Zeit, die als begrenzte Lebenszeit und als noch kürzere Zeit, in die die Erinnerungen zurückreichen, schmerzhaft reduziert erscheint.
Der Rekurs von BLADE RUNNER auf den Film noir ist unübersehbar und vor allem für Setting und Message relevant: erkenntlich in Stilmerkmalen wie dem Antihelden a là Marlowe und seiner Charakterisierung, dem permanenten Regen, dem Großstadtdschungel, dem Low-key-style der Kamera, dem inneren Monolog u. a. Das archaisch-futuristische, exotische Setting: Die ausgefeilte und im Film handlungsabhängig jeweils präsente »Szenenmusik« ist entsprechend aufregend, bedrohlich, tödlich gleichermaßen. Scott zeichnet seine Welt als »Alptraum«, als »Megalopolis«[13], eine synkretistische Mischung »aus existenten Gebäuden des späten Jugendstils, der Pseudorenaissance und des Art Deco und eines imaginierten Futurismus, der sich von den Maya-Pyramiden inspirieren ließ«.[14] Die Stadt erscheint als schmutziger Moloch, mit Gleitern zwischen den Wolkenkratzern, gigantischen Werbewänden, einem Völkermischmasch (»Cityspeak«), ständigem Nieselregen, bizarren Schluchten und Lebewesen – eine anarchische Atmosphäre, die dem Lebensgefühl der 80er Jahre korrespondiert.[15]
Die widerwillige, erzwungene Übernahme des Auftrags durch Deckard und seine individuelle Charakterisierung (»›kalter Fisch‹, so nannte mich meine Ex-Frau«) schaffen freilich Raum für die Identifikation mit dem illusionslosen Antihelden der No-Future-Generation und dem Reiz des Pessimismus, der hier zur Melancholie umgestaltet wird. Daß »trotz der Ödnis und Trostlosigkeit der Welt, in der sich die Akteure bewegen, BLADE RUNNER keine Weltuntergangsvision« beschreibt,[16] liegt an der impliziten Sinngebung des Geschehens. Sie wird auf einer vierten, symbolischen Ebene angeboten.
Zentrales Bildmotiv ist das Motiv der Augen.[17] Es begegnet schon in den ersten Bildern des Films, beim Vorspann, als sich die Feuerfontänen der

Milliardenstadt in einem starren Auge spiegeln, übernimmt beim Voigt-Kampff-Test eine entscheidende Rolle, wird mit den »gefrorenen Augen« Chews weitergeführt und taucht u. a. wieder auf beim Tod von Dr. Tyrell, dem »Gott der Biodynamik«, der seinen Geschöpfen einen Platz im Himmel verweigert und dafür massakriert wird – wobei die Verdoppelung der ausgedrückten Augen Tyrells mit den blinden Augen der künstlichen Eule unübersehbar auf ihre (antike) Symbolik abhebt (Sequ. 16).[18]
Athene, in der römischen Mythologie Minerva, mit der Eule als ihrem Symbol, war die Lieblingstochter des Zeus (das Auge, das alles sieht, als Symbol Gottes) und verkörperte das Prinzip weiblicher Weisheit. Sie wurde geboren aus dem Haupt des Zeus, in das Hephaistos mit einer Axt einen Spalt schlug (das sog. dritte Auge, bei den Ägyptern Symbol für die Überwindung des Todes und die Wiedergeburt alles Untergegangenen). Bekanntlich wurde Athene nicht wie andere Götterkinder großgezogen, sondern sprang mit einem mächtigen Schrei in voller Größe in die Welt (so wie Rachael): ihrerseits Symbol der Erleuchtung des Zeus.[19] Demnach wird der Mensch nicht durch einen übermächtigen, transzendenten Gott gerettet, sondern durch seinesgleichen bzw. sein Geschöpf, so wie Deckard durch Roy (Sequ. 18). Wenn Roy sich selbst den Nagel durch die Hand bohrt, bedeutet das, Schmerz zu empfinden, (noch) zu leben. Diese Ironisierung der Christussymbolik wird noch verstärkt durch Roys abschließendes Wort: »Zeit zu sterben«, analog zum »Es ist vollbracht«, und durch die Taube, die sich aus seiner Hand aufschwingt und hoch in den Himmel fliegt. Aber ebenso wie er seinen Schöpfer Tyrell überlebt hat, wird Deckard von Rachael überlebt werden. Deckard erinnert an den Helden jener Geschichte von E. T. A. Hoffmann, der sich in einen weiblichen Klavierautomaten verliebt und sich in den Tod stürzt, als er ihren Kunstcharakter erkennt. Deckards Name hört sich auf englisch wohl nicht zufällig an wie (René) »Descartes«, der Name jenes Philosophen, der die Wahrheitsfrage stellte, die im Film als »Cogito ergo sum« wiederum Pris gegenüber Sebastian in den Mund gelegt wird (Sequ. 15). Murray Chapman verweist darauf, daß das Schachspiel zwischen Tyrell und Sebastian (Sequ. 16) die berühmten letzten Züge jenes Spiels wiederholt, das in der Schachgeschichte als »The Immortal Game« (zwischen Anderssen und Kieseritzky, London 1851) eingegangen ist.[20] Die Zukunft liegt im neuen Menschen.[21]
Diese Welt der Zukunft erscheint als Konstrukt. BLADE RUNNER stellt gleichsam die konstruktivistische Variante des Existenzialismus dar. Der Film ist mehr als nur »ein Film über Frankensteins Erben und unsere schöne Welt«[22], auch mehr als ein »barockes Designmärchen«[23]. »Der wahre Reiz des Films liegt (...) weniger in der mit allen tricktechnischen Raffinessen der Zauberküche Hollywood erstellten Vision einer verrosteten Zukunftswelt, sondern in der (...) technologisch-profanen Ver-

sion barocker Mysterienspiele.«[24] BLADE RUNNER bietet nichts weniger als eine Antwort auf die Frage nach dem Sinn des Lebens; und vermutlich deshalb wurde er zum Kultfilm. Die Antwort lautet: Wir wurden konstruiert mit einer bestimmten Lebensdauer, sind fremdbestimmt und programmiert auf bestimmte Fähigkeiten und Schwächen hin. Wir sind nur begrenzt handlungsfähig, frei nur im vorgegebenen Rahmen, also, als Marionetten ohne gesicherte Klarheit über unseren Status, letztlich auch nicht verantwortlich. Selbst das Prinzip Hoffnung erscheint hier als bloße Programmierung, mit zufällig oder bewußt eingebauten Webfehlern.[25] Gaff formuliert in bezug auf Rachael, in der Erinnerung durch Deckard später noch einmal wiederholt: »Ein Jammer, daß sie nicht leben wird. Aber egal, wer tut das schon?« (»It's too bad she won't live. But then again, who does?«) Roy nimmt seine Begrenztheit an, akzeptiert sich als sterblich und beweist damit seine Größe; darin läßt sich das alte Sisyphus-Motiv erkennen. Deckard wird zu einer Art postmodernem Sisyphus gestaltet, dem aber Athene/Minerva alias Rachael zur Nachfolgerin designiert wird. Das Bild des Menschen als »blade runner«, mit der Implikation äußerster Gefährdung und atemloser Gehetztheit, wird zukunftsbezogen ins Positive gewendet.

Anmerkungen

1 Ein anderer Science-fiction-Film desselben Jahres, PROJEKT BRAINSTORM (1982), verknüpft das Motiv des militärischen Mißbrauchs neuer Erfindungen und technischer Möglichkeiten mit der Vorstellung des menschlichen Gehirns als eigener Welt, deren subjektiv-individuelle Erfahrungen und Empfindungen aufgezeichnet, gespeichert und auf andere Gehirne übertragen werden können.

2 BLADE RUNNER erhielt u. a. den Hugo Award for best science fiction film 1982, den British Academy of Film and Television Arts Film Award und den British Critic's Circle special technical award. – Die deutsche Filmkritik hat sich überwiegend negativ geäußert: Die katholische Filmkritik urteilte: »kein gelungener Film« (Lexikon des internationalen Films, Bd. 1); der Fischer Film Almanach 1983: »ein eher unerfreulicher Film«; Rudolph Thome (Tagesspiegel vom 17.10.82): »sehr mechanisch, sehr gewalttätig und vollgepackt mit archaischen Sehnsüchten«; St. Fuchs (Münchner Merkur vom 18.10.1982): »blaß und konturenlos«; der Kritiker der Frankfurter Allgemeinen Zeitung (19.10.82): »aufgesetzt«, »auf dem absteigenden Ast« usw. Siehe auch Giesen, Bd. 1, S. 73. Positiv urteilten u. a. Ludwig Merkle in der Welt vom 20.10.82 und Heiko R. Blum in der Rheinischen Post vom 30.10.82. Kritiken zur Neufassung des Regisseurs u. a. im Tagesspiegel vom 14.2.93, in der Stuttgarter Zeitung vom 10.4.93, in der Frankfurter Rundschau vom 22.4.93 und in der Rheinischen Post vom 7.5.93 waren überwiegend positiv.

3 Siehe Faulstich 1988; ferner W. Faulstich und Ricarda Strobel: »Verbuchung« als medienästhetisches Problem. Eine Fallstudie zu ALIEN. In: Massenmedien und Kommunikation, H. 45. Siegen 1986.

4 So Michael K. Iwoleit, der ihn mit »Brazil« verglich (1990, hier 373). Iwoleit

wertet freilich nicht filmhistorisch, sondern im Vergleich mit Science-fiction als literarischem Genre, d. h. Prosa in Printmedien.

5 Was die Quellen betrifft, so ist BLADE RUNNER eigenständiger, als viele Kritiker wahrhaben wollten. Wichtige Bestandteile der Story und auch das Grundmotiv stützen sich auf die Erzählung »Träumen Roboter von elektrischen Schafen?« von Philip K. Dick, die aber viel weniger differenziert und zahlreiche Handlungsteile enthält, die bei Scott nicht aufgenommen werden; von einer »Verfilmung« kann man keinesfalls sprechen. Der Filmtitel rekurriert auf den gleichnamigen Text von William S. Burroughs, der ihn mit dem Untertitel »a movie« versehen hatte. Burroughs seinerseits bedankt sich bei Alan E. Nourse, aus dessen Buch »The Blade Runner« er Figuren und Situationen übernommen habe. Vgl. auch M. Chapman (1993). Visuelle Anleihen wurden nach Chapman vor allem bei der Comic-Serie »Wonders of the Universe« gemacht, gezeichnet von Moebius (Jean Giraud). Eine der Geschichten in dem Buch »L'homme est-il bon?« stammt von Dan O'Bannon, dem Co-Autor von ALIEN, und hat den Titel »The Long Tomorrow«.

6 Eine ausführliche Inhaltsbeschreibung findet sich bei Hedderich/Nagula, S. 3–9. Die »Besprechung« dort ist freilich nur ein Zusammenschrieb deutschsprachiger Kritiken des Films (z. B. von W. Schütte und M. Schwarze), die als Quellen nicht kenntlich gemacht werden.

7 Im Original wird ausdrücklich auf die Sprachlüge hingewiesen (»retired« statt »killed«). In der deutschen Synchronfassung wird das nur unzureichend mit »in den Ruhestand versetzt« wiedergegeben. Nur nebenbei sei vermerkt, daß bei der Übersetzung auch zahlreiche Wortspiele, z. B. »four – five – how to stay alive« oder »six – seven – hell or heaven« in der Jagdszene am Schluß, verlorengehen. – Der Fehler, daß im Dialog einleitend von »sechs« Replikanten auf der Erde berichtet wird, von denen einer umkam und nun noch »vier« gefunden werden müßten, d. h. einer offenbar vergessen wurde, beruht auf Verschiebungen bei den Dreharbeiten, die versehentlich nicht mehr korrigiert wurden. Ursprünglich sah das Script noch die fünfte Figur Mary vor, die dann aber gestrichen wurde (vgl. M. Chapman 1993).

8 Diese Analyse und Interpretation bezieht sich, ebenso wie das Sequenzprotokoll, auf diese »offizielle« Fassung. – William M. Kolb berichtet auf dem Umschlag der Laserdisc-Fassung, daß der längere, optimistische Schluß (angeblich mit Material, das für den Film SHINING gedreht und seinerzeit nicht mehr verwendet worden war) auf Drängen der Produzenten zusätzlich angefügt worden sei, weil BLADE RUNNER bei den Previews als zu düster und vieldeutig beurteilt worden war; vgl. auch M. Chapman 1993. In einer früheren Skript-Version soll zunächst vorgesehen gewesen sein, daß Deckard und Rachael gemeinsam in ein Häuschen auf dem Lande fliehen, wo er sie dann zwangsläufig doch noch tötet, um einem anderen Blade Runner zuvorzukommen. In einer wieder anderen Version soll sich am Schluß bei ihrer Flucht auch Deckard als Replikant eindeutig offenbart haben, wobei die Vernichtung sowohl von Deckard als auch von Rachael durch den Blade Runner Gaff angedeutet werde. – Insgesamt hat es mindestens drei Skriptfassungen gegeben, ein Storyboard und ein Sketchbook, alle erhältlich bei Cinema City, Postfach 1012, Muskegon, MI 49443, USA (vgl. M. Chapman 1993), ferner ein »Blade Runner Portfolio« und »The Illustrated Blade Runner«; ein Transkript soll in Vorbereitung sein. Außerdem erschien der Soundtrack auf LP (1992), der jedoch mit der Filmmusik nicht identisch ist, vielmehr eine Orchesterfassung darstellt. Vangelis brachte statt dessen ein Album »Themes« heraus, das einige musikalische Originalmotive des Films

enthält. Andere sind auf Alben wie »Vangelis: Opera Sauvage«, »See You Later« etc. enthalten. Inzwischen kam auch das Computerspiel »Blade Runner« für den Commodore 64 auf den Markt (M. Chapman 1993), als bloßes Aktions-, Such- und Tötungsspiel (Deckard auf der Suche nach Replikanten).

9 Weitere Änderungen sind vor allem die längeren futuristischen Flüge und mehr Einstellungen, die das elaborierte Science-fiction-Setting zeigen (vgl. ausführlich M. Chapman 1993). – Alle diese Gesichtspunkte sind allerdings wenig überzeugend bzw. unzutreffend. Aus vielerlei Gründen läßt sich Scotts »director's cut« vielmehr eher als ästhetische Verarmung einschätzen.

10 Bei letzteren ist vor allem die Tötung von Tyrell durch Roy aufschlußreich. Es wird nämlich ausführlich gezeigt, wie Roy Tyrell zunächst die Augen ausdrückt, bevor er ihm den Schädel zerknackt. Was vermutlich der Selbstzensur gegenüber allzu elaborierter Brutalität im Film zum Opfer fiel, hat Verweischarakter im Kontext des Symbols »Auge«, das sich durch den ganzen Film zieht.

11 Nach Chapmans Meinung werden hier jene drei Fragen wörtlich zitiert, die der Maler Gauguin während einer seiner Selbstmordphasen auf eines seiner Bilder geschrieben hat.

12 M. Chapman zitiert Blake: »Fiery the angels rose, and as they rose deep thunder roll'd / Around their shores: indignant burning with the fires of Orc.«

13 Zitiert nach Shay 1982 bzw. Giesen Bd. 2, S. 192f.

14 So Wolfram Schütte anschaulich in der Frankfurter Rundschau vom 18.10.82.

15 Murray Chapman verweist darauf, daß sich in dem Film nicht weniger als 29 Logos bekannter Firmen und Produkte als Product Placement befinden, von ANACO und Atari über Budweiser, Coca-Cola und Marlboro bis zu PanAm, Polaroid und Wakamoto.

16 Hahn/Jansen 1983, S. 62.

17 Das Origami-Motiv, in japanischer Tradition, ließ sich in seiner konkreten Symbolik noch nicht entschlüsseln (vgl. auch M. Chapman 1993): Bei der Erteilung des Auftrags an Deckard faltet Gaff aus Papier ein »Huhn«, bei der Durchsuchung von Leons Zimmer einen »Mann mit einer Erektion«, bei der Flucht Deckards mit Rachael ein Einhorn.

18 Auch bei Dante gibt es das Motiv der gefrorenen Augen, ebenso wie Rachael dort als antike Figur auftaucht. Aber konkrete bedeutungsgenerierende Bezüge konnten nicht ermittelt werden.

19 Vgl. Wolfgang Bauer, Irmtraud Dümotz und Sergius Golowin: Lexikon der Symbole. Wiesbaden 1980, S. 163. – Kurioserweise findet sich dort (S. 561f.) auch ein Hinweis auf die Visionen von Timothy Leary und seinem »Auge«, nach denen wir in gegenwärtiger Konditionierung 99prozentige biomechanische Roboter seien, die es weiterzuentwickeln gelte.

20 A. a. O. 1993. Er notierte zugleich, daß die Stellung der Figuren auf den Schachbrettern allerdings nicht korrekt ist, ähnlich anderen Regiefehlern wie z. B. daß die Noten nicht dem entsprechen, was Rachael am Klavier spielt etc.

21 Hier wird denn auch verständlicher, warum Scott unbedingt eine Einstellung mit einem Einhorn in den Film montieren wollte – jenes märchenhafte Wesen, das männliche Zeugungskraft symbolisiert und nur von einer reinen Jungfrau gezähmt werden kann. – M. Chapman verweist darauf, daß alle Figuren des Films mit Tieren in Verbindung gebracht werden: Leon mit der Schildkröte, Roy mit der Taube, Zhora mit der Schlange, Rachael mit der Spinne, Tyrell mit der Eule, Sebastian mit der Maus, Pris mit einem Waschbären, Deckard mit Sushi, d. h. rohem Fisch, und dem Einhorn.

22 So Michael Schwarze in der Frankfurter Allgemeinen Zeitung vom 22.10.92. Nach Schwarze thematisiert Scott hier »die Genmanipulation«.

23 Wolfram Schütte in der Frankfurter Rundschau vom 18.10.92, durchaus positiv gemeint.

24 So treffend Wolfgang Limmer im Spiegel Nr. 43 (1982), S. 286.

25 Die Kritik vieler am positiven Ende der ersten Verleihversion übersieht, daß sich der Flug über die grüne Landschaft nicht unbedingt in der »Wirklichkeit« abspielen muß, die doch gerade brüchig und fragwürdig geworden ist. Die Mechanik der immergleichen, monoton sich wiederholenden Musikfragmente erlaubt wohl auch die Interpretation dieses »Traums« als projektive Konstruktion des Menschen-/Replikantenpaares Rachael und Deckard selbst, also als Illusion.

Auswahlbibliographie

William S. Burroughs: BLADE RUNNER – a Movie. (orig. 1979) Berkeley 1990.

Murray Chapman: BLADE RUNNER (Internet. Mailbox, 223 Seiten). University of Queensland, Australien, August 1993 (version 1.7).

Philip K. Dick: BLADE RUNNER. München 1990 (orig. Do Androids Dream of Electric Sheep? 1968).

Werner Faulstich: Die Filminterpretation. Göttingen 1988, S. 67–77 (Analyse und Interpretation von ALIEN).

Rolf Giesen: Lexikon des phantastischen Films, Bd. 1 (S. 190–194), Bd. 2 (S. 68–73). Frankfurt/Main 1984.

Ronald M. Hahn und Volker Jansen: Lexikon des Science Fiction Films. München 1983.

Detlef Hedderich und Michael Nagula: BLADE RUNNER. In: Enzyklopädie des phantastischen Films, hrsg. v. Norbert Stresau (Loseblatt-Sammlung), Meitingen 1986ff., Ergänz.-Lief. März 1990, S. 1-14.

Michael K. Iwoleit: Perspektiven des SF-Films. Am Beispiel von Ridley Scotts BLADE RUNNER und Terry Gilliams BRAZIL. In: Das Science Fiction Jahr No. 5, Ausgabe 1990, hrsg. v. Wolfgang Jeschke. München 1990, S. 357–384.

Herb A. Lightman and Richard Patterson: BLADE RUNNER. Production Design and Photography. In: American Cinematographer, Vol. 63 (1982), No. 7, S. 684–691.

Wolfgang Limmer: Böse neue Welt. In: Der Spiegel Nr. 43 (1982), S. 283f.

Paul S. Sammon: The Making of BLADE RUNNER. In: Cinefantastique, Vol. 12 (1982), special double issue No. 5/6, S. 5f.

Wolfram Schütte: Metropolis mit Menschen, die keine sind. In: Frankfurter Rundschau vom 18.10.1982.

Michael Schwarze: Schöne neue Welt. In: Frankfurter Allgemeine Zeitung v. 22.10.1992.

Don Shay: BLADE RUNNER – 2020 FORESIGHT. In: Cinefex No. 9 (1982), S. 4–71.

J. P. Telotte: The doubles of fantasy and the space of desire. In: Film Criticism, Vol. 7 (1982), No. 1, S. 56–68.

Auswahlfilmographie

OUTLAND (OUTLAND – PLANET DER VERDAMMTEN), Peter Hyams, Großbritannien 1981

WARGAMES (WARGAMES – KRIEGSSPIELE), John Badham, USA 1982

TRON, Steven Lisberger, USA 1982
BRAINSTORM (PROJEKT BRAINSTORM), Douglas Trumbull, USA 1982
BLADE RUNNER (DER BLADE RUNNER), Ridley Scott, USA 1982

Sequenzprotokoll BLADE RUNNER (USA/1982)

Nr. d. Sequenz	Geschehen	Dauer in Sekunden	Zahl der Einstellungen
1	Vorspann	211	8 (1–8)
2	Test an Leon	182	47 (9–55)
3	Deckard in Chinatown / L. A.	111	15 (56–71)
4	Der Auftrag (Bryant/Gaff)	386	79 (72–150)
5	Tyrell Corporation (Test an Rachael)	399	97 (151–247)
6	Hotel: Leons Zimmer	137	19 (248–266)
7	Roy Batty und Leon bei Chew	302	36 (267–302)
8	Deckard (Heimfahrt) / Rachael bei Deckard / Deckard (Reflexionen)	340	54 (303–356)
9	Pris und J. F. Sebastian	296	43 (357–399)
	– vor dem Haus	[177]	[27]
	– im Treppenhaus bzw. Aufzug	[70]	[8]
	– in der Wohnung	[47]	[8]
10	Deckard zu Hause (Bildanalyse)	245	50 (400–449)
11	Deckards Nachforschungen	267	45 (450–494)
	– Downtown (Abdul Ben Hassan)	[143]	[15]
	– Taffey Lewis	[78]	[19]
	– Telefonat mit Rachael	[43]	[11]
12	Deckard und Zhora	485	130 (495–624)
	– Gang	[77]	[11]
	– Zimmer	[152]	[34]
	– Straße: Jagd und Tod	[254]	[85]

Nr. d. Sequenz	Geschehen	Dauer in Sekunden	Zahl der Einstellungen
13	Reaktionen	201	50 (625–674)
	– Deckard und Bryant/Gaff (Rachael)	[125]	[29]
	– Deckard und Leon: Tod	[76]	[21]
14	Deckard und Rachael	539	66 (675–740)
	– Gespräch	[269]	[36]
	– Klavierspiel	[103]	[10]
	– Zärtlichkeiten	[165]	[20]
15	Pris und Sebastian und Roy	433	83 (741–823)
16	Roy und Tyrell	387	61 (824–884)
	– Aufzug/Schachspiel	[134]	[21]
	– Geschöpf und Schöpfer	[251]	[40]
17	Deckard und Pris	394	89 (885–973)
	– Sebastians Tod / Polizeikontrolle	[67]	[10]
	– Straßenszene	[33]	[8]
	– Treppenhaus	[156]	[17]
	– Kampf und Tod	[135]	[54]
18	Deckard und Roy	829	195 (974–1168)
	– Roy und Pris	[81]	[14]
	– 1. Konfrontation (Finger)	[93]	[28]
	– Roy und Pris	[70]	[7]
	– Roy u. Deckard (umgekehrte Jagd)	[74]	[18]
	– Roy und Schmerz (Nagel)	[49]	[15]
	– 2. Konfrontation (Eisenstange)	[34]	[17]
	– 3. Konfrontation	[424]	[195]
	• Flucht Deckards	(194)	(44)
	• Rettung durch Roy	(103)	(36)
	• Roys Tod	(127)	(16)
19	Deckard und Gaff	36	6 (1169–1174)
20	Deckard und Rachael	187	14 (1175–1188)
21	Abspann	278	7 (1189–1195)

8. Oper und Musik im Film: CARMEN (1983)
von Fred Ritzel

»Carmen ist schuld!« schreien erregt die Arbeiterinnen aus Bizets Oper »Carmen«. Sehr plötzlich und präsent bricht die auditive Schicht zusammen mit dem Titelvorspann von Sauras Film CARMEN auf den Zuschauer herein. Den Textinformationen des Vorspanns sind Szenen aus einem pittoresk-romantischen Spanien des 19. Jahrhunderts unterlegt.[1] Noch kann der Filmzuschauer nicht ganz ermessen, welch ambivalente Botschaft ihn bereits hier über den Vorspann erreicht (der als 2. Sequenz kontrastreich an die Eröffnungssequenz des Films anschließt). Das französische Spanienbild des 19. Jahrhunderts, den Mythos der femme fatale, der gefährlich-schönen Zigeunerin Carmen, die Sicht des pittoresken Spaniens und seiner wildromantischen Einwohner mit ihren tödlichen Leidenschaften lehnen die Filmemacher als klischeehafte Verfälschung der spanischen Tradition ab: »Carmen« – als Metapher für dieses Pseudospanien – »ist schuld!« Saura setzt seine Carmen und ihre Probleme bewußt in einen authentischen spanischen Kontext und versucht nichts Geringeres als die Hispanisierung des Mythos »Carmen«. Nach dem Film BLUTHOCHZEIT, den Saura 1981 mit dem Choreographen Antonio Gades gedreht hatte (als filmische Umsetzung einer Tanztheaterproduktion), drängte ihn der Produzent Emiliano Piedra, einen weiteren Film mit Gades und seiner Tanzgruppe anzuschließen. Der »Carmen«-Stoff lag nahe, über die Konzeption einigte man sich schnell. Als Material sollte die Novelle von Mérimée, die Oper Bizets und die spanische Volksmusik dienen.[2]

Im November 1981 begannen die Vorbereitungen.[3] Gades wollte schon immer eine Flamencoversion der »Carmen« machen, Saura brachte die Idee einer dramaturgischen Doppelung des Stoffes ein: Im Rahmen der Tanzproduktion der »Carmen« sollten sich die Beziehungskonflikte der Tanz-Handlung auch unter ihren Beteiligten abspielen. Gades und Saura erarbeiteten im Verlauf des Jahres 1982 die choreographischen und musikalischen Konzeptionen, im Februar 1983 konnte das Team mit den Dreharbeiten beginnen (sie dauerten 8 Wochen).

In der Auseinandersetzung mit den französischen Quellen orientierte sich Saura vorwiegend an der Novelle Prosper Mérimées, bei dem er viel Erfahrung und Einfühlungsvermögen in das Spanien des 19. Jahrhunderts

bemerkt. »Die Grundzüge, aus denen Carmen im wesentlichen besteht, sind Unabhängigkeit, die Freiheit ihres Verhaltens jenseits der bürgerlichen Moral, ihre Herkunft aus dem Volk, ihre unmittelbare Erdverbundenheit. Allem, was Carmen tut, haftet etwas Wildes, Elementares an. Sie reflektiert nicht, sondern handelt. Basta!« resümierte Saura.[4] Carmens Verhalten mußte damals auf das schärfste mit der traditionellen katholischen Umgebung und einer patriarchalischen Männersozialisation kollidieren, die sexuelle Beziehungen zwischen den Geschlechtern als Besitzverhältnisse, als Herr-Sklavin-Beziehungen verstanden. In dieser Umgebung repräsentiert Carmen eine extreme Außenseiterin, sie stellt das weibliche Rollenbild auf den Kopf. Heute hingegen, wo die alten Besitzvorstellungen der spanischen Männertradition noch immer wirksam sind, die Frauen jedoch ein wesentlich höheres Maß an gesellschaftlicher Freiheit und Selbstbestimmung für sich beanspruchen können, verschiebt sich das Problem. Die heutige »Carmen« muß keine Außenseiterin sein, um durch die Konfrontation mit den Besitzansprüchen des konservativen Mannes in schwere Auseinandersetzungen zu geraten. Es genügt, sie als selbstbewußte und keineswegs fatalistische Frau in ihren Alltags- und Berufszusammenhängen zu sehen – mit allerdings großer Ausstrahlungskraft. Daß sich das Carmen-Drama innerhalb einer Flamenco-Tanztheaterproduktion abspielt, vermittelt als geschickter dramaturgischer Kunstgriff zwischen den »Spanien«-Klischees und den an sie geknüpften Vorstellungen von Leidenschaft, Schönheit und Pathos im Kopf der Zuschauer und dem Konzept einer alternativen, »spanischen« Auseinandersetzung mit dem Carmen-Mythos.
Bizets Oper, das eigentliche Medium des Carmen-Mythos, begreifen Saura und Gades eher »als Verrat an Mérimées Novelle«, als eine erhebliche Nivellierung der Gewalttätigkeit und Sinnlichkeit der Vorlage.[5] Von Bizets Musik allerdings halten sie sehr viel. Sie wird zwar nicht so umfangreich eingesetzt, daß die Oper musikalisch halbwegs repräsentiert wäre; einige ihrer Hauptstücke erscheinen jedoch in unterschiedlichen Funktionszusammenhängen sehr wirkungsvoll.

Die Handlung des Films: Eine fast alltägliche Geschichte?

Der Choreograph Antonio sucht für seine Tanztheaterproduktion »Carmen« eine Hauptdarstellerin. In einer Tanzschule findet er sie: Carmen, eine Tänzerin aus einem Flamenco-Nachtclub. Obwohl tänzerisch noch nicht ausgereift, wird sie in die Tanzgruppe integriert. Während der Arbeit verliebt sich Antonio in Carmen, die zwar verheiratet ist, jedoch ihre Beziehungen freizügig gestaltet – ihr Mann sitzt im Gefängnis. Als er freikommt und in Antonios Tanzstudio auftaucht, gibt es heftige Eifersuchts-

reaktionen bei Antonio. Unbegründet zwar, denn Carmen hat ihren Mann über ihr Verhältnis zu Antonio bereits aufgeklärt. Es stört ihn nicht, er hat andere Interessen. Heftigeren Streit gibt es, als sich Carmen mit einem Tänzer aus Antonios Truppe einläßt und Antonio sie überrascht. Ihre Beziehung spitzt sich nun krisenhaft zu und erfährt einen neuen Höhepunkt, als Carmen auf die Werbung eines Toreros während der Probe einer Tanzszene interessiert eingeht. Antonio und der Torero stehen sich feindselig gegenüber, Carmen verläßt daraufhin die Probe. Antonio geht ihr nach, streitet sich mit ihr und sticht sie schließlich nieder.

Eigentlich eine fast alltägliche Geschichte, wie sie sich zwischen Liebespaaren immer wieder abspielt: Der Machtkampf um die individuellen

Freiheitsrechte, das sich allmählich einstellende Machtgefälle und die unterschiedlichen Formen der Bewältigung dieses Problems. Selbstverständlich auch der Konflikt unterschiedlicher Sozialisationen und daraus resultierender Handlungsnormen. War es noch bei Mérimée der Konflikt zwischen den Verhaltensnormen der Zigeuner-Sozialisation (die Carmen weitgehend beachtet) und denen des bürgerlichen Zusammenlebens in Spanien, so ist es hier der Konflikt zwischen dem traditionellen Mann und einer Frau, die auf ihrer Unabhängigkeit und Selbstbestimmung besteht. Diese brisante Konkurrenz von gegensätzlichen Werten und Überzeugungen konnte im Rahmen der dominierenden spanischen Männer-Gesellschaft bei Mérimée nur mit dem Tod der Normverletzerin wie ihres Mörders geahndet werden.

Während bei Mérimée noch der Kulturkonflikt als Basis des tödlichen Geschehens fungiert, lastet in Bizets Oper die Schuld vorwiegend auf der männerzerstörerischen Carmen, deren individuelles Verhalten notwendig zum Tode führt. Damit entsteht der Mythos Carmen, diese männliche Projektion des gefährlich-schönen, untreuen, launischen Geschöpfes, das vor lauter Männerangst und Männerbedrohung sterben muß, dessen Mörder auch als Selbstmörder begriffen und damit entschuldet werden kann.

Die besondere spanische Tradition der Männergesellschaft hat es den Emanzipationsbestrebungen der Frauen dort recht schwer gemacht. Vergleichsweise spät erst konnte sich ein moderner Frauentyp entwickeln, der selbstbewußt sein eigenes Lebenskonzept, seine eigenen Entfaltungsmöglichkeiten verfolgt und seine Freiheit beansprucht, ohne traditionelle Rollenklischees für sich anzuerkennen.

In diesem Sinne ist die Carmen in Sauras Film konzipiert, deren Selbstbestimmungswunsch zunehmend mit dem Besitzanspruch des Choreographen Antonio kollidiert. Als sie seine Unfähigkeit bemerkt, ihre Beziehungsnormen zu akzeptieren, verlangt sie die Trennung: Dies kann er nicht aushalten, er tötet sie – ob real oder fiktiv, ist hierbei nicht von Bedeutung.

Spiegelungen 1: Die Filmproduktion als Filmhandlung

In diesem Film geht es auch um die Geschichte eines schwierigen, spannenden, frustrierenden und immer wieder sich zuspitzenden künstlerischen Produktionsprozesses. Selten hat ein Film so eindringlich gezeigt, wie anspruchsvoll, mühsam, zeitraubend und nervenzerrend die Arbeit an einem Kunstwerk, an einem Stück Tanztheater vollzogen werden muß. Eine Besonderheit dieser Filmproduktion: Das während der Produktion entstehende Arbeitsverfahren bildet sich im Film ab. Gades be-

greift ihn fast als einen autobiographischen Film, wenn er betont, daß sowohl der Entstehungsprozeß wie seine Arbeitsweise, sein Umgang mit den Tänzern und Tänzerinnen seinem üblichen Vorgehen entspreche.[6] Die intensive Verstrickung der Macher mit ihrem Film äußert sich in den Rollennamen der Akteure – eine interessante Spiegelung von Realität in Fiktion. Außer Carmen tragen alle Hauptfiguren ihre realen Vornamen. Verschränkt mit der nächsten Spiegelungsebene, der Filmhandlung, erscheint der Konflikt zwischen Cristina und Carmen. In der realen Ballettaufführung der Gades-Truppe agiert Cristina als Carmen.[7] In der Filmhandlung muß sie – offenbar aus den gleichen realen wie den in der Filmhandlung genannten Gründen – ihrer jungen Kollegin weichen, obwohl diese nicht Cristinas Vollendung in der Tanzkunst erreicht.
Die nächste Spiegelungsebene, die von der Ebene der Filmhandlung umgeben ist, zeigt die theatralische Carmen-Handlung der Tanzproduktion. Mit der Verknüpfung dieser beiden Ebenen erreicht Saura ein hohes Maß an Überraschung, Unklarheit, Phantasiearbeit in der Wahrnehmung des Zuschauers, da immer wieder die Tanzhandlung und die Konflikte der Realhandlung sich miteinander verschränken. Und eindrucksvoll entwikkeln sich dabei starke Ausdrucksgrade, wie sie gerade aus der Spiegelung resultieren. So vermittelt der Streittanz von Carmen und Cristina in der »Tabacalera« (Segment 8) eine Authentizität von Wut und Haß, wie sie aus Cristinas Vorbehalten gegenüber Carmen und deren Selbstbewußtsein und Ehrgeiz in den Tanz hereinstrahlen.
Ähnliches geschieht später im Anschluß an das Kartenspiel (Segment 13). Zunächst glaubt der Zuschauer an eine Pausenunterhaltung während der Probenarbeit. Der Streit zwischen Antonio und Carmens Ehemann, der offenbar als realer entlassener Sträfling hier anwesend ist, entbrennt derart heftig, daß dahinter auch Antonios Eifersucht zu stehen scheint. Doch bald verwandelt sich die scheinbare Realszene eindeutig in Theater, in einen Streittanz mit Stöcken. Dabei wird der Ehemann von Antonio niedergestreckt. Eine fast absurde Überraschung tritt ein, wenn sich nach dem Tanz die Akteure entspannen, Antonio seinen Tanzpartner lobt, der Ehemann-Darsteller Juan Antonio seine Perücke abzieht, aber auch ohne Perücke noch immer »Carmens Ehemann« gleicht!

Spiegelungen 2: Verschränkung von Realität und Fiktion

Immer wieder laufen Aktionen und Situationen in Spiegel und aus diesen heraus: als Metapher für doppelte Realität, für die verkehrte Seite der Gegenwart, für das unerreichbare Andere. Allerdings anders als Tanztraining und Tanzkorrektur vor dem Spiegel, die ein imaginiertes Idealbild möglichst genau zu erreichen trachten, verformen hier die Spiegelun-

gen das Urbild im Abbild. Beziehungsprobleme der Figuren verwandeln sich in Beziehungsprobleme der Akteure, die Authentizität der Theater-Konflikte entsteht aus der Realität der Real-Konflikte: Die Irritation nimmt ein Ausmaß an, daß oft unklar ist, aus welchem Realitätskontext heraus – theatralischer Prozeß oder Arbeits- und Lebensalltag der Truppe – die Motive und Gefühle der Auseinandersetzung entstehen.
Im Kern der Spiegelszenen steht Antonios nächtlicher Tanz vor dem Studiospiegel (Sequenz 10.4). Gerade ist Carmen gegangen, hat ihn nach den leidenschaftlichen Liebestänzen und anschließenden Zärtlichkeiten in der Nacht allein gelassen. Er reagiert nur wieder in seiner gewohnten, rigide geregelten Weise: Er tanzt, streng, herrisch, mit fast steifer Verzweiflung. Was er nämlich jetzt abarbeitet und weiterentwickeln will, ist keineswegs seine Liebesbeziehung zu der Frau, sondern die Besessenheit für seine »Carmen«-Produktion. Sie bereitet ihm Schwierigkeiten. Nach einer ersten Übung vor dem Spiegel (ohne Begleitmusik), Lockerungsbewegungen, einer intensiven Blickbeschwörung in den Spiegel hinein, grübelnd über das Konzept seiner Carmen: Opernmusik fädelt sich sanft ein, die Klänge der Seguidilla werden erkennbar und – Carmen erscheint als Vision in großer spanischer Tracht, geschminkt, mit Fächer, Mantilla, Steckkamm und Blume als die typische, traditionelle Spanierin. Sie umkreist ihn mehrmals, sieht ihm unverwandt in die Augen. Plötzlich senkt er den Blick und geht weg, die Vision behagt ihm nicht. Der Morgen dämmert, auf dem Tisch vor der Tanzfläche stehen noch die Sherrygläser vom Abend. Antonio nimmt sich dasjenige von Carmen, liebkost es, trinkt mit geschlossenen Augen daraus. Während dieses gesamten Vorgangs ertönt die Seguidilla in der Opernversion, original gesungen. Und sie behauptet ihre Sphäre, ihre Realitätsebene, auf der zwar nicht die klassische »spanische« Carmen agiert, wohl aber die Carmen, die gerade Antonios Bett verlassen hat. Sie gehört, da erscheint die Bizet-Originalmusik unerbittlich, zu der fiktiven Vorstellungswelt, in der Antonios Tanztheaterprojekt entsteht und in dem er lebt. Er schafft es nicht – so wie die Tänzerin Carmen –, zwischen beruflicher und privater Sphäre zu trennen.

Flamenco-Verwandlung der Opernmusik

Was zunächst im Anschluß an die Titelsequenz wie ein gelassener Schwenk durch die Szenerie einer Probenarbeit aussieht (Segment 3), entpuppt sich bei näherem Hinsehen als eine ausgeklügelte Präsentation des spezifischen Konzepts der Macher. Aus dem Blick in einen Spiegel schwenkt die Kamera langsam heraus, zeigt probende Tänzer, die Fragmente von Flamencorhythmen ausprobieren. In die Fülle von Geräu-

schen mischt sich plötzlich Gesang und Gitarrenspiel einer Flamencogruppe in den Hörraum, noch bevor die Musiker zu sehen sind. Im selben Moment tanzen prägnant farbig gekleidete Tänzerinnen gegen die Kamerarichtung in das Bild und setzen in die bisher dunkelfarbige Szenerie deutliche Farbtupfer. Der Schwenk erreicht die Musiker. Jetzt wird offensichtlich in der auditiven Schicht geschnitten bzw. eine der realen Tonebenen ausgeblendet: Die bisherigen Tanz- und Bewegungsgeräusche im Raum sind kurz darauf nicht mehr zu hören, die Flamencomusik drängt sich dominant in den Hörraum, obwohl die Kamera kontinuierlich ihren Schwenk fortsetzt. Sie landet am Arbeitstisch von Antonio, der gerade ein Tonband einfädelt. Die Bedeutung des Kamerawegs wird im Anschluß klar: Sie bindet Pole der Auseinandersetzung, sie legt den Weg zurück von authentischer spanischer Flamencotradition (wenn auch nur fragmentarisch und von professionellen Tänzern und Musikern präsentiert) zu der technischen Moderne des Tonbandgeräts, das bald die alte Musik Bizets zu Gehör bringen wird, in Kontrast zur weiterspielenden Musikergruppe um Paco de Lucia und der Sängerin Pepa Flores. Mitten in das Lied mischen sich plötzlich Opernklänge, vom Tonbandgerät erklingt Bizets »Seguidilla«. Die Musiker, etwas überrascht, brechen ihr Lied ab, hören zu, und Paco imitiert die Klänge Bizets, rhythmisiert sie jedoch auf seine Weise als »Buléria«, seine Kollegen machen mit. Nach einer kurzen Tanzprobe mit Cristina ist auch Antonio überzeugt. Die Konfrontation zwischen Bizets Opernmusik und der spanischen Tanz- und Musiktradition führt zu einer musikalisch recht überzeugenden modernen Flamenco-Variante des französischen Originals. Zweifellos umhüllt jetzt aktualisierte spanische Musik die Vorlagen aus dem 19. Jahrhundert, mit einem hohen Maß an Authentizität hinsichtlich des Ortes, der Figuren und der Handlung.
Im Rahmen der Hispanisierung Carmens spielt der Flamenco eine Hauptrolle, musikalisch wie tänzerisch. Haltung, Körperbewegung, Geste und Gesichtsausdruck erscheinen in ihm nicht nur authentisch spanisch, sondern auch wahrhaftig im Verhältnis von künstlerischer Formulierung und ihrer Funktion im Kontext. Was sich wirklich auf der Gefühlsebene abspielt, zeigt dieser Film nicht über Dialoge, sondern über Körpersprache, über das Tanzen, über Blicke und Gesten und natürlich über die Ausformung der Zuschauerperspektive durch das Kameraauge. Nicht zu vergessen die Dramaturgie der Geräusche bei den Tanzaktionen, die perkussiven Anteile des Tanzens, die Beiträge der Flamencomusiker, der Sänger und Sängerinnen. Beispielhaft zeigen dies etwa die »Tabacalera« (Segment 8) und die Verführungstänze Antonios und Carmens (Segment 10). Die Ausdrucksqualitäten des Flamenco werden in dem Film für verschiedene Funktionsbereiche eingesetzt: sie vermitteln einerseits Ereignisse von hohem Konfliktgehalt (etwa in der Tabacalera oder den Streittänzen)

und intensiver, ernster Spannung (Verführungstänze), andererseits können sie anläßlich einer Geburtstagsfeier ihre burlesken Qualitäten beweisen. Schließlich posieren sie in den Sevillanas der Flamenco-Bar (Segment 6) als die übliche Touristenattraktion.[8] Insgesamt ergibt sich dabei eine erhebliche Bandbreite von spanischer Folkloretradition bis hin zu modernen Ausprägungen dieser Entwicklung in Ausdrucksformen des zeitgenössischen Tanztheaters und einer Musik, die, obwohl im Flamencogewand, sich manchmal auch aktueller improvisierter Musik annähert.

Tänze und lange Einstellungen

Nicht nur in CARMEN, auch in anderen Filmen Sauras fällt seine gelegentliche Vorliebe für lange Kameraphasen ohne Schnitt auf. Weit über dem Durchschnitt liegen Einstellungen von 30, 45, 60 oder noch mehr Sekunden Dauer. So zeigt Teo Escamillas Kamera vier Minuten lang (!) den intensiven Liebestanz der »Habanera«, saugt sich fest an dem zärtlich-leidenschaftlichen Dialog von Antonio und Carmen, weicht keinen Moment von dem Geschehen (Segment 9).
Voraus geht dieser Szene Antonios Erläuterung der Handlungssituation, die im Prozeß der Wechselblicke zwischen Antonio und Carmen zunehmend auf eine persönliche Übernahme der in Mérimées »Carmen« beschriebenen Verwicklung hinauszulaufen scheint. Dort erzählt Don José, wie er durch Carmens Anziehungskraft dermaßen stark beeindruckt wird, daß er ihr zur Flucht verhilft und dafür selbst ins Gefängnis kommt. Nach den relativ kurzen Einstellungen dieser Phase beginnt jetzt die Arbeit an der Szene, eine mit 40 Sekunden schon recht lange, in mehrere Binnenphasen gegliederte Einstellung. Auf diese Einstellung folgt nun der eigentliche Habanera-Tanz im abgedunkelten Raum mit der längsten Einstellung des Films überhaupt, eine deutliche Steigerung in zwei Schritten in Richtung höherer Konzentration.[9] Beziehungsreich der Beginn: Carmen wie auch Antonio erscheinen doppelt, im Spiegel wie davor nähern sich die beiden, deuten offenbar ihre sich entwickelnde doppelte Beziehung an – künstlerisch wie privat, durchaus mit der Gefahr der Verwischung der Grenzen. Sehr einfühlsam folgt die Kamera dem Tanz, in dem zunächst Carmen für Antonio tanzt, dann er für sie und schließlich beide gemeinsam. Als Begleitmusik hört man die originale Opernmusik vom Tonband. Bezeichnenderweise ist in der Phase der Einstellung, in der Carmen Antonios Tanzen zusieht, dieser stets doppelt zu sehen – vor und im Spiegel(!). Mit dem Verlöschen des Lichts endet diese längste Einstellung des Films, die über ihre dramaturgische Struktur den emotionalen Prozeß der Habanera mit seinen subtilen Andeutungen des anste-

henden Beziehungskonflikts der beiden Personen eindrucksvoll vermittelt.

In CARMEN gibt es 20 Einstellungen, die über eine Minute lang bis zum nächsten Schnitt gehalten werden – ein Zeitbudget von etwa 33 Minuten, also ca. einem Drittel der Filmlaufzeit. Aber dies sind keine Ausnahmen, sie ragen nur heraus aus einer recht umfangreichen Gruppe anderer langer Einstellungen: Im Dauerbereich über 10 Sekunden finden sich immerhin 79 bis zu einer Dauer von 30 Sekunden und 30 bis zu einer Dauer von 60 Sekunden. Dies bedeutet: 77 Minuten der Filmlaufzeit artikulieren sich in langen, ungeschnittenen Zeit- und Sehstrecken. Für die Filmwahrnehmung bedeutet dies eine hohe Intensität des Zuschauens, eine intensive Konzentration auf das Geschehen.

Saura knüpft übrigens damit an eine alte Streitfrage der Tanzfilmgeschichte an. Von Fred Astaire ist bekannt, daß er in seinen Filmen der 30er Jahre die Tänze tendenziell mit nur einer Einstellung umsetzen wollte.[10] Für die kommerziellen Tanzfilme der 80er Jahre gilt dieses Darstellungsprinzip übrigens nicht, Tänze werden überwiegend in höchst bunter Collagentechnik montiert, selten gibt es vergleichbar lange Kamera-Augenblicke.

Musik und Dramaturgie[11]

Saura mißt dem Musikeinsatz eine große Bedeutung bei, seine Filme belegen einen oft komplexen, stilistisch recht breiten Musikgebrauch.[12] CARMEN gehört sicher in diese Kategorie, zumal neben der traditionellen Musik Bizets auch populäre spanische Musik, Flamenco und andere Volksmusiken eingesetzt werden und dramaturgisch höchst kalkuliert miteinander in Beziehung treten. Sie sind Teil der Filmbotschaft, beteiligen sich an ihrer Formulierung in charakteristischer Weise.[13]

Bizets Musik repräsentiert in CARMEN in erster Linie den Mythos. Sie steht für Tradition – nicht unbedingt eine spanische, sondern eine internationale, überliefert durch die Opernhäuser, Konzerte und die Medien.

Neben einer ernsthaften, professionellen Anverwandlung, wie sie Paco de Lucia durch seine Flamenco-Fassung der »Seguidilla« vorführt (in Segment 3), gibt es die burleske Verspottung der Operntradition, wenn etwa der Torero-Marsch zu einer Stierkampf-Parodie erklingt (Sequenz 11.2), nicht aber für den Gebrauch in der Tanztheaterproduktion. Und folgerichtig setzt Saura an der entsprechenden Stelle seiner Handlung (im Segment 15) nicht den Bizetschen Toreromarsch ein, sondern läßt einen populären Pasodoble für die heitere Stimmung einer tanzenden Volksmenge sorgen.[14]

In einer dritten, sehr bedeutsamen Funktion begleitet Bizets Musik als

Filmmusik (aus dem Off) den Prozeß der krisenhaften Beziehung zwischen Antonio und Carmen. So repräsentiert etwa die Melodie des Vorspiels (Entr'acte) zum 3. Akt der Oper die Liebesgefühle Antonios für Carmen. Leitmotivisch begleitet sie den Prozeß seiner Liebe, signalisiert die erste Regung im Schlußteil der Tabacalera nach der Verhaftung Carmens: Polymetrisch gestört durch das marschartige Schlagzeug erhebt sich das Liebesthema, wohl als innere Stimme Antonios, denn aus der Tanzszene heraus gibt es keine pragmatische Begründung. Zunächst noch dezent, dann aber – als Antonio/José Carmen zum Spiegel (ab)führt – wächst die Präsenz des Themas, das dann deutlich dominiert, als Carmen Antonio/José umkreist und schließlich entspannt geht.
Immer wieder erklingt im Verlauf dieses Thema, sobald Antonio von seiner Liebessehnsucht überwältigt wird und bei Carmen auf Zustimmung stößt.[15] Kein Wunder, daß in der Phase höchster Übereinstimmung zwischen Antonio und Carmen (Sequenz 10.2) das gesamte Vorspiel ohne Schnitt oder Ausblendung erklingt. Generell begleitet die Kette der Bizet-Musiken den Prozeß des schleichenden Realitätsverlustes Antonios und steht zunehmend für das Künstliche, Außerreale, Fiktive in der psychischen Situation der männlichen Hauptfigur. Zunächst dient sie noch als Arbeitsmaterial bei der Entwicklung der Produktion, sie kommt vom Tonbandgerät, erklingt also im On, gehört zur auditiven Requisite der Filmrealität. Im Verlauf des Films ertönt Bizets Musik dann zunehmend aus dem Off (als Filmmusik), signalisiert den Verfall der Realitätswahrnehmung Antonios. Dieser Prozeß kulminiert im Schluß des Films, der seine visuelle Handlungsschicht hier mit der auditiven der Opern-Schlußszene völlig synchron verkoppelt. Erst hier entsteht die einzige längere Strecke im Film, bei der Filmhandlung und Opernhandlung übereinstimmen. Vielleicht erläutert dies den vieldiskutierten Tod der Film-Carmen: Der massive Eingriff der Oper repräsentiert Antonios Vernichten seiner Beziehung zu Carmen, seine Überwältigung durch die Macht des Fiktiven und Künstlichen. Die Flamenco-Tänzerin Carmen dürfte daher das Meucheln ihrer visionären Doppelgängerin überlebt haben.
Kritisch wäre zu bemerken, daß von Bizets Oper nur wenige Teile benutzt werden. Viele bedeutende Musikstrecken der Oper fehlen völlig. Recht vordergründig erscheint der Einsatz einiger allzu bekannter Musiksignale als Momente dramaturgischer Entwicklung, so vor allem der aufgesetzte und überflüssige Einsatz des Motivs von »Carmens Schicksal« (wie es in der Oper als tragischer Akzent von der Ouvertüre an immer wieder zu hören ist). Oder schlägt das dick aufgetragene Opernpathos doch um in ironische Distanz, wirkt als komischer, aufgeblasener Kommentar zu Antonios beleidigtem, verbissenem Besitzerwahn? Sicher spielt Mérimées Novelle eine bedeutendere Rolle in der Konzeption dieser CARMEN als Bizets Oper. Als eine Opernverfilmung läßt sich dieser Film nicht be-

zeichnen, auch nicht als eine Literaturverfilmung. Die Unterschiede sind zu deutlich, und es wäre unangebracht, CARMEN nicht als einen authentischen »Film« zu verstehen, der gleichwohl allerlei historisches Material (Novelle, Oper, Rezeption des Mythos etc.) und dessen Konnotationen wirkungsvoll ausnutzt. Etwas zu einfach wäre die Feststellung, daß der große Erfolg des Films vor allem auf die Wirksamkeit des Carmen-Mythos zurückzuführen sei. In der besonderen Wirkungskraft der filmischen Erzählweise, der Umsetzung des Tanzens, der dramaturgischen Verschränkungen verschiedener Realitätsebenen, der Ausstrahlungskraft der sich bewegenden Körper, der markanten Persönlichkeiten und der sie treibenden vitalen Musik liegen vermutlich die wesentlichen Attraktionskräfte für das fast fanatisch-begeisterte Publikum.

CARMEN und die 80er Jahre

Die Wiederbelebung der tragischen Carmen (etwa in dem Film von Peter Brook)[16] paßt gut hinein in die Renaissance alter Sinnlichkeiten, Gefühlskulturen und Überzeugungen in den 80er Jahren. Tanzen, Bewegen, Körperkult in vielfacher Hinsicht entwickeln sich zu breiten Modeströmungen im alltäglichen Vollzug des Zeitgeists. Nach einem Jahrzehnt verbissener politisch-sozialer Diskussionen und enthusiastischer Hoffnungen der 68er Generation in eine reformierte Gesellschaft schwindet das Vertrauen in den Realismusgehalt der gesellschaftlichen Wunschbilder, die Revolutionäre besinnen sich wieder auf die Probleme ihres näheren Umfeldes und ihrer eigenen Perspektive. Sauras Publikum unterscheidet sich von dem jungen Publikum des Kommerzkinos, in dem die Massenerfolge des neuen Tanzfilms laufen. Es entstammt eher den gebildeten, an den Programmkinoangeboten interessierten Kreisen, während im Massenkino das jugendliche Disco-Publikum andere Plots, andere ästhetische Konzepte bevorzugt. Gleichwohl scheint die Präsentation der »neuen Sinnlichkeit«, der »neuen Körperlichkeit« vergleichbar. Im Kino ist ein Trend zu Tanzfilmen schon seit den späten 70er Jahren zu beobachten (vgl. auch Kap. 12 in diesem Band): SATURDAY NIGHT FEVER (1977), FLASHDANCE (1982), STAYING ALIVE (1983), A CHORUS LINE (1985), DIRTY DANCING (1987) oder SALSA (1988). Auch diese Filme erzählen von den Möglichkeiten des Körpers im sozialen Kontext, als Instrument intensiver Kommunikation, als Demonstration von Sozialstatus über die ästhetische Schiene, als Ausdrucksmedium für starke Gefühle.

In Deutschland hat Sauras CARMEN offenbar tief ins Herz des Programmkino-Publikums getroffen und leidenschaftliche Diskussionen ausgelöst, insbesondere im Lager der Frauenbewegung und bei deren männlichen Anhängern. Heftige Polemik oder komplexe Gedankeneskapaden werden präsentiert, die entweder plakativ oder unerbittlich komplex und gedankenschwer vom befreiten Körper (fast immer der Frau) und seinen gesellschaftlichen Problemen reden – gelegentlich aber fernab der besonderen Ästhetik des Films. Während auf der einen Seite die »hoffnungslose Verrottung des Freiheitsbegriffs in der westlichen Welt« konstatiert wird (Gisela Elsner), bemerken andere das Bewußtwerden eigener Defizite und, insbesondere bei Frauen, das Gewahrwerden bislang verdrängter Räume ihrer eigenen Person (Jutta Brückner).[17] Carmen steht dabei entweder als völlig überbewertete, eher billige Frau am Pranger, oder sie wird geradezu als Inbegriff weiblicher Selbstbestimmung und Emanzipation gesehen.

Im Vergleich dazu machen in der öffentlichen Auseinandersetzung die anderen bedeutenden »Carmen«-Verfilmungen der 80er Jahre weniger von sich reden. Neben Sauras Film entsteht der schon erwähnte Film von Peter Brook – LA TRAGÉDIE DE CARMEN (1983), der eine bedeutende Pariser Bühnenproduktion von 1981 abbildet. Hier wird eine ins Kammerspiel reduzierte Fassung der Oper geboten, dramaturgisch geschickt gekürzt um die Massenszenen und in der Szenenabfolge und im Figurenpotential verändert – auch als Film durchaus beeindruckend. Im gleichen Jahr startet Francesco Rosi einen opulenten Opernfilm (CARMEN, 1983), der filmisch und musikalisch hochglanzpoliert den französischen Carmen-Mythos von der Bühne weg in seine Heimatumgebung transponiert, sonst jedoch weit entfernt von dem Hispanisierungs-Konzept Sauras und Gades' bleibt. Bis auf weiteres kann Rosis CARMEN aber als die vollständigste Film-Wiedergabe von Bizets Oper gelten.[18] Einen vierten Carmen-Film steuert im gleichen Jahr 1983 Jean-Luc Godard bei, der den Stoff recht komplex (vielleicht auch verkrampft?) aktualisiert. Um den Plan und die Ausführung eines Bankraubes herum versucht Godard eine raffiniert verschobene Montage von visueller und auditiver Schicht, um »... das, was man hört, zu sehen, und das, was man sieht, zu hören«.[19] Mit dem Mythos Carmen – von Bizets Musik bleiben zwei zufällige, kurz dahergepfiffene Phrasen – verknüpft er den Mythos des Filmemachens, garniert mit Beethoven-Streichquartetten.

Von den weiteren Carmen-Versionen der 80er Jahre ist ein Fernsehfilm von Norbert Beilharz erwähnenswert – DON JOSÉ LIZARRABENGOA (1988), in dem Don José seine Geschichte in der Rückschau erzählt, in einer spanischen Landschaft gedreht, jedoch ganz ohne sichtbare Frauen, insbesondere ohne Carmen. Damit ist die Carmen-Welle der 80er Jahre noch nicht erschöpft. Neben zahlreichen eigenwilligen Operninszenierungen (etwa 1986 von Lina Wertmüller in Neapel), Balletten, einem französischen Comic, einer Fassung für Marionettentheater und auch einer melodramatischen »bayrischen Carmen« gibt es einen belanglosen französischen Soft-Porno (CARMEN NUE von Albert Lopez, 1984) und einen noch belangloseren deutschen Film, CARMEN ON ICE (1988), in dem der Eislaufstar Katarina Witt und größere Mengen von eislaufenden Statisten unter Spaniens glühender Sonne auf ihren Kufen zur Musik Bizets dahingleiten.

Der Erfolg der CARMEN hat sicher viel mit dem neu erwachten Interesse an lange verdrängter Körperlichkeit zu tun. Die durch den Prozeß der »zivilisatorischen Einkreisung des Körpers« verlorengegangenen Möglichkeiten der Wirklichkeitserfahrung und -bewältigung werden wieder als eigene, verschüttete Möglichkeiten erinnert.[20]

Anmerkungen

1 Illustrationen von Gustave Doré zu Baron Charles Davillier: Voyage en Espagne. Paris 1862.

2 Zur Entstehungsgeschichte vgl. Carlos Saura/Antonio Gades: Carmen. Ein Traum von bedingungsloser Liebe. Mit der Novelle von Prosper Mérimée. München/Hamburg 1985 (Orig. Barcelona 1984).

3 Ungefähr zur selben Zeit lehnt Saura das Angebot der französischen Firma Gaumont ab, eine werktreue Verfilmung der Bizet-Oper zu machen (Francesco Rosi übernimmt dann diese Aufgabe für seine CARMEN-Verfilmung von 1983), vgl. Saura/Gades, a. a. O., S. 47.

4 Vgl. Carlos Saura/Antonio Gades, a. a. O., S. 53.

5 Vgl. Carlos Saura/Antonio Gades, a. a. O., S. 55.

6 Vgl. Gades in Saura/Gades, a. a. O., S. 170, und Saura in Christiane Filius-Jehne (Hrsg.): Prosper Mérimées Novelle CARMEN. Die Oper. Die Filme. Faszination des Flamenco. München 1984, S. 129.

7 Nach Abschluß des Films wird weltweit von Gades' Truppe ein »Carmen«-Ballett aufgeführt, wobei Cristina Hoyos in der Rolle der Carmen agiert.

8 Vgl. Franz-Josef Albersmeier: Carmen – Ein Mythos im Medienwechsel (von Mérimées Novelle zu Sauras Film). In: Iberoromania Nr. 26/1987, S. 12–14; Ursula Mathis: Carlos Saura: CARMEN. Gedanken und Thesen zu einer zeitgenössischen, spanischen und violenten CARMEN. Siegen 1986, S. 13–16.

9 Die Habanera erklingt in der Originalversion. Allerdings stammt die Melodie nicht von Bizet. Er hat sie unter Zeitdruck – als nachgeschobenes Auftrittslied für Carmen – einem damals populären spanischen Liederband entnommen. Der Komponist des originalen Cancion Habanera »El Arreglito« ist Sebastian de Yradier, unter dessen Namen auch das mindestens ebenso bekannte »La Paloma« erschienen ist.

10 Vgl. Fred Ritzel: Spontaneität als Konfektion – Musicalproduktion der 30er Jahre: MARINE GEGEN LIEBESKUMMER (1936). In: Werner Faulstich/Helmut Korte (Hrsg.): Fischer Filmgeschichte. Band 2: Der Film als gesellschaftliche Kraft (1925–1944), Frankfurt 1991, S. 223–224.

11 Vgl. dazu Albersmeier, a. a. O., S. 13–14; Mathis, a. a. O., S. 16–18.

12 Vgl. etwa Mechthild Zeul: Kontinuität, Bruch, Erinnerung: das spanische Kino im Frankismus. Ein Gespräch mit Carlos Saura. In: Frauen und Film, 44/45–1988, S. 27.

13 Dies trifft übrigens auch für den nach BLUTHOCHZEIT und CARMEN dritten Film der von Emiliano Piedra produzierten Tanz-Trilogie mit Antonio Gades zu,

den Saura 1986 herausbringt: LIEBESZAUBER (nach dem Handlungsballett von Manuel de Falla). Musikalisch sehr eindrucksvoll läßt er die Vokalmusik de Fallas mit dem rauhen Timbre einer volkstümlichen Sängerin ausführen, eine äußerst reizvolle Verwandlung dieser Kunstmusik, die sich allein auf der Ebene der Singstimmen abspielt und sie stark in das Ambiente des Zigeunerlagers integriert.

14 »El gato montés« (Die Wildkatze) von Manuel Penella.

15 Es erklingt vor Antonios Verführung, Sequenz 10.2, zur Versöhnung in den Sequenzen 12.3 und 14.

16 Vgl. Filmographie.

17 Der Text von Gisela Elsner ist veröffentlicht in: Der Spiegel 37/1983; Der Spiegel 39/1983 bringt eine aufschlußreiche Leserbriefdebatte. Umgestellt und verändert findet sich der Elsner-Beitrag auch in: Ulrike Heider (Hrsg.): Sadomasochisten, Keusche und Romantiker. Reinbek 1986. Eindrucksvoll für das Lager der Zustimmenden: Jutta Brückner: Carmen und die Macht der Gefühle. In: Frankfurter Rundschau, 19.11.1983. Identisch in Ästhetik und Kommunikation. Heft 53/54: Gefühle. Dezember 1983. Hier finden sich zwei interessante Auseinandersetzungen mit ihrem Beitrag von Olav Münzberg und Alexander Kluge.

18 Dieser Film hatte großen Publikumserfolg, als Konsequenz sind in einem vergleichbar kurzen Zeitraum noch nie so viele Plattenaufnahmen der »Carmen« verkauft worden wie während seiner Laufzeit. Vgl. dazu Wulf Konold: Ein Opern-Mythos als Film? Viermal Carmen. In: Hans-Klaus Jungheinrich (Hrsg.): Oper – Film – Rockmusik. Veränderungen in der Alltagskultur. Kassel 1986, S. 39–45.

19 Zitiert nach Christiane Filius-Jehne, a. a. O., S. 164.

20 Vgl. Annelie Keil/Herbert Maier: Körperlichkeit als Wiederaneignung von Lebensperspektive. In: Michael Klein (Hrsg.): Sport und Körper. Hamburg 1984, S. 115.

Auswahlbibliographie

Franz-Josef Albersmeier: CARMEN – Ein Mythos im Medienwechsel (von Mérimées Novelle zu Sauras Film). In: Iberoromania Nr. 26/1987, S. 1–18.

Jutta Brückner: CARMEN und die Macht der Gefühle. In: Ästhetik und Kommunikation 53–54/1983, S. 227–232.

Claudia Bullerjahn: Von der Zigarrenarbeiterin zur Bankräuberin: Überlegungen zu filmischen Umsetzungen der Tabakfabrikszene in der Oper »Carmen«. In: Hans J. Wulff (Hrsg.): 2. Film- und Fernsehwissenschaftliches Kolloquium/Berlin '89. Münster 1990.

Annette Busch: Text, Sprache und Musik in verschiedenen Carmen-Versionen. Gerbrunn b. Würzburg 1989.

Gertrud Koch/Mechthild Krüger-Zeul/Rotraut DeClerck-Sachße: Diskussion: Carmen auf der Couch. In: Frauen und Film 36/1984, S. 73–77.

Marvin D'Lugo: The Films of Carlos Saura. The Practice of Seeing. Princeton, NJ 1991.

Harald Eggebrecht: Der spanische Blick: Carlos Saura. In: Jörg-Dieter Kogel (Hrsg.): Europäische Filmkunst. Regisseure im Porträt. Frankfurt a. M. 1990.

Hans M. Eichenlaub: Carlos Saura. Ein Filmbuch. Freiburg 1984.

Gisela Elsner: (Noch einmal Carmen): Das »ewig Weibliche«. Über Carlos Sauras CARMEN-Film. In: Ulrike Heider (Hrsg.): Sadomasochisten, Keusche und Romantiker. Vom Mythos neuer Sinnlichkeit. Reinbek 1986.
Christiane Filius-Jehne (Hrsg.): Prosper Mérimées Novelle Carmen. Die Oper. Die Filme. Faszination des Flamenco. München 1984.
Theresa zu Fürstenberg: »Carmen« und der Opernfilm. Magisterarbeit Universität Wien 1986.
Ulrich Herzog: Wer ist Carmen? Kiel 1984 (München 1987).
Hans-Klaus Jungheinrich (Hrsg.): Oper – Film – Rockmusik. Veränderungen in der Alltgskultur. Kassel 1986.
Pierre Lartigue/Colette Masson: Antonio Gades. Le flamenco. Paris 1984.
Ursula Mathis: Carlos Saura: CARMEN. Gedanken und Thesen zu einer zeitgenössischen, spanischen und violenten CARMEN. Siegen 1986.
Carlos Saura/Antonio Gades: CARMEN. Ein Traum von bedingungsloser Liebe. München/Hamburg 1985.
Jeremy Tambling: Opera, Ideology, and Film. Manchester 1987.
Henri Talvat: Le Mystère Saura. Paris 1992.
Mechthild Zeul: Kontinuität, Bruch, Erinnerung: das spanische Kino im Frankismus. Ein Gespräch mit Carlos Saura. In: Frauen und Film, 44/45–1988.

Auswahlfilmographie

CARMEN NUE (DIE NACKTE CARMEN), Albert Lopez, Frankreich 1984
BODAS DE SANGRE (BLUTHOCHZEIT), Carlos Saura, Spanien 1981
LA TRAGEDIE DE CARMEN (DIE TRAGÖDIE DER CARMEN), Peter Brook, Frankreich 1983 (nach der Bühneninszenierung von 1981)
CARMEN, Francesco Rosi, Frankreich/Italien 1983
CARMEN, Carlos Saura, Spanien 1983
PRENOM CARMEN (VORNAME CARMEN), Jean-Luc Godard, Frankreich 1983
EL AMOR BRUJO (LIEBESZAUBER), Carlos Saura, Spanien 1986
DON JOSE LIZARRABENGOA, Norbert Beilharz, BRD 1988
CARMEN ON ICE, Horant H. Hohlfeld, BRD 1988

Sequenzprotokoll

Segmente Nr.	Titel	Sequenzen Nr.	Handlung	Zeitpunkt h.'min.'sec.
1	Tanzprobe, Suche nach »Carmen«	1	Choreograph Antonio arbeitet mit Tänzerinnen, sucht eine geeignete »Carmen«.	0'00
2	Filmtitel	2	Texte des Vorspanns	3'06
3	Arbeit am Konzept	3	Arbeit im Tanzstudio, Ausprobieren von Musikmaterial, Tanzen dazu, Probe	4'47
4	Tanzschule, Suche nach »Carmen«	4.1	Antonio und und Paco in der Tanzschule	11'17
		4.2	Probe in der Klasse von Maria Magdalena, Carmen wird entdeckt.	11'56

Segmente Nr.	Titel	Sequenzen Nr.	Handlung	Zeitpunkt h.'min.'sec.
5	Probe mit Carmen	5	Antonio probt mit Carmen, er ist zufrieden mit der Wahl.	14'48
6	Flamenco-Bar	6.1	Antonio besucht Carmen bei ihrer Arbeit in einer Flamenco-Bar,	18'35
		6.2	sie erzählt ihre Geschichte, er gibt ihr Mérimées »Carmen« als Lektüre.	19'18
7	Carmens erste Versuche in Antonios Tanzgruppe	7.1	Cristina arbeitet mit Carmen, ist unzufrieden.	20'36
		7.2	Antonio verlangt von Cristina, daß sie Carmen hilft.	22'38
		7.3	Cristina arbeitet mit Carmen vorm Spiegel.	23'56
		7.4	Antonio arbeitet sehr hart mit Carmen.	25'21
8	»Tabacalera«	8.1	Vorbereitungen, Einzelaktionen	26'57
		8.2	Tanzgruppe führt die »Tabacalera« auf: Streit der Kontrahentinnen, Verletzung Cristinas	28'58
		8.3	Soldaten führen Carmen ab.	35'13
		8.4	Ende der Probe, Ausruhen	37'20
9	»Habanera«	9.1	Vorbereitung der »Habanera«, Erläuterung der Konzeption, Ausprobieren	38'01
		9.2	Antonio und Carmen tanzen die »Habanera«.	43'10
10	Carmen verführt Antonio	10.1	Carmen vor Antonios Haus	47'09
		10.2	Antonio und Carmen; Antonio tanzt für sie.	47'57
		10.3	Antonios Schlafzimmer, Carmen geht.	52'16
		10.4	Antonio tanzt allein, Vision von Carmen.	53'56
11	Carmens Besuch im Gefängnis, Geburtstagsfeier	11.1	Carmen besucht ihren Ehemann im Gefängnis.	57'06
		11.2	Geburtstagsfeier, »Carmen«-Parodien	57'57
12	Carmens Ehemann Antonios Eifersucht	12.1	Carmens Ehemann kommt zum Tanzstudio.	1'05'06
		12.2	Harte Probe Antonios, Entspannung der Tanz-Truppe, Antonios Eifersucht	1'05'56
		12.3	Schlafzimmer Antonios	1'10'38
13	»Kartenspiel«	13.1	Kartenspiel, Streit	1'12'14
		13.2	Streittanz zwischen Antonio und Carmens Ehemann, Entspannung nach der Arbeit	1'14'26

Segmente Nr.	Titel	Sequenzen Nr.	Handlung	Zeitpunkt h.'min.'sec.
14	Carmen betrügt Antonio	14	Antonio überrascht Carmen in der Garderobe mit Tauro, Antonio versöhnt sich mit Carmen.	1'20'51
15	Carmens Flirt mit dem Torero, Carmens Tod	15	Torero wird hergerichtet, Menge tanzt Pasodoble, Torero flirtet mit Carmen, Antonio ist eifersüchtig, Streittanz und -gesang, Carmen geht weg, Antonio verfolgt sie und sticht sie nieder.	1'26'44
				Ende bei 1'36'16

Anmerkung:
Benutzt wurde eine handelsübliche Videofassung von CARMEN. Die Zeitangaben sind nur relativ exakt, weil die benutzten Videorecorder nicht völlg wiederholungsgenau arbeiten. Zur Einschätzung der Dauerproportionen erscheinen die Angaben jedoch völlig ausreichend. Die Segmentierung des Films folgt nicht der im Drehbuch Sauras vorgenommenen Sequenznumerierung, sondern versucht eine Gliederung nach der Zusammengehörigkeit von Handlungsteilen.

9. Visionen der Apokalypse: BRAZIL (1984)

von Walter Uka

Rechtzeitig zum Ausklang des Orwell-Gedenkjahres hätte Terry Gilliams BRAZIL nach neunmonatiger Drehzeit zu Weihnachten 1984 in den USA in die Kinos kommen sollen. Doch dem Regisseur erging es mit seinem 15-Millionen-Dollar-Werk, mit dem er nach eigenem Bekunden die »post-Orwellsche Ansicht einer prä-Orwellschen Welt«[1] darstellen wollte, ironischerweise wie seinem Filmhelden Sam Lowry, der sich gegen eine übermächtige Bürokratie zur Wehr setzen muß. Syd Sheinberg, Präsident der Universal Pictures/MCA, die die Rechte für den Vertrieb in den USA besaßen, fand den Film zu lang[2] und zu unkommerziell und verlangte eine Kürzung auf die vertraglich festgelegte Länge von 2 Stunden und 5 Minuten. Gilliam kürzte 12 Minuten, ohne das gewünschte »befriedigende« Ende zu liefern. Während BRAZIL in Europa (hier hatte die Twentieth Century-Fox die Rechte) ab Februar 1985 in die Kinos gelangte,[3] führten Gilliam und sein Produzent Arnon Milchan[4] einen frustrierenden Kleinkrieg gegen die Filmgesellschaft um den Director's Cut. Nachdem der Regisseur im Oktober 1985 mit einer ganzseitigen Anzeige in der Zeitschrift »Daily Variety« Sheinberg öffentlich zur Freigabe seines Films aufgefordert hatte, kam es im Dezember in Los Angeles und New York zu einwöchigen Pressevorführungen anläßlich der Vorauswahl für die Oscar-Nominierungen.[5] Schließlich durfte BRAZIL ab Mitte Februar 1986 in den amerikanischen Filmtheatern in der Version seines Regisseurs gezeigt werden.

Die internationale Kritik tat sich von Anfang an schwer mit dem dritten eigenen Filmwerk (nach JABBERWOCKY und TIME BANDITS) des einzigen Amerikaners der englischen Monty-Python-Truppe, welches so gar nicht in die gängigen Genres zu passen schien. Die New York Times sah in BRAZIL eine »surrealistische, alptraumhafte Komödie«[6], der Guardian eine »sehr schwarze Komödie«[7]. Für Time war der Film eine »verrückt extravagante, visionäre Satire«[8], Le Monde sprach von einer »furchtbaren Burleske«[9], und auch die deutschen Kritiker schwankten zwischen Etikettierungen wie »sarkastisches Spektakel«[10], »Filmgroteske«[11] und »kafkaeske Zukunftsvision« bzw. »Orwell-Travestie«[12] oder vermuteten gar eine Vereinigung von »Satire und Blödelei zum grellbunten Schauermärchen einer Gesellschaft, die ihre Freiheit nur noch im technisch stu-

penden Spiel des luxuriösen Unterhaltungskinos wiedererkennt«...[13] Offensichtlich fiel es zunächst vielen Rezipienten des Films schwer, den ernsthaften Inhalt einer am Orwellschen Überwachungsstaat orientierten totalitären Zukunftswelt mit einer alle Realitäten sprengenden Explosion visueller Formen in Einklang zu bringen.
Terry Gilliam, der von seiner beruflichen Herkunft als Cartoonist und Trickfilmer eher dazu neigt, einen Film von den Bildern her zu denken, gab selbst zur Unterscheidung des Universums von BRAZIL von anderen Hollywood-Welten (wie z.B. RAMBO) folgende kulinarische Analogie zum besten: »Der Unterschied ist der zwischen Hamburgern von MacDonald's und Cordon bleu. MacDonald's-Hamburger sind eine sichere Mahlzeit, weder gut noch schlecht. Sie ist schnell, sie ist leicht, sie ist fast vorverdaut. Ein Cordon bleu ist eine spektakuläre Angelegenheit, mit vielen Ideen, Veränderungen, Überraschungen. So ist es auch mit BRAZIL. Es gibt ständig Überraschungen. Eben noch jagten wir in einem Spielbergschen Lastwagen-Rennen dahin, schon gibt es mehrere störende Bilder, die einen zum Nachdenken bringen: Augenblick! Das war doch nicht alles ein Spaß. Das Publikum wird wirklich hin- und hergewirbelt. Manchmal ist die Geschichte zweitrangig.«[14] Um dennoch aus seinen vielen verworrenen Gedanken eine ordentliche Handlung machen zu können, engagierte Gilliam als Drehbuchschreiber Tom Stoppard und Charles McKeown. Für die Hauptrolle wurde der englische Bühnenschauspieler und Hamlet-Darsteller Jonathan Pryce verpflichtet, darüber hinaus Robert de Niro (Tuttle), Katherine Helmond (Ida Lowry), Kim Greist (Jill) und Python-Kollege Michael Palin (Jack Lint).

BRAZIL führt in eine nächtlich-urbane Neonwelt, in der die audiovisuellen Medien allgegenwärtig sind und mit ihren Werbe- und Polit-Botschaften das Leben der Individuen beherrschen. Unmotivierte Bombenexplosionen (von angeblichen Terroristen verursacht) gehören zum selbstverständlichen Alltag in dieser Welt. Durch einen Zufall (ein toter Käfer verursacht auf einem Fahndungsblatt des Informationsministeriums eine Namensverwechslung) kommt es am Weihnachtsabend zu einem folgenschweren Irrtum. Der biedere Familienvater Buttle wird anstelle des (wegen »freischaffender Subversion« gesuchten) Heizungs-Ingenieurs Tuttle von einem Polizeikommando verhaftet und liquidiert. Eine Nachbarin, die Lastwagenfahrerin Jill Layton, wird Zeugin dieser Aktion. Der Irrtum zeitigt Folgen im gigantischen bürokratischen Apparat des Ministeriums. Abteilungsleiter Mr. Kurtzmann weiß nicht recht, was er mit einem Rückvergütungsscheck für die Witwe Buttle anfangen soll. Zum Glück gibt es seinen untergebenen Mitarbeiter, Sam Lowry, den er in sein Büro zitiert. Dieser ist der eigentliche Held des Films. Obwohl er und seine Mutter den »besseren Kreisen« angehören, weigerte Sam sich bis-

her erfolgreich (trotz aller Ermahnungen seines Freundes Jack Lint), Karriere zu machen. Statt dessen flüchtet er sich in Traumwelten auf der Suche nach einer Traumfrau.
Ida Lowry, Sams Mutter, die sich wie ihre Freundin Mrs. Terrain mit Hilfe der Plastik-Chirurgie zu verjüngen bemüht, hat über Beziehungen zum stellvertretenden Informationsminister Dr. Helpmann schließlich doch Sams Beförderung erreicht. In einem Nobelrestaurant soll dieses Ereignis gefeiert werden. Sam reagiert angewidert auf die Gesellschaft seiner Mutter, ihre Freundin und deren Tochter Shirley. Er zieht sich zurück in seine Traumvisionen, die sich von nun an immer häufiger in Alpträume verwandeln. Aus einem solchen erwachend, muß er feststellen, daß die Klimaanlage seiner Wohnung defekt ist. Der freischaffende Heizungs-Ingenieur Tuttle repariert den Schaden provisorisch. Als die von Sam bestellten staatlichen Heizungsmonteure eintreffen, kann er sie damit loswerden, daß er ein Formular verlangt, welches jene nicht vorweisen können. Tuttle entschwebt (als eine Mischung aus Tarzan und Supermann) im Labyrinth der Hochhäuser. Um den Fall Buttle/Tuttle endgültig abzuschließen und der Witwe den ihr zustehenden Scheck persönlich zu überreichen, fährt Sam in einem Kabinenroller in ein proletarisch anmutendes Stadtviertel. In Mrs. Buttles Wohnung erblickt Sam in einem Spiegel Jills Gesicht, das er mit dem Bild der Frau aus seinen Träumen identifiziert. Er versucht ihr zu folgen, doch sie entkommt in einem Lastwagen. Von der Tochter Mrs. Buttles erfährt er ihren Namen. Seine Bemühungen, auf einem Computer des Informationsministeriums Näheres über sie herauszubekommen, scheitern. Dazu müßte er seine Beförderung in die höhere Abteilung Information – Wiederbeschaffung akzeptieren. Auf der Rückfahrt in seine Wohnung werden Sams Traumvisionen immer bedrohlicher: zombiehafte Monster ziehen seine Traumfrau in einem Käfig durch enge Straßenschluchten.
In seinem Appartement haben inzwischen die staatlichen Monteure ein riesiges Chaos angerichtet. Sams Wut entlädt sich in einer Traumvision, indem er mit einem Samurai-Krieger einen Kampf auf Leben und Tod zu bestehen hat. Als ihm die Einladung zu einer Party bei seiner Mutter überbracht wird, entschließt er sich hinzugehen, um dort Mr. Helpmann zu treffen und seine Beförderung doch anzunehmen.
Von seinem neuen, winzigen Büro aus, wo ihn wiederum alptraumhafte Visionen verfolgen, versucht Sam weiter, an Informationen über Jill heranzukommen. In einer anderen Abteilung stößt er auf Jack, der ihm in einem blutverschmierten Kittel gegenübertritt. Sam begreift, daß Jack Buttle getötet haben muß. Um Jill, die dies ebenfalls weiß, vor einer Verhaftung zu schützen, überredet er Jack, ihm ihre Akte anzuvertrauen.
In der Eingangshalle stößt er auf Jill und zerrt sie auf die Straße. Als sie mit ihrem Lastwagen zu entkommen versucht, gelingt es Sam, aufzusprin-

gen und ihr während einer langen Fahrt zu einem überdimensionalen Industriegelände auf mannigfache Weise seine Liebe zu gestehen. Jill ist nicht geneigt, ihm zu vertrauen. Auf der Rückfahrt zwingt er sie zum Durchbrechen einer Straßensperre. Ihre Verfolger rasen in das von Sam abgeworfene Hindernis. Beide flüchten zu Fuß weiter. Als sie durch ein weihnachtlich dekoriertes Warenhaus gehen, explodiert wieder eine Bombe. Sam verdächtigt Jill, die auf dem Industriegelände ein Paket erhalten hatte, dieses Terroranschlags, aber sie zeigt ihm den harmlosen Inhalt des Pakets. Als sie den Verletzten helfen wollen, wird Jill von Polizisten fortgezerrt. Einer von ihnen verwandelt sich in den Samurai-Krieger. Sam, der mit einem abgerissenen Arm zum Kampf antritt, wird von einem anderen Polizisten von hinten niedergestreckt. Er erwacht in einem Gefangenen-Transporter, wo er verzweifelt beginnt, nach Jill zu suchen. Im Ministerium rät ihm Jack, die Finger von dem Fall zu lassen. Zurückgekehrt in seine Wohnung, stößt er endgültig auf ein Chaos. Tuttle, der dazukommt, nimmt Rache, indem er von außen Fäkalien in die Schutzanzüge der im Innern herumstreichenden staatlichen Monteure umleitet. Als Jill plötzlich auftaucht, flieht er mit ihr in die leere Wohnung seiner Mutter. Ehe es zu Zärtlichkeiten kommt, bricht Sam noch einmal ins Informationsministerium auf, wo er in Mr. Helpmanns Büro dem Computer Jills Tod eingibt. Wieder in der Wohnung, hat sich Jill in die langhaarige Frau aus Sams Traumvisionen verwandelt. Als sie auf dem Himmelbett liegen, folgt ein weiterer Traum, in dem beide der Sonne entgegenschweben. Schwerbewaffnete Polizisten unterbrechen brutal die Liebesidylle. Sam wird nach diversen Verhören und einem letzten Gespräch mit Mr. Helpmann auf einen Folterstuhl unter einer riesigen Kuppel gefesselt. Hinter einer Babymaske erscheint sein Freund Jack als der Folterer. Sam wird von Tuttle und seinen »Terroristen« befreit und fährt nach einer wilden Flucht zusammen mit Jill in eine wunderschöne Landschaft. Doch es war nur eine Vision. Am Ende sitzt Sam mit starrem Blick auf dem Folterstuhl, während Dr. Helpmann und Jack zugeben müssen, daß er ihnen »entkommen« sei.

Es wäre verfälschend, die komplexen Handlungsstrukturen des Films auf eine Story reduzieren zu wollen. Das ausführliche Sequenzprotokoll (Anhang) vermag einen Eindruck davon zu geben, wie verschlungen die Geschichten um den Kern der Fabel gewoben sind. BRAZIL erzählt längst nicht allein das Schicksal des zugleich angstvollen und tapferen Helden Sam Lowry, der gegen einen sich perfekt wähnenden bürokratischen Staatsapparat sein individuelles Glück zu behaupten versucht. Der französische Filmkritiker Louis Danvers meint, es hätte den Bossen der Universal Pictures gefallen, für die Welt von BRAZIL (durch eine hausgemachte Montage) ein heroisches Individuum zu schaffen, einen unschuldigen

Naivling, keinen Komplizen des Systems, der der Autorität unterworfen ist, um dadurch dem Film ein eindeutiges Happy-End mit der Botschaft »Liebe besiegt alles« geben zu können.[15] Doch auch Terry Gilliams »Message« ist alles andere als eine eindeutige Unterstreichung des inhaltlichen Gegenteils: das tragische Scheitern des individuellen Helden angesichts eines letzten Endes doch übermächtigen staatlichen Herrschaftssystems.

Der Regisseur benutzt die Folie des Orwellschen Überwachungsstaates von 1984[16] lediglich, um aufzuzeigen, daß in der postmodernen Welt der 80er Jahre auch negative Utopien obsolet geworden sind, weil Diskurse über Zukünftiges, Gegenwärtiges und Vergangenes angesichts einer Hypertrophie von Information und staatlich gelenkter und kontrollierter Kommunikation beliebig und ununterscheidbar geworden sind. Politisch-ideologische Botschaften, die noch Inhalte transportieren wollen, müssen notwendig ins Leere zielen. Das zeigt sich an der gesellschaftlichen Funktion des im Film »zitierten« anarchischen Terrorismus, der inmitten einer Medien-Totalität als permanente Beschwörung von Feindbildern längst seine Wirkung eingebüßt hat und als zwar lästiges, jedoch zur Welt von BRAZIL gehörendes Alltagsphänomen hingenommen wird.

Gilliam hat angemerkt, daß er in BRAZIL »Vergangenheit, Gegenwart und

Zukunft gleichzeitig zeigen«[17] wollte. Der Film schafft jedoch keine logischen Zusammenhänge, sondern variiert permanent, nicht nur in der exemplarischen Story seines Helden, sondern als strukturelles Moment des Kosmos von BRAZIL nahezu in jeder Sequenz die These von der tendenziellen Ununterscheidbarkeit von Realität und Imagination. Traum und Wirklichkeit, Fiktionales und Faktisches sind nicht nur für die Agierenden im Film, sondern auch für die Zuschauer immer schwieriger auseinanderzuhalten. Eine raffiniert kalkulierte Logik der Montage verwandelt die Geschehnisse in Paradoxien, in Szenarien voller surrealistischer Absurdität und Komik. Louis Danvier schwächt die Radikalität eines solchen Ansatzes ab, wenn er Gilliam von Moral inspirierten »Widerstand gegen die enttäuschende, durch Imagination und Traum normalisierte Wirklichkeit«[18] unterstellt. Doch Moral und Widerstand sind in der Welt von BRAZIL kein Thema. Zentral sind deren (durch Atmosphäre und Ambiente) visuell herausgestellte Strukturen, die mehrdeutig, widersprüchlich und rätselhaft ihre »Botschaften« verschlüsseln bzw. verschlüsselt bewahren wollen und wohl nicht zuletzt deshalb dafür gesorgt haben, daß BRAZIL für eine bestimmte Fangemeinde zum Kultfilm wurde. Die nähere Betrachtung einzelner Sequenzen soll dies belegen.
Es beginnt beim Titel BRAZIL, der für die menschenverachtende Welt eines totalitären Unterdrückungssystems steht und gleichzeitig als musikalisches Leitmotiv (ein populärer Schlager von Xavier Cugat aus den 30er Jahren) in Permanenz die Sehnsucht nach einem Ort wachhält, wo das Glück den Liebenden im Juni hold sein soll. Sam hört den Text des Liedes auf der Fahrt zu Mrs. Buttle im Autoradio (Sequenz 18). Er wird sich an die Melodie auf dem Folterstuhl erinnern und mit letzter Willenskraft (S 65) summen. Gilliam erinnert sich daran, daß die Grundidee für den Film in einer Situation ähnlich gelagerter Gegensätze entstand: am Strand einer walisischen Stahlarbeiterstadt bei der Suche nach Drehorten für seinen ersten Film JABBERWOCKY erklang im Sonnenuntergang aus einem Kofferradio lateinamerikanische Musik.[19]
Schon mit dem Textvorspann beginnt ein Verwirrspiel. BRAZIL ist eine Welt »irgendwo im 20. Jahrhundert«, aber der Zeitpunkt, zu dem der Film einsetzt, ist absurd-exakt: »20 Uhr 49.« Im Prolog (S 2), in dem die drei Zentralphänomene der Gesellschaft von Brazil – Information, Kommunikation und Terrorismus – exponiert werden, explodiert ein Geschäft mit Fernsehgeräten, doch wie Phönix aus der Asche ertönt Augenblicke später eine Politikerstimme aus einem heil gebliebenen Apparat. Ständig laufende Monitore beherrschen öffentliche und private Räume. Dennoch gibt es trotz der totalen Medienpräsenz keine (in ihrem Konsumverhalten) gleichgeschalteten Zuschauer im Orwellschen Sinn. Während am Weihnachtsabend Mrs. Buttle im Kreise ihrer Familie sogar aus einem Buch vorliest (in Truffauts FAHRENHEIT 451 das größte Staatsverbre-

chen), schaut Jill in ihrer Badewanne amüsiert einen Film mit den Marx-Brothers an. Und die Angestellten im Archiv des Informationsministeriums nutzen jeden unkontrollierten Moment, um auf ein Programm mit Hollywoodfilmen umzuschalten. Gilliam schafft die Suggestion einer völlig vernetzten Medienwelt, indem er einerseits verschiedene Orte durch Naheinstellungen von Monitoren verbindet (S 4/5, S 5/6), andererseits gigantische Sets konstruiert, in denen mit langen Kamerafahrten an monströsen Ansammlungen elektronischer Hardware (S 7) vorbei die mediale Omnipräsenz demonstriert wird. Irritierend wirken diese Gerätschaften, weil sie die Funktionen der modernen Computertechnologie der 80er Jahre besitzen und gleichzeitig mit ihrem Design an Museumsstücke aus den 20er Jahren erinnern. Sie enthalten in sich die dialektische Einheit zeitlicher Gegensätze, wodurch dem Zuschauer nicht nur die Ausstattung einer neuen Welt präsentiert wird, sondern Gilliam zwingt ihn, die Widersprüchlichkeit der Objekte als Irritationsmoment seiner eigenen Wahrnehmung anzusehen und die »Zusammensetzung« dieser merkwürdigen Realität zu reflektieren. Auf einen Höhepunkt wird dieses Spiel mit den Erscheinungsformen der Wirklichkeit getrieben, wenn sich Mrs. Lowry beim Schönheitschirurgen (S 13) ein neues Outfit anfertigen läßt. Der Regisseur zeigt uns, so Louis Danvers, »daß selbst die Gesichtshaut eine Fiktion sein kann. Er zeigt uns, daß die Lüge bis ins tiefste Innerste des Individuums allgegenwärtig ist und bekämpft werden kann und muß.«[20] Zuzustimmen ist Danvers, daß mit den Fortschritten der modernen plastischen Chirurgie selbst die klar unterscheidbaren Menschenbilder in unserer Wahrnehmung zu verschwimmen drohen. Die moralische Entrüstung darüber ist dem Film BRAZIL jedoch nicht zu entnehmen, auch wenn Terry Gilliam seine Abscheu vor Bürokratien in vielen Interviews zum Ausdruck gebracht hat.

Untersucht man, wie es die Fabel nahelegt, die Wahrnehmungsproblematik aus der Perspektive des Protagonisten Sam Lowry, so ergibt sich ein Prozeß, bei dem am Ende nicht eindeutig entscheidbar ist, ob Sam seine Befreiung durch Tuttle und sein Entkommen mit Jill in die friedliche Landschaft nur (unter der Folter) phantasiert hat und wo der Beginn dieser Phantasien anzusetzen ist. Seine ersten Traumvisionen lassen sich relativ deutlich von seinen Handlungen in der Wirklichkeit unterscheiden. Während Sam in seiner ersten Vision (S 9) noch ungestörte Freuden in den himmlischen Sphären empfinden darf, bricht in seine zweite Vision (S 15) bereits der Horror ein. Dieser steigert sich in drei weiteren Träumen (S 22, 26, 33) und bringt den Helden zu der entsetzlichen Traum-»Erkenntnis«, daß er im Kampf mit dem Samurai sich selbst getötet hat. Auf der Party seiner Mutter erblickt Sam zum ersten Mal (in einer Erzähllogik wäre dies der Ausdruck einer beginnenden psychischen Verwirrung) ein einzelnes Bild seiner Träume in der Realität (S 28): Im Spiegel steht Mrs. Terrain neben einer Gruppe der Monster. Diese Wahrnehmungsform wird gesteigert, als sich ein Polizist (S 42) in den Samurai verwandelt und als Bestandteil der Realität gegen Sam zu kämpfen beginnt. Ähnlich gelagert ist Sequenz 56, wo wiederum Monster an die Stelle der Ankläger treten. Zusätzlich schwankt das gesamte Bild des Raums, womit angedeutet ist, daß Sam kurz vor dem Zusammenbruch steht. Eine völlige Verwirrung stiftet dann Sequenz 53, in der Jill Sam mit langen blonden Haaren empfängt. Ist sie die Traumfrau aus Sams früheren Visionen, die ganze Szene also ein Traum? Trägt Jill eine Perücke, aber warum sollte sie? Eine mögliche Erzähllogik ist spätestens an dieser Stelle ins Absurde überführt. Suchte man trotzdem nach einer solchen Logik für das Ende des Films (S 58–66), so wäre nach dem Fortgang der Handlung Sams Befreiung »real«, Tuttles Verschwinden unter der Papierflut (S 59) zwar ein Rätsel und die doppelte Gestalt der Frau (Jill bzw. Sams Mutter) in der Gruppe der Gigolos (S 61) wiederum nur einer momentanen Verwirrung des Helden zuzuschreiben. Das Hervortreten Jacks und Helpmanns vor die Kulisse des Landschafts-»Bildes« (S 64) und die anschließende »Real«-Sequenz (S 65) dechiffrieren dann auf doppelte Weise Sams »Entkommen« als Imagination. Wann dieser letzte Traum angefangen hat, läßt sich nicht eindeutig festlegen.

Ein besonderes Spiel treibt Gilliam mit der Architektur in BRAZIL, wo die Außenfassaden der Wohntürme mit ihren schrägen Perspektiven eine dunkle, anonyme und (gekoppelt mit dem diffusen Neonlicht) eine menschenfeindliche Stimmung verbreiten. Während die Interieurs nach einer Art Klassenzugehörigkeit mal biedermeierlich, mal funktional und mal großbürgerlich-pompös (Jugendstil) ausfallen, steigert er die Irritation an den gewohnten Bildern urbanen Wohnens, indem er das Innere nach außen kehrt, Versorgungsleitungen, Elektrokabel und Rohrverbindungen an die Oberfläche holt und diese wie lebende Organismen, gleich Därmen und Nervensystemen, visuell gestaltet. »Für mich war diese Welt von BRAZIL wie das Innere eines Körpers, und dieser Körper war der soziale Körper, die Zivilisation, die wir geschaffen haben. Information hat für mich heute eher den Stellenwert des Nervensystems als der Gedärme des Ganzen. Außer, daß wahrscheinlich mehr Mist als Information durch die Röhre kommt.«[21] Gilliams eigene Interpretation der Funktion seiner architektonischen Gebilde vermerkt augenzwinkernd ihre innere Dialektik. Der geistige Output der wichtigsten Lebensbahnen des Systems transformiert sich in (physischen) Unrat.

Eine absurde Komik entwickelt der Film in den Sequenzen, in denen Menschen und Dinge anders reagieren und dargestellt werden, als wir es von »sicheren« Wirklichkeiten her kennen und gewohnt sind. Die Küchengeräte in Sams Appartement spielen verrückt (S 10), Sams Mutter trägt einen Hut in Schuhform (S 14, S 61), die Stadtbahn ist ein Käfig

(S 21), Jacks Tochter reagiert auf Sams Schamhaftigkeit wie eine Erwachsene (»Ich guck schon nicht auf deinen Zipfel«) (S 36), der Hintern eines Hundes ist mit Klebeband verschlossen (S 38), und Mr. Helpmann besucht Sam in seiner Zelle als Weihnachtsmann verkleidet (S 57). Nicht nur ein billiger Gag ist in der Nachsprechmanie der beiden staatlichen Monteure zu sehen, wenn sie ihre Sätze stets zweimal aussprechen, sie leicht variieren bzw. der eine noch einmal wiederholt, was der andere soeben gesagt hat. Diese Art der Verdoppelung des Gesagten ist einerseits eine Selbstvergewisserung im Angesicht der brüchigen Realität, andererseits spiegelt sie die Unsicherheit des Gesagten selbst. Auch Sam entwickelt ein solches Wiederholungsverhalten, wenn er z. B. Jill während der Lastwagenfahrt in vielfachen Variationen seine Liebe offenbart (S 39). Die fragwürdig gewordene Realität erstreckt sich selbstverständlich auch auf die Beziehungswirklichkeiten zwischen den Menschen. Das ständig wiederholte Problem von Vertrauen und Nichtvertrauen unterstreicht die Unsicherheiten bei den sensiblen Protagonisten des Films und korrespondiert folgerichtig mit der psychischen Disposition von Individuen in einem totalitären Staat.

Um die Zuschauer durch ein forciertes Tempo in den Sog des Films hineinzuziehen, verwendet Terry Gilliam rasante Kamerafahrten und benutzt ausgiebig Weitwinkelobjektive, wodurch die Bewegungen der Personen beschleunigt und bei Naheinstellungen ihre Gesichter bis zur unwirklichen Fratze entstellt werden. Auch wirkt die räumliche Tiefe dieser Bilder verzerrt und übertrieben. Unter- und Aufsichten sowie Schrägperspektiven bestärken das Gefühl einer aus den Fugen geratenen, schräg gestellten und schrägen Welt. Und Gilliam erlaubt sich auch manchen plumpen Montagegag, wenn er z.B. an die Sonne, zu der die Liebenden emporschweben, das gerade ausgesägte kreisförmige Deckenstück schneidet (S 54/55), durch welches die Polizisten in das Schlafzimmer eindringen.

Eine überaus wichtige Rolle spielen im Universum von BRAZIL architektur-, literatur- und filmhistorische Zitate. Es sind Figuren, Szenen, atmosphärische Stimmungen, Filme im Film, die aus dem kulturgeschichtlichen Fundus des 20. Jahrhunderts stammen und in der imaginierten Welt neu arrangiert und inszeniert werden. Dadurch können sie bei den Zuschauern zu Auslösern für eigene Phantasie-Tätigkeiten werden. Thomas Elsaesser hat davon gesprochen, daß mit dieser neuen diskursiven Form der Wahrnehmung, die der postmoderne Film kreiert, der »Zuschauer als Subjekt«[22] reproduziert werde. Bereits in der folgenreichen Buchstabenverwechslung zu Beginn des Films ist das verantwortliche Insekt, ein Käfer, Symbol für einen Veränderungsprozeß mit unvorhergesehenen Folgen und erinnert an das Schicksal von Gregor Samsa in Kafkas »Die Verwandlung«. Die Kulissen der Wolkenkratzerschluchten in BRAZIL lassen an Fritz Langs METROPOLIS, die Partygesellschaft bei Sams Mutter an Luis Buñuels feine Gesellschaft in DER DISKRETE CHARME DER BOURGEOISIE denken. In Sequenz 58 wird ein Stück der berühmten Treppenszene aus Sergej Eisensteins PANZERKREUZER POTEMKIN nachinszeniert, wobei der Part des Kinderwagens durch ein Staubsaugerungetüm übernommen wird. Gilliam zitiert in Sams Traum-Visionen Roger Vadims BARBARELLA; die deprimierende Welt der Kafkaschen Labyrinthe aus »Der Prozeß«, selbst die Romanverfilmung durch Orson Welles könnte Pate gestanden haben für einige Bilder, in denen Lowry/Pryce Anthony Perkins in DER PROZESS ähnelt. In der Eingangshalle des Ministeriums wird mit einem riesigen, adlerartigen Monument an die faschistische Architekturästhetik erinnert (S 11). Mit dessen Inschrift »Arbeit macht frei« scheint Gilliam hier einen konkreten Hinweis auf historische Bezüge zur Interpretation des BRAZIL-Staates geben zu wollen. Doch mit dem Satz eines Lehrers, der eine Gruppe von Schülern vor die Statue führt (»Aber dies ist nicht die einzige Absicht«), wird der Ansatz der geschichtlichen Verortung der Szenerie auf der Stelle konterkariert. Die unmittelbar folgende Einstellung zeigt eine Tafel mit der Aufschrift »Information: der Schlüssel zum Wohlstand« und verweist auf die Bedeutung von politischen Losungen und Werbebotschaften, die weniger durch ihre Inhalte als durch den Appell der Zeichen in das Bewußtsein der Individuen dringen.

Nach dem Prinzip des »Flying Circus« von Monty Python (»And Now To Something Completely Different«) verfährt Gilliam letzten Endes auch in BRAZIL, wenn er Handlungsstränge, Träume, Zitate und Zeichen in anarchischer Weise verbindet (er hat dies als seine Arbeitsweise selbst so beschrieben[23]), zu einem neuen Kosmos zusammensetzt und seine Zuschauer einlädt, an diesem Prozeß einer Imaginierung neuer kohärenter Welten teilzunehmen, in dem sich der Betrachter trotz aller schockhaften Überraschungsmomente sofort zurechtfinden kann.

Es bleibt die Frage, wie ernst die in BRAZIL entfaltete düstere Apokalypse einer möglichen, zukünftigen Welt (von der einzelne Phänomene in unserer heutigen durchaus existent sind) zu nehmen ist oder ob die pessimistische Zukunftsperspektive des Films nicht ausschließlich der stimmig konstruierten, selbstreferentiellen Bilderwelt verhaftet bleibt, deren »Intensität, Unmittelbarkeit und Identifikationsstrukturen (...) den Wahrheitsgrad und die Gültigkeit«[24] bestimmen. Alle Versuche einer historisch-politisch motivierten Interpretation wirken angesichts der hyperrealistischen Dominanz des Visuellen wie Selbsttröstungen, daß aus dem Film dennoch gewisse Lehren (eine Moral) zu ziehen seien. Auch Gilliam selbst, dessen in diversen Interviews beinahe inflationär betriebene Interpretationspraxis zum symbolischen Spiel mit seinem eigenen Film gehören könnte, spricht von »der individuellen menschlichen Verantwortung«,[25] von der der Film handelt. Mancher Kritiker verfällt in seinen Deutungsbemühungen in die strukturelle Argumentationslogik von BRAZIL, insofern es über nichts eine endgültige Gewißheit gibt. »Der Film macht keinerlei Hoffnungen, er entmutigt aber auch nicht.«[26] Immer wieder wird auf dem Punkt insistiert, daß die imaginierte Apokalypse eine Katharsis ermögliche. BRAZIL ist »eine Vision, in der wir vieles, was uns ängstigt, wiedererkennen, indem aber auch die Irrationalität des Totalitären zum Lachen reizt und die ganze Schwäche des Perfekten bloßgelegt wird«.[27] Eine andere Erwartung in den Zusammenbruch moderner, totalitärer Gesellschaften hatte einige Jahre vorher Jean Baudrillard in seiner Kritik an den materialistischen Medientheorien (»Aufstand der Zeichen«) formuliert. Seine Vision (mehr Science-fiction als Analyse) enthält ebenfalls die Grundkonstanten des Gesellschaftsmodells von BRAZIL (Information, Kommunikation, Terrorismus), verabschiedet sich radikal von Geschichte und (revolutionärer) Subjektivität und formuliert doch eine Konzeption von möglicher Veränderung. »Subversion und gewaltsame Zerstörung entsprechen einer bestimmten Produktionsweise. Einem Universum des Stromnetzes, der Kombinatorik und des Stroms entsprechen Umkehrung und Implosion. Dasselbe gilt für die Institutionen, den Staat, die Macht usw. Der Traum, all das kraft seiner Widersprüche explodieren zu sehen, ist eben nicht mehr als ein Traum. In Wirklichkeit implodieren die Institutionen von selbst, kraft der Verschaltungen, des Feedback und der überentwickelten Kontrollkreise – das ist der aktuelle Modus ihres Verschwindens.«[28] BRAZIL enthält Verweise auf einen solchen möglichen Zusammenbruch (die Irrtumsfähigkeit des Systems), ebenso wie der Film das Motiv des anarchisch-revolutionären Subjekts (in Bild und Verhaltensweise Tuttles) zitiert. Vielleicht ist die Frage nach der Sinnhaftigkeit der Apokalypse in Gilliams Film auf ähnliche Weise ambivalent. Seine Vision ist optimistisch und pessimistisch *zugleich*. Und sie könnte, profanisiert-formalisiert ausgedrückt (aller Inhalte entkleidet), bedeuten: »Wenn es etwas gibt, was BRAZIL seinen Zuschauern an Positivem mitgibt, dann ist es sein anarchischer Spaß am Überschreiten von Grenzen.«[29]

Es gibt kaum unmittelbar vergleichbare Filme der Zeit, die mit ihren Darstellungsformen das Thema einer apokalyptischen Zukunft in ähnlicher Weise behandeln, indem sie mit der Realität bzw. Nichtrealität ihrer Szenarios spielen. In der Suggestivität seiner atmosphärischen Bilder und Töne vielleicht noch eindrucksvoller, jedoch ohne die skurrile Komik, beschreibt Ridley Scotts BLADE RUNNER (BLADE RUNNER, USA 1982) eine gigantische Großstadtwelt im Jahre 2019, in welcher ein ehemaliger Polizeidetektiv bei der Jagd nach Kunstgeschöpfen, den Replikanten, in eine Identitätskrise gerät und die Grenzen zwischen den menschlichen und den künstlichen Wesen immer mehr zerfließen (vgl. Kap. 7 in diesem Band). Während BRAZIL die literarischen Vorbilder Orwell und Kafka als

Zitate visuell umdeutet und sie in den neuen Film-Kosmos einbaut, versuchen Orson Welles mit DER PROZESS (LE PROCES/IL PROCESSO, BRD/Frankreich/Italien 1962) und Michael Radford mit 1984 (1984, Großbritannien 1984) mehr oder minder werkgetreue Adaptionen der literarischen Vorlagen zu liefern. Welles' Film über die Geschichte des Angestellten Josef K. versucht, visuell zu argumentieren, und beschreibt den bürokratischen Alptraum in expressionistisch inspirierten Schwarzweißbildern mit effektvoll verfremdeten Sets, wohingegen 1984 mit den Mitteln der Nachkriegsästhetik (bezogen auf das Entstehungsjahr des Romans 1948) eine »realistische« Schilderung der Orwellschen Utopie vornimmt. Weitere Verfilmungen von Science-fiction-Literatur sind François Truffauts FAHRENHEIT 451 (FAHRENHEIT 451, Großbritannien 1966) nach dem Roman von Ray Bradbury: die Schreckensvision eines repressiven Polizeistaates, in dem die Feuerwehr die Aufgabe hat, Bücher zu verbrennen, und Volker Schlöndorffs DIE GESCHICHTE DER DIENERIN (THE HANDMAID'S TALE, BRD/USA 1989) nach dem Roman von Margaret Atwood: Ein ebenfalls autoritärer Staat richtet eine Kaste von gebärfähigen Frauen für die (unfruchtbaren) Frauen der Oberschicht ein. In beiden Filmen führt individuelle Auflehnung gegen das Zwangssystem für die Protagonisten zu einem tendenziell glücklichen Ende. Anknüpfend an die »Realität« der Atomtechnologie (ihre militärische und zivile Nutzung), entwerfen verschiedene andere Filme Szenarien eines apokalyptischen Weltzustandes nach dem Einschlag von Atomraketen bzw. nach Katastrophen in Atomreaktoren: THE DAY AFTER – DER TAG DANACH von Nicholas Meyer (THE DAY AFTER, USA 1983), DAS CHINA SYNDROM von James Bridges (THE CHINA SYNDROM, USA 1978) und ZERSTÖRUNG von Michail Belikow (RASPAD, UdSSR 1990). Einen satirischen Blick auf die gleiche Thematik wirft der aus Werbe- und Propagandafilmen der 40er und 50er Jahre montierte Dokumentarfilm THE ATOMIC CAFE von Kevin und Pierce Rafferty und Jayne Loader (THE ATOMIC CAFE, USA 1982), der sarkastisch die Verharmlosung der Nukleartechnik anprangert. Eine ausgesprochen zynische Horrorvision bietet der Film von Richard Fleischer JAHR 2022 – DIE ÜBERLEBEN WOLLEN (SOYLENT GREEN, USA 1973), in dem zwei Männer aufdecken, daß ein neues Nahrungsmittel für 40 Millionen New Yorker aus frischen Leichen hergestellt wird. MAD MAX (MAD MAX, Australien 1978) und MAD MAX II – DER VOLLSTRECKER (MAD MAX II, Australien 1981) – beide von George Miller – entwerfen eine nachatomare Zukunft in der australischen Wüste, in der sich schwerbewaffnete Auto- und Motorradbanden brutale Verteilungs- und Überlebenskämpfe liefern. Eher eine Ausnahme waren filmische Apokalypse-Schilderungen in den Staaten des ehemaligen Ostblocks. Als Hintergrund für einen mystisch-philosophischen Diskurs benutzte Andrej Tarkowskij seinen Film DER STAL-

KER (STALKER, UdSSR 1980), in dem sich drei Männer in eine geheimnisvolle »Zone« begeben, ein Ort, dessen »Realität« durch phantastische Bildvisionen dargestellt wird. Ungewöhnlich freizügig (für eine polnische Produktion) ist der Film SEXMISSION von Juliusz Machulski (SEKSMISJA, Polen 1983), der als Satire der Verklemmtheit im realen Sozialismus die Geschichte zweier Männer in einem totalitären Frauenstaat erzählt. Die hier entfalteten Visionen von Apokalypse treffen aufgrund ihrer scheinbar größeren Wirklichkeitsnähe zwar die Erwartungen und Ängste sehr großer Zuschauergruppen, verblassen aber gegenüber dem Wahnwitz von BRAZIL, der nicht durch das Wahrgenommene irritiert, sondern – grundlegender – vielmehr in der Wahrnehmung selbst.

Anmerkungen

1 Gilliam selbst findet dieses Schlagwort für seinen Film eher langweilig – vgl. Kim »Howard« Johnson: Life Before and After Monty Python. London 1993, S. 204. Er bevorzugt als Etikett für BRAZIL lieber »Walter Mitty trifft Franz Kafka«, »Frank Capra trifft Franz Kafka« oder auch »Franz Kafka trifft George Orwell«.
2 Der Film hatte eine ursprüngliche Länge von 123 Minuten. Die der Filmanalyse zugrundeliegende Fassung (seit 1986 von »Cannon Street Entertainment« als Videokassette vertrieben) beträgt 136 Minuten.
3 Bundesdeutscher Kinostart war am 26. April 1985.
4 Milchan war u. a. Produzent bei Martin Scorseses THE KING OF COMEDY und Sergio Leones ES WAR EINMAL IN AMERIKA.
5 BRAZIL wurde für zwei Oscars (bestes Original-Drehbuch, beste künstlerische Regie) nominiert, gewann aber keinen von beiden.
6 New York Times, 19. Januar 1986.
7 Guardian, 26. Januar 1986.
8 Time, 5. August 1985.
9 Le Monde, 21. Februar 1985.
10 Berliner Morgenpost, 26. April 1985.
11 Frankfurter Rundschau, 6. Mai 1985.
12 Spektrum Film, Nr. 5, Mai 1985.
13 Frankfurter Allgemeine Zeitung, 2. Mai 1985.
14 Kim »Howard« Johnson, a. a. O., S. 207.
15 Vgl. Der Krieg der Welten. Gespräch mit Terry Gilliam. In: ARTE, 29.11.92.
16 Ursprünglich war der Titel »1984½« vorgesehen.
17 In: ARTE, a. a. O.
18 A. a. O.
19 Vgl. Kim »Howard« Johnson, a. a. O., S. 204.
20 In: ARTE, a. a. O.
21 A. a. O.
22 Thomas Elsaesser: American Graffity und Neuer Deutscher Film – Filmemacher zwischen Avantgarde und Postmoderne. In: Andreas Huyssen/Klaus R. Scherpe (Hrsg.), Postmoderne. Zeichen eines kulturellen Wandels. Reinbek 1986, S. 305.

23 In: ARTE, a. a. O.
24 Thomas Elsaesser, a. a. O., S. 312.
25 In: ARTE, a. a. O.
26 Bernd Schorb: »... der einzige große Film« (?). In: medien + erziehung, Heft 2/1986.
27 A. a. O.
28 Jean Baudrillard: Kool Killer oder Der Aufstand der Zeichen. Berlin 1978, S. 130.
29 Michael K. Iwoleit: Perspektiven des Science-fiction-Films – am Beispiel von Ridley Scotts BLADE RUNNER und Terry Gilliams BRAZIL. In: Wolfgang Jeschke (Hrsg.): Das Science-fiction-Jahr 5 (Ausgabe 1990). München 1990, S. 383.

Auswahlbibliographie

Jean Baudrillard: Kool Killer oder der Aufstand der Zeichen. Berlin 1978.
Thomas Elsaesser: American Graffity und Neuer Deutscher Film – Filmemacher zwischen Avantgarde und Postmoderne. In: Andreas Huyssen/Klaus R. Scherpe (Hrsg.): Postmoderne. Zeichen eines kulturellen Wandels. Reinbek 1986.
Rolf Giesen: Sagenhafte Welten. Der phantastische Film. München 1990.
Aldous Huxley: Schöne neue Welt. Frankfurt/M. 1953.
Michael K. Iwoleit: Perspektiven des Science-fiction-Films – am Beispiel von Ridley Scotts BLADE RUNNER und Terry Gilliams BRAZIL. In: Wolfgang Jeschke (Hrsg.). Das Science-fiction-Jahr 5 (Ausgabe 1990). München 1990.
Kim »Howard« Johnson: Life Before and After Monty Python. London 1993.
Franz Kafka: Der Prozeß. Frankfurt/M. 1960.
Jack Mathews: The Battle of Brazil. London 1987.
George Orwell: 1984. Frankfurt/M., Berlin 1992.
Vivian Sobchack: Screening Space. The American Science Fiction Film. New York 1991.

Auswahlfilmographie

LE PROCES/IL PROCESSO (DER PROZESS), Orson Welles, BRD/Frankreich/Italien 1962
FAHRENHEIT 451 (FAHRENHEIT 451), François Truffaut, Großbritannien 1966
LES CLOCHES DE SILESIE (DAS UNHEIL), Peter Fleischmann, BRD/Frankreich 1970
THE SLEEPER (DER SCHLÄFER), Woody Allen, USA 1973
SOYLENT GREEN (JAHR 2022. DIE ÜBERLEBEN WOLLEN), Richard Fleischer, USA 1973
TRAUMSTADT, Johannes Schaaf, BRD 1973
JABBERWOCKY (JABBERWOCKY), Terry Gilliam, Großbritannien 1977
THE CHINA SYNDROM (DAS CHINA SYNDROM), James Bridges, USA 1978
MAD MAX (MAD MAX), George Miller, Australien 1978
STALKER (DER STALKER), Andrej Tarkowskij, UdSSR 1980
MAD MAX II (MAD MAX II – DER VOLLSTRECKER), George Miller, Australien 1981
THE ATOMIC CAFE (THE ATOMIC CAFE), Kevin und Pierce Rafferty/Jayne Loader, USA 1982

BLADE RUNNER (BLADE RUNNER), Ridley Scott, USA 1982
SEKSMISJA (SEXMISSION), Juliusz Machulski, Polen 1983
THE DAY AFTER (THE DAY AFTER – DER TAG DANACH), Nicholas Meyer, USA 1983
1984 (1984), Michael Radford, Großbritannien 1984
MAD MAX BEYOND THUNDERDOME (MAD MAX – JENSEITS DER DONNERKUPPEL), George Miller / George Ogilvie, Australien 1985
THE HANDMAID'S TALE (DIE GESCHICHTE DER DIENERIN), Volker Schlöndorff, BRD / USA 1989
RASPAD (ZERSTÖRUNG), Michail Belikow, UdSSR 1990

Sequenzprotokoll

1	Text-Vorspann: Zeit und Ort der Handlung.	0'13"
2	Prolog: Erscheinungswelten von Brazil: Fernsehmonitore, Werbebotschaften, Terrorismus.	0'47"
3	Titel (als Leuchtschrift)	0'07"
4	Zerstörtes Geschäft: Zwischen brennenden Fernsehern tönt ein Politiker-Interview aus einem noch heilen TV-Gerät.	0'27"
5	Ministerium für Information – Wiederbeschaffung: Die Jagd eines Mitarbeiters nach einem Käfer führt zur Veränderung eines Buchstabens auf einem Fahndungsblatt. Aus Tuttle wird Buttle.	1'18"
6	Übereinander liegende Wohnungen der Familie Buttle und ihrer Nachbarin Jill Layton: In die friedliche Weihnachtsidylle dringen brutal martialische Sicherheitskräfte ein und verhaften Herrn Buttle.	2'23"
7	Archiv des Informationsministeriums: Im gigantischen Großraumbüro gehen Dutzende von Angestellten ihren bürokratischen Tätigkeiten nach. Sobald sie nicht überwacht werden, sehen sie auf ihren Monitoren alte Hollywood-Filme an.	1'15"
8	Büro des leitenden Angestellten Mr. Kurtzmann: Er sucht seinen untergebenen Mitarbeiter Sam Lowry.	1'13"
9	**Traumsequenz (abgegrenzt zur »Realität«):** Sam schwebt als Ikarus durch den Wolkenhimmel und küßt eine langhaarige, blonde Schönheit.	1'01"
10	Sams Wohnung: Mr. Kurtzmann ruft Sam telefonisch an seinen Arbeitsplatz. Sams vollautomatische Küchengeräte arbeiten dysfunktional.	1'21"
11	Eingangshalle zum Archiv des Informationsministeriums (mit totaler Überwachungstechnik): Besuchergruppen werden herum-, Staatsfeinde abgeführt. Sam trifft seinen alten Freund Jack Lint. Jill, die die irrtümliche Verhaftung Buttles aufklären will, scheitert an der bürokratischen Sturheit des Portiers.	3'10"
12	Kurtzmanns Büro: Er eröffnet Sam dessen Beförderung.	1'02"
13	Salon des Schönheitschirurgen Dr. Jaffe: Sams Mutter, Ida Lowry, unterzieht sich der Prozedur eines Face-Liftings.	1'35"
14	Nobel-Restaurant: Zum Weihnachtsmahl kommen Sam, seine Mutter, ihre Freundin Mrs. Terrain und deren Tochter Shirley zusammen. Man spricht über Essen und Schönheitschirurgie. Obwohl eine Bombe explodiert, wird das Mahl fortgesetzt. Sam reagiert unwirsch auf die Freude seiner Mutter über die Beförderung.	5'10"

15 **Traumsequenz (abgegrenzt zur »Realität«):** Sam-Ikarus und seine ätherische (langhaarige) Traumfrau über den Wolken. Der Traum wird zum Alptraum, als riesige Monolithen aus der Landschaft hervorbrechen. 0'54"

16 Sams Wohnung (innen und außen): Sam erwacht infolge eines Defekts seiner Klimaanlage. Anstelle des offiziellen Notdienstes »Central Services« übernimmt der freischaffende Heizungs-Ingenieur Archibald Tuttle die (provisorische) Reparatur. Als zwei staatliche Monteure auftauchen, kann Sam sie mit einem Trick loswerden. Tuttle verschwindet (sich abseilend) im Labyrinth der Hochhäuser. 9'16"

17 Archiv des Informationsministeriums / Mr. Kurtzmanns Büro: Kurtzmann, dem die Verwechselung im Fall Tuttle/Buttle unangenehm ist, geht erfreut auf Sams Angebot ein, der Witwe Mrs. Buttle persönlich einen Scheck zu überbringen, um die Sache abzuschließen. 5'11"

18 Sams Fahrt im Kabinenroller zu Mrs. Buttle. 0'59"

19 Der Gebäudekomplex, in dem sich Mrs. Buttles Wohnung befindet (außen) / Mrs. Buttles und Jills Wohnung (innen): Kinder spielen auf der Straße Terroristenjagd. Sam übergibt Mrs. Buttle den Scheck. Ihr Sohn stürzt sich auf Sam. In einem Spiegel sieht er das Bild seiner Traumfrau (Jill) in der Wohnung darüber. Sam läuft über Treppenaufgänge in die obere (leere) Wohnung. Unten brennt sein Auto. Bei seinem Löschversuch fährt ein Lastwagen mit Jill am Steuer vorbei. Von Mrs. Buttles Tochter erfährt Sam ihren Namen. Er geht zu Fuß davon. 6'16"

20 Archiv des Informationsministeriums: Nach Dienstschluß versucht Sam vergeblich, am Computer weitere Informationen über Jill herauszufinden. Mr. Kurtzmann klärt ihn auf, daß das nur als Mitarbeiter der höheren Abteilung Information – Wiederbeschaffung möglich sei. Er offenbart Sam, daß er seine Beförderung nicht unterschrieben habe. 2'04"

21 Käfigartige Stadtbahn: Sam zeichnet Jills Computerbild nach. 0'22"

22 **Traum-Sequenz (abgegrenzt zur »Realität«):** Sam-Ikarus, mit einem Schwert bewaffnet, kämpft gegen zombiehafte (Babymasken tragende) Monster, die seine Traumfrau in einem an Seilen schwebenden Käfig durch riesige Straßenschluchten ziehen. 1'02"

23 Stadtbahn: Sams Fahrt endet an einer Bahnstation. Er steigt aus. 0'17"

24 Sams Gang zu seiner Wohnung. 0'27"

25 Sams Wohnung: Ein chaotisches Labyrinth von Rohren und Schläuchen empfängt ihn. Die beiden »Central-Services«-Monteure beweisen ihm hämisch, daß sich ein Unbefugter an seiner Klimaanlage zu schaffen gemacht hat. 1'58"

26 **Traum-Sequenz (abgegrenzt zur »Realität«):** Sam-Ikarus' Kampf gegen einen gepanzerten Samurai-Krieger. Als er dem besiegten Koloß den Helm lüftet, blickt er in sein eigenes Gesicht. 4'24"

27 Sams Wohnung: Sam wühlt sich durch das Gewirr von Kabeln und Schläuchen. Eine Art uniformiertes Nummerngirl in Strapsen überbringt ihm singend die (verspätet kommende) Einladung zu einer Party bei seiner Mutter. 1'28"

28 Treppenhaus und Luxus-Wohnung von Sams Mutter: Die chirurgisch verjüngte Ida Lowry flirtet mit diversen Verehrern. Schönheitsärzte fachsimpeln über Vorzüge und Gefahren ihres Gewerbes. Sam erblickt in einem Spiegel **(einzelnes Traumbild in der »Realität«)** Mrs. Terrain (deren Operation Komplikationen zur Folge hatte) in 4'59"

einer Gruppe von Monstern. Ihr Versuch, ihre Tochter Shirley mit Sam zusammenzubringen, scheitert. Sams Freund Jack stellt ihn seiner Frau Alison vor. Der stellvertretende Minister, Mr. Helpmann (im Rollstuhl), bittet Sam um einen Gefallen.

29 Badezimmer in der gleichen Wohnung: Sam hilft Mr. Helpmann auf die Toilette. Er entscheidet definitiv über Sams Aufnahme in die Abteilung Information – Wiederbeschaffung. 1′46″

30 Monumentale Eingangshalle zur Abteilung Information – Wiederbeschaffung des Informationsministeriums: Sam darf sich unkontrolliert auf den Weg zu seinem Büro machen. 1′14″

31 Büro-Etage: Sam irrt durch riesige leere Gänge und trifft auf eine heftig diskutierende Gruppe von Angestellten, deren Abteilungsleiter Mr. Warrenn ihn en passant willkommen heißt und ihm eine Plakette übergibt. Sam betritt sein Büro. 2′44″

32 Sams Büro/Das Büro seines Kollegen Lime: Sam orientiert sich in seinem Büroverlies mit nur einem halben Schreibtisch. Als er seinen Kollegen Lime nebenan bittet, dessen Computer benutzen zu dürfen, um Jills Adresse herauszubekommen, lehnt jener ab und macht sich selbst daran. Sam kehrt in sein eigenes Büro zurück. 3′28″

33 **Traum-Sequenz (abgegrenzt zur »Realität«):** Sam-Ikarus versucht, die Seile des schwebenden Käfigs, in dem sich seine Traumfrau befindet, zu ergreifen. Steinrüssel, die aus dem Boden emporschießen, halten ihn fest. Ein steinernes Gesicht fleht ihn an, nicht zu gehen. 0′38″

34 Sams Büro / Das Büro seines Kollegen Lime: Sam lauscht an der Wand und geht auf Limes Klopfen hin in dessen Büro. Er entlockt dem Computer, daß weitere Informationen über Jill in einer anderen Abteilung zu erfahren sind. 0′45″

35 Sams Weg durch endlos lange Gänge zu Zimmer 5001. 0′55″

36 Die Folter-Abteilung (Vorzimmer und Zimmer von Jack): Sam trifft auf eine nette ältere Dame, die Folterberichte tippt. Er erhält Zutritt zu Jacks Büro, der ihn (in einem blutbeschmierten Kittel) begrüßt. Dieser wendet sich abwechselnd seiner Tochter und Sam zu. Sam überredet Jack, ihm Jills Akte zu geben, um sie vor ihrer angeordneten Verhaftung aufspüren zu können. Jack gibt sie ihm zögernd und schenkt ihm dazu einen Anzug. Seine Tochter reagiert wie eine Erwachsene. 5′07″

37 Flur vor Zimmer 5001 / Lift / Keller / Eingangshalle: Sam wird Zeuge, wie ein Gefangener zu fliehen versucht. Vom Lift aus sieht er, wie Jill in der Eingangshalle heftig mit dem Pförtner redet. Der defekte Lift transportiert Sam in den Keller. Als ein Uniformierter ihn aufhalten will, rennt er davon, wird von bewaffneten Polizisten bis in die Halle verfolgt und dort gestellt. Sam zückt seine Plakette, die Polizisten stehen stramm. Sam verläßt mit der sich sträubenden Jill das Ministerium. 4′07″

38 Vor dem Ministerium: Sam zerrt Jill an der riesigen Gebäudefront entlang. Er wird von einer Dame abgelenkt, die ihm keifend das Verstreuen der Aktenblätter vorhält. Ein alter Mann bedient sich an einem Frischluft-Automaten. Jill fährt mit einem Lastwagen heran, auf den Sam aufspringen kann. Der Lastwagen hält direkt vor dem Treppenaufgang zum Ministerium. 0′58″

39 Lastwagenfahrt zum Industriegelände: Als sich zwei Polizisten dem 4′47″

Führerhaus des Wagens nähern, zwingt Sam Jill mit einer Waffe, abzufahren. Er stellt sich vor und gesteht ihr seine Liebe. Jill wiegt ihn zunächst in Sicherheit und stößt ihn dann plötzlich hinaus. Sam taucht immer wieder mit Liebeserklärungen vor den Scheiben des Lastwagens auf. Als Jill anhält, hat sich Sam am Kühler festgeklammert. Sie will ihm immer noch nicht vertrauen.

40 Raffinerie-ähnliches Industriegelände: Ein Haus hebt sich vor einem Gartenzaun und schwebt an dampfenden Rohren und Schornsteinen vorbei auf den heranfahrenden Lastwagen zu. Menschen in Schutzanzügen spielen eine Art Volleyball. Arbeiter dirigieren das Haus auf den Lastwagen. Jill und Sam klettern die Eisentreppen der Anlage empor. Er beobachtet, wie sie ein Paket in Empfang nimmt. 1′50″

41 Rückfahrt mit dem Lastwagen in die Stadt: Auf einer von Werbewänden begrenzten Straße geht die Fahrt in eine endlos scheinende Landschaft. Sam möchte den Inhalt des Pakets wissen. Jill lehnt ab, Sam gibt sich zufrieden, weil er ihr vertrauen will. An einer Straßensperre erzwingt er (gegen Jills Willen) den Durchbruch, indem er selbst auf das Gaspedal tritt. Es beginnt eine wilde Verfolgungsjagd bis in die immer enger werdenden Straßenschluchten. Als die Verfolger bedrohlich näherkommen, läßt Sam das Haus von der Ladefläche auf die Straße kippen. Die Verfolger rasen hinein. Autos explodieren, Polizisten brennen. Jill ist entsetzt. 3′45″

42 Weihnachtlich dekoriertes Einkaufszentrum: Eine Band spielt Marschmusik. Zwischen patrouillierenden Polizisten erzählen Kinder Weihnachtsmännern ihre Wünsche. Sam und Jill eilen durch eine Abteilung für Damenunterwäsche. Sie streiten (mit körperlicher Gewalt) um das Paket. Mrs. Terrain (im Rollstuhl) und Tochter Shirley kommen zufällig vorbei und beginnen eine Unterhaltung mit Sam. Eine furchtbare Explosion hinterläßt Tote und Verletzte. Sam ist überzeugt, daß dies das Werk von Jills Paket war. Sie zeigt ihm das heile Paket. Sein Inhalt: ein Objekt für Bestechungen. Jill und Sam beginnen, Verletzten zu helfen. Ein Polizist versucht, Jill wegzuzerren. Sam protestiert heftig und hält Ausschau nach einer Waffe. Ein Polizist verwandelt sich (aus Sams Perspektive) in den Samurai-Krieger. **(Traumgestalt wird Teil der »Realität«)**. Sam steht ihm mit einem abgerissenem Arm als Waffe kampfbereit gegenüber. Er wird von einem anderen Polizisten von hinten zu Boden gestreckt. 3′51″

43 Gefangenen-Transport-Fahrzeug: Vermummte Gefangene hängen von der Decke des Fahrzeugs. Sam erwacht auf dem Boden aus seiner Ohnmacht. Zwei Polizisten diskutieren über die Qualität ihrer Helme. Sam rappelt sich auf und hofft, indem er die Gesichtsmasken einiger Gefangener zu öffnen versucht, auf Jill zu stoßen. Ein Polizist ermahnt ihn zunächst und schägt ihn dann nieder. Das Fahrzeug rast mit Sirenengeheul durch die Stadt. 1′35″

44 Büro-Etage / Sams Büro: Mr. Warrenn staucht Sam vor einem Pulk von Angestellten wegen der Unordnung in seinem Büro zusammen. Sein Kollege Lime verläßt höhnisch den Raum. 1′00″

45 Jacks Büro / Gänge / Fahrstuhl / Eingangshalle: Sam bittet Jack, ihm bei der Suche nach Jill zu helfen. Der beruft sich auf die Prinzipien seiner Arbeit und verweigert jegliche Unterstützung. 1′09″

46 Sams Büro / Büro-Etage: Sam sabotiert das Rohrpost-System und verursacht auf breiter Front ein Papier- und Akten-Chaos. 1'11"

47 Sams langsamer Gang vom Ministerium zu seiner Wohnung. 0'40"

48 Sams Wohnung: Im Trümmerlabyrinth bedeuten ihm die beiden staatlichen Heizungs-Monteure, daß seine Wohnung beschlagnahmt sei. Er wird vor die Tür gesetzt. 0'52"

49 Sams Wohnung (außen und innen): Sam entdeckt Tuttle, der sich von außen an Rohren und Schläuchen zu schaffen macht. Er leitet Fäkalien in die Schutzanzüge der beiden Monteure. Sie zerplatzen. Aus dem Nebel taucht Jill auf. Tuttle entschwindet zwischen den Hochhaus-Blöcken. Jill und Sam gehen rasch weg. Ein unbekannter Mann beobachtet die Szene. 2'38"

50 Jills und Sams Gang zur Wohnung seiner Mutter. 0'22"

51 Treppenhaus und Luxus-Wohnung von Sams Mutter: Jill betrachtet verwundert das reiche Interieur. Jill und Sam gehen langsam aufeinander zu und küssen sich. Sie landen auf einem Sofa. Sam verläßt die Wohnung. 1'54"

52 Informationsministerium (außen) / Eingangshalle / Keller / Fahrstuhl / Mr. Helpmanns Büro: Sam gelangt, nachdem er den Pförtner und einen probenden Polizeichor passiert hat, mit dem Fahrstuhl des stellvertretenden Ministers vom Keller in Mr. Helpmanns (leeres) Büro. Dort tippt er etwas in einen Computer, aus dessen Drucker Jills Bild hervorragt. 3'58"

53 Treppenhaus und Luxus-Wohnung von Sams Mutter: Sam findet Jill im Schlafzimmer, tanzend vor einem Himmelbett. Sie hat lange Haare wie die ätherische Blondine im Wolkenhimmel seiner frühen Träume **(Traumgestalt wird Teil der »Realität«)**. Sam zeigt Jill den Computerausdruck ihres Bildes (dort mit Kurzhaarschnitt) mit dem Aufdruck LÖSCHEN. Sam und Jill fallen glücklich auf das Himmelbett. Spiralblende. 0'13"

54 **Traum-Sequenz (abgegrenzt zur »Realität«):** Sam-Ikarus und die (langhaarige) Jill schweben im Wolkenhimmel der Sonne entgegen. 0'13"

55 Schlafzimmer in der Wohnung von Sams Mutter: Ein herausgesägtes, kreisförmiges Deckenstück fällt herunter. Polizisten stürmen durch das Loch, durch Tür und Fenster in den Raum und richten ihre Waffenarsenale auf Sam und die (wieder kurzhaarige) Jill. Schwarzbild. 0'30"

56 Verhörzimmer: Dem vermummten Sam wird ein Augenschlitz geöffnet. Verschiedene Ankläger verlesen ihm die Anklagepunkte und geben sachliche Hinweise für weiteres Verhalten. An die Stelle der Ankläger treten die Monster mit den Kindermasken **(Traumgestalten werden Teil der »Realität«)**. 1'20"

57 Überdimensionale Zelle: Mr. Helpmann (im Rollstuhl) als Weihnachtsmann verkleidet, erklärt dem verängstigten Sam die Folgerichtigkeit des Geschehenen. Nachdem der alte Mann wieder hinausgeschoben worden ist, stülpen zwei Polizisten einen Sack über Sam und zerren ihn aus der Zelle. 2'22"

58 Verhör- und Folterpodest inmitten einer riesigen Kuppel / Vorzimmer / Eingangshalle: Zwei Polizisten fesseln Sam an einen Folterstuhl. Über einen langen Gang nähert sich Jack (verborgen hinter einer Babymaske). Sam erkennt ihn trotzdem. Als Jack mit der Folter beginnen will, wird er von einem Geschoß in der Stirn getroffen. Blutüberströmt 6'14"

bricht er zusammen. Von der Decke der Kuppel seilen sich Tuttle und eine Gruppe von Männern in Kampfanzügen ab und befreien Sam. Sie schießen sich den Weg durch Vorzimmer und Eingangshalle nach draußen frei. Der Portier verfolgt die wilde Ballerei belustigt auf seinem Computer-Monitor. Sam sprengt das Sicherheitsministerium. Es zerplatzt in gigantischen Explosionen. Sam jubelt.

59 Weihnachtlich dekoriertes Einkaufszentrum: Sam und Tuttle flüchten durch die Menge. Als Tuttle sich seiner Kampfmontur entledigen will, wird er langsam durch eine riesige Papierflut wie eine Mumie eingewickelt. Als Sam ihm zur Hilfe kommt, ist Tuttle unter dem Papierberg verschwunden. Sam flieht vor Polizisten durch die gaffende Menge. 2′03″

60 Sams Gang durch Häuserschluchten zu einer Art Kathedrale. 0′28″

61 Kathedrale (innen): Sam gerät in die Beerdigungs-Zeremonie für Mrs. Terrain, die am Ende eines Laufstegs in einem sich drehenden Sarg aufgebahrt ist. Eine mondäne Gesellschaft lauscht den Ausführungen eines Priesters. Inmitten einer Gruppe von Verehrern vermeint Sam, seine Mutter zu entdecken. Es ist Jill. Sie weist ihn zurück. Polizisten, vom Kellner des Restaurants eingewiesen, stürzen von allen Seiten auf Sam zu. Die Frau, die sich in ihrer Verehrergruppe umdreht, ist Sams Mutter **(eine Gestalt der »Realität« geht in eine andere Gestalt der »Realität« über)**. Ein Skelett rutscht aus dem umkippenden Sarg. Vor den Polizisten zurückweichend, fällt Sam in den Sarg und verschwindet in einem dunklen Nichts. 2′04″

62 Sams Flucht durch die nächtlichen Häuserschluchten. Die Verfolger sind abwechselnd Polizisten und Monster **(Gestalten der »Realität« und des Traums vermischen sich)**. Sam findet eine Geheimtür in einer Mauer. Die Monster bleiben zurück. 0′47″

63 Haus auf dem Lastwagen / Führerhaus des Lastwagens: Sam erkennt, wo er ist. Jill steuert das Fahrzeug in die Landschaft hinaus. Sam und Jill küssen sich. 0′32″

64 **»Realistische Landschaft«** (der Lastwagen parkt vor einem Haus mit rauchendem Schornstein) **wird überblendet in ein imaginäres** (menschenleeres) **Landschaftsbild**. Davor treten Helpmann und der (wieder unversehrte) Jack. 1′29″

65 Folterpodest unter der Kuppel: Jack und Helpmann konstatieren Sams »Entkommen«. Sam summt (mit starr in die Ferne gerichtetem Blick) das Lied »Brazil«. Jack schiebt Mr. Helpmann hinaus. 0′57″

66 Abspann (Totale des Folterzentrums unter der Kuppel) 1′34″

10. Kalter Krieg: ROCKY IV – DER KAMPF DES JAHRHUNDERTS (1985)

von Peter Hoff

1. Neue Helden braucht das Land

Noch nie in ihrer zweihundertjährigen Geschichte hatten die Vereinigten Staaten von Nordamerika eine militärische Niederlage hinnehmen müssen. Doch nach dem Pariser Friedensschluß von 1975 kehrten ihre Soldaten als Verlierer aus dem Vietnamkrieg zurück. Fast vier Millionen Amerikaner hatten ihre schrecklichen Erfahrungen in Vietnam gemacht. Dreihunderttausend von ihnen waren zu Krüppeln geworden, eine halbe Million trug schwere psychische Schäden davon, eine weitere halbe Million Veteranen wurde zu Alkoholikern oder drogenabhängig. Das Vietnamdenkmal auf der Washington Mall nennt 58156 Namen von Gefallenen. Mehr als tausend GIs galten als vermißt.

Die Vietnam-Heimkehrer wurden nicht als Helden empfangen und gefeiert. Sie waren die »Loser«. Das Land brauchte andere Helden als diese zerstörten, verzweifelten, verkrüppelten und vor der Zeit gealterten Männer. Die neuen Helden, die die psychotische Nation zur Rekonstituierung ihres kollektiven Selbstbewußtseins so dringend benötigte, mußten aus einem anderen Stoff sein.

Fünfzehn Jahre hatte der Vietnamkrieg gedauert. Er kostete die USA rund 150 Milliarden Dollar. Anderthalb Millionen Vietnamesen wurden durch Flächenbombardements und in Kampfhandlungen getötet. Das internationale Ansehen der USA hatte irreparablen Schaden genommen.

Der Krieg berührte aber auch die inneren Strukturen der amerikanischen Gesellschaft und des Staates, veränderte das staatsbürgerliche Selbstverständnis der Amerikaner. Die Afroamerikaner, als Soldaten in Vietnam in gleicher Weise wie ihre weißen Kameraden von Tod und Verkrüppelung betroffen, forderten immer massiver in der Heimat ihre Bürgerrechte ein. Die Regierung stand diesen Aufbrüchen hilflos gegenüber und geriet zunehmend in das Kreuzfeuer der öffentlichen Kritik.

Die politische Schwäche und Korruptheit der Nixon-Administration fand in der »Watergate-Affäre« ihren symbolischen Ausdruck. Der Skandal um den Einbruch eines republikanischen Kommandos in das Wahlbüro der konkurrierenden Demokratischen Partei vom 17. Juli 1972 war nur der Anlaß zur Forderung nach dem Rücktritt des schwachen amerikani-

schen Präsidenten. Als Nixon nach langem Zögern und Lavieren am 9. August 1974 tatsächlich demissionierte, war er sich keiner subjektiven Schuld bewußt. »Ich war schon zu lange in der Politik und hatte alles schon mal gesehen – vom schmutzigen Trick bis zum Wahlbetrug. Wegen einer politischen Abhörgeschichte konnte ich wirklich keine ehrliche Empörung aufbringen.«[1]

Just in diesen zeitlichen Zusammenhang fielen die Vorbereitungen zu den Jahrhundertfeiern der amerikanischen Unabhängigkeitserklärung, der ersten bürgerlichen Verfassung der Menschheitsgeschichte, in der die Menschenrechte in einer bis heute völkerrechtlich verbindlichen Form eingefordert wurden. Sollte das doppelte Jahrhundertjubiläum 1976 überzeugend begangen werden, war eine moralische Rehabilitierung der USA notwendig.

In dieser angespannten Situation gelang es dem jungen italoamerikanischen Schauspieler Sylvester Stallone, der bisher nur in Episodenrollen (z. B. als U-Bahn-Rowdy in Woody Allens BANANAS, 1972) oder in Underground-Softpornos (z. B. RANDY, Morton Lewis, 1971) zu sehen war, sein Drehbuch für eine Boxergeschichte den Produzenten Robert Chartoff und Irwin Winkler anzubieten. Das Buch, das Stallone schon vorher anderen Produzenten vergeblich vorgelegt hatte, wurde von Chartoff und Winkler angenommen und produziert. Stallone spielte die Titelrolle: Rocky.

Held des Films war der Italoamerikaner Rocky Balboa, ein Boxtalent. Seine erste Chance als Boxprofi hat Rocky durch moralische Labilität verspielt, er ist in die semikriminelle Schicht abgesackt und verdient jetzt seinen Lebensunterhalt als Schuldeneintreiber für zwielichtige Buchmacher. Rocky hat resigniert und sich in seine soziale Lage gefügt, als sich ihm unvermittelt die Gelegenheit bietet, in einem Schaukampf gegen den amtierenden Profi-Weltmeister, den schwarzen Boxchampion Apollo Creed (Carl Weather), antreten zu dürfen. Für einen vorher vereinbarten Betrag soll er sich von dem Boxstar zusammenschlagen lassen. Rocky nutzt seine Chance und nimmt, unterstützt von dem alten Trainer Mickey (Burgess Meredith), das Training wieder auf. Aus der Selbstüberwindung wächst die Selbstfindung. Er besteht im Kampf gegen den Star Apollo, wenn auch angeschlagen. Er vermag sogar andere in seinem Prozeß der Selbstbewußtwerdung mitzuziehen: Das Mädchen Adrienne (Talia Shire), in das er sich verliebt, wird an seiner Seite vom häßlichen Mauerblümchen zur Schönheit. Der »Loser« Rocky, der aus eigener Kraft und mit unerschütterlichem Willen zum »Hero« wird, war Mitte der 70er Jahre eine Symbolgestalt für die kollektive Psyche der USA. Der »amerikanische Traum« von der Selbstverwirklichung des sich seiner selbst bewußt werdenden Individuums transportierte vor dem geschichtlichen Hintergrund des zweihundertsten Jahrestages der Vereinigten Staaten und angesichts der »amerikanischen Schande« eine propagandistische Botschaft, den Appell zum persönlichen Einsatz für die »nationale Wiedergeburt« der USA. Die individuelle Geschichte transportierte das patriotische Wunschbild. Dazu war die Story in Philadelphia angesiedelt, in der Stadt also, wo am 4. Juli 1776 George Washington die Unabhängigkeitserklärung unterzeichnet hatte.[2] So endete die Trainingsphase im Film, der eigentliche Prozeß der Selbstfindung des Helden, in einer Totalen, in der Rocky von einem Hügel, auf dem ein Denkmal an das historische Ereignis von 1776 erinnert, auf das Lichtermeer der Stadt Philadelphia hinabblickt, über seinem Kopf das im Wind wehende übergroße Sternenbanner.[3]

Trotz der propagandistischen Aufgabe, die der Film in der konkreten historischen Situation übertragen bekommen hatte, zeichnete er sich durch einen beachtlichen Detailrealismus in der Darstellung des sozialen Milieus aus. Die ärmlichen Wohnverhältnisse, die schmutzigen Trainingslokale der Boxer, der Schlachthof und die kleine Zoohandlung, in

der Adrienne arbeitet, waren kaum die attraktiven Handlungsräume, deren sich die Traumfabriken sonst bedienten.
ROCKY wandte sich 1976 an die sozialen »Loser«. An sie appellierte er, ihre Chance zu suchen, die ihnen eine Selbstverwirklichung ermöglichte. Das Genre des Boxerfilms war klug gewählt. In dieser Sportart gelten noch heute altruistische Regeln. Hier gilt unwidersprochen das Recht des Stärkeren. Der Boxkampf ist zudem eine »männliche« Sportart, und junge Männer waren ja die »Loser« des Vietnamkrieges, um sie fand das propagandistische Werben statt.

2. Die Serie der ROCKY-Filme – strukturelle Besonderheiten

ROCKY bot sich zur Serialisierung an. Die Hauptfigur war offen, die Karriere des Rocky Balboa konnte weitergeführt werden, ohne daß damit die Glaubwürdigkeit der Figur beschädigt wurde. Und so entstanden die ersten drei Filme der Serie im Zweijahresabstand. Vor allem der dritte, ROCKY – DAS AUGE DES TIGERS (1981), ist wichtig für die auf ihm aufbauende Fortsetzung ROCKY – DER KAMPF DES JAHRHUNDERTS (vier Jahre später – 1985 – produziert). Er zeigt den Helden Rocky Balboa auf dem Gipfel seines Ruhms in den USA. Erstmals wird Rockys Gegner nicht mehr charakterisiert, sondern typisiert. In der ersten und zweiten Sequenz fällt Rocky im Kampf finstere Farbige und brutale blonde Germanen. Die Gegner sind ohne Namen und ohne Biographie, Phantome ohne Eigenschaften, Comic-Gestalten ohne Artikulationsmöglichkeiten. Der Zuschauer begegnet ihnen später wieder in solchen Horrorgestalten wie »Clubber« (ROCKY III) und Ivan Drago (ROCKY IV).
Die ersten Sequenzen von ROCKY III sind rasant geschnitten, mit häufigem Schauplatz- und Blickpunktwechsel, z. T. auch mit Simultaneinstellungen (Multiscreen-Verfahren). Die Exposition ist nach dem knappen Drittel der Laufzeit des Films (28 Minuten) abgeschlossen, wenn Rocky Balboa angesichts des ihm von seiner dankbaren Heimatstadt Philadelphia errichteten Denkmals seinen Rücktritt von der aktiven Kampftätigkeit erklären will und von dem militanten schwarzen Ehrgeizling »Clubber« (»Schläger«) Lang durch eine Beleidigung von Rockys Frau Adrienne zum Kampf herausgefordert wird, den Rocky aus Ritterlichkeit nicht ausschlagen kann.
Mit einer Show (ab 26. Minute) beginnt das Training Rockys zum Kampf gegen »Clubber«. Die erste Sequenz des Kampfes ist relativ kurz (nur 5 Minuten), denn der brutale, militante »Clubber«, Vertreter eines »schwarzen Selbstbewußtseins« in der Tradition des Malcolm X und damit negatives Gegenbild zum kultivierten, sozial angepaßten Afroamerikaner Apollo Creed, eröffnet ihn mit der Erklärung »Ab heute bin ich der

Größte«, Paraphrase auf Muhamed Ali/Cassius Clays berühmtes Statement »I'm the Greatest!«. »Clubber« ist eine politisch repräsentative Negativfigur wie in ROCKY IV der Russe Ivan Drago. Wie Drago ist auch »Clubber« eine reduzierte Persönlichkeit, von ihrer Ideologie (Black Power) geleitet, die damit die multikulturelle Gesellschaft der USA spaltet. In Rocky Balboas Ringecke treffen sich die Vertreter des »guten Amerika«: der kultivierte Afroamerikaner Apollo, der Ire Paulie (der Bruder von Adrienne), der Jude Mickey und Rocky, der Italoamerikaner. Um »Clubber« haben sich ausschließlich brutale Schwarze geschart. Der erste Kampf Rockys gegen den Schläger wird aus ungewöhnlichen Kamerastandpunkten eröffnet (Untersichten etc.). Unterschnitten wird der Schlagabtausch im Ring mit Bildern des parallel verlaufenden Todeskampfes von Rockys Trainer Mickey, der einen Herzinfarkt erleidet. Der Kampf endet mit »Clubbers« Sieg in der 47. Filmminute, also auf der Halbzeit des Films. In der 50. Minute erliegt Mickey seinem Leiden. Wie später auch in ROCKY IV wird Rocky durch den Tod eines ihm nahestehenden Menschen provoziert, das Letzte zu geben im Dienste einer guten Sache. Rettet er in ROCKY III Amerika vor der inneren Zersetzung durch gesellschaftsgefährdende Kräfte – Black Power –, so rettet er im nächsten Film die »freie Welt« vor dem »Reich des Bösen«. In der 52. Minute von ROCKY III beginnt der Besinnungsprozeß von Rocky, erlebt er seine »Katharsis«, eingeleitet durch ein Gespräch mit seinem einstigen Rivalen Apollo Creed, der im Kampf zu seinem besten Freund geworden ist. Apollo hält Rocky dessen soziale Frustration als Grund für seine Niederlage gegen »Clubber« vor: »Du hast den Kampf verloren, aber du hättest ihn nicht verlieren müssen. Du hast den Biß verloren.« – Erstmals erwähnt Apollo hier das entscheidende Moment, das den Sieg möglich macht, »...das Auge des Tigers«, die Wildheit, die alles aufs Spiel zu setzen bereit ist, um alles zu gewinnen. Dieses »Auge des Tigers« wird zum Motto des Trainings, dem Apollo den Freund in den Slums unterzieht, in den alten, schmutzigen Trainingsschuppen, aus denen sie beide kommen und aus denen sie sich als Sozialaufsteiger aus eigener Kraft herausgearbeitet haben. Der Weg zum Sieg führt nur über den absoluten Neubeginn.

Rockys Training beginnt mit der 62. Filmminute, mit Beginn des letzten Drittels des Films. Es ist ein Training zur Härte (wie später auch in ROCKY IV), ein ganzheitliches Training, das Physis und Psyche gleichermaßen anspricht. Die Einstellungen (groß) zeigen physiologische Details wie das Anschwellen von Rockys Halsadern, Muskelarbeit, sein Erschlaffen am Ende der Trainingsrunden.

Mit der 78. Minute wird der Endkampf vorbereitet, der zwischen der 80. und der 83. Minute durch eine Show eröffnet wird. Das Showmoment wie auch die Musik, die in DAS AUGE DES TIGERS ebenfalls erstmals eine entscheidende Rolle spielt, hat später auch in ROCKY IV eine zentrale Funktion. Der Kampf ist dramatisch exponiert und wird durch eine Offensive Rockys eröffnet, die eine Gegenoffensive »Clubbers« auslöst, bei der Rocky zu Boden geht. Dadurch wird er, wie der den Kampf beschreibende Radioreporter kommentiert,[4] »böse« und schickt nun in einer abschließenden Offensive »Clubber« zu Boden, eine Aktion, die in der Slow Motion ausgekostet wird. Rocky Balboa, umringt von seinen begeisterten Fans, erstarrt in der Siegerpose.

Den Film schließt eine Trainingsszene mit Apollo ab, die als Sequenz 1 B später in ROCKY IV übernommen wird. Übernommen wird auch die dynamische Gliederung der Filmhandlung und das Zeitschema (vgl. das Sequenzprotokoll im Anhang). Ein Zusammenschnitt aus dem Kampf Rockys gegen »Clubber«, montiert auf die Titelmusik von ROCKY III »Eye of the Tiger«, als »Ouvertüre« (Sequenz 1 A) dem KAMPF DES JAHRHUNDERTS vorausgeschickt, schafft den direkten Anschluß beider Filme der Serie aneinander. Sowohl von seiner ideologischen Grundtendenz wie auch in seiner strukturellen Eigenart und in der Figurenzeichnung ist ROCKY III die direkte Vorbereitung des nächsten Films der Serie.

Mit dem Übergang von den 70er zu den 80er Jahren hatte sich ein neues Kinopublikum herausgebildet: Die berufstätigen jungen Großstädter, Young Urban Professional People, die »Yuppies« haben diese Kunst für sich entdeckt. Kino ist im direkten psychophysischen Sinne zum Erlebnis geworden.[5] So erklären sich die strukturellen Besonderheiten wie die videoclipartigen Montagen und die exponierte Verwendung von Rockmusik als Handlungskommentar, auf die später eingegangen werden soll. Die Rockkultur prägt jedoch auch in anderer Hinsicht die Struktur dieser Filme. So ist der jeweils erste Kampf, in dem Rocky gemäß Konvention unterliegen muß, das Warm-up für Training und Endkampf, vergleichbar den Konzerten von Vorgruppen, die bei Rockkonzerten die Auftritte der Stars vorbereiten.

3. Der neue Mann im Weißen Haus und seine neuen Helden

Der Amtsantritt des Präsidenten Ronald Reagan 1981 war mehr als der Machtwechsel von der Demokratischen zur Republikanischen Partei. Er brachte einen tiefgreifenden Wertewandel mit sich. Das ist auch an den ROCKY-Filmen ablesbar. ROCKY IV ist entscheidend vom Reaganismus geprägt: von dessen festgeschriebenen Feindbildern, von der konservativen Rekonstitution der amerikanischen Gesellschaft und von einem neuen Heldenbild. Der amoklaufende Vietnamveteran RAMBO (der erste Film der Serie, FIRST BLOOD, entstand 1982) ist dessen schon symbolische Verkörperung, sein Erfinder und Darsteller Sylvester Stallone wird in dieser Zeit zum höchstbezahlten Star in Hollywood.

»FIRST BLOOD setzt durch Spannung, Action und perfekte Inszenierung Maßstäbe für die nachfolgenden Filme. Durch die Besetzung der Hauptrolle mit Sylvester Stallone (...) wird ein Held neuen Typs, eine Identifikationsfigur geschaffen, die die bislang bekannten Klischees der Veteranen-Filme durchbricht. Der Zuschauer steht voll auf seiner Seite, leidet mit an den Ungerechtigkeiten, die man ihm zufügt, und hat am Ende Verständnis für sein Handeln. Gewaltanwendung und persönliche Rache werden durch einfache Erklärungsmuster und billige Vorwände legitimiert, die ein Millionen-Publikum nachvollziehen kann, das Action will und keinen Wert auf differenzierte Aufarbeitung der Hintergründe legt.«[6] RAMBO ebenso wie ROCKY ergreifen »Partei für die Politik der Reagan-Regierung, die das Vietnam-Trauma verdrängen«[7] will. Der Boxer Rocky Balboa bot sich als Heldengestalt für diese politische Aufgabe geradezu an. Im »Boxerfilm« als traditionellem Genre wird die »Bestimmung« des Mannes zum »Kämpfer« romantisiert und auf den Kampf »Mann gegen Mann« vereinfacht. Die Helden der Boxerfilme sind einsame romantische Helden, nicht anders als die Cowboys im Western: Im Kampf sind sie allein, keiner kann ihnen helfen.

Kämpfer zu sein ist die wichtigste soziale Rolle, die dem Mann in diesen Filmen zugemessen wird. Hieraus bezieht ROCKY IV auch seinen Konflikt: Rocky Balboa will sich anfänglich seiner natürlichen Bestimmung zum Kämpfer entziehen und verliert dadurch seinen besten Freund Apollo. Nach dessen Tod stellt er sich seiner Pflicht und tritt gegen die entmenschte Kampfmaschine Drago an und besiegt sie. Dabei siegt nicht nur das Gute über das Böse, es siegt Menschlichkeit gegen Unmenschlichkeit.

Die Gestalt des sowjetischen Boxers Ivan Drago ist ein Konstrukt. Er ist ein »Maschinen-Mensch« oder auch eine »Mensch-Maschine«, ein Vetter des (etwa gleichzeitig ideell gezeugten und von Arnold Schwarzenegger dargestellten) »Terminators«, eines Kampfroboters in Menschengestalt: »Wo bei anderen das Blut strömt, fließt beim Terminator Strom. Wo andere ein Hirn haben, sitzt bei ihm ein Computer. Der Terminator ist die perfekte Inkarnation des modernen Körperkinos: außen ein Muskelprotz – innen eine Maschine.«[8]

Drago ist ein Halbwesen, wie wir es aus Horrorfilmen kennen, ein Verwandter des Frankensteinschen Monsters, Produkt wissenschaftlicher Züchtung, als Killer programmiert und zu keiner menschlichen Reaktion mehr fähig, dazu noch intellektuell kommunikationsunfähig, im Dialog auf einen geringen und eindimensional gerichteten Wortschatz reduziert, den er zudem noch in Maschinensprache entäußert. »Halbwesen sind Wesen mit einer nicht eindeutig definierten Existenzweise: sie sind Gestalten, die entweder halb Tier, halb Mensch sind (Tiermenschen) oder teils tot, teils lebendig sind (der Mythos vom Wiedergänger), oder es sind Menschen, die aus mehreren Teilpersönlichkeiten bestehen (das Doppelgängermotiv). Halbwesen sind also Wesen, die sich auszeichnen durch ihre Wandlungsfähigkeit: sie sind in einem Zustand des ›Fließens‹, sie sind nicht starr und fest.«[9]

Drago erinnert an jene teils furchterregenden, teils bedauernswürdigen Kreaturen, wie sie die US-amerikanischen Horrorfilme von den 30er bis in die 60er Jahre bevölkerten, zumeist mißlungene Produkte von Experimenten perverser und verrückter Wissenschaftler. Drago ist in eine Trainingsmaschine eingepaßt, zu deren Teil er mehr und mehr gemacht worden ist. Er ist das Geschöpf einer rational ausgerichteten materialistischen Ideologie. »Die Sowjets wollen mit Drago nicht weniger als die Überlegenheit ihres Systems gegenüber dem ›dekadenten‹ Westen nachweisen, und der Mann mit den stahlblauen Augen und dem unheimlichen Muskelkörper ist ihre seelenlose Erstschlagwaffe. ›Was er trifft, zerstört er‹, sagt stolz einer der sowjetischen Funktionäre.«[10]

Als Drago im Kampf unterliegt, niedergeschlagen wird, empört er sich gegen seinen Schöpfer und Unterdrücker, den Sportfunktionär, den er in die Höhe reißt, wobei er in seiner ungesteuerten Wut erstmals Selbstbewußtsein artikuliert: »Ja sam!« (»Ich bin ich!«), auch hier der Kreatur des Dr. Frankenstein nicht unähnlich.

Dieser Gestalt der Finsternis ist Rocky Balboa als Lichtgestalt gegenübergestellt. Von dem kleinen italoamerikanischen Gauner und Möchtegern-Boxprofi des ersten ROCKY-Films ist nichts mehr übriggeblieben, nichts von der Widersprüchlichkeit der Figur, von ihren Selbstzweifeln und Hoffnungen. Sie ist entindividualisiert, funktionalisiert zum Träger männlicher Grundeigenschaften wie Mut, Freundestreue, Härte, Ausdauer, Freiheitsstreben, alles zum Schutze der Familie, des höchsten Wertes in diesem Weltbild; eines Wertes, den der Mann als Kämpfer zu schützen verpflichtet ist, während die Frau das bewahrende, pflegende Element ist. Die Auseinandersetzung zwischen Rocky und Adrienne auf der Treppe in der nächtlichen Villa (Sequenz 10 C) wird so zur Konfrontation der männlichen mit der weiblichen Position in diesem konservativen, altruistischen Gesellschaftsmodell. Rockys Selbstfindung durch Selbstüberwindung im Training und im Kampf ist gleichbedeutend mit der Überwindung unmännlicher Schwächeanwandlungen und von kreatürlichen Reaktionen gegenüber der Anstrengung (»Du fühlst keinen Schmerz!« suggeriert ihm sein Trainer wiederholt). Rocky vollzieht also immer wieder neue Initiationsriten für den Eintritt in eine rauhe, kämpferische Männerwelt, die immer wieder neu erobert werden muß. Diese Männerwelt ist die eigentliche Welt, der sich die Frauen dienend und bewahrend assoziieren können. Auch Adrienne muß sich selbst überwinden, muß lernen, daß Rocky seiner Pflicht folgt, wenn er sich dem Kampf gegen Drago stellt. Die Kameraperspektive läßt Adrienne klein neben dem übermächtigen Beschützer Rocky erscheinen, wenn sie sich in sein Weltbild fügt und sich im Training und Kampf an seine Seite stellt (Sequenz 12 D). Der einsame Fighter bedarf der Wärme einer Frau...

Hatte Rocky im dritten Film der Serie seine kreatürliche Wildheit, »das Auge des Tigers« zurückgewinnen müssen, so treibt es ihn in diesem neuen Film zurück zur Natur. Die materialistische Welt der sowjetischen Kampfmaschine ist durch Computer und Maschinen gekennzeichnet, denen die Menschen angepaßt werden. Rocky hingegen wählt die Auseinandersetzung mit der Natur als seine Trainingsstrecke zum Sieg. »Die einzig in sich richtige Sequenz in ROCKY IV: Während der russische Retortenboxer Ivan Drago mit allerlei High-Tech-Apparatur für den finalen Kampf aufgepäppelt wird, spielt Rocky sich als Naturbursche auf. Er joggt durch die sibirische Schneewüste, steigt auf Berge, hackt Holz, stemmt Baumstämme unter freiem Himmel. Sind Rocky, Rambo und die anderen Muskelprotze aus Hollywood womöglich verkappte Grüne? Sylvester Stallone ist dumm, das beweist er immer wieder, wenn er sich interviewen läßt. Dennoch merkt er wohl, unterschwellig, daß die Zurück-zur-Natur-Attitüde eine Lüge ist. (...) Tarzan war noch ein echter Naturmensch. Seinen Körper hatte er gestählt in den Kämpfen des Dschungels, und wenn er auf der Leinwand erschien, glaubte man noch im saubersten Kino den strengen Duft animalischer Ausdünstungen zu riechen.«[11] Dagegen sind die Körper von Stallone, Lundgren (Darsteller des Ivan Drago), Schwarzenegger und anderer Muskeldarsteller im »Bodybuilding-Studio zurechtgestylt. Sie riechen nicht nach Schweiß, nach Tier, nach Natur, sondern nach Körperöl und Duschgel.«[12] – Auch Rocky Balboa ist in diesem Film ein Konstrukt zum Transport von Botschaften, die sich nicht an den Kopf, sondern an den »Bauch« wenden, die erlebt, nicht verstanden werden wollen. Auch Rocky werden keine intellektuellen Entscheidungen abverlangt. Bei ihm werden durch den emotionalen Appell Wertvorstellungen abgerufen, die er verinnerlicht und niemals kritisch hinterfragt hat. Wenn er Zweifel zeigt, dann sind dies Zweifel an der eigenen Leistungsfähigkeit, die er im Training überwindet. Als Motivation für seinen Kampf gegen Drago genügen ihm (Sequenz 12 B) zwei Fotos: das des Sohnes als der zu beschützende Wert und ein Zeitungsfoto von Drago als das Feindbild, das er am Ende des Trainings zerknüllt: Rocky hat es verinnerlicht.

Seine Bestimmung, Kämpfer zu sein, empfindet er als unabänderlich, als höchstes männliches Geschick. Sein Wertesystem ist in der Familie verkörpert, vor allem in seinem Sohn. Nicht zufällig dominiert auch hier wieder das männliche Prinzip. Über den Sohn wird die Art erhalten, der

Mann ist der Ernährer und Beschützer, und die Frau steuert die Wärme und Fürsorge bei.
Rocky Balboa ist im vierten ROCKY-Film ein amerikanischer Erfolgstyp, Beweis für die Qualität einer Gesellschaft, in der sich die starke Persönlichkeit frei entfalten kann, die jedem eine Chance bietet, wenn er sie nur will, moderner Beleg für die fortdauernde Gültigkeit der Menschenrechte aus der amerikanischen Verfassung, die die Freiheit und Gleichheit aller Bürger des Landes garantiert. – Wie die »Zurück-zur-Natur-Attitüde« ist auch Rockys altruistisches Weltbild synthetisch. Auch die dramaturgische Grundstruktur des Films zeigt sich bei differenzierter Analyse als formalisiert, veräußerlicht und weitgehend sinnentleert.

4. Ring frei für Shakespeare

ROCKY IV ist dramaturgisch konventionell strukturiert, mathematisch berechenbar. Der quasidramatische Grundplot verlangt eine Zweiteilung der Handlung: Der friedfertige Rocky sieht keine Notwendigkeit, im Kampf gegen den Russen Drago anzutreten. Die »ideologischen« Argumente seines afroamerikanischen Freundes Apollo, hier ginge es nicht um den Kampf zweier Boxer, sondern um die Auseinandersetzung zweier feindlicher Systeme (Sequenz 8 B), realisiert er erst, als Apollo von der Kampfmaschine Drago erschlagen worden ist. Nun tritt Rocky zum Kampf an und besiegt den Vertreter des feindlichen Systems. Die beiden Handlungsteile stehen zueinander in einem Verhältnis des Zeitaufwandes von 40:60. Mehr als ein Drittel der Laufzeit des Films steht für die Vorbereitung des Kämpfers Rocky zur Verfügung, knapp zwei Drittel für die Ausführung, davon je die Hälfte für das Training und den Kampf.
Der Film ist in 13 (dramaturgische) Sequenzen gegliedert. Neun Sequenzen bilden den ersten Handlungsteil, vier den zweiten. Bis zur 7. Sequenz sind die Sequenzen ein- bis zweiteilig, die achte jedoch bereits fünfteilig, ebenso die 12. und die 13. Sequenz, Training und Kampf, wobei die Teilsequenzen ihrerseits noch in Subsequenzen untergliedert sind. Die Handlungsschritte werden also im Verlauf des Films ausladender, dabei aber differenzierter in sich gegliedert (vgl. Sequenzprotokoll im Anhang). Dabei ist der Film in fünf große Handlungsabschnitte gegliedert, vergleichbar der fünfaktigen Gliederung des »regelmäßigen« Bühnendramas.

Gliederung in »Akte«

Akt	Sequenz	Laufzeit/min.	Zahl der Einstellungen
I	1–7	20	355
II	8/9	16	434
III	10/11	12	282
IV	12	15	442
V	13	26	746
Summe		90	2259

Durchschnittliche Einstellungslänge: 2,4″

Wie aus der Tabelle ersichtlich, weisen die einzelnen »Akte« hinsichtlich ihrer jeweiligen Laufzeit eine gewisse Symmetrie auf. Der I. und der V. »Akt« sind etwa gleich lang, ebenso der II. und der IV., während der Mittel-»Akt« der kürzeste ist. Setzt man jedoch die jeweilige »Akt«-Länge in ein Verhältnis zur Anzahl der Einstellungen, wird ein wichtiges gestalterisches Prinzip des Films deutlich. Der V. »Akt« weist doppelt so viele Schnitte auf wie der zeitgleiche I. »Akt«, das ist fast ein Drittel (746) der Gesamtzahl der Einstellungen des Films (2259). Das Tempo des Films, gemessen über die durchschnittlichen Einstellungslängen, hat sich im letzten »Akt« verdoppelt (von 3,4 sec/Einst. auf 1,7 sec/Einst.). Die Symmetrie der Laufzeiten für die einzelnen »Akte« wird also zugunsten einer Dynamisierung durch Beschleunigung der Schnittfrequenz (als filmspezifisches Mittel zur Beeinflussung des Zeitgefühls der Zuschauer) relativiert.[13]

Die Handlung wird nichtreflexiv, »ungeistig« geführt. Ein Gespräch findet nur zwischen Partnern statt (Sequenz 6 B: Rocky und Apollo; Sequenz 8 B: Rocky und Apollo; Sequenz 10 B: Rocky und Adrienne; Sequenz 12 B: Rocky und sein Trainer). Vom Gespräch gehen keine Handlungsimpulse aus, der Dialog ist nur Reaktion auf vorangegangene (physische) Aktionen – nicht zufällig liegen alle diese Gespräche im Teil B der jeweiligen Sequenz, die durch physische Aktionen eingeleitet worden waren. Ein Dialog zwischen den Gegnern ist ausgeschlossen, das »Halbwesen« Drago ist sogar dialogunfähig angelegt. Der Dialog wird durch Mittel der filmischen Erzählweise ersetzt: durch den Schnitt in seiner Dynamik, durch Kommentatoren in den Kampfszenen, hier im Bild als Radiosprecher, durch musikalische Stimmungskommentare sowie durch kommentierend oder reflektierend eingesetzte Songs.

Diese Songs verdienen besondere Aufmerksamkeit. In der Klimax des Films, jener Szene, in der sich Rocky entscheiden muß, ob er den Kampf gegen den Maschinenmenschen Drago aufnimmt oder nicht (Sequenz 10 D), werden kurze Fragmente aus allen vier ROCKY-Filmen zu einem Videoclip auf den Song »No Easy Way Out« (Robert Tepper) montiert. An der Hauptgestalt ziehen, während sie in ihrem Auto durch das nächtliche Philadelphia rast, ungeordnet Bilder ihres Lebens vorüber, während der Sänger im Off die Dringlichkeit der Entscheidung begründet.

Es ist dies, aus der vorgeschlagenen Akt-Struktur heraus betrachtet, der Beginn des Finales des III. Aktes, bei Shakespeare (»Hamlet« z. B.) der Moment für den Entscheidungsmonolog. Der Monolog ist hier durch den Videoclip ersetzt, die Selbstreflexion des Helden durch den kommentierenden Song ersetzt. Der Schluß des Songs und des Clips führt dahin, daß Rocky mit seinem Auto einen Straßentunnel durchquert. Im Umschnitt auf die folgende Szene, Rockys Abschied von seinem Sohn, werden wir durch die Montage mit dem Ergebnis seiner vorangegangenen Selbstfindung konfrontiert. Der Tunnel wird, aus psychoanalytischer Sicht, zum Geburtskanal, aus dem ein »neuer Mensch« hervorgegangen ist. Der Fighter hat sich selbst gefunden.

Für Rocky, mehr noch für seinen Freund Apollo, ist Kämpfen vor allem Lustgewinn, der Kampf eine Show. Vor dem Freundschaftskampf zwischen Apollo und Drago (Sequenz 8 D) findet in Las Vegas eine Show mit dem schwarzen Rock-Star James Brown statt, an der Apollo als Tänzer mitwirkt (»Living in America«). Für Apollo ist die tänzerische Provokation des Gegners Drago ein Spiel, das Drago nicht verstehen kann. Er ist isoliert, wird aus der Unterbühne auf die Höhe des Rings hinaufgefahren, er ist irritiert, ein verängstigtes Tier. Er ist als Kämpfer nicht frei, er ist in der Ideologie befangen, die ihn daran hindert, den Kampf spielerisch zu führen. Der Tod des Apollo beruht also auf einem Grundwiderspruch, der bis zum Finale des Films unlösbar bleibt: Freiheit steht gegen Unfreiheit, spielerisches Kräftemessen gegen mörderischen Kampf, das zweckfreie Spiel gegen den Zwang zum Sieg.

So geht auch dem Kampf in Moskau eine »Show« voran (Sequenz 13 A/2), doch sie ist propagandistisch belastet, pathetisch emotional aufgeladen, ein Politritual, bezogen auf die Machtdemonstration. Zum Klang der Stalinschen Sowjet-Hymne wird ein Großporträt Dragos aufgezogen, ein riesiges Heldenposter in faschistoider Manier, dem die Masse in der Halle einschließlich der Politprominenz (ein Gorbatschow-Doppelgänger spielt einen autoritären, später verunsicherten Partei- und Staatschef) kollektiv huldigt. In diesem Ritual gipfelt die schon beschriebene Parallelmontage aus dem Training von Rocky und Drago.

Doch auch diese Gestaltung verweist auf einen interessanten Widerspruch, denn der »Kampf der Ideologien und Weltanschauungen«, als den Apollo seinen Kampf gegen Drago charakterisiert, wird ja mit außerideologischen Mitteln ausgetragen, durch die Behauptung des Rechtes des Stärkeren. Zwar kämpfen die »Ideologieträger«; zunächst Apollo gegen Drago, dann Rocky gegen Drago. Der Ausgang des »Kampfes der Ideologien und Weltanschauungen« wird aber durch außerideologische Mittel entschieden, durch physische Überlegenheit und körperliche Stärke. So gewinnen dann die Methoden ideologische Bedeutsamkeit: die »Natürlichkeit« Rockys gegen die »Mechanisierung« Dragos in ihrem Training, die Shows, pathetische Haltungen wie der dreifache Kampfruf Rockys von Bergesgipfeln: »Drago – Drago – Drago.«

5. Gottes eigenes Land gegen das Reich des Bösen

Die ROCKY- wie auch die RAMBO-Filme sind in ihrer Grundsubstanz Märchen, definiert aus einer Mischung von Realität und Irrealem. Märchen durchbrechen die engen Grenzen der Lebenswahrscheinlichkeit und lassen den Wunsch Wirklichkeit werden. Sie kommen dem Bedürfnis der Menschen nach Wirklichkeitserweiterung nach und führen in eine Gegenwelt der Phantasien, in eine poetische Welt, die sich der rationalen Erklärung entzieht. Sie fordern Gerechtigkeit und den Sieg des Guten über das Böse utopisch ein, der von der Realität den Menschen in der Regel verweigert wird. – Wer konnte 1985, nach vierzig Jahren des kalten Krieges, darauf hoffen, daß die Spaltung der Welt in einen politischen Westen und als entgegengesetzte Himmelsrichtung den politischen Osten überwunden werden konnte, ohne daß dem ein vernichtender Krieg vorausgegangen wäre? Daß durch den spielerischen Sieg des »Besseren«, weil »Stärkeren«, sich die Menschen verständigen und die politische und ideologische Teilung vergessen machen könnten? ROCKY IV nahm diese politische Utopie auf: Ein überwältigter Gorbatschow klatscht dem Champion Rocky Balboa nach Kampfsieg und Friedensappell begeistert Beifall.

ROCKY IV weist sich vor allem durch sein Heldenbild als Märchen aus. Der Märchen-Held ist ein Handelnder, kein Zweifler oder Denker. Er ist eindimensional. Wenn Rocky sich zum Kämpfer erklärt, nimmt er seine märchenhafte Rolle an: Die Figur erschöpft sich in ihrer Aufgabe. Sie hat sich erübrigt, wenn diese Aufgabe erfüllt ist. »Eindimensional« ist in der Regel auch die Handlungsführung der Märchen. Der Weg des Helden verläuft zielgerichtet über bestimmte Stationen. Rocky kann sich seiner Aufgabe nicht entziehen. Er muß seinen Weg bis zum vorbestimmten Ziel gehen.

Nach Lüthi[14] ist ein Kennzeichen des Märchens sein »abstrakter Stil«: Gegenstände, Personen und Orte sind nur grob benannt und nicht detailliert beschrieben. Durch das Fehlen einer individualisierenden Charakteristik sind sie allgemein und Deutungen offen. Personen besitzen formale, polarisierte Eigenschaften: sie sind entweder »gut« oder »böse«. Sie sind keine unverwechselbaren widersprüchlichen Charaktere.

ROCKY – DER KAMPF DES JAHRHUNDERTS bewegt sich geradewegs auf sein Ziel zu: die Vernichtung des »Bösen« im Interesse des »Guten«. Dem Zuschauer wird keine Wahlmöglichkeit gelassen, unter den Figuren selbst seine Sympathie- oder Antipathieträger zu suchen. Ihm werden jene Figuren, deren Partei er ergreifen soll, förmlich aufgedrängt, während der Zugang zu den Figuren der Gegenseite ihm von vornherein verstellt ist. Die Parteinahme (als bewußter Entscheidungsakt nach vorangegangenem Abwägen) wird durch die affektative Ansprache des Zuschauers ersetzt: Er wird von der im höchsten Maße suggestiv angelegten Handlung aufgesaugt, er selbst wird »Rocky«, bedarf keiner differenzierenden Identifikation mit der Hauptgestalt mehr.

Max Lüthi verweist auch auf die »Flächenhaftigkeit« des Märchens. Es ist ohne »Tiefengliederung«, hat in der Realität nur höchst flach verlaufende Wurzeln, aus denen es sich speist. Ebenso sind die Figuren linear und flächenhaft. Sie drängen ebenfalls nicht in tiefere Schichten, bleiben an der Oberfläche.

Die Fixierung der Figuren auf ihre »Eindimensionalität« findet ihren Ausdruck bereits in der Namensgebung. Der russische Boxer heißt Ivan Drago, wobei »Ivan« für den Russen schlechthin steht, »Drago«, von »dragon«, »der Drache« abgeleitet, die Zuordnung vornimmt. Hier wird auf die christliche Metaphorik zurückgegriffen, in der der Drache für das Böse generell steht, man vergleiche nur die Prophezeiung des Johannes, aber auch die Psalmen, in denen der Drache für die Sünde steht. Rocky rückt somit durch seinen Kampf gegen Ivan Drago in die Reihe der mythologischen Drachentöter ein – zumal er seinen russischen Gegner, der sich in der Niederlage seiner selbst bewußt zu werden und aufzubegehren beginnt, aus einer Rolle befreit, in die er verwandelt wurde.

Dem russischen Drachen steht eine lichte Gestalt entgegen, ebenfalls durch den Namen ausgewiesen, Apollo Creed. Apollo ist in der griechischen Mythologie der Herr der Musen, Gott der Künste, und das englische Wort Creed bedeutet »Credo, Glaube«. Ivan Drago ermordet mit dem Totschlag an Apollo Creed das Schöne und Gute. Rocky Balboa bleibt aufgrund seiner niederen Herkunft aus den Slums solch edle Namenssymbolik erspart. Die Filmschöpfer erlauben sich lediglich ein Wortspiel mit dem Namen des Darstellers Stallone: Rocky erhält den Spitznamen »Stallion«, »der Hengst«. Doch auch der Hengst gehört im gängigen Vorurteil zu den edlen Tieren.

Wichtigstes Kennzeichen des Märchens ist nach Lüthi die Sublimation und Welthaltigkeit. »Sublimieren« bedeutet erhöhen, trennen, reinigen oder läutern. Auf die Märchen bezogen heißt dies, daß Motive, Personen und Gegenstände von individuellen, historischen und sozialen Bezügen

weitgehend entleert sind. Sie sind abstrakt und können als Bausteine für Grundstrukturen verwendet werden. Dadurch lassen sie sich vielseitig einsetzen, werden variiert, verdichtet, in kristallisierte Form gebracht und gelangen so zu immer neuer Deutung und Leben.
Durch Sublimieren, Abstrahieren der Motive und Personen erhält das Märchen seine Welthaltigkeit. Die »Gemeinschaftsmotive« werden zu »Allerweltsmotiven«, die viele interessieren. Denn die »sublimierende Kraft des Märchens gibt ihm die Möglichkeit, die Welt in sich aufzunehmen«.[15] – Hier hat der Altruismus dieses Films seine Wurzeln, der sich beispielsweise im Familienbild äußert. Auf das amerikanische Familienbild ist schon eingegangen worden. Das russische Familienbild, dargestellt am Beispiel von Ivan und Ludmilla Drago, greift als Stereotyp das Motiv der »verkehrten Welt« auf. Hier hat die Frau das Sagen, Ludmilla ist emanzipiert, der Mann ist seiner Leitrolle verlustig gegangen, in der Pressekonferenz (Sequenz 7) spricht sie für ihren Mann, dominiert ihn als politischer Funktionär, ist ständiger Teilnehmer seines Trainings. Dabei unterhält sie offensichtlich keine sexuellen Beziehungen zu ihrem Mann.[16] Wenn sie gemeinsam mit dem sowjetischen Cheffunktionär an einer Zigarette zieht (Sequenz 8 E), assoziiert diese symbolhafte Handlung sexuelle Beziehungen zwischen diesen beiden Funktionärsfiguren. Brigitte Nielsen, die Darstellerin der Ludmilla Drago, ist als empirische Person ein Konstrukt, ein Designerprodukt aus dem Operationssaal der Schönheitschirurgen; eine Idealbesetzung unter diesem Aspekt, denn ihr mangelt es am Entscheidenden, was die Beziehung zwischen Rocky und Adrienne ausmacht: an der Liebe und Sorge um den Mann, am Bedürfnis, ihm Wärme und Geborgenheit zu geben. Sie kennt nur Wut auf »ihren Mann«, als der unterliegt.
Im Verhältnis Ludmilla – Drago sind die Rollen »falsch« besetzt, das Bild der »verkehrten Welt«, ein Standard der moralisierenden Propaganda aller Zeiten, wird bemüht. Ludmilla ist dominant gegenüber ihrem Mann, Drago ist zwar noch der Kämpfer, aber sein Kampf hat seine Funktion verloren. Da ist niemand mehr, den er beschützen müßte. Seine Werte sind fragwürdig, denn er kämpft auf Befehl seiner Führer, kommandiert von seiner Frau. Aus dieser Sicht ist die Laszivität der Ludmilla sogar noch weiter auszudeuten, denn sie vollzieht bei dem Zug aus der gemeinsamen Zigarette mit dem Funktionär schamlos den Ehebruch mit dem Unterdrücker ihres Mannes, der gleichzeitig im Kampf geopfert wird.
Ludmilla steht dem US-amerikanischen Frauenbild der Reagan-Ära, wie es die Medien seinerzeit über das Paar im Weißen Haus prägend zu vermitteln suchten, unvereinbar gegenüber. Dieses Bild von den »richtigen« Geschlechterbeziehungen wird im Film von den Frauen der amerikanischen Boxer, nicht minder aber auch über den Spielzeugroboter

vermittelt, den der Spießer Paulie (Burt Young) zu »seinem Mädchen« abrichtet.

Märchen und Sagen schufen in der Folklore eine vorwissenschaftliche und vorgeschichtliche Weltausdeutung, in der die Menschen ihre Vorstellungen von ihrem Leben gedankenspielerisch realisieren konnten. Die Welt der modernen Unterhaltungsfilme ist aus ähnlichem Stoff. Ein Film wie ROCKY IV trifft auf ein medienerfahrenes und mediengeprägtes Publikum. Diese Medienprägung wird in Menschenbild und Rollenverhalten berücksichtigt. Die Zuschauer werden in Sozialrollen eingeübt, die ihnen im gesellschaftlichen Leben wieder abverlangt werden können. Dabei schlägt hier besonders zu Buche, daß es sich bei ROCKY IV um einen an Jugendliche adressierten Film handelt, denen ein Rollenverhalten der Geschlechter zueinander propagiert wird, das seine Wurzeln in den 20er Jahren, im Südwesten der USA hat, wie Bittorf nachgewiesen hat.[17]

Neue Helden brauchte das Land – es war ein konservatives Helden- und Menschenbild, das ROCKY IV der Jugend anbot, ein Heldenmärchen wurde auf geschickte Weise einem mediengeschulten jugendlichen Publikum erzählt. Die weltpolitischen Probleme wurden personalisiert, der Kampf der Supermächte wurde in den Kampf der Supermänner aufgelöst, affektativ aufgeladen und im romantisierenden Duell Mann gegen Mann ausgetragen. Die moralische Kraft siegte über die materialistische Ideologie. Das »Reich des Bösen« ging im Knockout zu Boden. »Die Leute haben darauf gewartet, daß sie wieder ihren Patriotismus zeigen können. Mein Film hat lang unterdrückte Gefühle freigesetzt.« – So Sylvester Stallone 1985 zum Start von RAMBO II.[18]

Anmerkungen

1 Richard Nixon: Memoiren. Köln 1979, S. 419.

2 Oliver Stone spielte 1989 in seinem Antikriegsfilm BORN ON THE FOURTH OF JULY mit dem historischen Datum.

3 Zum Symbolwert von Fahnen im Film vgl. Hilmar Hoffmann: »Und die Fahne führt uns in die Ewigkeit«. Propaganda im NS-Film. Frankfurt/M. 1988, S. 15–18.

4 Die Medienerfahrung wird durch die Verwendung medienbesonderer Gestaltungselemente wie der Versatzstücke von Radio und Fernsehen bewußt einbezogen. So sind die streng choreographierten Kampfszenen von ROCKY III und ROCKY IV auch im Mehrkameraverfahren aufgenommen worden.

5 Die Prozesse, die der Soziologe Gerhard Schulze für die Bundesrepublik als Herausbildung einer »Erlebnisgesellschaft« beschreibt, sind in den USA schon rund ein Jahrzehnt früher abgelaufen, vor allem der Wandel von der Außenorientierung zur Innenorientierung des Individuums. Vgl. Gerhard Schulze: Die Erlebnisgesellschaft. Kultursoziologie der Gegenwart. Frankfurt/New York 1993, S. 35 ff.

6 Horst Schäfer/Wolfgang Schwarzer: Von »CHE« bis »Z«. Politik-Thriller im Kino. Frankfurt/M. 1991, S. 189/190.

7 Ebenda, S. 190.
8 Claudius Seidl: Rocky und seine Brüder. Die neuen Superhelden aus Hollywood: lauter Propheten. In: Süddeutsche Zeitung (München), 21. August 1986.
9 Elmar Reß: Horrormotive im Film. In: Walter Stock (Hrsg.), Faszination des Grauens. Frankfurt/M. 1987, S. 32.
10 Erich Donath: Sternenbanner gegen Hammer und Sichel. In: stern (Hamburg), 23. Dezember 1985.
11 Seidl, a. a. O.
12 Ebenda.
13 Für einen Spielfilm wurde bis in die achtziger Jahre eine durchschnittliche Schnittfrequenz von 12 Sekunden je Einstellung angenommen. Eine Fernsehserie wie DALLAS wies eine Schnittfrequenz von 7,2 Sekunden je Einstellung auf. Die Schnittfrequenz von »J. F. K.« lag bei etwa drei Sekunden je Einstellung.
14 Vgl. die Märchentheorie von Max Lüthi: Das europäische Volksmärchen. München 1981.
15 Ebenda, S. 69.
16 Steidl spricht in seinem Essay über die »neuen Superhelden Hollywoods« über deren offenkundige Asexualität und analysiert unter diesem Gesichtspunkt die »Rambo«-Figur: »Der Mann ist im Grunde ein armer Tropf, ein bedauernswerter Trottel. Für die Liebe ist er nicht geschaffen; seine starken Arme würden jede Frau zerbrechen. Seine riesigen Muskeln sind nur Dekor, denn wenn es ernst wird, greift er doch zur Bazooka. Zudem ist Rambo wirklich dämlich; das spürt auch er.« (A. a. O.) – Dasselbe läßt sich von Ivan Drago und auch von Rocky in dessen viertem Abenteuer sagen: vom Liebhaber ist er längst zum puren Beschützer degeneriert.
17 Vgl. Wilhelm Bittorf: Herrschaft über den Mann, der herrscht. Spiegel-Autor W. B. über Nancy Reagan. In: Der Spiegel Nr. 3, 39. Jg., 14. Januar 1985, S. 108.
18 Zitiert nach Schäfer/Schwarzer, a. a. O., S. 231.

Auswahlbibliographie

Erich Donath: Sternenbanner gegen Hammer und Sichel. In: stern (Hamburg), 23. Dezember 1985.

Peter Hoff: Der Kampf des Jahrhunderts: Rocky versus Brecht. In: Inge Gellert/Barbara Wallburg (Hrsg.), Brecht 90. Schwierigkeiten mit der Kommunikation. Kulturtheoretische Aspekte der Brechtschen Medienprogrammatik (Bd. 7 der Schriftenreihe des Brechtzentrums Berlin). Berlin/Bern/Frankfurt a. M. /New York/Paris/Wien 1991.

Neil Postman: Wir amüsieren uns zu Tode. Urteilsbildung im Zeitalter der Unterhaltungsindustrie. Frankfurt/M. 1985.

Horst Schäfer/Wolfgang Schwarzer: Von »CHE« bis »Z«. Polit-Thriller im Kino. Frankfurt/M. 1991.

Gerhard Schulze: Die Erlebnisgesellschaft. Kultursoziologie der Gegenwart. Frankfurt/New York 1993.

Claudius Seidl: Rocky und seine Brüder. Die neuen Superhelden aus Hollywood: lauter Propheten. In: Süddeutsche Zeitung (München), 21. August 1986.

Auswahlfilmographie

THE DEER HUNTER (DIE DURCH DIE HÖLLE GEHEN), Michael Cimino, USA 1978
APOCALYPSE NOW, Francis Ford Coppola, USA 1979
COMING HOME (COMING HOME – SIE KEHREN HEIM), Hal Ashby, USA 1977
THE EXTERMINATOR, James Glickenhaus, USA 1980
FIRST BLOOD (RAMBO), Ted Kotcheff, USA 1982
EXTERMINATOR II, Mark Buntzman, USA 1984
THE ANNIHILATORS (CITY COMMANDO), Charles E. Sellier, USA 1984
RAMBO: FIRST BLOOD, PART II (RAMBO II – DER AUFTRAG), George Pan Cosmatos, USA 1985
CODE NAME: ZEBRA, Joe Tornatore, USA 1986
PLATOON, Oliver Stone, USA 1986
FULL METAL JACKET, Stanley Kubrick, Großbritannien/USA 1987
GHETTOBLASTER, Alan L. Stewart, USA 1988
RAMBO III, Peter MacDonald, USA 1987
BORN ON THE FOURTH OF JULY (GEBOREN AM 4. JULI), Oliver Stone, USA 1989

Sequenzprotokoll

Sequenz	Teil d. Sequenz	Inhalt	Dauer	Zahl d. Einstellungen	Durchschn. Einstellungslänge
1	A	Rockys Kampf gegen Clubber (aus »Rocky III«)	1′30″	45	2,1″
	B	Training Rocky/Apollo	1′44″	11	10,8″
2	A	Geburtstagsparty für Paulie	2′42″	64	2,6″
	B	»Beinahehochzeitstag« Rocky/Adrienne	1′36″	18	5,4″
3	A	Ankunft Drago und sowjetische Delegation	40″	10	2,9″
	B	Fernsehübertragung der Pressekonferenz Dragos (aus der Sicht Apollos)	1′18″	17	5,2″
4		Rocky und sein Sohn beim Autoputzen/Anruf Apollo	54″	12	4,9″
5		Dragos Training vor der Presse	2′33″	43	2,2″
6	A	Apollo nimmt Dragos Herausforderung zum Freundschaftskampf an.	1′58″	36	3,4″
	B	Rocky und Apollo erwägen die Chancen gegen Drago.	2′34″	34	5,1″
7		Pressekonferenz Apollo/Drago	2′29″	65	2,1″
8	A	Bilder aus Las Vegas vor dem Kampf (Radiokommentar)	22″	7	2,6″
	B	Rocky bereitet Apollo auf den Kampf vor.	1′58″	23	5,2″
	C	Drago vor dem Kampf	56″	14	4,2″
	D	Show vor dem Kampf (James Brown)	2′48″	126	1,5″
	E	Kampf Apollo gegen Drago	8′35″	253	1,9″

Sequenz	Teil d. Sequenz	Inhalt	Dauer	Zahl d. Einstellungen	Durchschn. Einstellungslänge
9		Beerdigung Apollos	1′30″	11	7,6″
10	A	Pressekonferenz Drago/Rocky	2′42″	49	2,9″
	B	Presseüberfall auf die ahnungslose Adrienne	27″	11	3,1″
	C	Nächtliches Gespräch Rocky/Adrienne auf der Treppe	2′51″	31	5,9″
	D	Rockys nächtliche Autofahrt (»It's no easy way out«)	4′33″	158	1,6″
11		Rockys Abschied vom Sohn und von Amerika	2′38″	33	4,9″
12	A	Rockys Ankunft in der Sowjetunion	4′03″	80	2,9″
	B	Erster Abend im russischen Blockhaus	2′12″	29	4,1″
	C	(Parallelmontage) Training Rocky/Drago (I)	3′36″	129	1,7″
	D	Ankunft Adrienne	1′06″	17	4,1″
	E	(Parallelmontage) Training Rocky/Drago (II)	4′06″	187	1,3″
13	A 1–5	Kampf Rocky/Drago (I)	3′54″	76	1,8″/4,4″/1,7″/2,1″/2,0″
	B 1–3	Kampf Rocky/Drago (II)	4′06″	103	2,4″/1,1″/2,9″
	C 1–3	Kampf Rocky/Drago (III)	5′30″	187	1,3″/1,1″/2,0″
	D1–3	Sieg Rockys (D 3 Friedensappell)	9′54″	379	2,1″/1,4″/2,1″/1,3″/2,7″
	E	Abspann	4′36″		

11. Vietnam im Kino: PLATOON (1986)

von Peter Drexler und Lawrence Guntner

1.

Ein blutüberströmter GI taumelt durchs Unterholz des vietnamesischen Dschungels, verfolgt von feindlichen Soldaten, wird getroffen und fällt, kriecht weiter, wird nochmals getroffen, versucht sich aufzurichten, kniet, reißt die Arme hoch und bricht dann tot zusammen. Das Sterben des Sergeanten Elias, das durch die Zeitlupe in jedem qualvollen Detail festgehalten wird, ist der tragische Höhepunkt von Oliver Stones PLATOON. Die ikonographische Assoziation der Kreuzigung Christi, die das Filmposter mit dem sterbenden Elias herausstellt, brachte die »message« des Films auf eine allgemeinverständliche Formel. Die außergewöhnliche Resonanz des Films – er spielte über 100 Millionen Dollar im ersten Jahr ein und erhielt sechs Oscars – zeigte, daß er einen nationalen Nerv getroffen hatte. Nach den Vietnamfilmen der späten 70er und frühen 80er Jahre, die den Krieg zum Anlaß für moralische Allegorien, patriotische Parabeln, therapeutische Heimkehrerdramen oder reaktionäre Gewaltphantasien genommen hatten (vgl. Kap. 10), zeigte PLATOON erstmals in voller Länge das unmittelbare Kampfgeschehen im vietnamesischen Dschungel – aus des Perspektive der »grunts«, der einfachen Soldaten eines Zuges, der im Laufe weniger Monate fast vollständig aufgerieben wird: »Viet Nam, the way it really was, on film«, wie es das Nachrichtenmagazin Time in einem langen Artikel vom 26. Januar 1987 formulierte. Diese Authentizität des Films, der die lange verdrängte »Wahrheit« über die in Vietnam kämpfenden Soldaten sichtbar, ihre Erfahrungen nachvollziehbar gemacht habe, ist der Tenor ungezählter Kommentare zu PLATOON. Und diese Authentizität wurde noch verstärkt durch die Tatsache, daß die darin dargestellten Ereignisse auf Erfahrungen Oliver Stones während seines Einsatzes in Vietnam 1967–1968 beruhten.

2.

Der Film erzählt die Geschichte des jungen College-Abbrechers Chris Taylor (Charlie Sheen), der sich freiwillig zum Vietnam-Einsatz meldet, um der behüteten Enge seiner gutsituierten Familie zu entfliehen und seine patriotische Pflicht zu erfüllen. Die Einheit, der er zugewiesen wird, operiert im September 1967 in der Nähe der kambodschanischen Grenze. Chris' Zug, der von dem inkompetenten Leutnant Wolfe geführt wird, besteht aus Soldaten verschiedener Herkunft (Schwarze, Latinos, Indianer, Weiße), die nur ihre einfache Herkunft und geringe Schulbildung gemeinsam haben. In dieser kampferprobten Truppe werden Chris und der andere Neuling Gardner (Bob Orwig) nur widerwillig geduldet, weil sie die Sicherheit des »platoon« gefährden. Die eigentlichen Führerfiguren des Zuges sind die Sergeanten Barnes (Tom Berenger) und Elias (Willem Dafoe), der erstere ein bedenkenloser Killer, der letztere ein sensibler, hilfsbereiter Vorgesetzter.

Die fünf Sequenzen des Films beschreiben die Entwicklung Chris Taylors zum erfahrenen Vietnamkämpfer vor dem Hintergrund der moralischen und physischen Auflösung des »platoon«. So wie die Eskalation des Kampfgeschehens in PLATOON die verschiedenen Stadien des US-amerikanischen Militärengagements in Vietnam widerspiegelt, lassen die Szenen, die im Lager spielen, die innere Zerrissenheit der US-amerikanischen Gesellschaft in nuce erkennen. Die Führungsschwäche und Integrationsunfähigkeit Leutnant Wolfes tragen wesentlich zur Polarisierung innerhalb des Zuges bei. Der Konflikt zwischen Barnes und Elias, der erstmals in der Besprechung vor dem Nachteinsatz (I.4.)[1] zutage tritt, bricht nach dem Überfall auf das vietnamesische Dorf (III.2.) offen aus. Um Elias, der ein Hippie-Stirnband trägt, gruppieren sich die marihuanarauchenden »Potköpfe«, die sich in der »Unterwelt« eines Bunkers im Stützpunkt ein Refugium für ihre eskapistischen Drogenphantasien geschaffen haben. Um Barnes sammeln sich die reaktionären, whiskytrinkenden und pokerspielenden »Rednecks«.

Der Erzählduktus des Films ist geprägt durch den nuancierten Wechsel von Lager- und Gefechtsszenen, wobei die letzteren im Verlauf der Handlung an Länge und Brutalität deutlich zunehmen. Die beiden ersten Sequenzen beschreiben Vietnam als geographischen Ort, als militärisches Problem und als psychologische Erfahrung. Die dritte Sequenz, die mit der Schlägerei zwischen Barnes und Elias und der Zerstörung des vietnamesischen Dorfes endet, ist der Wendepunkt der Handlung. Hier beginnt der Prozeß der Auflösung des »platoon«, der mit dem Inferno der Bombardierung der US-amerikanischen Stellungen durch die eigene Luftwaffe endet. In den beiden letzten Sequenzen wird deutlich, daß es Oliver Stone nicht allein um einen »realistischen« »combat movie« geht, sondern auch um eine moralische Parabel. In einem »voiceover«, das den Überfall auf das Dorf kommentiert, nennt Chris Barnes »unseren Kapitän Ahab«, dem der »platoon« in seinem Haß bedingungslos folge wie die Mannschaft der Pequod in Herman Melvilles Roman »Moby Dick« ihrem besessenen Kapitän auf seiner Jagd nach dem weißen Wal. Ähnlich wie

Ahab umgibt auch Barnes die Aura der Unbezwingbarkeit. Als Chris nach Barnes' Mord an Elias seine Kameraden in der »Unterwelt« überreden will, Barnes zu töten (IV.4.), weist Rhah (Francesco Quinn) abergläubisch auf Barnes' siebenmalige Verwundung hin, die in seinem zernarbten Gesicht tiefe Spuren hinterlassen hat: »Barnes ist nicht dazu bestimmt zu sterben. Das einzige, was Barnes töten kann, ist Barnes.«[2] Und wie zur Bestätigung dieser Prophezeiung betritt Barnes in diesem Augenblick den Bunker und fordert die Anwesenden auf, ihn umzubringen. Als sich Chris in ohnmächtiger Wut auf ihn stürzt, schlägt Barnes ihn zusammen und verletzt ihn mit einem Messerstich.
Elias dagegen, der Barnes wegen des Massakers in dem vietnemesischen Dorf vor ein Kriegsgericht bringen will und am Abend vor seinem Tod in einem Gespräch mit Chris die Niederlage der USA in Vietnam voraussagt (so wie der Prophet Elias des Alten Testaments als Gegenspieler des götzendienerischen Königs Ahab [!] auftrat), gewinnt durch diese und die Kreuzigungsassoziationen seines Todes die Züge eines Heiligen, eines Märtyrers für das »gute« Amerika, das in Vietnam seine Unschuld verlor.
Dieser manichäische Konflikt zwischen Gut und Böse, der den »platoon« zerstört, bietet zugleich ein simples Erklärungsmodell für die Niederlage in Vietnam. Im letzten »voiceover« des Films, beim Abflug vom Ort des Kampfgeschehens, sinniert Chris: »Ich denke heute..., wir haben nicht gegen den Feind gekämpft. Wir haben gegen uns selbst gekämpft. Der Feind war in uns.« Das heißt: Nicht militärische, politische oder geographische Faktoren, sondern das moralische Versagen, die Konflikte innerhalb der US-amerikanischen Gesellschaft verhinderten den Sieg in Vietnam!
Chris sieht sein Schicksal als exemplarisch für diese Konflikte, wenn er feststellt, daß Elias und Barnes um seine »Seele kämpften«. »In manchen Augenblicken fühle ich mich wie das Kind, das diesen beiden Vätern geboren wurde.« Chris deutet hier seinen Vietnam-Einsatz als eine »Wiedergeburt« und macht damit auf ein symbolisches Handlungsschema aufmerksam, das den Film durchgängig strukturiert: die Initiationsgeschichte, die in der US-amerikanischen Literatur eine lange Tradition hat und so bekannte Romane wie J.F. Coopers »The Deerslayer«, Mark Twains »Huckleberry Finn« und William Faulkners »Go Down Moses« zu ihren Vertretern zählt. Vor allem Stephen Cranes Roman »The Red Badge of Courage«, der die soldatische Initiation eines jungen Mannes im US-amerikanischen Bürgerkrieg zum Thema hat, hat bei der Konzeption von PLATOON ganz offenkundig Pate gestanden.[3]
Der Film beschreibt die Phasen dieser Initiation in symbolisch suggestiven Bildern. Die ersten Einstellungen der Eingangssequenz zeigen, wie sich die Landeklappe eines riesigen Armeetransporters langsam öffnet

und Chris mit anderen Rekruten dem Bauch des Flugzeugs entsteigt und sich verwirrt die Augen reibt: eine »Geburtsszene«. King (Keith David) führt ihn in die »Unterwelt« der »Potköpfe« mit dem Kommentar ein: »Das ist... nicht Taylor. Taylor, der wurde erschossen. Der Mann hier ist Chris, der auferstanden ist.« (II.2.) Und Elias nimmt ihn symbolisch in die Gemeinschaft der »Potköpfe« auf, indem er ihm Marihuanarauch durch den Lauf eines Gewehrs in den Mund bläst, eine homoerotisch getönte Geste, die den rituellen Charakter des Männerbundes andeutet, der im anschließenden Tanz der »Potköpfe« seinen zeremoniellen Ausdruck findet. (II.4.)

Gegenbildlich dazu ist die zweite Szene in der »Unterwelt« (IV.4.) konzipiert. Als Barnes nach seinem Kampf mit Chris diesen mit dem Messer an der Wange verletzt, zeichnet er ihm damit symbolisch sein eigenes Mal ins Gesicht und reklamiert ihn als seinen »Sohn«. Mit dieser zweiten Initiation wird Chris auf den Tötungsrausch des letzten Kampfeinsatzes (V.2.)

vorbereitet, bei dem er mehrere Nordvietnamesen umbringt. Beim Mord an Barnes (V.3.) tritt Chris in seiner neuen Identität hervor: Blutverschmiert, mit hagerem, starrem Gesicht, das Automatikgewehr im Anschlag, das Hippie-Stirnband um den Kopf gewickelt, erscheint er schon äußerlich als Konglomerat seiner beiden »Väter«. Und der Mord an Barnes erscheint als ein ritueller Reinigungsakt – so als könne das Böse, »der Feind in uns«, durch eine punktuelle Handlung aus der Welt geschafft werden. Mit diesem Schluß greift PLATOON (wie viele andere Vietnamfilme) auf das etablierte Konfliktlösungsmodell des Western zurück: den Glauben an die moralisch regenerierende Kraft der Gewalt (»regeneration through violence«).[4]

3.

Aus der Verquickung heterogener Genres und Stilelemente erklärt Georg Seeßlen das Wirkungspotential des Films: »*Platoon* ist gleichzeitig ein ›realistischer‹ Kriegsfilm, ein Western, ein religiöses Gleichnis und ein Thriller. Und indem er zwischen diesen Haltungen des Erzählens schaltet, holt er aus seiner einfachen Grundgeschichte ein höchstmögliches Maß an Effekten und Identifikationsmodellen heraus.«[5] Seinen »Realismus« bezieht PLATOON vor allem aus der Subversion der Erzählweise, die mit D. W. Griffiths THE BIRTH OF A NATION (1915) stilprägend für den Kriegsfilm wurde: der Wechsel zwischen der Totale, der »Feldherrenhügel«-Perspektive, und der (Halb)naheinstellung, die dem Zuschauer die Position distanzierter Beobachtung des Kampfgeschehens ermöglicht. Wenn Chris in einem »voiceover« feststellt, daß er sich »auf die 15 Zentimeter vor seinem Gesicht« konzentriere, dann ist damit im wesentlichen das Wahrnehmungsfeld beschrieben, das die Kameraführung dem Zuschauer gestattet: die Perspektive des »grunt« im vietnamesischen Dschungel, der ihn von allen Seiten umgibt und ihm jede Orientierung vorenthält. Diese klaustrophobischen Erfahrungen werden durch die Kameraaktivitäten differenziert gesteuert: durch lange Verfolgungsfahrten ins dämmerige Blättergewirr des Urwaldes, mit der Handkamera gefilmte Action-Szenen, durch Groß- und Detailaufnahmen, welche die physische Erfahrung des Dschungelkriegs unmittelbar ins Bild setzen: Ameisen, die sich in einem Stück Haut festbeißen, die wundgescheuerten Hände eines Soldaten, springende Insekten, eine Schlange, die sich zwischen Soldatenstiefeln hindurchwindet, der verglasende Blick eines Sterbenden. Das tropische Klima – die stickige Feuchtigkeit und der unaufhörliche Nieselregen in den Dschungelszenen oder der feine Staub, der sich in den Szenen im Lager und im Dorf wie ein Schleier zwischen die Objekte und die Kamera legt – ist unmittelbar präsent: als atmosphäri-

scher Faktor, der die visuelle Wahrnehmung der Umgebung einschränkt und die Unterschiede zwischen »richtig und falsch« zum »Verschwimmen« bringt, wie Chris in einem »voiceover« feststellt.
Diese Einschränkung der Wahrnehmung definiert eine Umwelt, in welcher der Feind fast unsichtbar operiert und erst ins Blickfeld tritt, wenn es schon (fast) zu spät ist: als nächtlicher Schemen, vom Mündungsfeuer für Sekundenbruchteile erhellt, als huschender Schatten im Dickicht des Dschungels, und schließlich – beim Angriff der feindlichen Verbände in der letzten Sequenz – in Großaufnahme: als verzerrte Grimasse eines Nordvietnamesen, der einen US-amerikanischen Soldaten mit dem Bajonett ersticht.
Um so intensiver werden die Konflikte innerhalb des Zuges visualisiert. Vor allem in Augenblicken stärkster psychischer Belastung spürt die Kamera den Regungen nach, die zur gewaltsamen Entladung drängen: in langen Großaufnahmen von Barnes' düsterem Gesicht, dessen Narben durch die Beleuchtung überscharf hervortreten, oder langen Blickwechseln zwischen den Hauptakteuren, in denen sich komplexe Gefühlsregungen wortlos artikulieren, in langen Schwenks über die versteinerten Gesichter der Soldaten, wenn Kameraden gefallen sind.
Mit einem sicheren Gespür für Suspense entwickelt Oliver Stone die Action-Elemente des Films aus Situationen trügerischer Ruhe und beklemmender Erwartung. Beim ersten Nachteinsatz (I.5.) erleben wir den Überfall des Vietcong aus der Perspektive des unerfahrenen Chris. In einem Schnittwechsel, der in Großaufnahme das angsterfüllte Gesicht des jungen Mannes und die fast zeitlupenhaft langsam näherrückenden Schatten der Feinde zeigt, begleitet vom lauter und schneller werdenden Herzschlag Chris', wird die Spannung bis zum äußersten gesteigert, bevor sie sich in einem kurzen Feuergefecht abrupt entlädt. Dagegen wird beim Vordringen in das verminte Bunkergelände der Nordvietnamesen (III.1.) der Anmarsch des »platoon« zunächst aus der Perspektive des Bunkerinneren wahrgenommen, welche die Soldaten zum Objekt des feindlichen Blicks macht, bevor eine explodierende Mine zwei von ihnen zerreißt. Ähnlich beim folgenden Kampfeinsatz (IV.1.), wo das feindliche Feuer aus einem Gefechtsgraben eröffnet wird, aus dem die Kamera das Näherkommen des Zuges beobachtete. Beim Großangriff der Nordvietnamesen schließlich (V.1.) wird die Spannung allmählich aufgebaut und gesteigert: durch Funksprüche, die über das Vorrücken des Feindes informieren, Berichte von Flüchtlingen aus anderen Stellungen, die schon gefallen sind, Gespräche der Soldaten, die sich auf ihren Einsatz vorbereiten.
Die realistischen und Action-Elemente werden in der zweiten Hälfte des Films zunehmend durch symbolische und melodramatische Akzente überlagert. Dies wird vor allem bei der Darstellung von Elias' Tod evident, die sich an Erzählkonventionen des Western orientiert. Elias' letz-

ter Einsatz (IV.2.) wird in einer rasanten Parallelfahrt gefilmt. In Brusthöhe fährt die Kamera den Dschungel ab. Elias kommt ins Bild und läuft mit großer Geschwindigkeit (von links nach rechts) durchs Unterholz. Nach einem Schnitt werden mehrere laufende Vietcong sichtbar, die in einer Parallelfahrt in Gegenrichtung gefilmt werden. Beim Zusammentreffen erschießt sie Elias nacheinander – mit graziöser Leichtigkeit und Präzision, aus der Laufbewegung heraus. Der halbnackte Elias mit dem Stirnband und der Maschinenpistole im Anschlag erscheint hier weniger als Soldat denn als Guerillakämpfer oder Waldläufer. Assoziationen der Western-Ikonographie älterer Vietnamfilme (RAMBO, THE DEER HUNTER) sind unverkennbar. Und der Sinn dieser Apotheose wird in den folgenden Einstellungen deutlich. In einer Parallelmontage wiederholt sich die Konstellation der aufeinander zulaufenden Kämpfer – nur daß jetzt Barnes an die Stelle der Vietcong tritt. Beim Zusammentreffen der beiden Männer wird durch einen Schnitt auf einen anderen Kampfplatz ein kurzer Augenblick von Suspense erzeugt. Dann sehen wir in einer Nahaufnahme das arglos lächelnde Gesicht Elias', der aus dem Unterholz tritt, und in einem Gegenschuß das finstere Gesicht Barnes', der sein Gewehr anlegt. Ein erneuter Schuß-Gegenschuß auf Elias' Augen, die sich vor Entsetzen weiten, und Barnes' Augen, die sich zielend zusammenkneifen. Dann schießt Barnes dreimal, und Elias fällt ins Unterholz. Die brutale Militärmaschinerie hat über den Einzelkämpfer, der die Pioniertugenden des »guten« Amerika verkörpert, gesiegt. Nach dem Einsatz, bei der Konfrontation mit den »Potköpfen« in der »Unterwelt« (IV.4.) wird sich Barnes mit seiner Tat brüsten und Elias als idealistischen »Kreuzritter« beschimpfen, der eliminiert werden mußte, weil er sich nicht dem »Apparat« unterordnete: »Also, ich kämpfe niemals mit einem, der macht, was man ihm sagt. Aber wenn er das nicht macht, geht der ganze Apparat kaputt. Und wenn der ganze Apparat kaputtgeht, gehen wir alle kaputt.«

Doch der Film gibt sich mit dieser moralisch-patriotischen Interpretation von Elias' Tod nicht zufrieden. Aus dem Hubschrauber, der die Reste des »platoon« aus dem Kampfgebiet herausfliegt, sieht Chris, wie der schwerverwundete Elias vor den verfolgenden Vietcong auf eine Lichtung stolpert. Das lange Sterben Elias' im Kugelhagel der Verfolger, das in der Zeitlupe aus verschiedenen Perspektiven gefilmt wird, bis seine Kreuzigungspose das ganze Bild füllt, suggeriert einen religiösen Sinn, der durch das Filmgeschehen nicht beglaubigt wird und daher nur wie eine melodramatische Pointe wirkt.

Diese Wirkung wird verstärkt durch die getragenen Klänge des »Adagio for Strings« von Samuel Barber, das auch an anderen Stellen des Films, vor allem in Sterbeszenen, das Geschehen begleitet und ihm eine »tragische« Grundierung verleiht. Eine vergleichbare Funktion haben die häufigen »voiceovers«, in denen Chris sich als Briefschreiber an seine Großmutter wendet. Der pompöse Tiefsinn dieser Kommentare, welche die zunehmende Desillusionierung des anfänglich naiv-patriotischen Helden spiegeln, paßt ebensowenig in die Vorstellungswelt eines Zwanzigjährigen wie in die der fiktiven Adressatin dieser Botschaften. Was sich in den »voiceovers« tatsächlich artikuliert, ist die Stimme des Vietnamveteranen Oliver Stone selbst, der dem Filmgeschehen damit einen Sinn zuschreibt, der sich durch die Bilder selbst nicht durchweg erschließen läßt. Die symbolische Befrachtung der letzten Sequenzen von PLATOON, die Filmmusik und die »voiceovers« stellen, so gesehen, eine massive Lenkung des Zuschauers dar, im Sinne der doppeldeutigen »message«, die Chris in den Sätzen zusammenfaßt: »Wir haben nicht gegen den Feind gekämpft... Der Feind war in uns.« Es ist eine Botschaft, die gleichermaßen für die »Falken« und die »Tauben« der Vietnamdebatte in den USA akzeptabel sei, wie ein Kritiker anmerkte: Die ersteren könnten daraus entnehmen, daß die internen Konflikte der US-amerikanischen Gesellschaft den Siegeswillen der Truppe untergraben hätten, während die letzteren darin eine Verurteilung des Vietnam-Engagements als Verstoß gegen geheiligte US-amerikanische Prinzipien erblikken könnten.[6]

Diese Ambivalenz ist dem Film als Darstellungsprinzip eingeschrieben. Besonders aufschlußreich ist die zentrale Episode, die Zerstörung des vietnamesischen Dorfes mit ihren deutlichen historischen Assoziationen des My Lai-Massakers von 1968. Nachdem die Soldaten des »platoon« die Hütten in Brand gesteckt haben, führen sie die gefesselten Dorfbewohner ab – und tragen die Kinder fürsorglich auf den Schultern weg, während im Hintergrund die versteckten Munitionsvorräte in den lodernden Hütten explodieren, wie zur Bestätigung von Barnes' Verdacht, das Dorf sei ein Vietcong-Stützpunkt, wodurch die Aktion nachträglich eine halbherzige Rechtfertigung erfährt.

Die moralische Ambivalenz solcher Szenen ist charakteristisch für eine revisionistische Tendenz, die Geschichte des Vietnamkrieges umzuschreiben in eine Geschichte tragischer Selbstverstrickung der US-amerikanischen Psyche, die zu einem Teil des Bösen werden muß, um sich davon zu befreien, wie es Chris mit seinem Mord an Barnes vorführt.

4.

Oliver Stone hatte fast zehn Jahre lang vergeblich versucht, für das Drehbuch von PLATOON einen Produzenten in den USA zu finden, bis er schließlich eine unabhängige britische Gesellschaft dafür gewann: ein deutliches Indiz dafür, daß ein »realistischer« »combat movie« über Viet-

nam auch lange nach Kriegsende für Hollywood noch ein problematisches Thema war.
Während des Krieges selbst war nur ein nennenwerter Spielfilm gedreht worden, der das Kampfgeschehen direkt thematisierte: John Waynes THE GREEN BERETS (DIE GRÜNEN TEUFEL, 1968), der versuchte, Propaganda für einen Krieg zu machen, gegen den sich massiver Protest zu formieren begann. Daß dieser Film keine Nachfolger fand, erklärt sich daraus, daß seine ideologischen Prämissen und seine Erzählkonventionen – die des Western und des Weltkriegsfilms – weder mit der militärischen Situation in Vietnam noch mit der politischen Stimmung in den USA in Einklang zu bringen waren.
In der ersten Phase filmischer Verarbeitung des Vietnamkrieges, die durch weitgehende Tabuisierung gekennzeichnet ist,[7] wurde das Thema meist indirekt oder verschlüsselt dargestellt. Beispiele sind Michelangelo Antonionis ZABRISKIE POINT (1969), George Lucas' AMERICAN GRAFFITI (1971) oder Arthur Penns ALICE'S RESTAURANT (1969), die den Krieg in seinen Auswirkungen auf die US-amerikanische Jugendkultur behandeln. Heimkehrerfilme wie Elia Kazans THE VISITORS (DIE BESUCHER, 1972), Martin Scorceses TAXI DRIVER (1975) oder Karel Reisz' DOG SOLDIERS/WHO'LL STOP THE RAIN (DRECKIGE HUNDE, 1977) thematisieren die traumatischen Erfahrungen von Vietnamveteranen in den USA. Kritische Westernfilme wie Michael Winners CHATO'S LAND (1971) und Ralph Nelsons SOLDIER BLUE (DAS WIEGENLIED VOM TOTSCHLAG, 1969) oder Weltkriegs- und Koreafilme wie Robert Aldrichs THE DIRTY DOZEN (DAS DRECKIGE DUTZEND, 1967) und Robert Altmans M.A.S.H. (1969) beziehen sich indirekt auf den Vietnamkrieg.
Die zweite Phase, die im wesentlichen mit der Präsidentschaftsperiode Jimmy Carters (1977–1981) zusammenfällt, ist gekennzeichnet durch eine Reihe von Filmen, in denen sich ein – allerdings meist ambivalenter und ethnozentrischer – Impuls artikuliert, Trauerarbeit für die Niederlage in Vietnam zu leisten. Diese Tendenz kommt im Titel eines Time-Artikels vom 23. April 1979 prägnant zum Ausdruck, der eine Reihe von Filmen als Versuche vorstellt, »aus einem verlorenen Krieg zu lernen«: »Viet Nam Comes Home.« Dies gilt allerdings nur für einen Teil der Vietnamfilme dieser Zeit. Während die ersten »combat movies« nach THE GREEN BERETS, Sidney J. Turners THE BOYS IN COMPANY C (DIE BOYS VON COMPANY C, 1978) oder Ted Posts GO TELL THE SPARTANS (DIE LETZTE SCHLACHT, 1978), auf die etablierten Konventionen der Weltkriegsfilme zurückgreifen und die Niederlage der USA weitgehend ausblenden, versuchen die ambitionierten Filme dieser Zeit, die moralischen Beschädigungen der US-amerikanischen Psyche durch den verlorenen Krieg zu analysieren. Hal Ashbys COMING HOME (COMING HOME – SIE KEHREN HEIM, 1977) unterscheidet sich von den Heimkehrerfilmen der frühen

siebziger Jahre dadurch, daß er die Vietnamveteranen nicht als amoklaufende seelische Krüppel darstellt, sondern als differenzierte Persönlichkeiten, die aus ihren Kriegserfahrungen unterschiedliche politische und private Konsequenzen ziehen. Francis Ford Coppolas APOCALYPSE NOW (1979) und Michael Ciminos THE DEER HUNTER (DIE DURCH DIE HÖLLE GEHEN, 1978) sind keine realistischen »combat movies«, sondern Studien über die Irrationalität des Krieges und die moralische und kulturelle Regression, welche die gewaltsame Konfrontation mit einer fremden und unverstandenen Kultur für die in Vietnam kämpfenden US-Amerikaner mit sich brachte. Bezeichnenderweise greifen beide Filme nicht auf authentische Kriegserfahrungen zurück, sondern orientieren sich an literarischen Vorbildern: Coppolas Film an Joseph Conrads Novelle »Heart of Darkness« und Ciminos Film an J. F. Coopers Lederstrumpfroman »The Deerslayer«.

THE DEER HUNTER nimmt mit seinem – allerdings noch selbstquälerisch-gebrochenen – Patriotismus und mit seiner rassistisch-stereotypen Zeichnung der Vietnamesen Motive der Filme vorweg, die in der Reagan-Ära entstanden. Der Präsident hatte kurz nach seinem Amtsantritt in einer Rede in der Militärakademie von West Point am 27. Mai 1981 verkündet, die Zeit des Selbstzweifels sei vorüber, der Krieg in Vietnam sei eine ehrenhafte Mission (»a noble cause«) gewesen, und damit nicht nur der US-amerikanischen Außenpolitik eine neue Orientierung, sondern auch ein unmißverständliches Signal in Richtung Hollywood gegeben. In den folgenden Jahren, als die Reagan-Administration durch Militäraktionen in Süd- und Mittelamerika und im Nahen Osten die Niederlage in Vietnam zu revidieren versuchte, entstand in Hollywood eine ganze Reihe von Filmen, die den verlorenen Krieg noch einmal inszenieren und in einen nachträglichen Sieg ummünzen. Im Mittelpunkt dieser »rescue movies« oder »missing in action movies« – etwa in Ted Kotcheffs UNCOMMON VALOR (DIE VERWEGENEN SIEBEN, 1983), Joseph Zitos MISSING IN ACTION (1984) oder Gideon Amirs P. O. W. – THE ESCAPE (P. O W. – DIE VERGELTUNG, 1986) – steht meist ein Veteran, der nach Vietnam zurückkehrt, um dort noch gefangengehaltene Kameraden zu befreien. Der bei weitem erfolgreichste dieser Gruppe von Filmen, George P. Cosmatos' RAMBO: FIRST BLOOD PART II (RAMBO II – DER AUFTRAG, 1985), der zwei Wochen nach dem in den Medien aufwendig dokumentierten 10. Jahrestag der Eroberung Saigons Premiere hatte, ist ein Paradebeispiel filmischer Geschichtsverdrängung. Der einsame Kämpfer, der den Vietnamkrieg auf eigene Faust weiterführt, ist kein zweifelnd-zerrissener Held wie die Protagonisten der Vietnamfilme der 70er Jahre, sondern ein überzeugter Patriot wie John Wayne. In seinem Habitus und seiner Physiognomie allerdings haben die fast zwanzig Jahre, die seit THE GREEN BERETS vergangen sind, ihre Spuren hinterlassen. Rambo ist ein »synthetischer Held« (Stefan Reinecke), der sich aus heterogenen Ikonen, Stereotypen und Identifikationsfiguren zusammensetzt: rebellischer Hippie mit langen Haaren und Stirnband, Indianer, Guerillakämpfer, »outlaw« und patriotischer Vigilant. Die Willkür, mit der hier ein neuer Heldentypus kreiert wird, entspricht der Bedenkenlosigkeit, mit der die Geschichte umgeschrieben wird. »Werden wir diesmal gewinnen?« fragt Rambo seinen Mentor, Oberst Trautman, vor dem Vietnam-Einsatz. »Diesmal liegt es an Ihnen«, antwortet der Oberst. Im Zuge dieser Umkehrung werden in RAMBO II die Nordvietnamesen zu einem hochgerüsteten Heer, dessen japanische Uniformen alte Stereotype und Feindbilder aus den Weltkriegsfilmen mobilisieren. Und diese von russischen Militärberatern unterstützte Truppe führt nun, wie seinerzeit die US-Amerikaner, einen aussichtslosen High-Tech-Krieg gegen den einsamen Guerillakämpfer Rambo, der mit indianerhafter Sicherheit und archaischen Waffen (Messer, Pfeil und Bogen) im Dschungel operiert.

Die RAMBO- und andere »rescue«-Filme der dritten Phase, die man wegen ihrer chauvinistischen Rhetorik und ihrer comichaften filmischen Ikonographie als »Comic Book Phase« bezeichnet hat,[8] verschwanden in den späten 80er Jahren aus den Kinos. Was die neue Welle »realistischer« Vietnamfilme, die mit Oliver Stones PLATOON (1986), Stanley Kubricks FULL METAL JACKET (1987), Barry Levinsons GOOD MORNING, VIETNAM (1987) begann, von diesen »Comic Book«-Filmen unterscheidet, ist nicht nur ein neuer Ernst in der Behandlung der Vietnamthematik, sondern auch eine veränderte Einstellung zur Historie. Noch in den RAMBO-Filmen war, gerade in ihrer Entstellung der historischen Wahrheit, ein verbissener Kampf um den »Sinn« des Krieges zu erkennen gewesen. In den neuen und neuesten Vietnamfilmen ist davon oft nichts mehr zu spüren. Mit der zunehmenden historischen Distanz, so scheint es, setzt eine »Musealisierung« (Stefan Reinecke) des Sujets ein, die Geschichte zu »Geschichten« werden läßt. Das heißt: In dem Maße, in dem Vietnam als schmerzendes, polarisierendes Thema aus dem öffentlichen Diskurs verschwindet, wird es zum Sujet unterschiedlichster filmischer Verarbeitungen: nostalgische Erzählungen »privater« Schicksale wie Francis Ford Coppolas GARDENS OF STONE (DER STEINERNE GARTEN, 1987), David Jones' JACKNIFE (1989) oder Rick Rosenthals DISTANT THUNDER (1988), Genrefilme wie Christopher Crowes Krimi OFF LIMITS (SAIGON, 1988) oder Barry Levinsons Komödie GOOD MORNING, VIETNAM (1987), quasidokumentarische Filme wie Patrick Duncans 84 CHARLIE MOPICK (1988) und Bill Couturies DEAR AMERICA: LETTERS HOME FROM VIETNAM (DEAR AMERICA: BRIEFE AUS VIETNAM IN DIE HEIMAT, 1987).

Der neben PLATOON wohl bedeutendste Film zum Thema Vietnam in den späten 80er Jahren, Stanley Kubricks FULL METAL JACKET, ist kein »Vietnamfilm« im engeren Sinne, sondern eine Studie über das Militärische als

Existenz- und Anschauungsform, welche die intellektuelle Schärfe von Michel Foucaults Analysen der modernen Disziplinargesellschaft mit einer an Bertolt Brecht erinnernden Verfremdungstechnik verbindet. Die beiden Teile des Films führen das Militärische als selbstzerstörerischen Mechanismus vor: die Ausbildung einer Gruppe von Marines auf Parris Island, die mit der Ermordung eines Drillsergeanten endet, und der anschließende Einsatz der Truppe bei der Tet-Offensive von 1968 in Hué, bei der fast alle Soldaten des Zuges durch eine vietnamesische Heckenschützin getötet werden. Der Militärmechanismus, dessen Drill- und Disziplinierungsmaßnahmen auf die restlose Eliminierung des Weiblichen zielen, wird damit durch die Frau als das feindliche Prinzip ad absurdum geführt.
Ob FULL METAL JACKET »der letzte Kriegsfilm, ein Schlußstrich unter das Genre« ist, wie Stefan Reinecke feststellt,[9] bleibt abzuwarten. Ein Erfahrungsbereich jedenfalls, der sich dem ethnozentrischen Blick des US-amerikanischen Vietnamfilms bisher als fast unzugänglich erwiesen hat, die Wahrnehmung des »Feindes«, der vietnamesischen Kultur, die Perspektive des »Anderen«, ist ein Sujet, das vielfältige Möglichkeiten filmischer Realisation bietet. Vereinzelte Ansätze dazu hat es in den vergangenen Jahren gegeben, allerdings häufig in Produktionen außerhalb Hollywoods: Roland Joffés THE KILLING FIELDS (1984), der sich mit dem Völkermord in Kambodscha befaßt, Barry Levinsons GOOD MORNING, VIETNAM, dessen Held versucht, die vietnamesische Kultur und die politischen Motive des Vietcong zu verstehen, der koreanische Film LA GUERRE PURE von Chi Yong, der 1992 den Grand Prix in Tokio erhielt, oder Oliver Stones neuester Film HEAVEN AND EARTH (ZWISCHEN HIMMEL UND HÖLLE, 1993), der das Schicksal einer Vietnamesin erzählt, die sowohl von den Vietcong als auch von den US-Amerikanern mißhandelt wird und sich nach dem Krieg in den USA eine neue Existenz aufbaut.

Anmerkungen

1 Die in Klammern gesetzten Zahlenangaben im Text beziehen sich auf das Sequenzprotokoll im Anhang.
2 Die Bezüge zur Gestalt Ahabs in Melvilles »Moby Dick« sind offenkundig. Wie Barnes ist Ahabs Gesicht von einer Narbe gezeichnet (Kap. 28). Zu Ahabs angeblicher Unbezwinglichkeit vgl. die Prophezeiungen in den Kapiteln 109 und 117 von »Moby Dick«.
3 Die Stufen der Initiation des jungen Henry Fleming in Stephen Cranes Roman lassen deutliche Parallelen zu der Chris Taylors in PLATOON erkennen: Erfahrung der Anonymität der Militärmaschinerie – erste schockartige Konfrontation mit einem Toten – leichte Verwundung und Panik – Tod eines Kameraden – tollkühnes Draufgängertum – soldatische »Läuterung« und Desillusionierung.

4 S. Richard Slotkin: Regeneration Through Violence. The Mythology of the American Frontier, 1600–1830. Middletown, CT 1973. Zum Einfluß des Western auf den Vietnamfilm s. Adi Wimmer: Recyclings of the Frontier Myth in Vietnam War Films of the 1980s. In: Walter Grünzweig, Roberta Maierhofer, Adi Wimmer (Hrsg.), Constructing the Eighties. Versions of an American Decade. Tübingen 1992, S. 109–137.

5 Georg Seeßlen: Ästhetik und Mythologie des Kriegsfilms. In: Deutsche Volkszeitung 17.7.1989. Zitiert nach: Stefan Reinecke: Hollywood goes Vietnam. Der Vietnamkrieg im US-amerikanischen Film. Marburg 1993, S. 127.

6 So Adi Wimmer: Recyclings of the Frontier Myth in Vietnam War Films of the 1980s (s. Anm. 4), S. 118.

7 S. Stefan Reinecke: Hollywood goes Vietnam. Der Vietnamkrieg im US-amerikanischen Film (s. Anm. 5), S. 27. Zu den Ursachen dieser Tabuisierung s. vor allem Julian Smith: Looking Away. Hollywood and Vietnam. New York 1975.

8 S. William J. Palmer: Symbolic Nihilism in PLATOON. In: Owen W. Gilman, Jr., Lorrie Smith (Hrsg.), America Rediscovered. Critical Essays on Literature and Film of the Vietnam War. New York and London 1990, S. 257 f.

9 Stefan Reinecke: Hollywood goes Vietnam. Der Vietnamkrieg im US-amerikanischen Film (s. Anm. 5), S. 106.

Auswahlbibliographie

Gilbert Adair: Hollywood's Vietnam. From THE GREEN BERETS to FULL METAL JACKET. London and New York 1989.

Michael Anderegg (Hrsg.): Inventing Vietnam. The War in Film and Television. Philadelphia 1991.

Albert Auster, Leonard Quart: How the War Was Remembered. Hollywood and Vietnam. New York 1988.

Michael Comber, Margaret O'Brien: Evading the War: the Politics of the Hollywood Vietnam Film. In: History 73 (1988), S. 248–260.

Galina Dolmatowskaja: Der Vietnamkrieg und seine Darstellung im internationalen Film. Beiträge zur Film- und Fernsehwissenschaft 3/84. 25. Jahrgang. Potsdam-Babelsberg und Berlin (DDR) 1984.

Antony Easthope: Realism and its Subversion: Hollywood and Vietnam. In: Alf Louvre, Jeffrey Walsh (Hrsg.): Tell Me Lies About Vietnam. Cultural Battles for the Meaning of the War. Milton Keynes 1988, S. 30–49.

Werner Faulstich: Didaktik des Grauens. Eine Interpretation von Francis Ford Coppolas APOCALYPSE NOW. In: G. E. Grimm, W. Faulstich, P. Kuon (Hrsg.), Apocalypse. Weltuntergangsvisionen in der Literatur des 20. Jahrhunderts. Frankfurt/M. 1988, S. 246–267.

John Hellmann: Vietnam and the Hollywood Genre Film: Inversions of American Mythology in the THE DEER HUNTER and APOCALYPSE NOW. In: American Quarterly 34 (1982), S. 418–439.

Gerhard Hölzl, Matthias Peipp: Fahr zur Hölle, Charlie! Der Vietnamkrieg im amerikanischen Film. München 1991.

Peter Kremski: Wie Vietnam zum Kino wurde. In: Medien und Erziehung 1 (1988), S. 11–18.

William J. Palmer: Symbolic Nihilism in PLATOON. In: Owen W. Gilman, Jr., Lorrie Smith (Hrsg.): America Rediscovered. Critical Essays on Literature and Film of the Vietnam War. New York and London 1990, S. 256–274.

Peter C. Rollins: The Vietnam War: Perceptions Through Literature, Film and Television. In: American Quarterly 36 (1984), S. 419–432.
Stefan Reinecke: Hollywood goes Vietnam. Der Vietnamkrieg im US-amerikanischen Film. Marburg 1993.
Richard Slotkin: Regeneration Through Violence. The Mythology of the American Frontier, 1600–1830. Middletown, CT 1973.
Julian Smith: Looking Away. Hollywood and Vietnam. New York 1975.
James C. Wilson: Vietnam in Prose and Film. Jefferson NC 1982.
Adi Wimmer: Recyclings of the Frontier Myth in Vietnam Films of the 1980s. In: Walter Grünzweig, Roberta Maierhofer, Adi Wimmer (Hrsg.), Constructing the Eighties. Versions of an American Decade. Tübingen 1992, S. 109–137.
Robin Wood: Hollywood from Vietnam to Reagan. New York 1986.

Auswahlfilmographie

THE GREEN BERETS (DIE GRÜNEN TEUFEL), John Wayne, Ray Kellog, USA 1968
HEARTS AND MINDS (HEARTS AND MINDS), Peter Davis, USA 1974
COMING HOME (COMING HOME – SIE KEHREN HEIM), Hal Ashby, USA 1977
WHO'LL STOP THE RAIN/DOG SOLDIERS (DRECKIGE HUNDE), Karel Reisz, USA 1977
THE DEER HUNTER (DIE DURCH DIE HÖLLE GEHEN), Michael Cimino, USA 1978
APOCALYPSE NOW (APOCALYPSE NOW), Francis Ford Coppola, USA 1979
FIRST BLOOD (RAMBO), Ted Kotcheff, USA 1982
THE KILLING FIELDS (SCHREIENDES LAND), Roland Joffé, USA 1984
RAMBO: FIRST BLOOD PART II (RAMBO II – DER AUFTRAG), George Cosmatos, USA 1985
PLATOON (PLATOON), Oliver Stone, USA 1986
FULL METAL JACKET (FULL METAL JACKET), Stanley Kubrick, Großbritannien/ USA 1987
GARDENS OF STONE (DER STEINERNE GARTEN), Francis Ford Coppola, USA 1987
GOOD MORNING, VIETNAM (GOOD MORNING, VIETNAM), Barry Levinson, USA 1987
HAMBURGER HILL (HAMBURGER HILL), John Irvin, USA 1987
JACKNIFE (JACKNIFE), David Jones, USA 1989
BORN ON THE FOURTH OF JULY (GEBOREN AM 4. JULI), Oliver Stone, USA 1989
HEAVEN AND EARTH (ZWISCHEN HIMMEL UND HÖLLE), Oliver Stone, USA 1993

Sequenzprotokoll

I. September 1967: die ersten Tage in Vietnam.

1.	Vorspann	0:00:40
2.	Die Landung	0:02:23
3.	Marsch durch den Dschungel. Chris findet einen toten Vietcong und bricht vor Erschöpfung zusammen.	0:07:47
4.	Im Lager: Chris bereut seinen freiwilligen Vietnam-Einsatz. Lagebesprechung Leutnant Wolfes mit den Sergeanten über den Nachteinsatz.	0:12:33
5.	Nachteinsatz: Beim Angriff des Vietcong wird Chris leicht verwundet; Gardner wird getötet. Chris wird zu Unrecht beschuldigt, auf seinem Posten eingeschlafen zu sein.	0:25:13

II. Im US-amerikanischen Stützpunkt.

1.	Chris kehrt aus dem Krankenhaus zurück und wird mit King und Crawford zum Latrinenputzen eingeteilt. Chris erzählt, warum er sich freiwillig für den Vietnam-Einsatz gemeldet hat.	0:28:40
2.	King führt Chris in die »Unterwelt« der »Potköpfe« ein. Sergeant Elias initiiert Chris in die Gemeinschaft, indem er ihm Marihuanarauch durch einen Gewehrlauf in den Mund bläst.	0:30:54
3.	In einer Lagerbaracke: Die »Rednecks« um Sergeant Barnes spielen Poker und trinken Whisky.	0:33:58
4.	In der »Unterwelt«: Chris tanzt mit den »Potköpfen«.	0:34:54

III. Neujahrstag 1968: Einsatz des »platoon« an der kambodschanischen Grenze.

1.	Der Zug findet einen verlassenen Bunker der Nordvietnamesen und verliert drei Männer durch explodierende Minen und durch einen Hinterhalt des Vietcong.	0:43:13
2.	Der »platoon« überfällt ein vietnamesisches Dorf, in dem Vietcong versteckt sein sollen. Versteckte Waffen werden gefunden. Chris verliert die Nerven und schießt um sich, gewinnt aber wieder seine Selbstkontrolle. Bunny und Barnes erschießen zwei Dorfbewohner. Elias prügelt sich mit Barnes, den er für die Aktion verantwortlich macht. Chris hindert einige Kameraden daran, vietnamesische Mädchen zu vergewaltigen. Das Dorf wird niedergebrannt, und die Dorfbewohner werden abgeführt. Im brennenden Dorf explodieren die versteckten Munitionsvorräte des Vietcong.	0:56:24
3.	Im Lager: Elias gibt Barnes die Schuld an dem Massaker. Der Hauptmann der Kompanie droht Barnes mit einem Kriegsgerichtsverfahren. Barnes plant Elias' Tod. Chris und Elias unterhalten sich über den Sinn des Krieges. Elias sagt die Niederlage der USA voraus.	1:00:23

IV. Am nächsten Tag: Elias' Tod.

1.	Der »platoon« gerät in einen Hinterhalt des Vietcong. Durch Leutnant Wolfes falsche Positionsangaben gerät er zudem ins Feuer der eigenen Artillerie.	1:07:11
2.	Elias bricht mit einigen Männern zu einem Entlastungsangriff auf und tötet mehrere Vietcong. Barnes schleicht hinter ihm her und schießt ihn nieder. Chris, den er auf dem Rückweg trifft, erzählt er, Elias sei von den Vietcong getötet worden.	1:13:59
3.	Als die Soldaten des »platoon« in einem Hubschrauber aus dem Kampfgebiet ausgeflogen werden, sehen sie, wie der schwerverwundete Elias von feindlichen Soldaten verfolgt und getötet wird. Ein Blickwechsel mit Barnes überzeugt Chris von dessen Schuld.	1:17:41
4.	In der »Unterwelt« der »Potköpfe«: Chris will seine Kameraden dazu bringen, Elias' Tod zu rächen. Barnes tritt ein und fordert die Anwesenden auf, ihn zu töten. Als keiner sich rührt, stürzt sich Chris auf Barnes und wird von diesem niedergeschlagen und mit einem Messerstich verletzt.	1:23:04

V. Am nächsten Tag: der letzte Einsatz.

1.	Der »platoon« bereitet sich auf den Angriff starker nordvietnamesischer Verbände vor.	1:33:17
2.	Die Nordvietnamesen überrennen die US-amerikanischen Stellungen. Nur wenige Soldaten des »platoon« überleben. Chris steigert sich in einen Tötungsrausch und erschießt und erschlägt mehrere Nordvietnamesen. Barnes versucht, Chris umzubringen, wird daran aber durch die Bombardierung der US-amerikanischen Stellungen durch die eigene Luftwaffe gehindert.	1:42:22
3.	Am nächsten Morgen: Die wenigen Überlebenden kriechen aus ihren Gräben. Chris findet den schwerverletzten Barnes und tötet ihn.	1:46:40
4.	Der verletzte Chris wird in einem Hubschrauber aus dem Kampfgebiet ausgeflogen.	1:50:56
5.	Abspann.	1:54:45

12. Märchen für Teenies und Erwachsene: DIRTY DANCING (1987)

von Hans-Peter Rodenberg

Sommer 1963, in Virginia. Der Arzt Dr. Houseman kommt mit seiner Frau und seinen beiden Töchtern Lisa und Frances, genannt »Baby«, in dem Ferienhotel Kellerman's Mountain House an. Als angesehene Persönlichkeit wird er sofort herzlich von Max, dem Besitzer des Hotels, begrüßt. Zum Freizeitangebot des Hauses gehören auch Tanzkurse mit dem gutaussehenden Tanzlehrer Johnny und seiner attraktiven Partnerin Penny. Für junge Leute wird ansonsten jedoch wenig geboten.
Als Baby, vom Abendprogramm gelangweilt, das aus Gesellschaftstänzen für das gesetztere Alter, Zaubervorführungen und Einlagen mit abgestandenen Witzen besteht, über das Gelände schlendert, kommt sie zufällig zu den Quartieren der Angestellten. Dort wird ganz anders getanzt: wild, aufreizend und erotisch. Stars der Szene sind Johnny und Penny. Wie Baby erfährt, waren sie einmal ein Paar, sind jetzt jedoch nur noch beruflich zusammen. Trotzdem reagiert Penny deutlich ablehnend, als Johnny mit Baby tanzt, und am nächsten Morgen läßt sie Baby spüren, daß sie sie für ein verwöhntes Töchterchen aus gutem Hause hält, das von der Wirklichkeit des Lebens wenig weiß.
Am selben Abend jedoch wird der eigentliche Grund für ihre Gereiztheit offenbar. Baby findet Penny zusammengekauert in einer Ecke. Baby verständigt Johnny, der Penny in sein Zimmer trägt. Dort stellt sich heraus, daß Penny schwanger ist. Der Vater des Kindes ist der Kellner Robbie, der aber jede Verantwortung ablehnt. Da Penny eine Abtreibung nicht bezahlen kann, bittet Baby ihren Vater um das Geld, ohne ihm den Grund für diese Bitte zu sagen. Penny lehnt Babys Geschenk jedoch ab, als sie von Johnny erfährt, daß es von Babys wohlhabendem Vater stammt. Zum einen ist sie zu stolz für ein Almosen, zum anderen hat sie an dem Tag, an dem die Abtreibung stattfinden könnte, einen Auftritt mit Johnny. Würde sie diesen Termin platzen lassen, wäre das Einkommen einer ganzen Saison verloren. Baby bietet daraufhin an, für Penny als Johnnys Tanzpartnerin an dem Abend einzuspringen.
Obwohl Johnny die Vorbereitungszeit für zu kurz hält, beginnt er mit Baby zu üben und schafft es tatsächlich, ihr die wesentlichen Schritte und Bewegungen beizubringen. Während des Übens weicht die anfängliche Distanz zwischen Arbeitersohn und Arzttochter allmählich wachsender

Zuneigung, Der Auftritt im Sheldrake Hotel gelingt, niemand bemerkt die kleinen Patzer von Baby. Als Johnny und Baby zurückkommen, finden sie Penny jedoch schmerzgekrümmt in ihrem Bett. Der angebliche Arzt hatte sich als Engelmacher herausgestellt. Erneut wendet sich Baby an ihren Vater, der Penny zwar rettet, aber Johnny dafür voller Verachtung begegnet, da er ihn für den Vater des abgetriebenen Kindes hält. Baby entschuldigt sich am nächsten Morgen zwar bei Johnny, doch der Stachel sitzt. Nachdem sich Johnny und Baby geliebt haben – es wird angedeutet, daß es für Baby das erste Mal ist –, öffnet sich Johnny und erzählt von seinen Selbstzweifeln, den wiederkehrenden Demütigungen, denen man ohne Geld ausgesetzt ist. Kurz danach wird Baby Zeuge einer solchen Demütigung, als Neil, der großspurige Neffe des Hotelbesitzers, Johnnys Ideen für den Abschiedsabend vom Tisch wischt und andeutet, daß er seine, Neils, Wünsche auszuführen habe oder seinen Job für das nächste Jahr vergessen könne. Eine andere Demütigung ist Johnny jedoch nicht bereit hinzunehmen: Als einer der Gäste ihm vor den Augen

von Baby, um seine Frau loszuwerden, abfällig Geld mit der Bemerkung zusteckt, ihr dafür Privattanzstunden zu geben, weist er es zurück. Später, im Bett mit Baby, erzählt Johnny, daß er die Nacht davor geträumt habe, daß ihr Vater ihn als Freund seiner Tochter akzeptiert habe.
Die Realität jedoch könnte von Johnnys Traum nicht weiter entfernt sein. Einige Gäste des Hotels stellen fest, daß sie bestohlen worden sind, und Johnny wird verdächtigt, da er für die fragliche Nacht kein Alibi vorzuweisen hat. Baby bleibt so keine andere Möglichkeit, Johnny zu retten, als einzugestehen, daß sie die Nacht mit ihm verbracht hat. Babys Vater ist entsetzt ob dieses vermeintlichen sozialen Abstiegs seiner Tochter. Er weicht von seiner Haltung auch nicht ab, als Baby ihn in einer Aussprache am nächsten Tag weinend darauf hinweist, daß er selbst sie ermutigt habe, sich sozial zu engagieren und alle Menschen als gleich anzusehen. Tatsächlich wird Johnny jedoch gekündigt, obwohl die Diebe gefaßt werden, und er muß sich von Dr. Houseman als verantwortungsloser Verführer unschuldiger Mädchen beschimpfen lassen. Traurig trennen sich die Liebenden, und Johnny fährt einsam fort.
In entsprechend gedrückter Stimmung beginnt der Abschiedsabend im Ferienhotel für Baby. Zwar wird sie von Lisa getröstet, die selbst eine unglückliche Liebe hinter sich hat, das Blatt beginnt sich jedoch erst zu wenden, als Babys Vater von Robbie selbst erfährt, daß er es war, von dem Penny ein Kind erwartet hatte. Kurz danach kommt auch Johnny zurück, um sich vor allen Gästen auf der Bühne zu seiner Liebe zu Baby zu bekennen. Der anschließende Tanz wird zum Triumph für die Liebenden. Babys Vater entschuldigt sich bei Johnny, und das Paar wird von den Anwesenden begeistert gefeiert, als es »seinen« Tanz zu tanzen beginnt.

Aschenputtel oder die Verwandlung des häßlichen Entleins

»Willkommen in Hollywood. Jeder hat hier einen Traum« – so fängt zwei Jahre nach DIRTY DANCING ein anderer Film an, der ebenfalls zu einem Kassenschlager werden sollte, PRETTY WOMAN. Es ist ein Motto, das genausogut auch schon am Anfang von der Geschichte von Baby und Johnny hätte stehen können, denn auch hier wird einmal mehr ein Traum erzählt, das Märchen vom Aschenputtel, das von einem Märchenprinzen gefunden wird, vom häßlichen Entlein, das sich in einen schönen Schwan verwandelt, das Märchen von den zwei Liebenden, die schließlich alle Hindernisse überwinden.
DIRTY DANCING erzählt diese Geschichte des Erwachsenwerdens brennpunktartig zusammengefaßt in den letzten drei Wochen eines Sommers. Die Struktur des Films ist dabei ebenso einfach und unaufdringlich wie

weiches, schwebendes Gefühl im Betrachter erzeugt (Seq. 22). Als andere Möglichkeit, den Übungsprozeß von Baby visuell darzustellen, setzt Cutter Peter C. Frank den wiederholenden Schnitt innerhalb einer Einstellung ein. Damit entsteht der Eindruck der übenden Wiederholung einer Bewegung, so beispielsweise, als Baby von einer Lektion kommend auf der Brücke zum Quartier der Angestellten die Schrittfolge immer wieder übt (Seq. 16) oder als sie und Johnny eine stilisierte zärtliche Umarmung üben und sie immer wieder lachend abbrechen müssen (Seq. 26).

Der Lernprozeß als Prozeß des sexuellen Erwachens von Baby spiegelt sich wiederum in der Farbgestaltung des Tanzlektionen-Segments. Ihren Ausgang nehmen die Lektionen noch in einem abgedunkelten Studio, so daß die Bilder von Blau-, Dunkelbrauntönen und Schwarz bestimmt sind. Die sich später entwickelnde Liebesbeziehung zwischen Baby und Johnny wird hier schon visuell vorweggenommen, indem die Kamera in der letzten Einstellung dieser Sequenz langsam auf einen alten Toilettenspiegel zufährt und beide durch das alte Glas in helleren Tönen weichgezeichnet innerhalb des Spiegelrahmens zu sehen sind. Die folgenden Sequenzen schwanken dann zwischen der dunklen Farbgebung der ersten Einstellung und immer lichter werdenden Pastelltönen als Widerspiegelung der sich allmählich abzeichnenden emotionalen Beziehung von Johnny und Baby.

Augenfällig wird die erotische Spannung zwischen den beiden auch in der sich verändernden Kleidung. Zu der ersten Übungsstunde kommt Baby noch in Turnschuhen, weißen Jeans und locker über die Hose hängendem Männerhemd. Die langen Jeans weichen Hot pants, durchsichtigen Leggings, Netzstrümpfen und einem weiten, schwingenden Rock, das karierte Männerhemd macht figurbetonenden tief dekolletierten Oberteilen Platz, und die Turnschuhe verwandeln sich in zierliche hochhackige Silbersandaletten, bis Baby schließlich in einem weiten, schwingenden rosa Rock, auf hohen Schuhen und mit einem locker geknoteten, ihren Bauch freilassenden weißen Oberteil mit Johnny Beugungen übt. Weniger deutlich, aber dennoch sichtbar wandelt sich auch Johnnys Äußeres von weitem Hemd über T-Shirt und nacktem Oberkörper zum enganliegenden schwarzen *muscle shirt* am Ende der Lektionen.

Musik und Tanz bestimmen aber nicht nur Kamerabewegung und Montage, sondern auch den dramaturgischen Rhythmus des Films überhaupt (siehe Abb. S. 198ff.).

Dabei wechseln allerdings Häufigkeit, Länge und Funktion der Tanzszenen. Während sie im ersten Teil des Films nur wenig von handlungsgestaltenden Szenen unterbrochen werden und so das kontinuierliche Element darstellen, kehrt sich dieses Verhältnis im zweiten Teil von DIRTY DANCING (d. h. nach dem Auftritt von Baby und Johnny im Sheldrake)

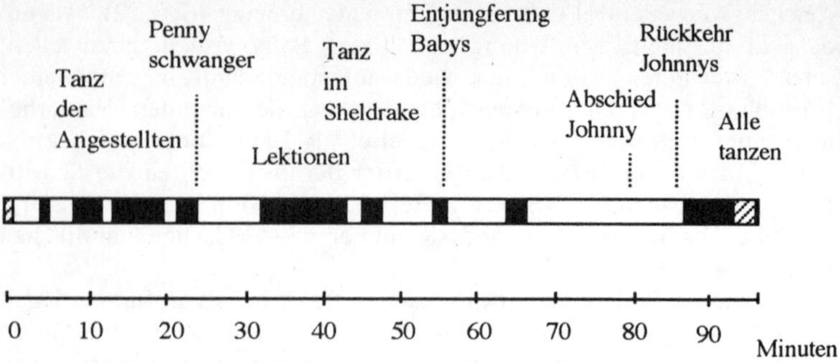

Tanzszenen und Musikanteile in DIRTY DANCING

um. Entsprechend der Zweiteilung des Films in Babys Erwachen als Frau und Lernen der Übernahme der Verantwortung für das eigene Handeln dominieren hier Dialoge und verbale Reflexion.

Die falsche Sehnsucht nach den 60er Jahren – Adoleszenzprobleme in der Reagan-Ära

Bezeichnenderweise spielt DIRTY DANCING nicht im Amerika der 80er Jahre, sondern Anfang der Sechziger, vor der Ermordung seines strahlenden Präsidenten John F. Kennedy, vor der Radikalisierung der Bürgerrechts- und der Anti-Vietnambewegung, kurz, in jenem letzten Moment, bevor Amerika seine Unschuld verlor. Der Film ist, wie es sich für ein Märchen gehört, von einer nostalgischen Sehnsucht nach einer Zeit geprägt, in der scheinbar noch menschliche und nicht politische Konflikte dominierten. Gut ist gut, auch wenn es einmal aus Versehen böse ist wie Babys Vater, und alles Böse wird zum Schluß auch als solches erkannt, wie sich an dem bornierten Robbie zeigt. Entsprechend naiv ist die Zeichnung der sozialen Wirklichkeit. Soziale Gegensätze lassen sich durch moralische Einsicht und ehrbares Verhalten überwinden.
Es ist die Atmosphäre der Reagan-Zeit, die diesen Blick auf die 60er Jahre prägt. Was man erinnern will, sind idealistische junge Leute wie Baby, die sich für soziale Gleichheit engagieren, sich aber trotzdem konservativen bürgerlichen Werten wie Familie und im wesentlichen den alten Geschlechterrollen verpflichtet fühlen. Erreicht wird dies durch den Gegensatz zwischen den beiden Schwestern Houseman. »Lisa hält sich aus allem raus«, bemerkt Baby schon bei der ersten Vorstellung im Hotel beißend (Seq. 5), und tatsächlich übernimmt Lisa folgsam die Einstellungen ihres Vaters, so beispielsweise die Dominotheorie als Legitimation

Storyboard Seq. 15–27 (Die Tanzlektionen)

1. Lektion

15

langsamer Zoom auf Baby und Johnny im Spiegel

16

Übende Tanzbewegungen von Baby werden in Rücksprüngen wiederholt (6 ×)

2. Lektion

17

3. Lektion

18

4. Lektion

19

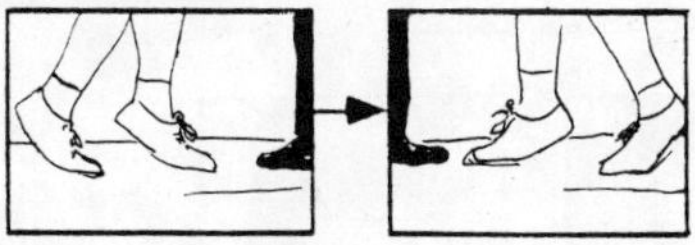

5. Lektion

20

6. Lektion

21

Fahrt auf Nähe (über Schnitt weg)

7. Lektion

22

+ Hochschwenk auf Fenster

Kamera fährt gegenläufig zu Bewegung der Tanzenden um sie herum

8. Lektion

23

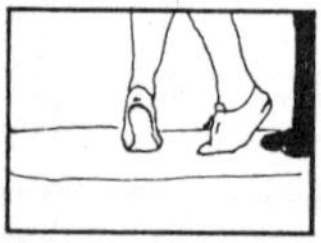

Baby führt Kamera-drehung weiter

Drehung Baby gegen Drehung Füße

Fort-setzung Drehung von Baby

24

9. Lektion

25

10. Lektion

26

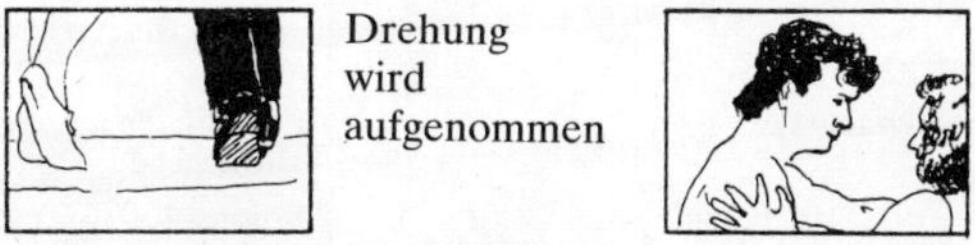

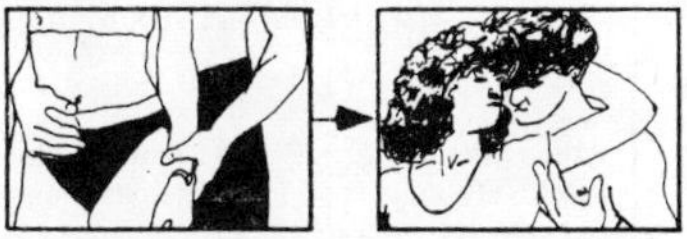

Kamera nimmt
Armbewegung
von Baby auf (3 ×)

wie vorher, aber Johnnys Hand geht zurück, umfaßt Babys linke Hand und dreht Baby. Drehbewegung von Baby wird über Schnitt in Totale Seq. 27 fortgeführt

11. Lektion

27

Visuelle Entwicklung der »Tanzlektionen«

Sq.	Kamera	Farbsymbolik	Musik	Kleidung
15	Füße nah, dann halbnah, statisch, dann Fahrt auf Spiegel	dunkler Raum (blauschwarz), Weichzeichnung durch Toilettenspiegel	instrumentaler Rock'n' Roll-Rhythmus	B: weiße lange Jeans, Turnschuhe, kariertes Hemd über Hose getragen J: schwarze Hose, dunkles Hemd
16	6 × Rücksprung	weiße Treppe		B: wie in 15
17	Totale, statisch	weiße Treppe	(Anfang des Stückes »Wipe Out« der Surfaris)	B: rotes, ausgeschnittenes Top, Jeans (Hot pants)
18	Halbnah, statisch	Vor Fenster: braun, beige, rosa Bluse von Baby		B: weiße Jeans, rosa ärmellose Bluse, die den Bauch frei läßt J: blaue Hose, schwarzes Hemd
19	Nah, statisch	Pastelltöne		B: hautfarbene Leggings, Turnschuhe
20	Halbtotale, statisch	rot, blau, braun, grün		B: rotes Top (wie in 17)
21	Halbnahe zu Nahe, statisch, dann Zufahrt	dunkel, vor Möbeln		wie in 15 u. 16
22	Halbnah, Kamera gegenläufig zu Drehrichtung der Tanzenden	weiß, rosa, Blick durch Fenster auf Grün	schmachtendes Stück »Hungry Eyes« von Eric Carman (Anweisungen Johnnys stumm)	B: rosa Strandbikini J: blaues enganliegendes T-Shirt P: schwarzes Trikot u. Strumpfhose
23	Nah (Füße/ Köpfe), statisch	dunkler Hintergrund, B & J rosa angestrahlt		B: hautfarbene Leggings über weißem Slip, weißes Top, Turnschuhe
24	Nah (Füße), statisch	dto.		B: dto., aber: statt Turnschuhen hochhackige silberne Sandaletten
25	Halbnah zu Halbtotale, Rückhochfahrt von J. auf Penny u. Baby tanzend	weiß/schwarz, fleischfarbige Pastelltöne		B: schwarzer Slip, bauchfreies Top, hochhackige silberne Sandaletten P: roter Body, goldener Gürtel, schwarze Netzstrumpfhose
26	Halbnah, Schnitt mit Bewegung auf Nahe, statisch, Hochrechtsfahrt	weiße Brücke, dunkles Studio, rosa Pastelltöne		B: Jeans (Hot pants), kurzes rosa Top, dann: kurzes, tiefdekolletiertes weißes Top, hautfarbene Leggings über schwarzem Slip, Turnschuhe J: nackter Oberkörper
27	Totale, statisch	dunkler Raum, Blick durch Fenster/Doppeltür auf sonnenbeschienene Grüntöne	ohne Musik (nur Anweisungen von Johnny)	B: schwingender rosa Rock, bauchfreies, dekolletiertes weißes Top, hochhackige silberne Sandaletten J: ganz in Schwarz, muscle shirt

des amerikanischen Engagements in Vietnam (Seq. 42), und ihr Auftritt beim Abschlußfest wirkt geradezu grotesk in seiner puritanischen Steifheit (Seq. 54). Baby dagegen wird als moderne junge Frau eingeführt, die sich für Politik interessiert und, zunächst verbal, später auch aktiv, auf Realisierung von Tugenden wie Mitmenschlichkeit (Seq. 14), Einstehen für Rede und Handeln (Seq. 48) und dem Recht auf Glück für jeden (Seq. 49) besteht, sich also als verantwortungsbewußtes aktives Mitglied der Gemeinschaft erweist. Indem die eine Schwester konservativ passiv überzeichnet und die andere als deutlich idealistisch und für als grundamerikanisch empfundene Tugenden eintretend charakterisiert wird, bietet der Film auch einem in seinen politischen Meinungen breitgefächerten Publikum diverse Möglichkeiten zur Identifikation mit der Hauptfigur, da sich gegenüber der eindeutigen Weltfremdheit und dem überholten Konservatismus von Lisa jede andere Haltung deutlich positiv abheben muß. Erst auf den zweiten Blick fällt so auf, daß Babys politisches Engagement sich letztlich auf Floskeln beschränkt, die mit der realen Härte der sich abzeichnenden gesellschaftlichen Auseinandersetzungen, beispielsweise dem studentischen Protest oder der gegenkulturellen Verweigerung in den USA während der 60er Jahre, wenig zu tun haben. Obwohl DIRTY DANCING in North Carolina spielt, kommen Schwarze nicht vor. Man ist »für« die Friedensbewegung, wie Baby gleich in einem ihrer ersten Sätze erklärt, ignoriert aber wohlweislich die amerikanische Bürgerrechtsbewegung: Dabei hatte seit 1960 das SNCC, eine studentische Organisation zur Gleichstellung der Schwarzen im Süden der USA, von sich reden gemacht, im April 1962 erschütterten die Rassenkonflikte von Birmingham in Alabama die amerikanische Nation, am 27. August 1963 hielt Martin Luther King in Washington vor 200000 Menschen seine berühmte »I had a Dream«-Rede.

Auch Johnny paßt in dieses Schema des Scheinpolitischen, das die Märchenstimmung nicht weiter stört. Zwar erzählt er Baby von seinen sozialen Minderwertigkeitsgefühlen (Seq. 39), dies bleibt jedoch vor allem ein menschlicher Konflikt. Nachgerade erweist er sich zudem als zu sozialem Aufstieg fähig, indem er zumindest gesinnungsmäßig lernfähig ist. Zeigt er sich, als er seinen Schlüssel im Auto steckengelassen hat, noch als mit allen Wassern gewaschen, indem er wie ein Autodieb kurzerhand geschickt die Seitenscheibe eindrückt (Seq. 28), bekennt er auf dem Abschlußfest mit unangemessenem Pathos (wie überhaupt die sozialen Anspielungen in diesem Liebesmärchen letztlich fehl am Platz wirken): »Ich lasse mir nichts verbieten. Ich werde tanzen ... und zwar mit einer großartigen Partnerin, die mir beigebracht hat, daß es Menschen gibt, die für andere einstehen, ohne an die Folgen zu denken. Jemand, der mir beigebracht hat, daß es wichtig ist, daß man an sich glaubt« (Seq. 55). An sich glauben, das wiederum ist eine uralte Formel des amerikanischen Individualismus, der amerikanische Traum vom Glück, das in den eigenen Händen liegt, so man nur hart und fleißig arbeitet.

Bezeichnenderweise nimmt die musikalische Untermalung von DIRTY DANCING denn auch weniger die Rockmusik der Sechziger auf, die diesen amerikanischen Traum nur zu oft provokativ kritisierte, als die in ihrer Grundhaltung eher depressive, von Liebesschmerz und unerfüllten Sehnsüchten bestimmte Soul- und Pop-Musik, also eher Tanzmusik als Musik zum Zuhören und Nachdenken. Otis Redding, die Four Seasons, Maurice Williams & The Zodiacs, die Shirelles, die Five Satins, das sind die Interpreten, die der Filmmusik von DIRTY DANCING ihren Charakter geben. Wenn der gesellschaftliche Umbruch in den USA der Sechziger in DIRTY DANCING eine Rolle spielt, dann eher als allgemeines Klima des Aufbruchs. Bezeichnend ist hier der Dialog zwischen Max, dem Hotelbesitzer, und seinem schwarzen Orchesterleiter während des Abschlußfestes, als beide den jungen Gästen beim Tanzen zusehen:

Max: »Du und ich, wir beide haben schon 'ne Menge gesehen. Erinnerst du dich, wie unsere Jungs den Gästen die erste pasteurisierte Milch serviert haben? ... und während der Prohibition, als wir keinen Schnaps mehr hatten, ... und während der Wirtschaftskrise, als wir gar nichts mehr hatten?«

Steve: »Hat sich schon 'ne Menge verändert, die Zeiten sind hektisch.«

Max: »Nein, damit habe ich keine Schwierigkeiten. Jede Zeit war hektisch. Ich sag dir, für uns geht alles zu Ende. Oder glaubst du wirklich, diese jungen Leute kommen hierher, um den Foxtrott zu lernen? Die wollen nach Europa, wollen in der ganzen Welt herumgondeln – möglichst zweiundzwanzig Länder in drei Tagen. Mir kommt das so vor, als ob uns alles entgleitet.«

Die Jugend als neue Generation mit neuen Vorstellungen wird hier zwar deutlich angesprochen, aber eben nicht, wie es die verschiedenen Anspielungen von Baby zunächst nahelegen möchten, im Sinne des radikalen Bruchs der Sechziger mit ihrer Kritik an der herrschenden Kluft zwischen demokratischen und humanistischen Idealen und repressiver Praxis. Typisch der besänftigende Schluß: Jung und alt tanzen vereint. In seinen Werten ist DIRTY DANCING ein Film der 50er Jahre, der in den Achtzigern gedreht wurde, um dann in den Sechzigern zu spielen. Was allerdings positiv aus den Achtzigern kommt, ist die offene Art, Sexualität darzustellen, und die weit über die sonstige Oberflächlichkeit populärer Filme hinausgehende Eindringlichkeit, mit der das Problem einer ungewollten Schwangerschaft und das Thema Abtreibung einem jugendlichen Publikum nahegebracht werden.

Publika statt Publikum:
Die Diversifikation der traditionellen Filmgenres

Die 80er Jahre sahen in den USA als direkte Konsequenz der wirtschaftlichen Krise Hollywoods in den beiden vorangegangenen Dekaden erneut einen Konzentrationsprozeß in der Filmindustrie. Mit der Internationalisierung des Filmgeschäfts drängte vor allem ausländisches Kapital auf den Markt. 1985 übernahm der australische Medienriese Rupert Murdoch für 575 Millionen Dollar die 20th Century Fox, der Italiener Giancarlo Parretti schluckte die Cannon-Gruppe, und für 600 Millionen Dollar ging das United Artists Studio von MGM/United Artists in das Eigentum der australischen Quintex-Gruppe über, während MGM/UA 1990 für geschätzt eine Milliarde Dollar an Pathé Italien ging. Der weitaus größte Wechsel fand jedoch statt, als Sony 1989 für 3,4 Millionen Dollar Columbia einkaufte und auch deren Schulden von geschätzt 1,5 Milliarden Dollar übernahm. Dieser ökonomischen Konzentration, die eng mit dem Interesse an der weltweiten Nutzung der Fernseh- und Videorechte an den Hollywoodprodukten verbunden war, stand nun aber eine vorher nicht dagewesene Ausdifferenzierung des Marktes gegenüber, die in den USA wiederum das genaue Abbild der zentrifugalen Kräfte war, die die amerikanische Gesellschaft hinter den Harmonisierungsbestrebungen des *New Conservatism* unter der Reagan-Administration beherrschten. An die Stelle des traditionellen Genres trat der Bezug auf spezielle Zielgruppen, die sich auf Alter der Zuschauer, ihre ethnische Zugehörigkeit, aktuelle *issues* oder gar kurzfristige Moden bezogen. Gerade kleine Produktionsfirmen wie die Videofirma Vestron, die DIRTY DANCING produzierte, erwiesen sich hier flexibler als die nach der kurzen Zwischenphase des New Hollywood wieder in den alten Produktionsgewohnheiten erstarrte Hollywoodindustrie, auch wenn sie kommerziell gegen die umfassenden Werbestrategien der großen Gesellschaften nicht ankommen konnten und nach anfänglichem Boom gegen Ende der Achtziger wieder verschwanden.

Filme wie DIRTY DANCING sind als kommerziell genau kalkulierte Reaktion auf diese Trends zu verstehen, indem sie gezielt auf ein jugendliches Publikum und dessen Bedürfnisse abgestellt sind. Der kommerzielle Erfolg der Filme wiederum wurde durch intensives Marketing und Vorab- und Parallelveröffentlichung der Musik auf Schallplatte und Videoclip gesichert. Der Videoclip-Boom hatte begonnen, als die Schallplatten-Firmen Ende der 70er Jahre über sinkende Umsätze auf dem LP-Markt zu klagen begannen und plötzlich der Single-Markt wieder interessant wurde. Als Ursachen wurden Jugendarbeitslosigkeit, Videospiele, Heimcomputer, Videorecorder und das billigere Überspielen auf Cassetten genannt. Um den Umsatz der kleinen Scheiben zu steigern, bot sich die

Werbung mit Clips an, die sich schnell zur eigenständigen Form entwikkelten. In DIRTY DANCING zeigen sich stilistische Elemente dieser filmischen Kurzform beispielsweise in den Zeitlupenüberblendungen des Anfangs oder den wiederholenden Schnitten einer Einstellung während der Tanzlektionen.

Zwischen SATURDAY NIGHT FEVER und E. T. – Tanz und kleine Fluchten Samstag nacht im Kino

DIRTY DANCING steht am Höhepunkt jener inzwischen fast unüberschaubaren Reihe von Musik- und Tanzfilmen, die in den späten 60er Jahren begann und ihren Hintergrund in der zunehmenden Bedeutung der Jugendkultur in den USA und anderen westlichen Gesellschaften hatte. Seit EASY RIDER (1969) war die Verbindung von jugendlicher Thematik und zeitgenössischer Musik zur unabdingbaren Voraussetzung für den Erfolg von Filmen bei einem jugendlichen Publikum geworden. Ab Mitte der 70er Jahre wurde die Musikszene durch den Disco-Sound geprägt, eine Entwicklung, die auch Hollywood nicht verborgen blieb. 1977 produzierte Paramount als Reaktion auf den neuen Musikgeschmack den Film SATURDAY NIGHT FEVER. Der Film wurde einer der Kassenschlager des Jahrzehnts. Allein in New York spielte er in den ersten vier Tagen 764000 Dollar ein; im ganzen Land kam er 1977 auf 107,6 Millionen Dollar.

Das Märchen, das SATURDAY NIGHT FEVER erzählt, war ebenso einfach wie eingängig. Der 19jährige Verkäufer Tony Manero sucht in einer Jugendgang und als Tänzer in Diskotheken Selbstbestätigung. Durch einen Unfall aufgerüttelt, verläßt er dieses Milieu und geht in das »bessere« Manhattan, wo er durch seine tänzerischen Fähigkeiten zum Star wird. Neben der Musik, die als LP auf den Markt geworfen wurde und sofort an die Spitze der Charts kletterte, mag ein anderer Teil des Erfolgs von SATURDAY NIGHT FEVER in den Identifikationsmöglichkeiten gelegen haben, die der Film bot. Tanzen, das konnte jeder, und damit konnte auch jeder für einen Abend Disco-König oder Disco-Queen sein. Dazu waren weder Intelligenz noch besonderes Wissen noch die Zugehörigkeit zu einer sozialen Elite nötig.

Nach dem Erfolg von SATURDAY NIGHT FEVER brachte Universal noch im gleichen Jahr einen weiteren Film mit John Travolta und Olivia Newton-John als seiner Partnerin heraus, in dem beide nicht nur tanzen, sondern auch singen sollten: GREASE (SCHMIERE). Der Film, von Randal Kleiser in kitschig-süßlichen Bonbon- und Pastellfarben gedreht, spielte binnen 52 Tagen in den USA 86,4 Millionen Dollar ein. Bereits acht Wochen vor dem Start des Films war der Soundtrack als LP auf den Markt geworfen worden und hatte sich sofort einen Top-Platz in den Charts erobert. Produzent beider Filme, GREASE und SATURDAY NIGHT FEVER, war bezeichnenderweise Robert Stigwood. Stigwood, dem das Magazin *Newsweek* 1978 sogar eine Titelgeschichte widmete, hatte bereits mit JESUS CHRIST SUPERSTAR (1972) und TOMMY (1974) Erfahrungen auf dem Gebiet der Musikfilme gesammelt.

Als die Disco-Welle 1979 in den USA zusätzlich in das Rollerskating-Fieber umschlug, reagierte Hollywood mit XANADU. In der Hauptrolle, wie könnte es anders sein: Olivia Newton-John, die neben John Travolta nach ihrem Erfolg in GREASE zu *dem* Teenie-Idol avanciert war, dies um so mehr, als sie auch den Titelsong sang. Die Geschichte ist genauso einfach wie märchenhaft. Auf der Strandpromenade von Venice, dem legendären Vorort von Los Angeles am Pazifischen Ozean, trifft ein Plattencover-Maler ein zauberhaftes Wesen auf Rollschuhen. In seinen pompösen Effekten, der aufwendigen Rollschuh-Choreographie und mit Gene Kelly an der Seite Olivia Newton-Johns bezieht sich XANADU deutlich auf die großen Musicals der 40er und 50er Jahre. Im Gegensatz zu der drogenbetonten Innerlichkeit und der Problemorientiertheit der vorherigen Generation dominierten Extrovertiertheit und ein neues Körpergefühl mit eher traditionellen Rollenzuweisungen für die Geschlechter. Sex-Appeal war wieder »in«, Stilettoabsätze, schwingende Röcke und Anzüge beherrschten die Mode.

Fortgesetzt wurde diese Entwicklung mit Aerobic, Body-Building und Fitness-Centers. Jogging-Anzüge, Stirnbänder und Legwarmers wurden gesellschaftsfähig. »Let's Get Physical« sang Olivia Newton-John. Im Rahmen dieser Betonung des Tänzerischen war es so nur konsequent, als Regisseurin für den Sequel GREASE 2 Patricia Birch, eine der führenden Choreographinnen und Tänzerinnen in den USA, zu holen. Allerdings gelang es Birch nicht, an den Erfolg des Originals anzuknüpfen. Dies wiederum schafften Anfang der 80er Jahre zwei andere Tanzfilme, die als direkte Vorläufer von DIRTY DANCING gesehen werden können: In FLASHDANCE, 1982 von dem Briten Adrian Lyne im Stil der Werbung photographiert und in Szene gesetzt, hat Alexandra, die tagsüber als Schweißerin in einem Stahlwerk in Pittsburgh und nachts als Tänzerin in einer Bar arbeitet, sich zum Ziel gesetzt, in ein Ballett aufgenommen zu werden, was sie auch schafft. Natürlich begegnet ihr auch ein Märchenprinz, der sich schließlich als der Fabrikbesitzer herausstellt. In FOOTLOOSE geht es um eine amerikanische Kleinstadt, in der ein neu zugezogener junger Mann gegen das bestehende Tanzverbot angeht und es schließlich gegen viele Widerstände schafft, mit der hübschen Tochter des Pfarrers die seit Jahren erste öffentliche Tanzveranstaltung durchzuführen.

Beide Filme sind zugleich Prototypen für die schon oben angesprochenen neuen Vermarktungsstrategien. Ein Viertel des Produktionsbudgets von FLASHDANCE waren Werbekosten. Schon in den ersten beiden Wochen, in denen der Film in den amerikanischen Kinos 11,3 Millionen Dollar einspielte, wurden daraufhin 700000 Soundtrack-LPs verkauft. Gleichzeitig gab es »Flashdance«-Sweatshirts, »Flashdance«-Buttons und andere Paraphernalia. Der Video-Clip aus Filmausschnitten katapultierte wiederum den Titelsong »Flashdance... What a Feeling« von Irene Caras in die Hitparaden, der später auch einen Oscar gewann. Ähnliches gilt für FOOTLOOSE.

Überhaupt scheinen die späten 80er Jahre die Zeit der Remakes und bewährten Formeln zu sein. Man setzte auf bewährte Rezepte, die das ökonomische Risiko von vornherein kalkulierbar machten. A CHORUS LINE (1985), nach dem gleichnamigen Broadway-Erfolg von Richard Attenborough für Embassy/Polygram gedreht, wiederholte so die Struktur von Alan Parkers FAME: Eine Gruppe junger Tänzer bewirbt sich um die Teilnahme an einer Musical-Inszenierung, aber nur acht von den sechzehn können genommen werden. Der Film STAYING ALIVE (1985) wiederum versucht sich unter der Regie von Sylvester Stallone an einer Fortsetzung von SATURDAY NIGHT FEVER, von dessen populärstem Song er bezeichnenderweise seinen Titel borgt. Und das Publikum mochte die Neuauflagen: Alle Filme wurden Kassenerfolge.

Eng verknüpft mit den Teenie-Tanzfilmen erlebte auch der College-Film eine Renaissance. Man erging sich in pubertären Wunscherfüllungsplots wie in CLASS (1983), LOCKERE GESCHÄFTE (RISKY BUSINESS, 1983) oder THE FLAMINGO KID (1984) und in Feuerzangenbowlen-Schabernack wie in BACK TO SCHOOL (1986) oder LIKE FATHER, LIKE SON (1987). Unter der Regie von John Hughes entstanden daneben jedoch auch psychologisch einfühlsame Highschool-Filme wie DAS DARF MAN NUR ALS ERWACHSENER (SIXTEEN CANDLES, 1983) und DER FRÜHSTÜCKSCLUB (THE BREAKFAST CLUB, 1984) mit der Teenie-Queen Molly Ringwald. Allerdings fielen 1985 L.I.S.A. und FERRIS MACHT BLAU (FERRIS BUELLER'S DAY OFF, mit Jennifer Grey in der Hauptrolle) schon deutlich schablonenhafter aus, und PRETTY IN PINK (1985) und IST SIE NICHT WUNDERBAR? (SOMEKIND OF WONDERFUL, 1986) variierten nur noch klischeehaft das Thema des verkannten »häßlichen Entleins«.

Aber nicht nur Teenies ließen sich von den Alltagsmärchen faszinieren. Auch Erwachsene fanden am Wiederaufleben alter Muster und phantastischer Geschichten Gefallen. In einer Zeit enttäuschter politischer Hoffnungen und der wirtschaftlichen Rezession entdeckte man die eigene Jugendzeit mit ihrer Spannung zwischen Phantasie und Reife wieder. Regisseure wie George Lucas oder Steven Spielberg wurden mit ihren »Fantasy-Mega-Blockbusters« wie der STAR WARS-Trilogie oder E.T. (E.T. THE EXTRA-TERRESTRIAL, 1982) in den 80er Jahren zu den Erfolgsregisseuren Hollywoods. Jugendliche Helden waren »in«, vor allem, wenn die Handlung satirisch-komödiantische Züge trug, die der Gesellschaft unterhaltsam und harmlos den Spiegel vorhielt. Filme wie TIME BANDITS (1980), GHOSTBUSTERS (1984, II. 1989), ZURÜCK IN DIE ZUKUNFT (BACK TO THE FUTURE, 1984) oder GREMLINS (1984, II. 1989) fallen in diese Kategorie und fanden viele Nachahmer. Aber auch der Erfolg des eingangs schon angesprochenen Films PRETTY WOMAN läßt sich anders nicht erklären.

Allen diesen Hollywoodprodukten, den Tanz- wie den Teenie- und Fantasyfilmen, ist gemeinsam, daß sie nur eines sein wollen und nichts anderes: Unterhaltung. Probleme von Jugendlichen in der Pubertät, das »erste Mal«, die Schwierigkeiten der Identitätsfindung, werden hier mit leichter Hand thematisiert und in der Regel auf konventionelle Weise aufgelöst, oder es werden phantasievolle Fluchten in andere Welten angeboten. Das Vergnügen des Zuschauers liegt weniger in der Spannung des Unerwarteten, Neuen, als vielmehr eben gerade in der Vorfreude auf den Ablauf bereits vorab bekannter Muster, auf die Wiederkehr des schon Gewußten. Daß allen diesen Produkten etwas Eskapistisches anhaftet, tut jedoch der Professionalität und oft visuellen Brillanz dieser modernen Märchen keinen Abbruch.

Anmerkung

1 Siehe Douglas Brode: The Films of the Eighties. New York 1991, S. 191.

Auswahlbibliographie

Douglas Brode: The Films of the Eighties. New York 1991.

Kitty Hanson: Disco Fieber. München 1979.

Jim Hiller: The New Hollywood. London 1993.

Philip Jenkinson, Alan Warner: Celluloid Rock. Twenty Years of Movie Rock. London 1974.

Helmut Korte, Werner Faulstich (Hrsg.): Action und Erzählkunst. Die Filme von Steven Spielberg. Frankfurt/M. 1987.

Hans-Peter Rodenberg: »Back to the Future« – Tendenzen des US-amerikanischen Films der 80er Jahre. In: Ingrid Kerkhoff, Hans-Peter Rodenberg (Hrsg.), Leinwandträume. Film und Gesellschaft, Hamburg/Berlin 1991, S. 15–33.

Jürgen Struck: Rock around the Cinema. Spielfilme/Dokumentationen/Videoclips. Reinbek 1985.

Tom Vallance: The American Musical. London/New York 1970.

Auswahlfilmographie

SATURDAY NIGHT FEVER (NUR SAMSTAG NACHT), John Badham, USA 1977
GREASE (SCHMIERE), Randal Kleiser, USA 1977
FAME (FAME – DER WEG ZUM RUHM), Alan Parker, USA 1979

XANADU, Robert Greenwald, USA 1979
TIME BANDITS, Terry Gilliam, USA 1980
GREASE 2, Patricia Birch, USA 1982
FLASHDANCE, Adrian Lyne, USA 1982
E.T. THE EXTRA-TERRESTRIAL (E.T. DER AUSSERIRDISCHE), Steven Spielberg, USA 1982
FOOTLOOSE, Herbert Ross, USA 1983
BACK TO THE FUTURE (ZURÜCK IN DIE ZUKUNFT), Robert Zemeckis, USA 1984
GHOSTBUSTERS, Ivan Reitman, USA 1984, II: 1989
GREMLINS, Joe Dante, USA 1984, II: 1990
STAYING ALIVE, Sylvester Stallone, USA 1983
A CHORUS LINE, Richard Attenborough, USA 1985
PRETTY WOMAN, Garry Marshall, USA 1989

Sequenzprotokoll

Sequenz/ Szene	Einstellungsnummer	Zeit	Inhalt	Anzahl der Einstellungen	Dauer
			Die Ankunft der Heldin		
1	1– 11	0′00″	Tanzende in s/w und Zeitlupe, darüber Titel.	11	1′44″
2	12– 42	1′44″	Ankunft der Familie Houseman.	31	2′26″
3	43– 53	4′10″	Penny und ihr Marenga-Tanzkurs.	10	1′03″
4	54– 70	5′13″	Baby sieht Johnny zum ersten Mal.	17	2′04″
5	71– 85	7′17″	Abendessen der Familie Houseman mit Töchtern.	15	1′04″
6	86–125	8′21″	Tanz der Gäste und Auftritt von Penny und Johnny.	40	3′31″
7	126–133	11′52″	Baby als geteilte Dame.	8	42″
8	134–198	12′34″	Baby beim Tanz der Angestellten, erster Tanz mit Johnny.	65	7′11″
			Das Problem		
9	199–209	19′45″	Baby begegnet Penny.	11	1′34″
10	210–225	21′19″	Abends: Tanz.	16	2′37″
11	226–260	23′56″	Entdeckung, daß Penny schwanger ist.	35	4′21″
			Das edelmütige Angebot		
12	261–269	27′35″	Robby lehnt die Verantwortung ab.	9	40″
13	270–286	28′15″	Baby bittet Vater um Geld.	17	1′14″
14	287–308	29′29″	Baby bringt Penny Geld, wird zurückgewiesen und bietet sich als Ersatztanzpartnerin an.	22	2′21″

Sequenzprotokoll

Sequenz/ Szene	Einstel-lungs-nummer	Zeit	Inhalt	Anzahl der Einstel-lungen	Dauer
			Die Tanzlektionen		
15	309–314	31′50″	1. Lektion: Johnny und Baby üben die ersten Schritte.	6	51″
16	315–319	32′41″	Baby übt, von Johnny kommend, allein auf einer Brücke auf dem Weg weiter.	5	33″
17	320	33′14″	2. Lektion: Baby übt auf einer Treppe auf dem Weg zu Johnny.	1	6″
18	321	33′20″	3. Lektion: Baby und Johnny üben vor offenem Fenster.	1	7″
19	322	33′27″	4. Lektion: nur Füße der Tanzenden.	1	9″
20	323	33′36″	5. Lektion: Baby in kurzen Jeans und Body von Johnny her kommend.	1	18″
21	324–329	33′54″	6. Lektion: Johnny erklärt Baby, daß Tanzen aus dem Herzen kommen muß.	6	36″
22	330–331	34′30″	7. Lektion: Penny gibt Baby zusätzliche Hilfestellung beim Üben mit Johnny.	2	53″
23	332–337	35′23″	8. Lektion: Johnny und Baby üben Drehungen.	6	29″
24	338	35′52″	9. Lektion: Baby jetzt in hochhackigen Sandaletten mit Johnny übend.	1	7″
25	339	35′59″	10. Lektion: Penny und Baby üben.	1	25″
26	340–347	36′24″	11. Lektion: Baby malt sich Lippen rot, bevor sie mit Johnny tanzt.	8	1′18″
27	348–350	37′42″	12. Lektion: Üben der Verbeugung in Rock und Anzug.	3	33″
28	351–383	38′15″	13. Lektion: Ausflug ins Grüne: Johnny öffnet sich und erzählt, wie er zum Tanzen kam, anschließend üben er und Baby auf einer Wiese und im Wasser Babys Sprungfigur.	33	4′29″
29	384–389	42′44″	Penny und Baby freunden sich an.	6	1′45″

Sequenz/ Szene	Einstel-lungs-nummer	Zeit	Inhalt	Anzahl der Einstel-lungen	Dauer
			Der Triumph		
30	390–395	44′29″	Baby läßt sich von Lisa entschuldigen.	6	24″
31	396–432	44′53″	Johnny und Baby tanzen im Club.	37	2′27″
32	433–434	47′20″	Rückfahrt, Johnny lobt Baby.	2	1′32″
33	435–450	48′52″	Dr. Houseman hilft Penny nach verpfuschtem Abtreibungsversuch.	16	2′32″
			Die Liebe		
34	451–491	51′24″	Baby entschuldigt sich bei Johnny für das abwertende Verhalten ihres Vaters.	41	4′38″
35	492–493	56′02″	Babys Entjungferung durch Johnny.	2	28″
			Hindernisse		
36	494–511	56′30″	Frühstück: Vater will abreisen.	18	1′19″
37	512–546	57′49″	Penny warnt Johnny vor Baby.	35	2′25″
38	547–552	60′14″	Familie Houseman in ihrem Hotelzimmer, Baby geht.	6	34″
39	553–564	60′48″	Baby und Johnny lieben sich, im Gespräch danach stellt Johnny sich selbst als sozialen Versager dar.	12	2′01″
40	565–566	62′49″	Lisa und Baby im Bett: Lisa will Jungfernschaft verlieren.	2	50″
41	567–586	63′39″	Demütigung von Johnny durch den Neffen von Max.	20	2′46″
42	587–598	66′25″	Johnny und Baby werden Zeugen, wie Lisa das kommende US-Engagement in Vietnam verteidigt.	12	1′34″
43	599–610	67′58″	Johnny verteidigt Baby gegenüber Robby.	12	1′30″
44	611–622	69′28″	Johnny weist Geld zurück.	15	2′25″
45	623–626	71′53″	Die Enttäuschung für Lisa.	4	40″
46	627–628	72′33″	Johnnys Traum.	2	38″
			Die Bewährung der Liebenden		
47	629–632	73′11″	Johnny und Baby werden gesehen.	4	38″
48	633–655	73′49″	Johnny wird des Diebstahls verdächtigt, Baby gesteht, daß sie die Nacht mit ihm verbracht hat.	23	2′01″

Sequenz/ Szene	Einstel- lungs- nummer	Zeit	Inhalt	Anzahl der Einstel- lungen	Dauer
49	656–668	75′50″	Baby beschuldigt ihren Vater der Bigotterie.	13	1′31″
50	669–684	77′21″	Johnny erzählt, daß er trotz Verhaftung der Schuldigen seinen Job verloren hat.	16	1′21″
51	685–692	78′42″	Johnny verteidigt Baby vor ihrem Vater.	8	55″
52	693–696	79′37″	Abschied Johnnys von Baby.	4	1′31″
			Das glückliche Ende		
53	697	81′08″	Lisa hilft Baby bei der Toilette.	1	46″
54	698–718	81′54″	Dr. Houseman erfährt auf dem Abschiedsabend die Wahrheit über Pennys Schwangerschaft, Max stellt fest, daß eine neue Zeit angebrochen sei.	21	2′59″
55	719–733	84′53″	Johnny kehrt zurück und bekennt sich vor allen zu Baby.	15	31″
56	734–782	86′24″	Johnny und Baby tanzen, und alle sind begeistert.	49	4′10″
57	783–792	90′34″	Dr. Houseman entschuldigt sich bei Johnny.	10	26″
58	793–807	91′00″	Angestellte und Gäste, Jung und Alt tanzen, die Liebenden im Zentrum.	15	1′52″
59	808–813	92′52″	Tanzende in s/w und Zeitlupe, darüber Cast, dann Crew auf Schwarz.	6	3′06″

Gesamtlänge: 95 Minuten 58 Sekunden (Videofassung)

13. Entmystifizierung der Geschichte: DIE KOMMISSARIN (1967/1988) von Peter Hoff

Prolog: Die Öffnung der »Tresore«

Im Juli 1987, am Rande des XV. Internationalen Moskauer Filmfestivals, erlebte ein Film in einer Veranstaltung des sowjetischen Filmverbandes seine erste Aufführung, der zwanzig Jahre zuvor gedreht worden war und seither im »Tresor« der Staatlichen Sowjetischen Filmverwaltung gelegen hatte: Aleksandr Askoldows DIE KOMMISSARIN. Es sollte der einzige Film dieses 1937 geborenen Regisseurs bleiben, der nach dem Verbot seines Debüts seinen Berufsweg aufgeben mußte.

Ein halbes Jahr später, auf der Berlinale 1988, anläßlich der offiziellen Uraufführung, nahm auch der politische Westen mit Staunen und teilweise mit Unverständnis erstmals Kenntnis von sowjetischen Filmwerken, die von einer bornierten kulturpolitischen Administration der Öffentlichkeit oft jahrzehntelang vorenthalten worden waren. DIE KOMMISSARIN wurde mit dem Sonderpreis der Jury des Berliner Festivals ausgezeichnet.[1]

Zensur und Verbote waren in der Filmgeschichte durchaus kein Privileg der realsozialistischen Staaten. Was sie jedoch gerade hier so schmerzhaft machte, war der Umstand, daß damit ehrliches Wollen der Filmemacher diskreditiert und der Entwicklung der Gattung Film oft irreparabler Schaden zugefügt wurde. Es sei in diesem Zusammenhang nur an das Verbot von SONNENSUCHER (Konrad Wolf, DDR 1958/1972) erinnert[2], das wohl mit Recht als empfindlicher Einschnitt in die Entwicklung des DEFA-Films betrachtet werden kann. »Damals gezeigt, hätte er zu den bemerkenswertesten Spielfilmen mit Gegenwartsthematik in den osteuropäischen Ländern gehört.«[3] Gleiches läßt sich auch von den Filmen sagen, die 1965/66 im geistigen Umfeld des 11. Plenums des SED-ZK dem Verbot anheimfielen.

Etwa achtzig Filme wurden in der ersten Hälfte des Jahres 1987 aus den »Regalen« und »Tresoren« der Moskauer Zensurbehörden geholt und gesichtet. Auf der III. Vorstandstagung des sowjetischen Verbandes der Filmschaffenden am 8. und 9. Dezember 1987 forderte der Filmwissenschaftler und -kritiker Viktor Djomin eine verstärkte Auseinandersetzung mit der Vergangenheit, die endlich mit den noch immer vorhandenen Rudimenten des Stalinismus aufräumen sollte, um so die ärgsten Hindernisse für die notwendige filmische Beschäftigung mit den Widersprüchen und Konflikten der Gegenwart auszuräumen.

Menschenschicksale gegen Personenkult

Warum DIE KOMMISSARIN 1967 verboten wurde, ist ohne einen historischen Exkurs kaum nachvollziehbar. Der Film von Askoldow erzählt eine Episode aus dem Bürgerkrieg. Die Politkommissarin einer roten Kavallerieabteilung ist schwanger. In einem galizischen Dorf wird sie im Hause eines jüdischen Kesselflickers einquartiert, um hier zu entbinden. Im Kreise der Familie, beraten und unterstützt von der Frau und der Mutter des Kesselflickers, wird aus dem weiblichen Soldaten wieder eine Frau und schließlich eine Mutter, die sich um ihr Kind sorgt. Als sich die Roten vor dem Ansturm der Weißen zurückziehen müssen, verbarrikadieren die Dorfbewohner ihre Häuser. Vor allem die Juden müssen Pogrome befürchten und verstecken sich im Keller. In einer Traumsequenz erscheint der Kommissarin der künftige Holocaust als Schreckensvision. Die Kommissarin entschließt sich, wieder zu den Soldaten zu gehen, und läßt ihr Kind in der Obhut der jüdischen Familie zurück.

Das Jahr 1967, als Askoldows Film fertiggestellt war, nahm im politischen Kalender der Sowjetunion eine besondere Stellung ein. 1967 wurde der fünfzigste Jahrestag der Großen Sozialistischen Oktoberrevolution gefeiert: Anlaß zur umfassenden Selbstdarstellung jenes Staates, der zum Zentrum eines politischen, ökonomischen und militärischen Weltsystems geworden war und diese Position mit allen Mitteln behauptete. Die Frage nach dem historischen Gewordensein des Staates nahm eine zentrale Stellung bei diesem Jubiläum ein. Askoldows Film vertrat eine naive pazifistische Haltung. »Glauben Sie, Kinder aufzuziehen ist so einfach wie Kriegführen – piff-paff und fertig?« fragt die Frau des jüdischen Kesselflickers die Kommissarin. Dies ist der Schlüsselsatz zu diesem Film.

Warum eine Fabel mit dieser Aussagetendenz politischen Anstoß erregen konnte, so daß die Fertigstellung und öffentliche Aufführung des Films verboten wurde, erklärt sich aber auch aus der Geschichte sowjetischer Kulturpolitik seit dem Ende der 20er Jahre. Am 2. Februar 1929 schrieb Stalin einen in der Folge bedeutsamen Brief an den Dramatiker Bill-Belozerkowski. Vorangegangen war der Widerstand von Künstlern des Moskauer Bolschoj-Theaters unter Führung des Dirigenten Golowanow, die sich gegen eine von ideologischen Grundsätzen gelenkte Spielplanpolitik des bedeutendsten sowjetischen Opernhauses wandten. Bill-Belozerkowski hatte zwischen »rechten« und »linken« Positionen in der Theater- und Kunstpolitik unterschieden. Stalin lehnte »die Stellung der Frage nach ›Rechten‹ und ›Linken‹ in der schönen Literatur (und also auch im Theater)« als falsch ab. Bei der Unterscheidung von »rechts« und »links« handele es sich um »Parteibegriffe«. Stalin fordert, »in der schönen Literatur mit *klassenmäßigen* Begriffen oder sogar mit den Begriffen ›sowjetisch‹, ›antisowjetisch‹, ›revolutionär‹, ›gegenrevolutionär‹ usw. zu operieren«.[4] – Stalin forderte »Parteilichkeit« von der Kunst ein. Dieser Begriff bestimmt seither die sozialistisch-realistische Kunstdiskussion. An der »Parteilichkeit« wird der künstlerische Wert eines Werkes gemessen. Der Vorwurf mangelnder »Parteilichkeit« zieht fast notwendig die Zensurierung des inkriminierten Werkes und die Maßregelung seines Autors nach sich.

Der Stoff, den Askoldows Film aufgriff, der Bürgerkrieg, war eines der heiklen Themen der russisch-sowjetischen Geschichte. Der Bürgerkrieg hatte schließlich dazu gedient, die Sowjetmacht über Zentralrußland hinaus auf das frühere zaristische Kolonialreich auszudehnen, woraus Stalin 1920 die Theorie von der »wechselseitigen Unterstützung Zentralrußlands und seiner Randgebiete« ableitete. »Zentralrußland, dieser Herd der Weltrevolution, kann sich nicht lange ohne die Hilfe seiner Randgebiete halten, die Roh- und Brennstoffe sowie Lebensmittel in Hülle und Fülle haben. Die Randgebiete Rußlands sind ihrerseits ohne die politische, militärische und organisatorische Hilfe des höher entwickelten Zentralrußlands unausbleiblich zu imperialistischer Knechtung verurteilt.«[5]

Im Zeichen der »Weltrevolution« wurden die »Randgebiete« bis in den mittelasiatischen Raum hinein als Sowjetrepubliken der Union angeschlossen. Daß dies nicht selten auch gegen den Widerstand der »befreiten« Völker geschah, war unumstritten. Lenin mahnte deshalb zu vorsichtigem Vorgehen in den Regionen mit einer fremden Kultur.[6]

Die Unterwerfung der »befreiten« Völker brachte der Sowjetmacht den Vorwurf der imperialistischen Politik ein, der angesichts der »Politik der friedlichen Koexistenz« der 60er Jahre und der Breschnew-Doktrin, die 1968 in der »sozialistischen Bruderhilfe«, dem militärischen Eingreifen in die inneren Wandlungsprozesse in der CSSR, gipfelte, nicht geduldet werden konnte.

In DIE KOMMISSARIN rollt der Krieg als anonyme Macht über die wehrlosen Menschen hinweg. Dem kriegerischen Geschehen mangelt jeder heroische Zug. Es ist ein anonymes Abschlachten. Zwar wird die Sowjetmacht als das bessere Regime gezeigt. Die Erringung der Macht aber fordert schlimme Opfer und läßt die Menschen ihre Menschlichkeit verdrängen.

Ein weiterer Grund, der den Bürgerkrieg zu einem diffizilen Thema der sowjetischen Geschichte machte, liegt in der Biographie Stalins begründet. Der Sieg der Roten Armee gegen die Weißen Garden und die ausländischen Interventionsarmeen war unter dem Kommando Trotzkis errungen worden. Stalin stand zwar auch an der Front, an den militärischen Operationen hatte er jedoch nur wenig Anteil.[7] Nach dem Sturz Trotzkis usurpierte Stalin den Sieg für sich. In der »Geschichte der Kommunistischen Partei der Sowjetunion (Bolschewiki)«, mit der sich Stalin ein historisches Denkmal setzen wollte, wird die »Periode des Bürgerkrieges und der Intervention« als die »Periode des Untergangs« der »konterrevolutionären Parteien« der Sozialrevolutionäre, Menschewiki, Anarchisten und Nationalisten und als »endgültiger Triumph der Kommunistischen Partei im Sowjetlande« beschrieben, d. h. Stalin ließ sich selbst als den Vollender der Oktoberrevolution preisen.[8] Chruschtschow hatte in seiner berühmten Geheimrede auf dem XX. Parteitag der KPdSU vom 25. Februar 1956 die Legende vom genialen Feldherrn Stalin kaum angetastet. Lediglich sein »Versagen bei Kriegsbeginn« hielt er dem toten Diktator vor.

Schon 1926 hatte der Erzählungsband »Die Reiterarmee« des jüdisch-russischen Dichters Isaak Babel eine heftige Polemik ausgelöst. Semjon Budjonny, legendärer Kommandeur der Ersten Reiterarmee, warf Babel die Beschädigung des Ansehens der Armee vor. Babel, der selbst in der Reiterarmee gekämpft hatte, zeigte in seinen Erzählungen das grausame Gesicht des Krieges, die Alltäglichkeit des Mordens. In der Erzählung »Gedalja« beispielsweise sinnierte ein alter Jude über die Revolution:

»... Ihr schießt, weil ihr die Revolution seid. Nun, die Revolution ist doch eine Freude, und die Freude duldet keine Waisen im Hause. Gute Taten werden von guten Menschen vollbracht. Die Revolution ist eine gute Tat von guten Menschen. Aber gute Menschen töten nicht. Also machen böse Menschen die Revolution. Aber auch die Polen sind böse Menschen. Wer wird Gedalja sagen, wo Revolution ist und wo Konterrevolution? Einst habe ich den Talmud studiert. Ich liebe die Kommentare von Rasche und die Schriften von Maimonides. In Shitomir leben auch andere gelehrte Leute. Und wir alle, wir gelehrten Leute alle, wir neigen unser Gesicht zur Erde und schreien aus voller Kehle: Wehe uns, wo bleibt die süße Revolution?«[9] – So hätte auch der jüdische Kesselflicker Jefim im Film DIE KOMMISSARIN klagen können. Bis 1933 erreichte »Die Reiterarmee« allein in der Sowjetunion acht Auflagen. Gleichzeitig war das Buch Gegenstand einer heftigen Polemik. Wsewolod Wischnewski, früherer Roter Matrose und Soldat in Budjonnys Roter Reiter-Armee, schrieb »als Antwort an Babel«, wie er selbst sagte, das Stück »Die erste Reiterarmee«, zu dem Semjon Budjonny ein Vorwort verfaßte. Dimitri Furmanow schrieb den Roman »Tschapajew«, ebenfalls ein Gegenentwurf zu Babels Buch. »Mangelnde Parteilichkeit« lautete der Vorwurf an den Dichter. Babel, 1939 im Zuge der »Tschistka« (»Säuberung«) verhaftet, starb 1941 in einem von Stalins Gulags. Erst 1957, nach dem XX. Parteitag der KPdSU, konnte »Die Reiterarmee« in der Sowjetunion wieder erscheinen, in der DDR erst 1964, obgleich das Buch schon 1926 im legendären Malik-Verlag von Wieland Herzfelde erschienen war.[10] Die Geschichte der Sowjetunion, und gerade auch der Bürgerkrieg, wurde seit den 30er Jahren mehr und mehr zum Werk des Diktators Stalin umgefälscht. Diese Mystifizierung hat auch im sowjetischen Film ihre Spuren hinterlassen. Bereits in den 30er Jahren waren Filme über den Bürgerkrieg produziert worden, so 1934 der berühmte TSCHAPAJEW (Sergej und Georgi Wassiljew, nach dem Roman von Furmanow) und zwei Jahre später DIE DREIZEHN (Michail Romm).

In TSCHAPAJEW wurde neben dem Titelhelden, dem Soldaten und Heerführer, der Politkommissar Fumanow als der »positive Held« etabliert, als ideologisches Korrektiv zu einer Spontaneität mit Zügen der Anarchie bei der Hauptgestalt. »›Tschapajew‹ gestaltete als einen der wichtigsten Aspekte die tiefe Verwurzelung der Kommunistischen Partei im Volk«[11], meinten die Autoren einer in den 60er Jahren geschriebenen sowjetischen Filmgeschichte und nahmen dabei die Charakterisierung des Bürgerkrieges in der stalinistischen »Geschichte der Kommunistischen Partei der Sowjetunion (Bolschewiki)« auf.

1951 drehte Stalins georgischer Landsmann Michail Tschiaureli DAS UNVERGESSLICHE JAHR 1919, eine Apotheose auf den »genialen Feldherrn« Stalin und einer der Höhepunkte des filmischen Stalin-Kultes. Das Drehbuch schrieb Wsewolod Wischnewski. Tschiaurelis pathetischer Filmstil stattete Stalin auch hier mit fast göttlichen Zügen aus, wie schon vordem in dem zweiteiligen Monumentalwerk DER FALL VON BERLIN (1949).

Zwar zeigte auch schon TSCHAPAJEW Züge eines auf Stalin verweisenden Heldenkultes, im Gegensatz übrigens zu Romms Film, der vor allem das Leiden der Kämpfer jener kleinen Einheit zeigte, die einen Brunnen in der Wüste gegen die anstürmende Übermacht der Weißen verteidigt. In Tschiaurelis Filmen löst sich die übermächtige Gestalt Stalins aus dem Filmgeschehen heraus, wird zur Ikone, die Verehrung und Anbetung fordert. »Volk und Armee bilden den Hintergrund, vor dem sich die Aktionen einer einzelnen Person (Stalin, P. H.) entfalten.«[12] Ein realistisches Bild des Krieges zeigte keiner dieser Filme.

Krieg ohne Helden

Askoldows Film zeigt den Krieg nirgends und niemals von der heroischen Seite. Der Krieg ist Mord und Tod, Hunger und Zerstörung, Not und Angst. Die erste Einstellung zeigt eine scheinbar friedliche Landschaft, beherrscht von einer naiven Madonnenstatue. Im Off singt eine Frau ein Wiegenlied. Langsam schwenkt die Kamera nach rechts. Aus der Bildtiefe nähert sich stumm eine Heeresmacht. Auf dem Sandboden sind die Huftritte der Pferde kaum wahrzunehmen, nur das Quietschen und Klap-

pern der Fahrzeuge wird lauter. Der Zug bewegt sich am Marienbild vorbei, der Lärm der Kriegsgefährte übertönt allmählich das Wiegenlied, die friedliche Steppenlandschaft ist jetzt mit Soldaten, Pferden und Fahrzeugen gefüllt, die sich in die Bildtiefe bewegen (Sequenz 1 A).
Die Soldaten sind Eroberer, aber auch sie haben Angst. Der junge Kundschafter, ein Kind noch, reitet mutig zur Stadt, durch das Tor, durch die Straßen. Die Kamera ist subjektiv geführt. Der Junge nimmt die Kriegsnarben an den Häusern wahr. Die Straßen sind menschenleer. Er erreicht den Marktplatz, der von Granattrichtern aufgerissen ist. Er steigt ab, nimmt aus einer Kiste ein Hufeisen, spielt Eisenwerfen, ist wieder Kind. Dann nimmt er die weiße Fahne der Kapitulation wahr, schießt, glücklich, in die Luft. Der Lärm bricht sich an drei Gebäuden – katholischer

Kirche, orthodoxer Kathedrale, Synagoge –, die die drei Völker symbolisieren, die in der kleinen galizischen Stadt miteinander leben: Polen, Russen und Juden.
Askoldow arbeitet mit einem harten Tonschnitt. Mit Getöse rückt die Armee in die Stadt ein. Klawdija Wawilowa, die Kommissarin, reitet an der Spitze des Heerzuges. Wir erleben sie, erstmalig und letztmalig, als Offizier. Sie befiehlt (erster Dialogsatz des Films, nach mehr als 7 Minuten Laufzeit), daß man ihr ein Dampfbad herrichte.
Das Bad hat reale und symbolische Bedeutung. Askoldow montiert die Reinigung der Frau, die den Staub der ungezählten Marschtage abwäscht, mit einer anderen »Reinigung«, der Ergreifung, Aburteilung und Exekution eines »Verräters«. Ein junger Soldat hat sich zu seiner Familie abgesetzt. Er wird bei seiner Frau gefunden, hält noch den vollen Milchkrug in der Hand. Die Kommissarin spricht über ihn das Urteil (Großaufnahme), der Verurteilte steht seinen früheren Genossen allein gegenüber, klammert sich an seinen Krug, ein Peloton formiert sich, das Bild springt in die Totale. Jetzt steht dem einzelnen Deserteur die ganze Armee als Hinrichtungskommando gegenüber. Mit der Salve bricht der Verurteilte zusammen. Der Milchkrug, Symbol häuslicher Geborgenheit, zerbricht auf dem Straßenpflaster.
Der Film wird in vier Schritten (Sequenz 1 A bis 1 D) exponiert. Zunächst wird die Landschaft eingenommen, dann die Stadt erkundet, die Armee rückt ein und nimmt die Stadt mit der »Säuberung« – »Tschistka«; so hießen auch die stalinschen Terroraktionen – in Besitz. Die Kinder des jüdischen Blechschmieds und Kesselflickers werden später eine solche Szene nachspielen; der Vorgang ist ritualisiert, keiner besonderen Aufmerksamkeit wert. Auch die Kommissarin würde die Stadt Berditschew (so heißt sie in der literarischen Vorlage, der Erzählung von Wassili Grossman, im Film wird der Name nicht genannt) kaum wahrnehmen, wenn ihr hier nicht ein existenzveränderndes Ereignis widerfahren würde: Sie muß dem Regimentskommandeur ihre Schwangerschaft eingestehen (Sequenz 2). Für den Kommandeur – gespielt von Wassili Schukschin, dem damals noch kaum bekannten, wenig später berühmten Schriftsteller, Regisseur und Schauspieler – ist die Schwangerschaft seiner Politkommissarin ein bedauerlicher, aber auch lächerlicher Unfall, für Klawdija eine Katastrophe. Die Kamera erfaßt beide Personen in einer gemeinsamen Einstellung (Halbnah), dann löst sich Klawdija vom Kommandeur, steht in einer Totalen verlassen im Raum, während sie dem Kommandeur die Maßnahmen mitteilt, die sie schon für die Zeit ihres »Ausfalls« getroffen hat.
Wenn die schwangere Frau zu ihrer künftigen Wirtsfamilie geführt wird (Sequenz 3 A–3 D), geht sie durch die vom Krieg verheerte Stadt. Der Marktplatz ist leer, nur einzelne Soldaten bewegen sich auf den leeren

Straßen. Die Kamera zeigt dies in weiten Totalen. Die Figuren laufen aus der Totalen auf die Kamera zu in die Nahaufnahme.
Doch in den Häusern wird das normale Leben wieder aufgenommen, der Alltag fordert sein Recht. Im Haus des jüdischen Kesselflickers wäscht Marija, seine Frau, die Kinderwäsche. Hier arbeitet die Regie mit Nahaufnahmen. Die Stadt ist Hintergrund; es sind die einzelnen Menschen, die den Zuschauern im Wortsinne nahegebracht werden sollen.
Wenn die Kommissarin in das Haus der jüdischen Familie kommt, geht auch die Kamera wieder auf Distanz. Der Zornesausbruch Jefims wird von Klawdija kaum wahrgenommen. Sie schweigt zu seinen Ausfällen. An der Geschäftigkeit, mit der er seine Habseligkeiten aus dem konfiszierten Zimmer räumt, ist ersichtlich, daß ihm dies nicht zum erstenmal passiert. Auch die Kinder helfen stumm mit. Sie sind solche Situationen auch schon gewohnt. Sie spielen »Besetzung« in ihren gewöhnlichen Phasen: Überredung, Drohung, Terror. Auch Gewalt und Zwang sind gewohnte Erscheinungen. Krieg ist zur Lebensnormalität geworden.
Der Film zeigt kaum Gewaltszenen. Nur in den Kinderspielen sind sie gestaltet (Sequenz 3D und 12B), als »rote« Requiration und »weißes« Pogrom. Daß solche Gewalttaten schon Kinderspiele geworden sind, zeigt sie in verstärkter Grausamkeit. Hier werden künftige Generationen geprägt. Das Schreckliche ist zum Normalen geworden.
Das Motiv wird in den folgenden Szenen weitergeführt. Die Familie verbringt die Nacht in dichtester Enge, doch in ruhigem Schlaf. Die Kommissarin aber findet im Bett keine Ruhe. Der Krieg hat ihre Lebensgewohnheiten geprägt: erst auf dem harten Boden kann sie schlafen (Sequenz 4A/4B). Die Nachtruhe der Familie ist in einer durchgehenden Einstellung aufgenommen, die Handkamera bewegt sich durch die Enge des Hauses, der Blick bleibt kurz an Gesichtern oder Details hängen. Ähnlich wird auch das morgendliche Erwachen der Familie gezeigt, mit einem weit ausholenden Schwenk der Handkamera. Die Handkamera begleitet auch Jefim zu seinem Ritual, den Morgen zu begrüßen, in den Hof. Jefim schlägt sein Wasser ab, er tanzt mit der Sonne, wäscht sich, tanzt auf seine Frau zu, küßt den nackten Hintern seines kleinsten Kindes, trottet zum Hoftor, alles in einem einzigen Kameraschwenk, der nicht unterschnitten wird. Diese Szene zeigt einen Menschen, der mit sich und seiner Welt in Harmonie lebt.
Der 104 Minuten lange Film ist generell sehr ruhig geschnitten, die durchschnittliche Einstellungslänge beträgt 17,8 sec./Einstellung. Kameraeinstellungen und szenische Aktionen gehen beinahe tänzerisch aufeinander ein, die Kamera hat einen »menschlichen Blick«: Sie nimmt Bewegungen in ihrem natürlichen Verlauf auf und bewegt sich selbst natürlich im Geschehen.
Mit dem Erwachen der Kommissarin beginnt das persönliche Kennenler-

nen der Frauen (Sequenz 5C bis 6B). Klawdija ist abweisend. Sie hat gelernt, Distanz zu wahren. Von Marija wird sie, unter Wahrung einer höflichen Distanz, in das Familienleben einbezogen. Erstmals wird das Motiv der Bedrohung der Kinder durch Krieg sinnbildhaft aufgenommen, wenn das Bild der nackten Kinder im Waschfaß mit dem einer über die Dorfstraße scheppernden Kanone montiert wird. Das Motiv von Klawdijas Mutterschaft wird vorbereitet. Ihr nüchterner Bericht über die verweigerte Abtreibung wird von der jungen Jüdin mit Entsetzen aufgenommen. Für die junge Frau verdient die Schwangere alle Fürsorge. Sie nötigt Klawdija Jefims Hausschuhe auf. Klawdija lächelt. Die Distanz ist durch Menschlichkeit gebrochen. Auch Jefims Haltung verändert sich, als er von Klawdijas Schwangerschaft erfährt. Von der Familie wird sie als Frau akzeptiert.

Klawdija wird in eine Frau rückverwandelt (Sequenz 7A/7B). Marija und Jefim nähen ihr ein Kleid. Die korpulente Klawdija entspricht dem rustikalen russischen Frauenbild, Jefim macht ihr Komplimente. Die Szene legt zudem den Gedanken nahe, daß Jefims jetzige Tätigkeit als Blechschmied ein Kriegsberuf ist. An der Nähmaschine entwickelt er den professionellen Charme des ländlichen Damenschneiders. Doch was soll ein Schneider in Kriegszeiten anfangen, wenn es keine Stoffe gibt? – Jefim ist wahrscheinlich (im Film wird diese Frage nicht thematisiert) auf den derberen Beruf des Kesselflickers umgestiegen: Töpfe nehmen im Krieg oftmals Schaden und müssen repariert werden.

Klawdija muß lernen, sich in dem Kleid zu bewegen. Steif hockt sie inmitten der Familie im Hof (Sequenz 7B). Sie nimmt von den Kindern Notiz, beginnt sich in die Mutterrolle einzuüben. Deshalb muß auch die Geburt mit in diese Sequenz aufgenommen werden. Klawdija verwandelt sich aus dem Soldaten im Prozeß der Geburt in die Frau und Mutter. Marija duzt die Kreißende; in diesem Prozeß sind alle Schranken zwischen den Frauen geöffnet.

Drei Subsequenzen (7D, 7E, 7G) erzählen während der Wehen Klawdijas Erinnerungen. Hier wird die spätere Bemerkung der Marija – »Glauben Sie, Kinder aufzuziehen ist so einfach wie Kriegführen – piff, paff und fertig?« – vorbereitet. Die Erinnerungen sind auditiv mit der Gegenwart verknüpft. Über den Geräuschen der Kämpfe, die im Bild zu sehen sind, liegt Klawdijas Schreien und Stöhnen in den Wehen: Die Geburt ist eine schwere Schlacht.

Die Kommissarin erinnert sich ihrer Liebe und deren jähen Endes, als der Geliebte im Kampf fällt. Die drei Erinnerungen sind sinnbildhaft überhöht. In der ersten (7D) versucht Klawdija mit anderen Soldaten gemeinsam ein Geschütz im Wüstensand zu bewegen. Die zweite zeigt in stummen Szenen ihre Liebe. Der Liebhaber ist ein schon älterer Intellektueller. Die Liebenden sind in schwarzes Leder gekleidet, eine Liebe zwischen Soldaten. Eine surreale Einstellung schließt diese Subsequenz: Soldaten mit Sensen mähen auf dem Wüstensand, sie sind die Schnitter des Todes.

Eine symbolische Einstellung leitet die dritte Erinnerungs-Subsequenz ein: wenn der Geliebte gefallen ist, prescht eine Gruppe reiterlose Pferde über eine Brücke, während aus dem Off verstümmelte Sätze zu hören sind. In das Pferdegetrappel mischen sich die Schreie der Gebärenden. Die Pferde trinken aus dem Fluß, die Geburt ist beendet, in der folgenden Subsequenz (7H) verkündet Marija: »Jefim, wir haben einen Jungen!«

Das Motiv der Pferde findet sich häufig im sowjetischen Film. Tarkowskij hat es in seinem ersten Film IWANS KINDHEIT verwendet, um damit die Sehnsucht nach Frieden zu versinnbildlichen. Hier stehen sie für das Kreatürliche, das freie Individuum. Wenn Klawdija in der nächsten Sequenz (8C) am Widerspruch zwischen ihrem Soldatsein und der Mutterschaft verzweifelt, zeigt Askoldow ein spielendes Füllen im Fluß, Sinnbild für das Kind, das die Möglichkeit einer freien, kreatürlichen Existenz braucht.

Klawdijas Rückverwandlung in eine Frau, die in der Geburt ihres Sohnes gipfelt, wird wiederum mit einem harten, kontrastierenden Tonschnitt abgeschlossen. Die nachfolgende Sequenz, dreigeteilt (Sequenz 8A–8C), zeigt die Identitätssuche Klawdijas, die zur Frau und Mutter geworden ist. Glocken läuten eine Friedensphase ein, das Leben normalisiert sich, auf dem Markt herrscht das bunte Treiben eines Volksfestes, wieder mit der sich frei in der Menge bewegenden, einzelne Porträts und Details heraushebenden Handkamera als En-cadre-Montage aufgenommen, bei Dominanz von Nahaufnahmen. Steinsetzer reparieren das durch Granateneinschlag zerstörte Straßenpflaster (Sequenz 8B). Klawdija zeigt ihrem Kind die Stadt, in der es geboren wurde. Die Bevölkerung erscheint als eine geschlossene Gemeinschaft.

Die junge Mutter mit dem Kind auf dem Arm kommt zu den drei Gotteshäusern, die ihrerseits die drei Völkerschaften symbolisieren. Die drei Tempel werden auch durch die Musik charakterisiert: gregorianische Klänge für die orthodoxe Kathedrale, Orgelmusik für die katholische Kirche, eine liturgische jüdische Musik für die Synagoge. Klawdija fühlt sich an keiner der drei Stätten zu Hause. Sie bleibt eine Fremde. Doch auch ihren früheren Kameraden, den Soldaten, ist sie entfremdet. Der harte Tonschnitt – überlautes Pferdewiehern – deutet den Bruch an. Klawdija flieht vor den Soldaten über eine Brücke. Das Motiv der Brücke als Weg auf das »andere Ufer«, das schon in den Erinnerungsträumen verwendet wurde, wird in der Realhandlung aufgenommen. Klawdija steht vor einer Felswand und weint. Sie ist allein in einer harten und kalten Welt. Im Fluß spielt ein Füllen, auch dies ein Sinnbild: Das Kind kann vielleicht hier heimisch werden, Gemeinschaft finden.

Klawdija hat sich gewandelt. Sie wischt den Fußboden im Haus, als sie Besuch vom Regimentskommandeur und seinem Adjutanten erhält. Sie versucht, die alte Haltung einzunehmen, doch sie bleibt in erster Linie Mutter. »Hör auf zu rauchen!« herrscht sie den Kommandeur an. Sie verbietet den Soldaten das Fluchen. Sie nimmt wahr, daß die kostbare Uhr, mit der der Adjutant spielt, ein Beutestück ist. Der Adjutant spielt mit den Kindern eines der Kriegsspiele; er zielt auf sie mit den Fingern wie mit einem Revolver.

Die Ankündigung, daß sich die Rote Armee zurückziehen werde, nimmt Klawdija unbewegt zur Kenntnis. Der Abschied ist freundlich kühl. Es hat sich eine neue Gemeinschaft herausgebildet, die jüdische Familie: »Wir haben Kinder – Sie haben ein Kind.« Jefim spricht die Angst der Juden vor der neuen Macht an, die ihnen bevorsteht: »Zeit meines Lebens will man mir immer wieder angst machen.« Die Mutter Jefims spricht ein Gebet in Jiddisch.

Askoldow arbeitet mit ungewöhnlichen Montagemethoden. Auf die En-cadre-Montage, die mit der Nouvelle vague in Gebrauch kam und im Schaffen des ungarischen Regisseurs Miklós Jancsó stilprägend ist, wurde schon verwiesen. Askoldow verwendet auch die von dem armenischen Dokumentarfilmer Artavazd Pelechian definierte Distanzmontage.[13] So nimmt Sequenz 10 die Abendstimmung von Sequenz 4 A/4 B wieder auf. Wieder streift die im Schwenk geführte Handkamera (En-cadre-Montage) die Gesichter der schlafenden Kinder. Dazwischen bewegt sich Klawdija mit ihrem Kind auf dem Arm, dem sie das Schlaflied singt, mit dem der Film (off unter der ersten Einstellung) begann. Sie ist eine liebevolle, um ihr Kind besorgte Mutter. – »Und wenn eine Frau zehnmal Ledersachen anzieht, deshalb wird sie noch lange nicht zum Mann«, kommentiert Marija die Szene. Die gemeinsame Sorge der Mütter – Marija: »Jefim, ich habe Angst!« – kommentiert wieder die Filmmusik, die das russische mit einem jüdischen Wiegenlied überlagert.

Die Rote Armee verläßt die Stadt (11 A) – wieder durch einen harten Tonschnitt von den Wiegenliedern zum Marschlärm der abrückenden Truppen charakterisiert –, und die Einwohner sichern ihre Häuser (11 B). Vom Stadthaus weht wieder die weiße Kapitulationsfahne. Das beherrschende Geräusch sind die harten Hammerschläge, mit denen die Menschen Türen und Fenster der Häuser vernageln. Auch Jefim sichert sein Haus (11 C). Er preist die Zwischenzeit, wenn die alte Macht abgezogen und die neue noch nicht eingerückt ist; in dieser kurzen Zeit könnten die Menschen glücklich und ohne Angst sein.

Mit Musik und Huren rücken die Weißen in Pferdekutschen ein (12 A). Die Kinder spielen »Besetzung« und quälen die kleine Schwester (12 B). Hier wird die Exekution des Verräters vom Anfang spielerisch wieder aufgenommen und die befürchteten kommenden Pogrome der weißen

Atamane spielerisch vorweggenommen. Klawdija hockt im Kreis der Familie im Keller. Es ist Geschützlärm zu hören. Die neuerliche Besetzung durch die Weißen hat die Angst verstärkt. Jefims Bruder ist durch einen weißen Ataman »zum Spaß« ermordet worden. Jefim träumt von einer »guten Internationale«, doch: »Es gibt zu wenig gute Menschen.«
In dieser Szene findet die einzige ideologische Auseinandersetzung des Films zwischen Klawdija und Jefim statt. Sie ähnelt jener zwischen dem Roten Reiter und dem alten Juden in Babels Erzählung »Gedalja«, die eingangs zitiert wurde. Die Revolution fordert das Leben der Menschen, der Tod wird heroisch verklärt. »Sterben – und wann leben wir?« fragt Jefim. Klawdija kann ihm nicht antworten. Jefim lenkt die Kinder mit einem Tanz von ihrer Angst ab. Die Szene wird zunächst in der Aufsicht gezeigt, dann aus der Blickhöhe der Kinder, wobei die Kamera dann nach oben zieht, so daß nur noch die erhobenen Arme und Hände der Kinder im Bild sind. Die Kinder rufen Klawdija, doch sie bleibt abseits.
In dieser Situation hat Klawdija wieder eine Vision, diesmal jedoch keine retrospektive, sondern sie erlebt einen vorausschauenden Alptraum: Ein Zug von Juden mit dem Davidsstern auf den Kleidern bewegt sich durch einen Torbogen in einen geschlossenen Hof, auf dessen Galerien schon andere Juden hocken. Klawdija folgt dem Zug und geht allein durch das Tor. Die Angstvision Klawdijas ist hier auch Autorenkommentar mit dem historischen Wissen der Nachgeborenen. Die Kommunistin ist sich bewußt, daß sie das Schicksal der Juden teilen wird.
Hier wird die Entscheidung Klawdijas exponiert, ihr Kind in der Familie von Jefim zu lassen und selbst wieder den Soldatenrock anzuziehen. Sie ist noch unentschlossen, als sie mit ihrem Kind den Keller verläßt und in den leeren Hof tritt. Am Haus ziehen Marschblöcke der Weißen vorbei, das Schrittempo ist überzogen schnell. Klawdija dringt in das gesicherte Haus ein (13B). Noch stößt sie ihre Stiefel mit dem Fuß beiseite.
Auf dem Bett sitzend, gibt sie dem Kind die Brust und spricht ihr Vermächtnis: »Dein Vater hieß mit Vornamen Kyrill, und deine Mutter war die Wawilowa.« Sie trägt über dem Kleid ihren Militärmantel und an den Füßen ihre Stiefel. Sie legt das Kind auf dem Bett ab, ruft nach Marija und verläßt den Hof durch das Tor.
Der Filmschluß konfrontiert die unterschiedlichen Positionen von Klawdija und der Familie des jüdischen Blechschmieds. Die Einstellungen, die die Kommissarin zeigen, tragen symbolische Züge; dagegen stehen die realistischen Szenen um die jüdische Familie, die sich des Kindes annimmt. Die Kommissarin zieht allein gegen die Soldaten. Eine einzelne Trompete intoniert die »Internationale«. Ein Banner weht im Wind, von einem jungen Rotarmisten getragen, andere Soldaten scharen sich um das Banner, darunter auch die Kommissarin. In der Weite der Wüste sind sie ein kleines Häufchen, das sich auf die Kamera zubewegt. Der Film

schließt jedoch mit einer Totalen von Jefims Haus, dazu läuten Glokken.

Der Filmschluß ist ambivalent in seinen Deutungsmöglichkeiten. Die Mutter hat ihr Kind verlassen – unverständlich für Jefim: »Was sind das nur für Menschen, Marija!« Will sie es durch ihr Opfer retten? Denn würde sie, die rote Kommissarin, im Haus der Juden entdeckt, bedeutete dies den sicheren Tod für alle. Will sie Leben und Zukunft »ihrer Familie« retten, indem sie wieder an die Front geht? Denn Ruhe und Frieden werden erst einziehen, wenn der Feind geschlagen ist. Läßt sie das Kind den »Mütterlichen« (Brecht, Der kaukasische Kreidekreis), da sie ihre Aufgabe als erfüllt ansieht, das Kind zu gebären, und sie sich wieder ihrer eigentlichen, größeren Aufgabe widmet, der Revolution zum Sieg zu verhelfen? Ist die letzte sinnbildhafte Szene, die Kommissarin mit den Soldaten unter dem Banner der Revolution, ein filmisches Plakat, pathetische Vision oder ironische Sicht auf die permanente Revolutionärin? Wählt Klawdija den leichteren Weg, Krieg zu führen, weil sie vor dem schwereren, ihr Kind aufzuziehen, kapituliert?

Die Deutung bleibt dem Betrachter überlassen. DIE KOMMISSARIN ist ein Revolutionsfilm ohne pathetisches Heldenbild. Der Heroismus liegt darin, im Alltag zu bestehen. Ein Kind aufzuziehen ist allemal schwerer, als Krieg zu führen, »piff-paff – und fertig« – eine Botschaft, die im fünfzigsten Jahr des »Roten Oktober« mit Folgerichtigkeit auf parteioffiziellen Widerspruch stoßen mußte.

Der Filmjahrgang 1967 in der Sowjetunion

Die Repressalien, denen DIE KOMMISSARIN ausgesetzt war, sollten nicht den Blick auf die sowjetische Filmsituation im zweiten Drittel der 60er Jahre verstellen. Zwar setzte Sergej Bondartschuks vierteiliges Monumentalepos KRIEG UND FRIEDEN Zeichen für einen neuen russischen Nationalismus, wenn er auch im historischen Gewand auftrat. Andererseits artikulierten sich zunehmend die nationalen Schulen der sowjetischen Filmkunst. Eine neue Generation von Filmemachern debütierte zu dieser Zeit. BLÄTTERFALL von Otar Josseliani steht hier für den georgischen Film, der seinen Weltruhm, den er in den siebziger Jahren erlangte, bereits vorbereitete. Tengis Abuladse, dessen REUE in den 80er Jahren zu einem der Schlüsselfilme der Glasnost wurde, debütierte schon 1959 (zusammen mit Reso Tscheidse) im Studio Grusiafilm mit IMMER WENN ES TAG WIRD. Andrej Michalkow-Kontschalowski drehte seinen ersten Film DER ERSTE LEHRER nach einer Erzählung des kirgisischen Schriftstellers Dschingis Aitmatow im Studio Kirgisfilm. Im gleichen Studio realisierte T. Okejew HIMMEL UNSERER KINDHEIT.

Auch die Auseinandersetzung mit internen Problemen der sozialistischen Gesellschaft fand zu dieser Zeit endlich Eingang in die sowjetische Filmkunst. DEIN ZEITGENOSSE von Julij Raisman, die Geschichte eines Werkdirektors, der sich weigert, eine Investruine zu bauen, erregte öffentliches Aufsehen und wurde heftig diskutiert. In der DDR durfte dieser Film nicht gezeigt werden. Lediglich eine Bearbeitung des Szenariums durch Armin Stolper wurde an einigen Bühnen in Ostdeutschland gespielt. Sergej Gerassimow, ein Regisseur der alten Schule, erlebte eine späte Schaffensphase, in der er gesellschaftskritische Filme wie DER JOURNALIST und drei Jahre später (1970) den Zweiteiler AM SEE drehte, der sich erstmals mit dem Raubbau an der Natur in Sibirien auseinandersetzte.

Auch das Thema des Bürgerkrieges war mit DER EISERNE STROM von J. Dsigan nach dem Roman von Serafimowitsch aus den frühen 20er Jahren vertreten. Das Thema wurde aber erst vier Jahre später, 1971, von Aleksandr Alow und Wladimir Naumow in der Verfilmung des Dramas DIE FLUCHT von Bulgakow wirklich provokatorisch wieder aufgegriffen. Immerhin hatte sich Stalin mit diesem revolutionären Traumspiel 1929 beschäftigt und in seinem schon zitierten Brief an Bill-Belozerkowski darüber sein Urteil gesprochen: »›Die Flucht‹ ist ein Versuch, für gewisse Schichten der antisowjetischen Emigranten Mitleid, wenn nicht gar Sympathie, zu erwecken – folglich ein Versuch, die Sache der Weißgardisten zu rechtfertigen oder halb zu rechtfertigen. ›Die Flucht‹ ist in der Gestalt, in der sie vorliegt, eine antisowjetische Erscheinung.«[14] Er fügt noch einen Rat an, der bei der Synchronisation des Films in der DDR dann modifiziert befolgt wurde. Stalin schrieb: »Ich hätte übrigens nichts gegen die Aufführung der ›Flucht‹, wenn Bulgakow zu seinen acht Träumen noch ein oder zwei Träume hinzufügte, in denen er die inneren sozialen Triebfedern des Bürgerkrieges in der UdSSR darstellt, damit der Zuschauer begreifen kann, daß alle diese auf ihres Weise ›ehrenhaften‹ Serafims und verschiedenen Privatdozenten nicht einer Laune der Bolschewiki wegen aus Rußland hinausgeworfen wurden, sondern weil sie auf Kosten des Volkes schmarotzten (trotz ihrer ›Ehrenhaftigkeit‹), daß die Bolschewiki, als sie diese ›ehrenhaften‹ Anhänger der Ausbeutung fortjagten, den Willen der Arbeiter und Bauern vollzogen und deshalb völlig richtig handelten.«[15] Vom DEFA-Studio für Synchronisation wurde der Film von Alow/Naumow um fast dreißig Minuten gekürzt und die Abfolge der einzelnen Traumsequenzen »parteilich« verändert. Damit war die poetische Idee des Films zerstört. – Es zeigt sich also, daß die Unterdrückung und Verfälschung sowjetischer Filme in der DDR nicht erst im Herbst 1988 begann, als Askoldows DIE KOMMISSARIN zusammen mit Filmen wie DIE REUE und anderen aus den Kinoprogrammen entfernt wurde.

Epilog: Offene Tresore und leere Kassenschränke

Für die Filmkunst der Sowjetunion mit ihren nationalen Studios brachte die Öffnung der Tresore nicht die erhoffte Befreiung von Druck und Zensur. Die Regale der staatlichen Zensurinstanzen sind heute leer – so leer wie die Kassen der Studios. War es zunächst die Ratlosigkeit der Filmemacher, was sie mit der erkämpften Freiheit anfangen sollten,[16] die ihre Kreativität behinderte, so bekam bald jedoch auch der standhafteste Optimist die bittere Lektion vermittelt, daß an die Stelle der Herrschaft der Ideologie nach der politischen Wende jene des Kapitals getreten ist. Heute, im letzten Jahr des ersten Jahrhunderts der Filmkunst, ist von der sowjetischen Filmkunst fast nur noch das Erbe lebendig. Auch die nationalen Schulen existieren nur noch in der Erinnerung. Bei Koproduktionen diktieren die ausländischen Kapitalgeber in der Regel Thema und Stil. Russische, georgische, ukrainische, belorussische oder gar kirgisische oder kasachische Filme sind vom internationalen Kinomarkt verschwunden. Ob und wann sich der erhoffte Wandel einstellen wird, ist fraglich in einer Situation, in der selbst kapitalkräftigere Kinematographien, als es die der früheren Sowjetrepubliken nach der Separation und unter den Bedingungen von nationalistischen Machtkämpfen und Bürgerkriegen sein können, um ihre nackte Existenz kämpfen müssen.[17]

Anmerkungen

1 Zur Problematik der »Tresorfilme« vgl. Hans-Joachim Schlegel: Das zweite Tauwetter. Glasnost und Perestroika im Sowjetfilm. In: Walter Schobert/Horst Schäfer (Hrsg.), Fischer Film Almanach 1988. Filme, Festivals, Tendenzen. Mit Video-Erstaufführungen. Frankfurt/M. 1988, S. 396–403.

2 Vgl. dazu Reinhard Wagner: »Sonnensucher« (1958/1972) – Notizen zur Werkgeschichte. In: Konrad Wolf – Neue Sichten auf seine Filme. Ein Beitrag zur Kulturgeschichte der DDR. Beiträge zur Film- und Fernsehwissenschaft. Eine Schriftenreihe der Hochschule für Film und Fernsehen »Konrad Wolf«, Nr. 39. 1990. 31. Jahrgang, S. 34–64.

3 Ebenda, S. 34.

4 J. W. Stalin: Werke. Band 11, 1928–März 1929, Berlin 1954, S. 292.

5 J. W. Stalin: Werke. Bd. 4, November 1917–1920, S. 309.

6 Vgl. W. I. Lenin: Ursprünglicher Entwurf der Thesen zur nationalen und zur kolonialen Frage. In: Werke. Bd. 31, April–Dezember 1920. Berlin 1959, S. 132–139.

7 Vgl.: Isaac Deutscher: Stalin. Eine politische Biographie. Berlin 1990, S. 277–299.

8 Vgl.: Geschichte der Kommunistischen Partei der Sowjetunion (Bolschewiki). Kurzer Lehrgang. Unter Redaktion einer Kommission des Zentralkomitees der KPdSU (B). Gebilligt vom ZK der KPdSU (B). 1939. Berlin 1945, S. 298.

9 Isaak Babel: Die Reiterarmee und andere Erzählungen. Berlin 1964, S. 57/58.

10 Zur Werk- und Rezeptionsgeschichte von »Die Reiterarmee« siehe das Vorwort von Fritz Mierau zu Isaak Babel, a. a. O., S. 5–28.

11 W. Shdan (Gesamtredaktion): Der sowjetische Film, Bd. I, Von den Anfängen bis 1945, Berlin 1974, S. 222.

12 W. Shdan (Gesamtredaktion): Der sowjetische Film, Bd. II. Von 1945 bis zur Gegenwart. Berlin 1974, S. 16.

13 Siehe Artavazd Pelechian: Distanzmontage oder die Theorie der Distanz. In: Die Dokumentarfilme der Armenischen Sowjetrepublik. Eine Retrospektive des 21. Internationalen Dokumentarfilmfestivals Nyon, Schweiz. In Koproduktion mit der Sektion Panorama der 40. Internationalen Filmfestspiele Berlin. Nyon, 14.–21. Oktober 1989–Berlin, 9.–20. Februar 1990. Katalog. Nyon 1989 – »Habe ich zwei Leit-Einstellungen mit wichtiger Sinnfracht, dann bemühe ich mich nicht etwa, diese einander anzunähern, zu korrelieren, sondern vielmehr Distanz zwischen ihnen herzustellen. Besser als an der Nahtstelle zweier Einstellungen treffe ich den Ideensinn, den ich ausdrücken will, durch eine Interaktion zweier Einstellungen über zahlreiche Kettenglieder hinweg. Hiermit wird ein erheblich stärkerer und tieferer Sinnausdruck als bei unmittelbarem Zusammenkleben erreicht. Die Expressivität erhöht sich dabei und die Informationskapazität des Films wächst geradezu kolossal. Die Montage nenne ich Distanzmontage.« (Ebenda, S. 89) – »Die wichtigste Differenzqualität der Distanzmontage liegt darin, daß eine Montageverbindung über Abstände hinweg nicht nur Einzelelemente als solche (ein Punkt mit einem anderen Punkt) verknüpft, sondern auch – und das ist das Wichtigste – ganze Elementekomplexe (einen Punkt mit einer Gruppe, eine Gruppe mit einer anderen Gruppe, eine Einstellung mit einer Episode, eine Episode mit einer anderen Episode), wobei es zu einer Wechselwirkung zwischen einem Prozeß mit einem anderen, ihm kontroversen Prozeß kommt. Dies nenne ich das Blockprinzip der Distanzmontage.« (Ebenda, S. 93).

14 J. W. Stalin: Werke. Bd. II. A. a. O., S. 293.

15 Ebenda.

16 Schlegel, a. a. O., S. 403, zitierte den litauischen Dokumentarfilmer Rimtautas Silinis: »Jetzt ist die Wand nicht mehr da, gegen die man ankämpfen mußte. Das bringt viele regelrecht in Verwirrung. Plötzlich weiß man nicht, gegen wen man eigentlich kämpfen muß. Jetzt ist – bitte sehr – scheinbar alles möglich. Da heißt, jetzt kommt es darauf an, ob und was ein jeder von uns zu sagen hat. Jetzt hat die Stunde der Wahrheit geschlagen. Jetzt wird sich erweisen, wer dieses Examen bestehen wird.«

17 Vgl. die Beiträge von Marina Goldowskaja, Herz Frank, György Pinke, András Szekfü, Malgorzata Potocka und Alexej Chanjutin zur Film-, Kino- und Mediensituation in den ehemals sozialistischen Ländern, in: Medienkontinent Europa. III. Wissenschaftliches Colloquium des Instituts für Medienforschung der Hochschule für Film und Fernsehen »Konrad Wolf«, Potsdam-Babelsberg. Beiträge für Film- und Fernsehwissenschaft BFF, Bd. 45. 1993, 34. Jahrgang. Berlin 1993.

Auswahlbibliographie

Hans-Joachim Schlegel: Das zweite Tauwetter. Glasnost und Perestroika im Sowjetfilm. In: Walter Schobert/Horst Schäfer (Hrsg.), Fischer Film Almanach 1988. Filme, Festivals, Tendenzen. Mit Video-Erstaufführungen. Frankfurt/M. 1988.

Witali Shdan (Gesamtredaktion): Der sowjetische Film, Bd. I. Von den Anfängen bis 1945, Bd. II. Von 1945 bis zur Gegenwart. Berlin 1974.

Auswahlfilmographie

TSCHAPAJEW (TSCHAPAJEW), Sergej und Georgi Wassiljew, UdSSR 1934
DIE DREIZEHN (TRINADZAT), Michail Romm, UdSSR 1936
DER FALL VON BERLIN (PADENIJE BERLINA), Michail Tschiaureli, UdSSR 1949
DAS UNVERGESSLICHE JAHR 1919 (NESABYWAJEMY 1919-Y GOD), Michail Tschiaureli, UdSSR 1951
DER ERSTE LEHRER (PERWY UTSCHITEL), Andrej Michalkow-Kontschalowski, UdSSR 1965
BLÄTTERFALL (LISTOPAD), Otar Josseliani, UdSSR 1967
HIMMEL UNSERER KINDHEIT (NEBO NESCHEWO DETSTWA), T. Okejew, UdSSR 1967
DER EISERNE STROM (SHELESNY POTOK), J. Dsigan, UdSSR 1967
DEIN ZEITGENOSSE (TWOI SOWREMENIK), Julij Raisman, UdSSR 1967
DER JOURNALIST (SHURNALIST), Sergej Gerassimow, UdSSR 1967
AM SEE (U OSERA), Sergej Gerassimow, UdSSR 1970
DIE FLUCHT (BEG), Aleksandr Alow/Wladimir Naumow, UdSSR 1971
REUE (POKAJANIE), Tengis Abuladse, UdSSR 1984

Sequenzprotokoll

Sequenz	Teil der Sequenz	Inhalt	Dauer in der Laufzeit des Films
1	A	Die Madonna und die stille Armee	bis 2′25″
	B	Der junge Kundschafter in der leeren Stadt	bis 5′25″
	C	Einmarsch der Roten Armee	bis 7′35″
	D/1	Dampfbad der Kommissarin	bis 8′25″
	D/2	Ergreifung des Deserteurs	bis 10′20″
	D/3	Gericht und Exekution	bis 11′45″
2	–	Geständnis der Schwangerschaft	bis 14′45″
3	A	Kommissarin auf dem Weg zur Einquartierung	bis 16′10″
	B	Der Haushalt des jüdischen Blechschmieds Jefim	bis 18′10″
	C	Einquartierung der Kommissarin	bis 20′00″
	D	Kinder spielen Besetzung eines jüdischen Hauses	bis 20′50″
4	A	Nacht im Haus des Blechschmiedes	bis 22′20″
	B	Schwierigkeiten der Kommissarin, in einem Bett zu schlafen	bis 23′35″
5	A	Erwachen der Familie	bis 25′25″
	B	Jefims Morgenritual	bis 28′05″
	C	Erwachen der Kommissarin	bis 29′15″
	D	Kinder im Waschfaß	bis 31′00″
	E	Drei Frauen im Haus	bis 35′10″

Sequenz	Teil der Sequenz	Inhalt	Dauer in der Laufzeit des Films
6	A	Abend, Jefim auf dem Heimweg	bis 36′10″
	B	Die Frauen unter der Lampe	bis 38′45″
7	A	Das Kleid für die Kommissarin	bis 40′40″
	B	Klawdija im Kleid in der Familienrunde auf dem Hof	bis 43′35″
	C/1	Beginn der Geburt	bis 46′50″
	C/2	Kriegserinnerungen/Anstrengungen	bis 48′40″
	C/3	Kriegserinnerungen/die Liebe	bis 51′05″
	C/4	Wiederbelebung der Kreißenden	bis 51′30″
	C/5	Kriegserinnerungen/der Tod des Geliebten	bis 56′00″
	C/6	Ein Kind ist geboren	bis 56′20″
8	A	Friedensläuten der Glocken und Volksfest	bis 58′05″
	B	Gang der Mutter mit ihrem Kind zu den Tempeln	bis 61′40″
	C	Klawdija zwischen ihren beiden Aufgaben: Soldat und Mutter	bis 62′35″
9	A	Klawdija beim Hausputz	bis 62′50″
	B	Besuch der Kameraden und Abschied	bis 66′50″
	C	Klawdijas Aufnahme in die Familie	bis 68′20″
10	–	Erster Abend der neuen »Familie«	bis 73′05″
11	A	Rückzug der Roten Armee	bis 74′55″
	B	Sicherung der Stadt vor der neuen Besetzung	bis 75′55″
	C	Sicherung des Hauses von Jefim und seiner Familie	bis 77′20″
12	A	Einzug der Weißen	bis 78′25″
	B	Kinder spielen Besetzung und Pogrom	bis 81′05″
	C	Familie im Keller	bis 87′30″
	D	Bombardement und Tanz im Kellerversteck	bis 90′30″
	E	Ghetto-Vision	bis 92′50″
	F	Jiddisches Gebet der Mutter	bis 93′30″
13	A	Klawdija verläßt das Kellerversteck	bis 95′40″
	B	Klawdija bricht das vernagelte Haus auf und stillt ihr Kind in ihrem Zimmer	bis 97′05″
	C	Die Kommissarin verläßt den Hof	bis 97′55″
	D	Die Familie nimmt sich des Kindes an	bis 100′10″
	E	Die Kommissarin zieht allein gegen die feindlichen Soldaten	bis 101′05″
14	–	Vision: »Die Internationale« – Unter dem roten Banner zieht die Kommissarin mit anderen Soldaten in den Kampf	bis 102′30″
15	–	Gehöft von Jefim	bis 103′00″

Gesamtlänge des Films: 104 min (Fernsehfrequenz 25 Bilder/sec)

14. Neues britisches Kino: DER KOCH, DER DIEB, SEINE FRAU UND IHR LIEBHABER (THE COOK, THE THIEF, HIS WIFE AND HER LOVER, 1989)

von Margit Dorn

1

Albert Spica ist der überaus gewalttätige Chef einer Gangster-Bande, die unter anderem Schutzgeld-Erpressung betreibt. Mit seiner Frau Georgina und seinem »Gefolge« geht er jeden Abend in das luxuriöse Feinschmeckerrestaurant »Le Hollandais« zum Essen, das von dem französischen Koch Richard Borst geführt wird. Auch Richard lebt unter der Drohung der Bande und muß es hinnehmen, daß Spica »Le Hollandais« zu seinem persönlichen Speisesaal erklärt hat, in dem er uneingeschränkt zu herrschen beansprucht. Die allabendlichen Tafelrunden bilden das Gerüst der Filmhandlung: Spicas Frau wird bei Tisch auf einen anderen Gast, den Buchhändler Michael, aufmerksam. Bei einem Zusammentreffen auf der Toilette ergibt sich eine spontane sexuelle Beziehung, die das Paar an den folgenden Abenden zwischen den Gängen des Menüs fortsetzt, wobei ihnen Richard Zuflucht im Küchentrakt gewährt. Zunächst überstehen Georgina und Michael einige Situationen, in denen Albert Verdacht schöpft und sie jeweils knapp überrascht. Am fünften Abend jedoch wird das Paar verraten und muß vor dem tobenden Ehemann fliehen. Albert, der im Zorn gedroht hat, den Nebenbuhler zu töten und aufzuessen, spürt die Liebenden allerdings recht schnell auf und läßt Michael in Georginas Abwesenheit ermorden. Georgina solidarisiert nachfolgend die von Albert beherrschten und gequälten Personen und bereitet ihm im Doppelsinn des Wortes ein »Strafgericht«: Sie läßt Michaels Leiche von Richard als Braten zubereiten und zwingt Albert, vor der versammelten Runde davon zu essen. Nach dem ersten Bissen erschießt sie ihren Mann.

Nicht nur in dieser Schlußsequenz werden die Tabus der zivilisierten Gesellschaft übertreten. Vielmehr ist die gesamte Handlung des Films durchzogen von drastischen Grausamkeiten und obszönen Dialogen. Einem Imbißbuden-Besitzer stopft Albert wegen Zahlungsverzug Hundekot in den Mund und beschmiert ihn am ganzen Körper damit. Richards Küchenjunge Pup wird mit Georgina zusammen im Auto sexuell mißbraucht. Um ihm den Aufenthaltsort des geflohenen Liebespaars zu entlocken, muß Pup später Knöpfe schlucken, außerdem wird sein

Bauchnabel herausgeschnitten. Georgina bezieht für jeden Widerspruch Prügel und tritt mehrfach mit blauen Flecken auf. Die Gäste des Restaurants bleiben ebensowenig von Schikanen und Gewalttätigkeiten verschont: Auf der Toilette tritt Albert einem Mann in den Unterleib, einem anderen, der seinen Sitzplatz nicht räumen will, stülpt er eine Terrine heißer Suppe über den Kopf. Der Frau, die ihm Georginas Ehebruch verrät, spießt er eine Gabel in die Wange. Der Höhepunkt an Grausamkeit ist jedoch Michaels Ermordung: Ihm läßt Spica die Seiten eines Buches mit einem Holzlöffel in den Mund stopfen, bis er blutet und erstickt. Auch auf der verbalen Ebene ist Albert schonungslos, und die Konversation bei Tisch dreht sich unter anderem um »Ficken«, »Arsch-Abwischen«, »Kotzen«, »Urin-Trinken«, »Eier-Abbeißen«.
Betrachtet man allein diese Geschehnisse, so verwundert es nicht unbedingt, daß DER KOCH, DER DIEB, SEINE FRAU UND IHR LIEBHABER bei den Filmfestspielen in Venedig 1989 vom Wettbewerb ausgeschlossen wurde. Nichtsdestotrotz lief der Film in den Kinos Frankreichs, Großbritanniens und Deutschlands sehr erfolgreich und vermehrte den Ruhm des bis dato bereits zum Starregisseur avancierten Peter Greenaway. Schon seine vorangegangenen Spielfilme DER KONTRAKT DES ZEICHNERS (1982), EIN Z & ZWEI NULLEN (1985), DER BAUCH DES ARCHITEKTEN (1987) und DIE VERSCHWÖRUNG DER FRAUEN (1988) waren keine »gefälligen« Produktionen, sondern in ihnen gab es bereits bizarre Mordfälle, ging es unter anderem um Themen wie Impotenz und Verwesung. Was Greenaways Filmen soviel Beachtung verschaffte, waren jedoch nicht unbedingt die in ihnen erzählten Geschichten als vielmehr ihre ungewöhnliche filmische Umsetzung. Greenaway, der ursprünglich Kunst studiert hat und auch als Maler arbeitet, kam über den Experimentalfilm zum Erzählkino und hat eine spezifische Art des Filmemachens entwickelt, die vor allem auf die abendländische Bildungstradition von Literatur, Theater, bildender Kunst und Wissenschaft rekurriert. Seine Filme sind in der Filmkritik wegen ihrer Fülle von Bezügen und Anspielungen als »Rätselspiele« (Josef Schnelle) und »intellektuelle Ausschweifungen« (Andreas Kilb) bezeichnet worden, was an DER KOCH, DER DIEB, SEINE FRAU UND IHR LIEBHABER im folgenden in zwei Punkten nachvollzogen werden soll: an der Orientierung an Konventionen des Theaters und an Bezügen zur holländischen Malerei.

2.

Es fällt sofort auf, daß der Film ausgeprägt mit Gestaltungsmitteln des Theaters inszeniert ist. Der Vorspann beginnt mit einer senkrechten Kamerafahrt an einem mit Stoffahnen behängten Gerüst entlang, womit sich der Zuschauer dem Geschehen quasi von einem Blick hinter die Kulissen her nähert. Dann wird demonstrativ ein Bühnenvorhang aufgezogen. Ebenso endet der Film nach Alberts Erschießung mit der Schließung des Vorhangs. Die begrenzte Zahl der Schauplätze sowie ihre räumliche Anordnung, Ausstattung und farbliche Ausleuchtung entsprechen den Szenendekorationen einer Bühne. Der einzige, immer nur nachts gezeigte Außenschauplatz ist der Parkplatz vor dem Restaurant »Le Hollandais«. Von ihm aus gelangt man durch ein überdimensionales Tor in die gleichfalls riesige Küche, an die sich linear der zweigeschossige Saal des Restaurants sowie die Toiletten anschließen. Jedem dieser Räume ist eine bestimmte Farbe und damit nach gängiger Farbsymbolik[1] eine Bedeutung zugeordnet: Der Parkplatz erscheint in kühlem, neonartigem Blau (Räumlichkeit, Kälte), die Küche in Grün (Leben, Hoffnung), der Speisesaal in Purpurrot (Leidenschaften, Aggression, Luxus) und die Toiletten in kaltem Weiß (Unschuld, Sterilität). Die einzigen externen Schauplätze sind Michaels braun getöntes Bücherlager (Geborgenheit, Bildung) und ein in Giftgelb gehaltener Krankensaal (Licht, Erleuchtung). Die theaterhafte Wirkung wird noch dadurch verstärkt, daß die Kamera in langen Parallelfahrten wiederholt die Längsseiten der Räume abfährt und dem Zuschauer den Blick in einer Totale wie auf eine Guckkastenbühne freigibt. Zudem werden auch die Trennmauern zwischen den Räumen sichtbar. Längere Filmsequenzen sind wie im Theater mit Auftritten und Abgängen verschiedener Figuren bei fortlaufender Kamera angelegt, wie überhaupt sehr lange und ruhige Einstellungen bevorzugt worden sind (die durchschnittliche Einstellungsdauer des Films beträgt 19 Sekunden – etliche Sequenzen bestehen nur aus einer mehrere Minuten dauernden Einstellung, vgl. Sequenzprotokoll im Anhang). Die Tages-Menükarte des Restaurants dient dazu, die großen Handlungseinheiten des Films in Form von Zwischentiteln ähnlich wie den Akten auf der Bühne voneinander abzutrennen. Nicht zuletzt können auch noch die vom französischen Modeschöpfer Jean Paul Gaultier entworfenen Kostüme als »theatralisch« gelten: Besonders Georgina erscheint in phantastisch anmutenden Modellen, die einmal mit Federboa und kurzem engen Rock an die 20er Jahre erinnern, dann wieder an eine römische Toga. Aber nicht nur formal bezieht sich DER KOCH, DER DIEB, SEINE FRAU UND IHR LIEBHABER auf die Theatertradition, sondern auch mit seiner Handlung, die das klassische Dramenmotiv der Rache aus verletzter Gattenehre verarbeitet:[2] Albert bezeichnet die Ermordung Michaels explizit als »Rache wegen einer Herzensangelegenheit« und als »Verbrechen aus Leidenschaft« (Seq. 26). Wobei an dieser Stelle bereits deutlich wird, daß die Tradition gleichzeitig ironischen Brechungen unterworfen ist: Die Figur Alberts ist alles andere als ein tragisch Liebender, und er ist keinem Ehrenkodex unterworfen, der seine grausame Tat rechtfertigen würde.

Auch der kannibalistische Akt ist ein literarisches Motiv in der Tradition von Ehebruchs-Geschichten, das jedoch ebenfalls eine Variation erfährt: Hier wird nicht einer der Ehebrecher, sondern der Rächer selbst mit Kannibalismus bestraft. Nach eigener Aussage will Peter Greenaway seinen Film als eine Replik auf das englische Theater aus der Zeit Jakobs I. zu Beginn des 17. Jahrhunderts verstanden wissen, welches bereits die menschlichen Leidenschaften, Gewalt, Verbrechen, Sexualität offen und drastisch dargestellt hat.[3] Außerdem nennt er Antonin Artauds »Theater der Grausamkeit« als Vorbild, das Theater als Analogie zum Traum, als Ventil menschlicher Begierden auffaßt.[4] Entsprechend versucht auch Greenaway in seinen Filmen elementare Aspekte des Daseins auszuloten – Essen und Ausscheiden, Sexualität, Tod.

Die durch die theaterhafte Inszenierung erreichte Künstlichkeit und formale Stilisierung des Settings wird noch durch eine zweite Strategie Greenaways unterstützt. Wie schon in seinen vorangegangenen Filmen orientiert sich der Regisseur an der Tradition der bildenden Künste, Skulptur, Malerei und Architektur. In DER KOCH, DER DIEB, SEINE FRAU UND IHR LIEBHABER wird vor allem auf die holländische Malerei des 17. Jahrhunderts zurückgegriffen, wobei der Name des Restaurants, »Le Hollandais«, als zusätzlicher Verweis dient. Am auffälligsten ist die Verwendung des Gemäldes »Festmahl der Offiziere der St.-Georgs-Schützengilde in Haarlem« von Frans Hals aus dem Jahr 1616 als Hintergrunddekor für Spicas Tafelrunde im Speisesaal des Restaurants. Bei den im Gemälde dargestellten Personen handelt es sich um Offiziere der Bürgermiliz Haarlems, also um angesehene Honoratioren, die Wohlstand und Sicherheit der frühmodernen bürgerlichen Gesellschaft der Niederlande repräsentierten. Kontrapunktisch dazu wurden im Film der Dieb und seine Helfer ebenso mit schwarzen Anzügen, weißen Krägen und roten Schärpen ausstaffiert: Die Bande von Schutzgelderpressern tritt jetzt als Garant der öffentlichen Sicherheit auf. Es wurde nicht nur dieses bekannte Werk der Kunstgeschichte in die Filmhandlung einbezogen, sondern der Regisseur komponiert seine Filmbilder zudem in Anlehnung an künstlerische Konventionen der holländischen Genre- und Stillebenmalerei. Dies betrifft vor allem Szenen, die das Küchenpersonal bei der Arbeit zeigen und die Arrangements aus Essen, Geschirr und Blumen im Speisesaal. Beispielsweise kommt in der Küche ein Turm aus gestapelten Weingläsern ins Blickfeld, im Restaurant ein Beistelltisch mit effektvoll drapiertem Geflügel, die Tische sind mit ziselierten Kandelabern, Karaffen, Bleikristallgläsern geschmückt, und die Kamera verweilt in ihren langsamen Fahrten bzw. in langen, symmetrisch aufgebauten Einstellungen bewußt auf solchen inszenierten »tableaus«. Wie die Stilleben und Alltagsszenen in der holländischen Kunst des 17. Jahrhunderts zur Selbstdarstellung der Lebensformen und Errungenschaften des frühen Wirt-

schaftsbürgertums dienten,[5] so entspricht auch in DER KOCH, DER DIEB, SEINE FRAU UND IHR LIEBHABER das stilisierte Ambiente des Restaurants einem Statussymbol – die dort verkehrende Gesellschaft demonstriert ihren Reichtum und ihren Geschmack, woran auch die verbrecherischen Parvenüs um Albert Spica teilhaben wollen. Denkt man in dieser Richtung weiter, so lassen sich die Figur des Kochs, das Restaurant und seine Gäste als Metaphern für den Kunstbetrieb auffassen.[6] Der Koch als Künstler (mehrfach wird auf Richards experimentelle Küche verwiesen) muß seine Kunst als Ware handeln und ist damit von seinen Konsumenten abhängig. Ihm bleibt nur die Möglichkeit, deren Kunstverständnis mit besonderen Kreationen (für Michael und Georgina) zu belohnen bzw. Ignoranz durch hohe Preise und Standardgerichte (bei Albert) zu bestrafen.
Peter Greenaways Rekurse auf die abendländische Bildungstradition sind also vielschichtig. Sie dienen als ästhetische Vorbilder und als Bedeutungsverweise, signalisieren aber immer auch eine Reflexion künstlerischen Arbeitens. Mit der Verschlüsselung seiner Spielfilme will Greenaway sich bewußt vom mainstream-Erzählkino absetzen, das er als »totale illusionistische Masturbationsmassage« bezeichnet hat.[7]

3.

Die beschriebenen Bezüge zur Tradition und die ästhetische Stilisierung des Films bilden einen offensichtlichen Kontrast zu den dargestellten Grausamkeiten und den verbalen Obszönitäten auf der Ebene der Handlung. Eine solche Struktur der Gegensätze läßt sich bis in einzelne Motive hinein verfolgen und erfordert bei der Interpretation deshalb Beachtung. Besonders auffällig ist die Gegenüberstellung von »primitivem« und »zivilisiertem« Verhalten, die praktisch in allen Szenen im Speisesaal eine Rolle spielt. So dreht sich die Konversation der Tafelrunde Albert Spicas immer wieder um »richtiges« Benehmen. Albert spielt sich als Gourmet auf und belehrt seine Untergebenen permanent in Sachen Tischmanieren und Eßkultur, wobei er dies gleichzeitig durch eigene Regelverstöße konterkariert. Er rülpst bei Tisch, verschüttet Gläser, brüllt durchs Lokal und spricht mit besonderer Vorliebe über den Fäkal- und Analbereich (z. B. in Sequenz 5 über eine Bekannte, die sich ein Geschwür am Hintern von der Klobrille zugezogen hat; in Sequenz 6 über Leute, die ihren eigenen Urin trinken). Ein anderer Wortwechsel bezieht sich darauf, daß Damen nicht aufs »Klo gehen«, sondern auf die »Toilette« oder »sich frischmachen« (Seq. 14). Das primitive und anstößige Benehmen der Bande im Kontext eines Nobelrestaurants ist also nicht als ungebrochene Provokation gezeigt. Vielmehr ist Albert durchaus bemüht, sich mit der Lebensweise der feinen Gesellschaft vertraut zu machen, sieht er sich doch auf-

grund seines Reichtums als ein Teil von ihr. Wenig erfolgreich versucht er, sich die französischen Gerichte der Haute Cuisine und ihre Aussprache anzueignen, und ebenso unzulänglich protzt er mit seiner vermeintlichen Kennerschaft: »Ein raffinierter Koch kombiniert Sachen, die überhaupt nichts miteinander zu tun haben, wie Ente und Orange, Ananas und Schinken, und... Das ist die Kunst.« (Seq. 4). Richard bezeichnet ihn folglich euphemistisch als »konservativen Esser«. Alberts Defizit an formaler Bildung kommt überdies im Kontrast zur Figur Michaels zum Ausdruck: Albert attackiert den Buchhändler Michael wegen dessen Gewohnheit, beim Essen zu lesen: »Das hier ist ein Restaurant und keine Bibliothek. Das einzige, was man hier liest, ist die Speisekarte. Sie beleidigen den Chef. Lesen ist schlecht für die Verdauung, wissen Sie das nicht?« (Seq. 13) Albert hingegen liest nur die Sprüche auf der Toilette und bezeichnet Bücherlesen überhaupt als bloßen Ersatz für Konversation. Alberts Bestreben, sich auf dem gesellschaftlichen Parkett zu bewegen und zu einer angemessenen Selbstdarstellung zu gelangen, bleibt also rein äußerlich. Sein Machtanspruch und seine ausschließliche Selbstbezogenheit lassen es überhaupt nicht zu, daß er von anderen lernt und Regeln einhält. Obgleich er selbst anderen Verhaltensvorschriften gibt, beantwortet er Kritik und Belehrung seiner Person gegenüber mit Zorn und Grausamkeit, etwa als Georgina seine Aussprache von »poisson« korrigiert und er ihr dafür mit der Menükarte ins Gesicht schlägt (Seq. 3). Während er selbst permanent die Intimsphäre seiner Frau in der Öffentlichkeit verletzt, versteht er eine Retourkutsche ihrerseits als Vertrauensbruch (Seq. 13). Alberts Charakter wird zudem durch mehrfache Verweise auf seine infantile Sexualität und seine anale Fixierung abgerundet, die wiederum in Kontrast zu Michaels Qualitäten als Liebhaber stehen: »Ich glaube, er interessierte sich nicht besonders für richtigen Sex, dafür, mit mir oder überhaupt mit Frauen zu schlafen.« (Seq. 29).
Mit Albert Spica bzw. seiner Bande und dem Luxusrestaurant »Le Hollandais« treffen zwei Prinzipien aufeinander: Die Ganoven verkörpern das quasi animalische Durchsetzungsvermögen im Überlebenskampf, die skrupellose Machtausübung: Jeder, der ihren Forderungen nicht sofort nachkommt oder sich ihnen gar widersetzt, wird gewaltsam diszipliniert. Nicht zufällig stellt Albert selbst sich durch die angebliche gemeinsame Vorliebe für Meeresfrüchte indirekt in eine Reihe historischer Herrscherfiguren: Cäsar, Napoleon, Churchill, Hitler, Mussolini (Seq. 27). In der Grausamkeit seiner Foltermethoden, bei denen auffälligerweise die Opfer immer gestopft werden, ist er besonders den beiden letztgenannten ebenbürtig. Der Koch, sein Restaurant und seine »normalen« Gäste repräsentieren demgegenüber die zivilisierte Gesellschaft: Etikette (die vollendet höfliche Bedienung), Geschmack (Georginas »exzellenter Gaumen«), Mäßigung (Richard, der Alberts Protzerei tadelt), Bildung

(Michael, dessen Lebensinhalt Bücher sind). Aber auch christliche Tugenden sind hier vertreten: Der Küchenjunge Pup mit seinem sakralen Bußgesang und seinem strohblonden Haar ist eine Art Engelsfigur, die in Kontrast zu Alberts Verdorbenheit steht. Der Koch ist Helfer der Gequälten, er läßt den kotbeschmierten Imbißbuden-Besitzer reinwaschen, verhilft Michael und Georgina zur Flucht.

Georgina nimmt im Figurenpersonal in mehrerlei Hinsicht eine gewisse Sonderstellung ein. Der im Film verwendete ästhetische Kunstgriff, die Farbe der Kleidung bestimmter Personen der Farbdominanz in den verschiedenen Räumen anzupassen, ist bei Georgina am ausgeprägtesten: Ihre Kleider changieren von Grün in der Küche, nach Rot im Restaurant zu Weiß auf der Toilette usw. Bei Albert und seiner Bande wechseln lediglich Hemd bzw. Schärpe die Farbe, Richard und Michael changieren überhaupt nicht, sondern ersterer bleibt (mit Ausnahme der Schlußsequenz) immer weiß gekleidet, letzterer braun. Georgina ist damit als diejenige dargestellt, die am wenigsten auf ein bestimmtes Prinzip festgelegt ist, sondern zwischen den verschiedenen »Welten« hin und her pendelt:[8] Sie lebt einerseits in Spicas Sphäre von brutaler Ausbeutung, beherrscht aber dennoch die Konventionen der feinen Gesellschaft. Mit Richard teilt sie einen ausgeprägten Geschmackssinn, mit Michael die Vorliebe fürs

Lesen. Während Albert und seine Helfer sich den Gepflogenheiten im Restaurant nur sehr partiell anzupassen vermögen, bleiben Richard als Künstler und Michael als Gelehrter sich am meisten treu. Georgina erhält also die traditionelle Charakteristik der »unbeständigen« Frau:

Georgina: »Was nützen dir diese vielen Bücher, du kannst sie nicht essen.«
Michael: »Ich habe sie immer als sehr verläßlich empfunden. Sie ändern nicht ihre Meinung, wenn man mal nicht hinguckt.«
Georgina: »Das kommt mir eher wie ein Nachteil vor.« (Seq. 21).

Allerdings macht sie als einzige Figur des Films eine Entwicklung durch. Vor ihrer Begegnung mit Michael hat sie lediglich versucht, Albert von seinen Opfern abzulenken (Seq. 2). Im Falle des Küchenjungen (Seq. 9) widersetzt sie sich Alberts Quälereien bereits vehement, und nach dessen Folterung begibt sie sich bewußt in Gefahr, um ihn im Krankenhaus zu besuchen. Nach Michaels Ermordung stellt sich Georgina endgültig auf die Seite der »zivilisierten« Figuren, obwohl Albert ihr trotz Drohungen eine Versöhnung anbietet. Dies veranschaulicht der Film, indem in der Schlußsequenz zwischen Albert und dem Rest seines Gefolges einerseits und Georgina und dem Küchenpersonal andererseits der Serviertisch, auf dem der gebratene Michael aufgetragen wird, als Barriere fungiert. Georgina ist in dieser Szene, die ja im roten Speisesaal spielt, bezeichnenderweise schwarz gekleidet, wobei es sich um ein auffälliges Abendkleid mit überdimensionaler Schleppe handelt, das sie wie eine Herrscherin aussehen läßt: Sie hat nunmehr die Fäden des Geschehens in der Hand und entmachtet Albert.

Es ist gerade diese Szene des kannibalistischen Mahls, die für die Interpretation von DER KOCH, DER DIEB, SEINE FRAU UND IHR LIEBHABER wichtigen Aufschluß gibt. Die vorher im Film aufgebaute Opposition von primitivem und zivilisiertem Verhalten veranschaulicht, daß Machtausübung, wie sie Alberts Bande im Restaurant betreibt, nur durch die Mißachtung der zivilisatorischen bzw. christlichen Regeln funktioniert bzw. dadurch, daß umgekehrt die Beherrschten diese Regeln einhalten. So wahrt beispielsweise Richard trotz seiner lakonisch verpackten Kritik immer peinlichst genau die Höflichkeit gegenüber Spica. Jener wird erst dadurch entmachtet, daß Georgina und mit ihr dann auch Richard, der Imbißbudenbesitzer und das gesamte Küchenpersonal ihre Rolle als duldende Opfer durchbrechen und ihrerseits ihren Peiniger durch eine Regelverletzung in Bedrängnis bringen. Entsprechend verweist der Film ja auch durch Michaels Lektüre auf die Geschichte der Französischen Revolution, die im Kampf gegen die feudale Herrschaft ebenfalls in ihren Mitteln nicht zimperlich war. Mit der Idee, Albert den ermordeten Michael als Speise vorzusetzen, verwirklicht Georgina zunächst einmal nur dessen eigene Drohung, die er nach Entdeckung des Ehebruchs ausgesprochen hat (Seq. 20). Dabei wird auf die anthropologische Bedeutung des Kannibalismus angespielt, bei der die Einverleibung den Zweck hat, sich die Kraft des Opfers anzueignen. Daß im Falle Alberts seine sexuellen Defizite gemeint sind, hebt Georgina klar hervor: »Probier den Schwanz, Albert, das ist eine Delikatesse. Du weißt ja, wo er mal gewesen ist.« (Seq. 31).

Die Metapher des Kannibalismus birgt jedoch eine noch weitere Implikation, die sich auf den Gegensatz von zivilisiertem und primitivem Verhalten beziehen läßt: Nach der Psychoanalyse Freuds gilt der kannibalistische Akt (Abschluß der Tötung des übermächtigen Vaters in der Primärhorde) als Initiation kultureller Entwicklung in der Menschheitsgeschichte, von dem aus sich soziale Verhaltensnormen, verbindliche Werte, Religion u. ä. überhaupt erst entwickelt haben.[9] Das kannibalistische Strafgericht ist deshalb als gemeinsame Anstrengung zur Erneuerung der Zivilisation zu verstehen, deren Regeln durch Spica so gnadenlos verletzt worden waren. Der Rückgriff auf den Kannibalismus dient zudem dazu, das Dilemma zu veranschaulichen, in dem sich die zivilisierte Gesellschaft befindet, wenn sie die Inhaber von Macht in ihre Grenzen weisen will, dazu aber ihre eigenen Regeln übertreten muß. Georgina und Richard lösen das Problem, indem sie den Tabuverstoß, Michaels Leiche zu kochen, nach den Maßstäben der Zivilisation inszenieren: Das Auftragen des »Bratens« durch den Koch und sein Personal ist analog zu einem Begräbniszug gestaltet: Die Männer tragen schwarze Anzüge und nehmen eine entsprechend pietätvolle Haltung ein, wenn sie von der Küche in den Speisesaal schreiten. Die gebratene Leiche – von der Kamera sogar noch in Nah ausführlich »abgetastet« – ist auf einem Gemüsebett angerichtet und gemäß den Standards einer gehobenen Küche mit Petersilie und Orangen garniert. Überdies kommt Georgina dem schockierten Albert gegenüber nochmals auf die Tischmanieren zu sprechen: »Was hast du denn, Albert? Du hast Messer und Gabel, du weißt, wie man damit umgeht. Oder sollen all diese mühsam angelernten Tischmanieren umsonst gewesen sein?« (Seq. 31). Nachdem Albert gezwungenermaßen von der Leiche gekostet hat, wird er von ihr als »Kannibale« bezeichnet, womit gemäß der heutigen Konnotation des Wortes »Barbar« gemeint ist. Der Tabuverstoß ist damit allein der Person Alberts zugeschoben worden. Georginas Schuß verhängt den definitiven Ausschluß Alberts aus der zivilisierten Gesellschaft. Am Ende des Films steht also ein befreiender Akt, der die von Greenaway vom Theater auf das Kino übertragene kathartische Funktion erfüllt.

4.

DER KOCH, DER DIEB, SEINE FRAU UND IHR LIEBHABER ist nicht nur eine vielschichtig konstruierte moderne Rachetragödie, sondern auch vor dem Hintergrund der britischen Gesellschaft der späten 80er Jahre aufschlußreich: In der Filmkritik wurde vor allem der von Albert Spica verkörperte »Sozialdarwinismus« als Parallele zu den Prinzipien der Regierung Margaret Thatchers ausgemacht.[10] Dies ist der Bezugspunkt des Films zu anderen Produktionen des sogenannten »Neuen Britischen Kinos«. Auch wenn es sich dabei um eine Filmwelle handelt, die thematisch und ästhetisch sehr vielfältig und heterogen ist, so gilt doch als der kleinste gemeinsame Nenner, daß dort eine »kranke Gesellschaft« gezeichnet wird, »in der es mit allem bergab geht«.[11] Während die Filme Peter Greenaways neben denen Derek Jarmans dabei einer eher artifiziellen bzw. experimentellen Richtung zuzurechnen sind, haben auch eine Reihe von Filmen internationale Aufmerksamkeit erlangt, die den Alltag im Großbritannien der 80er Jahre direkter und realistischer schildern: So zeigen etwa BRIEF AN BRESHNEW (1985) oder COMING UP ROSES (1986) die Frustration, den Eskapismus, aber auch die täglichen Überlebensstrategien der Menschen angesichts der hohen Arbeitslosigkeit. MEIN WUNDERBARER WASCHSALON (1985) und SAMMY UND ROSIE TUN ES (1987) thematisieren Ausländerfeindlichkeit und Konflikte der verschiedenen Kulturen. In HOHE ERWARTUNGEN (1988) geht es um Entfremdung und soziale Kälte durch wachsende Klassenunterschiede. VERLORENE UTOPIEN (1987) führt ein düsteres Bild verslumter Städte vor Augen. Die Tristesse gewinnt jedoch selten die Oberhand; die Filme setzen ihr überwiegend Humor, Ironie und einen Schimmer von Hoffnung entgegen.

Von einer »Renaissance« des britischen Films ist bereits seit Anfang der 80er Jahre die Rede gewesen, speziell nachdem STUNDE DES SIEGERS (Regie Hugh Hudson) den Oscar als bester Film des Jahres 1981 gewann. In den 70er Jahren hatte sich die britische Filmindustrie in einer großen Krise befunden: Dort wirkte sich der unter anderem durch das Fernsehen bedingte Zuschauerschwund in den Kinos noch extremer aus als in anderen Ländern, was wiederum zur Folge hatte, daß die vorher stark in Großbritannien engagierten amerikanischen Filmfirmen ihr Kapital zurückzogen. Entsprechend wurden immer weniger Filme produziert, und die Filmschaffenden hatten nur die Wahl, ins Ausland zu gehen oder für das Fernsehen zu arbeiten. Allerdings kann dieser Rückzug, wie Jürgen Enkemann betont, auch als Regenerationsphase des britischen Films begriffen werden, auf der die Erfolge der 80er Jahre beruhen: Der Zwang, sich außerhalb der kommerziellen Filmproduktion zu bewegen, förderte die Bereitschaft zum Experiment und zum Austausch zwischen den Medienbereichen und Künsten.[12] So ist etwa Peter Greenaway mit seinen Bezügen zu bildender Kunst, Theater, Literatur kein Einzelfall unter den neueren britischen Regisseuren, sondern auch Derek Jarman, Neil Jordan, Roland Joffé, Stephen Frears, Mike Leigh u. a. sind in verschiedenen Medien- und Kunstbereichen tätig und erweitern so ihr filmisches Gestaltungspotential. Aber auch der Rückgriff auf speziell britische Filmtraditionen, besonders auf die »Free Cinema«-Bewegung der frühen 60er Jahre (Karel Reisz, Tony Richardson, Lindsay Anderson), die eine ungeschminkte Darstellung der sozialen Realität anstrebte, lieferte dem neuen britischen Kino Impulse. Der Aufschwung war freilich nicht allein kreativ bedingt, sondern wurde auch durch eine Verbesserung der finanziellen Ressourcen der Filmproduktion flankiert: Zum einen intensivierte das British Film Institute seine Filmförderung, zum anderen entwickelte sich der 1982 gegründete Fernsehsender Channel 4 zum wichtigen Auftraggeber für einheimische Filmprojekte.[13] Auch Peter Greenaway hat seine ersten Spielfilme mit Mitteln von beiden Institutionen verwirklicht. Trotz oder gerade wegen des internationalen Ansehens und der vielen Preise, die britische Filme in den 80er Jahren gewannen, hat die Regierung Großbritanniens die staatliche Unterstützung der Filmwirtschaft reduziert und auch hier auf das Prinzip des freien Markts gesetzt. Unter anderem wurden 1985 Steuervorteile für Produktionskosten abgeschafft. Seitdem verschlechterten sich die Finanzierungsmöglichkeiten für die Filmindustrie wieder, was sich unter anderem darin auswirkte, daß britische Regisseure wie Stephen Frears oder Neil Jordan nach Hollywood abwanderten. Das neue britische Kino könnte sich als ein nur kurzlebiges filmhistorisches Phänomen erweisen.

Anmerkungen

1 Nach Eva Heller: Wie Farben wirken. Reinbek 1989. Vgl. auch Christiane Barchfeld: Filming by Numbers. Peter Greenaway. Ein Regisseur zwischen Experimentalkino und Erzählkino. Tübingen 1993, S. 161, Anmerkung 8.
2 Elisabeth Frenzel: Motive der Weltliteratur. Stuttgart, 3. Auflage 1988, S. 219 bis 238.
3 Menschen am Tisch. Peter Greenaway gibt Auskunft über seinen neuen Film. In: die tageszeitung vom 23. 11. 1989.
4 Vgl. Artauds Programmatik, abgedruckt in: Manfred Brauneck: Theater im 20. Jahrhundert. Reinbek 1982, S. 395–404.
5 Als Einführung siehe Reinhart Schleier: Die holländische Kunst des 17. Jahrhunderts. In: Werner Busch (Hrsg.), Funk-Kolleg Kunst. Eine Geschichte der Kunst im Wandel ihrer Funktionen. München, 2. Auflage 1991, S. 678–702.
6 Vgl. Christiane Barchfeld, a. a. O., S. 161 ff.
7 Andreas Kilb: Der Koch bin ich. Ein Gespräch mit Peter Greenaway. In: Die Zeit vom 24. 11. 1989.
8 Vgl. Greenaways Selbstinterpretation. In: die tageszeitung vom 23. 11. 1989 und Die Zeit vom 24. 11. 1989.

9 Vgl. Christian W. Thomsen: Menschenfresser, Wien 1983, S. 112ff.

10 Peter Schmidt: Tod den Prassern. DER KOCH, DER DIEB, SEINE FRAU UND IHR LIEBHABER. Peter Greenaways Studie des Bösen in Mrs. Thatchers Zeit. In: Rheinischer Merkur vom 27.10.1989.

11 Jürgen Enkemann: Realismus, Phantasie und Channel 4: Zur britischen Filmentwicklung der 80er Jahre und ihrer Vorgeschichte. In: Ingrid Kerkhoff/Hans-Peter Rodenberg (Hrsg.), Leinwandträume. Film und Gesellschaft. Gulliver, Deutsch-Englische Jahrbücher, Bd. 29, 1/91, S. 53–74. Hier S. 53.

12 Ebenda, S. 54ff.

13 Channel 4 wird durch Werbeeinnahmen der privaten Fernsehsender finanziert, hat aber einen öffentlich-rechtlichen Auftrag: Der Sender soll sein Programm überwiegend bei britischen Firmen einkaufen und dabei auch Innovationen und Experimente fördern. Siehe Gabriele Bock und Siegfried Zielinski: Der britische Channel 4. In: Media Perspektiven 1/1987, S. 38–54.

Auswahlbibliographie

Christiane Barchfeld: Filming by Numbers: Peter Greenaway. Ein Regisseur zwischen Experimentalkino und Erzählkino. Tübingen 1993.

Daniel Caux u. a.: Peter Greenaway. Paris 1987.

Norbert Elias: Über den Prozeß der Zivilisation. 2 Bde. Frankfurt/M. 1976.

Jürgen Enkemann: Realismus, Phantasie und Channel 4: Zur britischen Filmentwicklung der 80er Jahre und ihrer Vorgeschichte. In: Ingrid Kerkhoff/Hans-Peter Rodenberg (Hrsg.), Leinwandträume. Film und Gesellschaft. Gulliver, Deutsch-Englische Jahrbücher, Bd. 29, 1/91, S. 53–74.

Peter Greenaway: DER KOCH, DER DIEB, SEINE FRAU UND IHR LIEBHABER. Drehbuch. Zürich 1989.

Stephen Locke: The British are coming. Der neue britische Film – Rückblick und Ausschau. In: Walter Schobert/Horst Schäfer (Hrsg.), Fischer Film Almanach 1989. Frankfurt/M. 1989, S. 466–476.

Robert Murphy: Under the Shadow of Hollywood. In: Charles Barr (Hrsg.), All our Yesterdays. 90 Years of British Cinema. London 1986, S. 47–71.

Philippe Pilard: Le nouveau cinéma britannique, 1979–1988. Paris 1989.

Hellmut Rodewaldt: Peter Greenaways Filme. In: Hard Times Nr. 39, 1990, S. 16–20.

Marlene Rodgers: PROSPERO'S BOOKS – World and Spectacle. An Interview with Peter Greenaway. In: Film Quarterly 45 (1991/92), 2, S. 11–19.

Josef Schnelle: Bizarre Rätselspiele – herzlos und kalt: Peter Greenaway. In: Jörg-Dieter Kogel (Hrsg.), Europäische Filmkunst. Regisseure im Porträt. Frankfurt/M. 1990, S. 71–82.

Gottfried Schröder: Der neue Film in »Thatcher's Britain«. In: Hard Times Nr. 39, 1990, S. 4–10.

Christian Storms: Einige Regeln der Filme Peter Greenaways. In: Hans J. Wulff (Hrsg.), Film- und Fernsehwissenschaftliches Kolloquium Berlin '89. Münster 1990, S. 53–63.

Christian W. Thomsen: Menschenfresser. Wien 1983.

Auswahlfilmographie

CHARIOTS OF FIRE (STUNDE DES SIEGERS), Hugh Hudson, Großbritannien 1981
THE DRAUGHTMAN'S CONTRACT (DER KONTRAKT DES ZEICHNERS), Peter Greenaway, Großbritannien 1982
A ZED & TWO NOUGHTS (EIN Z & ZWEI NULLEN), Peter Greenaway, Großbritannien/Niederlande 1985
MY BEAUTIFUL LAUNDRETTE (MEIN WUNDERBARER WASCHSALON), Stephen Frears, Großbritannien 1985
LETTER TO BREZHNEV (BRIEF AN BRESHNEW), Chris Bernard, Großbritannien 1985
CARAVAGGIO (CARAVAGGIO), Derek Jarman, Großbritannien 1986
COMING UP ROSES (COMING UP ROSES), Stephen Bayly, Großbritannien 1986
THE LAST OF ENGLAND (VERLORENE UTOPIEN), Derek Jarman, Großbritannien 1987
SAMMY AND ROSIE GET LAID (SAMMY UND ROSIE TUN ES), Stephen Frears, Großbritannien 1987
THE BELLY OF AN ARCHITECT (DER BAUCH DES ARCHITEKTEN), Peter Greenaway, Großbritannien/Italien 1987
DROWNING BY NUMBERS (VERSCHWÖRUNG DER FRAUEN), Peter Greenaway, Großbritannien/Niederlande 1988
HIGH HOPES (HOHE ERWARTUNGEN), Michael Leigh, Großbritannien 1988
THE COOK, THE THIEF, HIS WIFE AND HER LOVER (DER KOCH, DER DIEB, SEINE FRAU UND IHR LIEBHABER), Peter Greenaway, Großbritannien/Frankreich/Niederlande 1989

Sequenzprotokoll

		Sek.	E.	Sek./E	ges'	:"
	Donnerstag					
1	Vorspann	110	1	110,0	1:	50
2	Folter des Imbiß-Buden-Besitzers durch den Dieb und seine Bande	175	15	11,7	4:	45
3	Einzug des »Hofstaats« in die Küche des Restaurants: Verhältnis Dieb–Koch	465	26	17,9	12:	30
4	Restaurant: Georgina und Michael werden aufeinander aufmerksam	286	42	6,8	17:	16
5	Georgina und Michael treffen sich auf der Toilette – Störung durch den Dieb	614	35	17,5	27:	30
	Freitag					
6	Tafelrunde: Bande liefert Beute beim Dieb ab	183	24	7,6	30:	33
7	Der Koch schützt die Liebenden: Sex in der Speisekammer	233	24	9,7	34:	26

		Sek.	E.	Sek./E	ges′	:″
8	Tafelrunde: Gespräch über die Kinderlosigkeit des Diebs	295	21	14,0	39:	21
9	Dieb quält den Küchenjungen und Georgina	196	5	39,2	42:	37
	Samstag					
10	Liebespaar in der Speisekammer / Küche	101	3	33,7	44:	18
11	Tafelrunde: Rückkehr Georginas	187	3	62,3	47:	25
12	Dieb schikaniert Gast auf der Toilette	62	1	62,0	48:	27
13	Dieb holt Michael zur Tafelrunde / Georgina provoziert den Dieb	383	19	20,2	54:	50
	Sonntag					
14	Tafelrunde des Diebs mit anderer Gangster-Bande	132	2	66,0	57:	02
15	Liebespaar in der Speisekammer: Das erste Gespräch	150	1	150,0	59:	32
16	Tafelrunde / Gangster-Boß Fitch mit Patricia	175	32	5,5	62:	27
17	Tänzerinnen kommen / Dieb schikaniert Gäste	131	2	65,5	64:	38
18	Patricia beobachtet Georgina und Michael	106	4	26,5	66:	24
	Montag					
19	Patricia verrät das Liebespaar an den Dieb	232	9	25,8	70:	16
20	Dieb randaliert / Georgina und Michael können fliehen	286	19	15,1	75:	02
21	Zuflucht in Michaels Bücherlager	153	2	76,5	77:	35
	Dienstag bis Donnerstag					
22	Küchenjunge bringt Georgina und Michael Essen	140	2	70,0	79:	55
23	Folter des Küchenjungen	135	13	10,4	82:	10
24	Der Koch bei Georgina und Michael	139	2	69,5	84:	29
25	Georgina besucht den Küchenjungen im Krankenhaus	69	3	23,0	85:	38
26	Der Dieb läßt Michael ermorden	142	1	142,0	88:	00
27	Tafelrunde / Georgina mit Michaels Leiche parallel	268	12	22,3	92:	28
28	Bande wird aus dem Restaurant geworfen	123	4	30,8	94:	31
29	Georgina über die sexuellen Perversionen des Diebs	201	5	40,2	97:	52

		Sek.	E.	Sek./E	ges′	:″
30	Georgina bittet den Koch, Michael zu kochen	535	13	41,2	106 :	47
31	**Freitag** Bestrafung des Diebs: Georgina zwingt ihn zum Kannibalismus	513	28	18,3	115 :	20
32	Abspann	176	1	176,0	118 :	16
	Gesamt	7096	374	19,0	118 :	16

15. Alte und neue Bauformen des Erzählens: WILD AT HEART – DIE GESCHICHTE VON SAILOR & LULA (1990)

von Hans-Peter Rodenberg

Cape Fear, irgendwo an der Grenze zwischen North und South Carolina. Bei einer Tanzveranstaltung wird Sailor in Begleitung seiner Freundin Lula von dem schwarzer Killer Lemon mit einem Messer bedroht und schlägt ihm dafür in einem Wutanfall den Kopf zu Brei.
Zwei Jahre vergehen, bis Lula Sailor am Gefängnistor zu einem Konzert ihrer gemeinsamen Lieblingsband Powermad im »Hurricane« abholen kann. Im Hotelzimmer lieben sie sich leidenschaftlich und gehen dann zu der Veranstaltung. Als ein Punker Lula dort Avancen macht, kommt es zu einer Schlägerei, aus der Sailor als Sieger hervorgeht. Inzwischen braut sich jedoch anderes Unheil zusammen. Lulas Mutter Marietta ist nach wie vor gegen die Verbindung und überredet ihren Freund Johnnie, das Paar zu verfolgen, als es gegen die Bewährungsauflage Sailors North Carolina mit dem Plan verläßt, nach Kalifornien zu fliehen. Da Marietta sich aber nicht auf Johnnie allein verlassen will, gibt sie parallel dazu ihrem Liebhaber, dem aalglatten Killer Santos, den Auftrag, Sailor zu töten. Santos, der, wie sich später herausstellt, schon Mariettas Mann umgebracht hat, akzeptiert unter der Bedingung, daß er nicht nur Sailor, sondern auch Johnnie aus der Welt schaffen darf. Dazu bittet er den Gangsterboß Mr. Reindeer um Hilfe, der von seinem Bordell in New Orleans aus den Auftrag an eine geheimnisvolle Frau auf Krücken weitergibt, von der man nur den Schatten sieht.
Inzwischen sind die Verfolgten in New Orleans angekommen. Abends, in einer der vielen Jazzbars, erzählt Sailor Lula von einem Abenteuer mit einer Prostituierten, eine Geschichte, die Lula zusehends sexuell erregt. Nachdem sie sich, zurück im Hotel, leidenschaftlich geliebt haben, berichtet Lula wiederum Sailor von ihrem wahnsinnigen Cousin Charlie. Währenddessen hat Marietta vergeblich versucht, Santos von dem Mord an Johnnie abzuhalten. Mr. Reindeer hat bereits genaue Einzelheiten an die geheimnisvolle blonde Frau auf Krücken weitergegeben. Aufgelöst beginnt Marietta, sich über und über mit Lippenstift zu beschmieren und ruft so Johnnie in seinem Hotelzimmer an. Anschließend übergibt sie sich.
Am nächsten Tag passieren Sailor und Lula die Grenze nach Texas. Das Radio bringt nur Horrormeldungen, und entnervt dreht Lula es ab. Als

Sailor schließlich einen Sender mit Rockmusik findet, steigen die beiden aus und tanzen mitten in der Einöde ausgelassen neben dem Auto. Abends gesteht Sailor Lula, daß er früher einmal Fahrer von Santos war. Seine Erinnerung vermischt sich mit der Lulas, die sich an den Feuertod ihres Vaters erinnert und plötzlich Marietta als Hexe parallel zum Auto fliegen sieht. Später kommen sie an den Schauplatz eines nächtlichen Autounfalls. Eine junge Frau irrt als einzige Überlebende fassungslos auf dem Schauplatz des Geschehens herum und stirbt in Sailors Armen. In der gleichen Nacht schlägt auch Johnnies letzte Stunde. Marietta ist ihm zwar nachgereist, hat ihm jedoch nichts Genaueres gesagt. So findet sie an diesem Abend nur einen fingierten Zettel der Killer, die Johnnie entführt haben, auf dem Johnnie schreibt, er sei fortgefahren. Johnnie stirbt, an einen Baum gefesselt, nachdem sich Juana, die blonde Frau auf Krücken, an seiner Angst lustvoll erregt hat und ihn dann in perverser, orgiastischer Ekstase erschießt.
Schließlich erreichen Sailor und Lula in ihrem schwarzen Cabriolet Big Tuna, ein heruntergekommenes 600-Seelen-Nest in Texas. Dort lernen sie den sadistischen Vietnamveteranen Bobby Peru kennen, der am nächsten Tag die kurzzeitige Abwesenheit von Sailor dazu nutzt, um die schwangere Lula sexuell zu belästigen und später Sailor selbst zu einem Banküberfall anstiftet. Der Überfall mißlingt jedoch. Zwei Polizisten werden auf sie aufmerksam, gerade als Bobby auch Sailor umbringen will. In dem anschließenden Tumult schießt sich Bobby mit seiner Schrotflinte selbst den Kopf vom Rumpf.
Fünf Jahre später holt Lula Sailor mit ihrem gemeinsamen Sohn, der inzwischen geboren wurde, vom Bahnhof ab. Sailor glaubt jedoch nicht mehr an eine gemeinsame Zukunft und will Lula und das Kind verlassen. Auf dem Weg fort von den beiden provoziert er eine Streetgang und wird von ihr zusammengeschlagen.
Während er ohnmächtig auf der Straße liegt, erscheint ihm eine »gute Fee« und bringt ihn dazu, zu Lula zurückzukehren.

Eine Höllenfahrt in das »Land hinter dem Regenbogen«

WILD AT HEART ist ein Film über die Liebe. Und er ist ein Film über die Grenzen der Liebe in einer Welt, in der die Gewalt herrscht. Lynch erzählt diese alte Geschichte von zweien, die ausziehen, um ihre Liebe zu verwirklichen und von den Hindernissen, die sie dabei überwinden müssen, wie ein Road Movie. Das Amerika, das Sailor und Lula auf ihrer Reise erleben, ist ein Amerika, in dem sich der amerikanische Traum längst in einen Alptraum verwandelt hat. Es ist ein Amerika, in dem einzig die Gewalt und Perversion real erscheinen, während sich die Liebe

selbst immer wieder durch einen Wust von populärkulturellen Klischees und Zitaten hervorarbeiten muß.

Die bedrückende Qualität dessen, was Sailor (Nicolas Cage) und Lula (Laura Dern) sehen und erleben, tritt um so mehr hervor, als Lynch die äußere Realität, die die Liebenden vorfinden, direkt mit diesen Sehnsuchtsbildern von Harmonie und Geborgenheit konfrontiert. Er erreicht dies, indem er Sailors und Lulas Reise parallel zu der Reise der naiven Dorothy in Victor Flemings Film DAS ZAUBERHAFTE LAND (THE WIZARD OF OZ, 1939) setzt, jene Verfilmung des Romans von Frank L. Baum, die seit ihrer Erstausstrahlung 1956 zum regelmäßig wiederholten Standardprogramm des Kinderfernsehens in den USA gehört. Flemings Musical erzählt, wie Dorothy in das märchenhafte Land Oz »hinter dem Regenbogen« kommt, wo sie auf der Suche nach ihrem geliebten verschwundenen Hund gegen die böse »Hexe des Ostens« kämpfen muß, dieses und andere Abenteuer aber mit der Hilfe der »guten Fee« besteht. Am Schluß erhält sie vom »Zauberer von Oz« die Botschaft, daß wahre Liebe sich immer durchsetzt.

Schon relativ früh macht Lynch diese Bezüge zu dem MGM-Musical deutlich. So erzählt Lula (deren Lieblingsfilm DAS ZAUBERHAFTE LAND ist!) Sailor nach dem »Powermad«-Konzert, daß sie Angst vor der bösen

»Hexe des Ostens« habe (Seq. 10), und in New Orleans sinniert sie im Bett mit Sailor: »Manchmal, wenn wir miteinander schlafen, schaffst du's, daß ich mich fühle wie im Land hinter dem Regenbogen« (Seq. 14). Lulas Reise mit Sailor durch das alptraumhafte Amerika der 90er Jahre wird so die Höllenfahrt der unschuldigen Dorothy in eine Welt, die »ein wildes Herz« hat und »total verrückt geworden« ist, wie sie schließlich resignierend feststellt (Seq. 34).

Der zweite rote Faden, an dem sich in WILD AT HEART Bedrohung und Geborgenheit festmachen, ist die Sexualität. Immer wieder lieben sich Sailor und Lula leidenschaftlich, eine Praxis, die bezeichnenderweise aufhört, als sie in Big Tuna auf den mephistophelischen Bobby Peru (Willem Dafoe) stoßen und ihre Liebe durch die zwielichtigen Gestalten aus Sailors Vergangenheit bedroht wird. Denn daneben brodeln in WILD AT HEART die inzestuösen Triebe. Vor allem ist da die böse Mutter Marietta (Diana Ladd), vulgär, hysterisch, eine Trinkerin, die ihren Mann hat umbringen lassen und ihren Freund Johnnie (Harry Dean Stanton) nicht liebt. Neidisch auf die Jugend Lulas und selbst begehrliche Blicke auf den Freund ihrer Tochter werfend, ist sie die Entsprechung der »bösen Hexe des Ostens« aus dem ZAUBERHAFTEN LAND. Verschiedene Szenen des Films erscheinen so in einer Kristallkugel, die Marietta in den Händen hält (Seq. 3, 45),und, als die Kamera nach ihrem letzten Telefongespräch mit Johnnie herunterschwenkt, um ihre Füße zu zeigen, stecken diese in spitzen Hexenschuhen (Seq. 20). In Lulas Angstvisionen schließlich fliegt sie vollends im Hexenkostüm auf einem Besen durch die Lüfte (Seq. 10, 23, 30).

Vor allem aber steht Marietta im Zentrum der schwarzen Heerscharen, die die Liebenden verfolgen: Bobby Peru, der Killer Santos (J. E. Freeman) und seine Gehilfen. Die perverse sexuelle Komponente der Schattenwesen des ZAUBERHAFTEN LANDES wird dabei durch die laszive, geheimnisvolle Perdita (Isabella Rossellini) mit ihren schwarzen Spitzenstrümpfen und roten Pumps, Juana (Grace Zabriskie), bei der das Töten einen Orgasmus auslöst, und Mr. Reindeer (W. Morgan Sheppard) in seinem Bordell verkörpert. Sie bedrohen die »reine« Liebe von Lula und Sailor, indem sie Sailor korrumpieren und wieder in ihren Kreis ziehen wollen. Der Schrecken einer durch und durch korrupten und pervertierten, aber nichtsdestoweniger verführerisch erregenden Welt ist in WILD AT HEART so weder Selbstzweck noch bloßes Ereignis, das auf dem Weg zur Erfüllung der Liebe von Sailor und Lula überwunden werden muß, sondern das »wilde Herz der Welt« ist die Folie, vor der sich alles abspielt.

Nachdem bereits die Exposition den Konflikt zwischen ästhetischer Oberfläche und zugrundeliegender Gewalt als kontinuierliche Katastrophe eingeführt hat, fahren Sailor und Lula durch eine Welt, der ihr Sinn abhanden gekommen ist. Die Rückblenden und aufgesplitterten Handlungsstränge verstärken das Gefühl einer unendlich verkomplizierten Realität, in der einfache Lösungen nicht mehr greifen. Die Märchenstruktur des ZAUBERHAFTEN LANDES mit der bösen Hexe und der guten Fee Glinda wird dabei als illusionärer Teil dieser Realität vorgestellt und nicht als ihre Aufhebung oder eine ihr übergeordnete Lösung der Konflikte. Daß WILD AT HEART nicht wie traditionelle Roadmovies (etwa der Prototyp EASY RIDER oder 1991 die feministische Version THELMA & LOUISE) in einer kathartischen Katastrophe endet, sondern in einer märchenhaften Erscheinung, die alles zum Guten verkehrt, ist so nur logisch, insofern alle Aufhebung der beschworenen Gewalt eben nur eine (filmische) Illusion ist.

Eine Welt in Flammen: der cinematographische Blick des Malers David Lynch

WILD AT HEART beginnt mit dem explosionsartigen Geräusch und dem Bild eines aufflammenden Streichholzes in extremer Großaufnahme. Dieses Motiv erscheint immer wieder an Schlüsselpunkten der Erzählung, insbesondere in der Schilderung des Todes von Lulas Vater, aber ebenso, um die Beziehung von Lula und Sailor zu charakterisieren: Ein Streichholz, eine Zigarette – Sailors Individualität, ein Streichholz, zwei Zigaretten – Einheit, gemeinsames Rauchen einer Zigarette – Intimität. Lynch liebt das Symbol, die Metapher, das Zeichenhafte des Bildes als Bild. Kameraperspektive und -bewegung sind ganz darauf abgestellt, diese Qualität, die eher der Bildenden Kunst abgeschaut ist (Lynch hatte Malerei studiert, bevor er sich dem Film zuwandte), hervortreten zu lassen.

Bezeichnenderweise dominiert denn auch die Groß- oder Detailaufnahme und die symbolisch aufgeladene Überblendung bei den vielen Zeitsprüngen, Parallelmontagen und Rückblenden des Films. Die Leidenschaft des Liebemachens von Sailor und Lula verwandelt sich mit fast klischeehafter Präzision jedesmal in die Großaufnahme einer Feuerzeugflamme, eines entzündeten Streichholzes oder eine mit Feuer verbundene Erinnerung. Oder, als Lula in Vorfreude auf das Konzert von Powermad einen Freudentanz auf dem Bett anfängt, schwenkt die Kamera auf ihre Beine, wobei die Aufnahme ihrer zwischen Wattebällchen tanzenden Füße auf die gleiche Einstellung auf dem Tanzboden des »Hurricane« übergeht. Zusätzlich wird die stampfende Bewegung durch das dortige Stroboskopflackern aufgenommen.

Oft verweisen die sorgsam komponierten Einstellungen in Groß direkt auf die Ästhetik der Werbung. Die Szene, als Lula und Sailor Lulas Auto in Texas auftanken, könnte direkt einer Jeanswerbung entnommen sein: Ein schwarzglänzendes Cabriolet an einer heruntergekommenen Tankstelle im gelben Licht der Abendsonne. Dazu Lula in roten Spitzendessous, Sailor in schwarzen Jeans und seiner Schlangenlederjacke. Ein alter Schwarzer auf seinem Lehnstuhl, der ihnen zusieht. Das Radio spielt »Smoke Rings«, eine alte Melodie aus den 40er Jahren (Seq. 21). Nicht subtile räumlich-zeitliche Beziehungen der Erzählung, der zwischenmenschlichen Begegnung oder ihre psychologische Durchzeichnung zählen, sondern der kurze, visuell wie emotional ausgekostete Moment. WILD AT HEART ist ein Film der Epiphanien, der den schönen Schein der Warenästhetik nutzt, um eine trügerische Oberfläche von zum Stereotyp erstarrten Situationen herzustellen, hinter der die Menschen verzweifelt nach der Authentizität und Verwirklichung ihrer Gefühle suchen.

Es entspricht diesem Zugriff, daß viele der Stationen auf der Reise von Sailor und Lula wie geheimnisvolle, bizarr-faszinierende und zugleich angst machende Tableaus wirken. Auffallend ist dabei die Farbgebung. Die dunklen Blautöne der Nacht oder künstliche Neonfarben deuten auf Bedrohung und Verfolgung, wie z. B. bei Mr. Reindeer im Bordell und in den Nachtszenen. Helle Pastellfarben und Sonnenlicht dagegen stehen für die Normalität und eine, allerdings oft trügerische Sicherheit. So tanzen Sailor und Lula in Texas im warmen, gelben Licht des Sonnenuntergangs ausgelassen neben dem Auto, während die Kamera hochschwebt, Auto und Tanzende in einer großen, panoramischen Totale als Miniaturen in der Wüstenlandschaft zurücklassend (Seq. 21). Die Harmonie dieser Szene wird jedoch durch den Ton konterkariert: ein hämmerndes Stück von Powermad. Zudem waren der Grund für den Stopp die Nachrichten im Radio gewesen, eine nicht aufhörende Folge von Horrormeldungen, die Lula schließlich entnervt aufschreien ließ: »Ist dies die Nacht der lebenden Toten?«

Tatsächlich leitet die Tanzszene denn auch eine Sequenz von Schreckensszenen ein, die in ihrer Farbgebung an die Szenen mit Mr. Reindeer anknüpfen: Noch in derselben Nacht kommen Sailor und Lula so zum Schauplatz eines Unfalls. Eine Frau irrt schwerverletzt durch die gespenstische Szenerie, um dann in den Armen von Sailor und Lula zu sterben. Die ganze Szene ist in tiefen Blautönen gehalten. Kurz nach dem Erlebnis von Sailor und Lula wird Johnnie, an einen Baum gefesselt, von der Frau auf Krücken umgebracht. Auch der erste Abend in Big Tuna (schon das Ortsschild war unheilverkündend mit »Fuck you« übersprüht) setzt diese Serie in einer Art Fellinischen Parade grotesker Gestalten fort. Die Kamera schwenkt in Groß über eine bunte Lichterkette und zeigt dann Sailor mit zwielichtigen Hotelgästen und dem ganz in Schwarz gekleideten Bobby Peru. Einer der Gäste sagt lakonisch: »Die drehen da wieder 'n Pornofilm, nach Texaner Art, Lust mitzumachen?« Kurz darauf treten

Storyboard: Seq. 21 Einst. 342–352

Weiches, gelbes Licht der Abendsonne mit tiefen Schatten

Schwarzer *Tankwart* in grüner Latzhose vor roten Backsteinen.

Lula in roten Dessous und schwarzen Leggings.

Sailor in Schwarz und seiner Schlangenlederjacke.

E 342

Rückfahrt

E 343

langsame Zufahrt

Lula rekelt sich lasziv

Musik: »Smoke Rings«

E 344

langsame Rückfahrt

E 345

Fortsg. langsame Zufahrt

Lula: »Wie steht's mit unserer Kasse, Baby?«
Sailor: »Keine hundert Dollar mehr.«

E 346

Fortsg. langsame Rückfahrt

Lula: »Soll ich ein Stück fahren?«

E 347		Fortsg. langsame Zufahrt	*Lula:* »... damit du dich ein bißchen ausruhen kannst.« *Sailor:* »Keine schlechte Idee, Lula.«
E 348		Fortsg. langsame Rückfahrt	
E 349		Stand	Lula wirft Tankwart Kuß zu
E 350		Stand	Tankwart wirft Lula Kuß zurück
E 351			Auto fährt nach rechts aus dem Bild
E 352		Stand	Musik: »Smoke Rings«

Danach Überblendung in Subjektive (Autofahrt)

vier fette Frauen mit entblößten Brüsten aus dem Dunkel und tänzeln kreischend vorbei. Anschließend erzählt Bobby von Vietnam.
Aber nicht nur der Gegensatz von Gut und Böse, auch die Liebesszenen zwischen Sailor und Lula sind einer genau geplanten Farbgebung unterworfen. Anfangs werden sie noch ganz in Gelb und Rot überblendet, die Farben des Feuers und der Leidenschaft. Später kommen dann die kühlen Farben Blau und Grün dazu, so daß die Farben sich zu den Spektralfarben ergänzen, je weiter Sailor und Lula auf ihrer Fahrt entlang der »gelben Backsteinstraße« (symbolisiert durch Nahaufnahmen des unter dem Auto hindurchgleitenden gelben Mittelstreifens) in das »Land hinter dem Regenbogen« (!) eindringen.
WILD AT HEART ist im Sinne einer Realität, die nur noch fragmentarisch ist, mehr Collage als durchgehende filmische Erzählung (siehe Abb. unten). Besonders die Rückblenden erscheinen wie die Gedankenblitze der Protagonisten, indem sie vergangene Ereignisse bruchstückhaft rekonstruieren, wobei schließlich Gegenwart und Vergangenheit für den Zuschauer gleichgewichtig nebeneinander stehen. So ist das bereits erwähnte Leitmotiv des Streichholzanzündens/Feuers sowohl in Rückblenden enthalten, wie z. B. in dem brennenden Haus, in dem Lulas Vater umkommt (Seq. 10, 23, 39), als auch in die narrative Gegenwart integriert. Es flammt im Hintergrund abrupt auf, wenn eine Gefahr droht, etwa wenn Lula und Sailor in Big Tuna auf den Killer Bobby Peru stoßen (Seq. 31), oder während der Abendgesellschaft, auf der Mr. Reindeer im Bordell in New Orleans den Mordauftrag erteilt (Seq. 17). Das Feuer

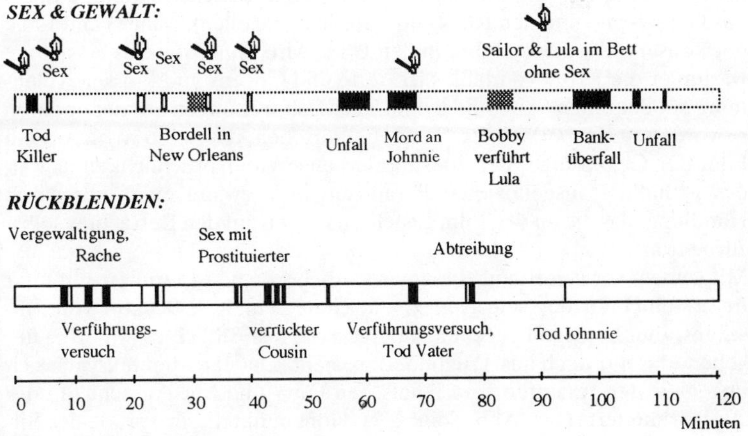

Zeitstrukturen in WILD AT HEART

schwebt quasi als existentielle Bedrohung über der ganzen Geschichte von Sailor und Lula. Andere Rückblenden beziehen sich auf einen Streit zwischen Marietta und Sailor auf der Toilette als Vorgeschichte des Mordes an dem Schwarzen (Seq. 7, 11, 29), die Vergewaltigung Lulas durch ihren »Onkel« (Seq. 6, 32), Sailors Erfahrungen mit einer Prostituierten (Seq. 18) und Lulas schizophrenen Cousin (Seq. 19). Sie dienen der Klärung der Gegenwart, indem sie die »wahren« Zusammenhänge herstellen. So widerspricht Mariettas Darstellung gegenüber Johnnie, Lula nur aus Fürsorglichkeit von Sailor trennen zu wollen (Seq. 7), dem, was der Zuschauer durch die Rückblende erfährt, daß Marietta nämlich Sailor auf der Toilette verführen wollte und nach seiner Zurückweisung eine Morddrohung ausgesprochen hat. Gleichzeitig ist dies die Erklärung für den Mord an Lemon.
Visuell bleibt derart bis zum Ende des Films eine Allgegenwart des Schreckens gesichert, die immer wieder Lulas Harmoniewünsche unterläuft und schließlich auch das Ende des Films offenläßt, da sowohl Santos (als der Mörder von Lulas Vater) als auch Marietta (als Urheberin des ödipalen Dreiecks Marietta–Sailor–Lula) und die Mörder von Johnnie ihr Unwesen weiter treiben können.

Sex und Gewalt: Leben in den 90ern

Auf den ersten Blick scheint WILD AT HEART mit seiner Werbeästhetik, seiner fast genießerischen Darstellung ungehemmter Gewalt, seiner Befangenheit in Perversionen und orgiastischem Sex ein Film für jugendliche Voyeure zu sein. Nimmt man noch seine Märchenhandlung dazu, das Happy-End und den Rückgriff auf gängige Rollenklischees und Idole der konservativen 50er Jahre in den USA, wird ohne weiteres einsichtig, warum er die Kritik so maßlos irritierte und Gegenstand krasser Ablehnung auf der einen Seite und hymnischer Lobpreisungen auf der anderen geworden ist. Dabei wurde jedoch oft übersehen, daß WILD AT HEART ein Film der Gegensätze, der »postmodernen« Widersprüchlichkeiten war, des genüßlich ausgekosteten Paradoxen im Gewand einer populären Handlung, das die an den Film gestellten Fragen auf den Betrachter selbst zurückwarf.
Mit seinen Verweisen auf die amerikanische Populärkultur ist WILD AT HEART ein Film der selbstreflexiven Zitate, ein Kaleidoskop von Klischees, die, kunstvoll gegeneinandergesetzt, das Bild eines Amerika abgeben, das nur noch aus Trugbildern besteht. Dabei bediente Lynch sich ungeniert der gesamten amerikanischen Film- und Musikgeschichte des 20. Jahrhunderts (vgl. Abb. Seite 257). Höhepunkt dieser Parade der Bilder ist zweifellos Sailor. Bereits als Lula ihn aus dem Gefängnis abholt,

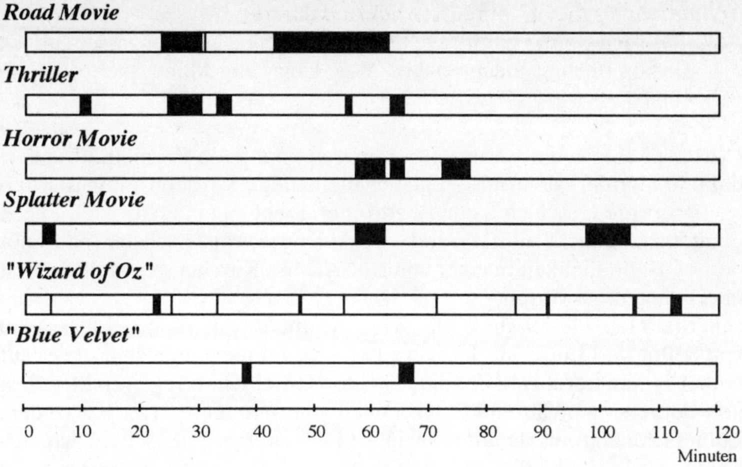

Genres und Filmzitate in WILD AT HEART

wird klar, daß er handelnde Person und Zeichenträger zugleich ist. Lautstark erklärt er: »Hab ich dir je gesagt, daß diese Jacke meine Individualität symbolisiert und meinen Glauben an die persönliche Freiheit?« (Seq. 5) Auch Marlon Brando trug in dem letzten seiner Rebellenfilme, Sidney Lumets DER MANN IN DER SCHLANGENHAUT (THE FUGITIVE KIND, 1959), eine solche Schlangenlederjacke. Und wie der Drifter Valentine mit Carol, deren Vater bei lebendigem Leibe verbrannte(!), in seinem weißen, offenen Jaguar durch den amerikanischen Süden kreuzt, so führt die Reise von Lula und dem Brando-Surrogat Sailor in Lulas schwarzem Cabriolet in die texanische Kleinstadthölle von Big Tuna.

Sailor unterstreicht die Funktion seiner Jacke noch einmal nach seinem Sieg über den Punker, der Lula Avancen gemacht hat. Anschließend singt er »Love Me«, ein schmalziges Liebeslied von Elvis Presley. Ironisch wird hier auf das Rebellenthema im amerikanischen Film der 50er Jahre Bezug genommen. Sowohl Marlon Brando als auch Elvis Presley begannen als Rebellen, um eine Dekade später als gezähmte Ikonen zu enden. Findet Lula wie Dorothy ihre Liebe nach einer Höllenfahrt durch das »Land hinter dem Regenbogen«, so muß sich der Möchtegern-Elvis Sailor vom wilden, ungezähmten Rebell in einen bürgerlichen Familienvater verwandeln. Bezeichnenderweise drücken Sailor und Lula ihre Gefühle in Formeln aus, die direkt dem Mund der Männer und Frauen in den Filmen der 50er Jahre entstammen könnten.

Lula: »Ich gehe mit dir durch dick und dünn!«
Sailor: »Ich weiß, Peanut. Du hast mich auch nicht fallen lassen, als ich Lemon fertiggemacht habe. Was kann ein Mann mehr verlangen?«

Lynch spielt in WILD AT HEART mit diesen populären Formeln, dreht sie um und montiert sie ironisierend gegeneinander. Vordergründig ist WILD AT HEART die Geschichte einer bedrohten Liebe in einem aus den Fugen geratenen Amerika, hintergründig wird hier die Frage nach der (post)modernen Befindlichkeit in einer von Bildern und Klischees verstellten Welt überhaupt aufgeworfen.
Innerhalb der Gesellschaft, die WILD AT HEART porträtiert, ist das Ziel von Sailor und Lula, »nach oben zu kommen«, nicht einlösbar, da es auf einem Traum beruht. In der dargestellten Gesellschaft regieren Mordlust und Perversion. Während das Märchen vom ZAUBERHAFTEN LAND, dem Lula nachhängt, als Traum konzipiert ist, aus dem Lula schließlich aufwacht, bleibt die häßliche Gewalt in WILD AT HEART ein Alptraum ohne Erwachen. Sailor und Lula gelingt die Flucht aus diesem Labyrinth nur beschädigt: Sailor wird erbarmungslos von seiner kriminellen Vergangenheit eingeholt, Lula muß die Erfahrung machen, daß die Worte »Sag: Fick mich!« aus dem stinkenden Mund von Bobby Peru imstande sind, sie in einen hilflosen Orgasmus zu treiben, während neben ihrem Bett noch das Erbrochene ihrer Schwangerschaft von Sailor liegt. Die »gelbe Ziegelsteinstraße« führt eben nicht in das »Land hinter dem Regenbogen« der Kindermärchen, sondern durch ein Amerika, das Spielball triebhafter zerstörerischer Kräfte ist (symbolisiert in der regelmäßigen Wiederkehr des Feuers), ein Amerika, in dem die Mutter die Tochter, die Ehefrau den Ehemann bedroht. Die Geister des »Bösen«, die von Marietta herbeigerufen wurden, bleiben auch nach dem Tod von Bobby Peru und dem »Auslöschen« von Marietta weiter bestehen. Eben weil die Liebe von Sailor und Lula nur durch ein »Wunder« gerettet wird, bleibt diese Lösung unglaubwürdig, wird letztlich als allein der Wunscherfüllung des Zuschauers gehorchend entkräftet und läßt den Fortbestand der Gewalt durchscheinen.
Lynch benutzt in WILD AT HEART die Versatzstücke der Kulturindustrie, um mit sardonischem Gelächter auf den Ausverkauf aller Ideale hinzuweisen. WILD AT HEART ist damit zugleich kritische Bestandsaufnahme des amerikanischen Unterhaltungskinos seiner Zeit und der konsumorientierten Sehgewohnheiten des amerikanischen Publikums. Indem die dargestellten Menschen zugleich auch Stereotype verkörpern und ihre Sehnsüchte – etwa nach Liebe (Lula), ewiger Jugend (Marietta) und Individualität (Sailor) – sich in Klischees äußern, verschafft Lynch sich und dem Zuschauer ironische Distanz und Raum zur Reflexion des Darge-

stellten. Es mag allerdings typisch für die eher resignative Tendenz dieser Bestandsaufnahme sein, daß, so scharf der soziale Blick von Lynch die Kultur der USA der Achtziger und Neunziger seziert, so asozial er sich seine Helden verhalten läßt. Sailor und Lula sind vor und über allem mit sich selbst beschäftigt. Zu Beginn der 90er Jahre ist nichts mehr übrig von der Outcast-Mentalität etwa der Helden von EASY RIDER oder BONNIE AND CLYDE, die die Jugendkultur der 60er und 70er Jahre geprägt hatte.

Film zwischen Kunst und Hollywood-Unterhaltung: Lynch als »Independent«

Mit WILD AT HEART trieb Lynch auf die Spitze, was sich schon in seinem vorherigen Film BLUE VELVET abzeichnete und was ab Ende der 80er Jahre allgemein beobachtbar ist, die Funktionalisierung verschiedenster traditioneller Genre-, Rollen- und Handlungsmuster in einem Film, die er dann zu dem Abbild einer zersplitterten gesellschaftlichen Wirklichkeit zusammensetzt. Hintergrund dieser Entwicklung ist eine Veränderung der Rezeptionsgewohnheiten. Bis zum Zweiten Weltkrieg war der Kinobesuch die einzige Möglichkeit filmischer Unterhaltung gewesen. Mit dem Aufkommen des Fernsehens seit den Fünfzigern geriet das Kino unter Konkurrenzdruck, weil gleichzeitig der gesamte Vorrat der Filmgeschichte in dem neuen Medium verfügbar wurde. Das Publikum der 90er Jahre war nun wie Lynch selbst ein Publikum, das mit dem Medium Fernsehen – und damit einem breiten Angebot an filmischer Unterhaltung – aufgewachsen war. Gefördert wurde diese Entwicklung noch durch die Einführung des Kabelfernsehens in den Achtzigern mit seinem ungeheuren Angebot an filmischer »Software«. 1990 war fast die Häfte der amerikanischen Haushalte verkabelt, ein Drittel davon als Pay-TV-Abonnenten. Wenn Lynch in WILD AT HEART Filme wie DAS ZAUBERHAFTE LAND und andere zitiert, mit populärkulturellen Ikonen und Verhaltensstereotypen ironisch spielt, dann kann er das nur, weil er wie sein Publikum wie selbstverständlich mit der virtuellen Welt der Filme und populären Musikkultur umgehen konnte.
Zugleich ist WILD AT HEART typisch für den Übergang eines »unabhängigen« Filmemachers zum quasi etablierten Hollywood-Regisseur. Die »Indies«, die unabhängigen Filmproduktionsfirmen, hatten in den 70er und 80er Jahren einen ungeahnten Boom erlebt. Nachdem Produzenten wie Roger Corman mit seiner AIP (American International Pictures) schon in den Fünfzigern und Sechzigern gezeigt hatten, daß kleine bewegliche Produktionsfirmen schneller auf aktuelle Trends reagieren und vor allem bis zur Hälfte billiger produzieren konnten als die großen Studios, hatte

sich neben der Routine der großen Studioproduktionen ein neues System der Filmproduktion durchgesetzt. Ein unabhängiger Produzent stellte für einen zukünftigen Film eine Romanvorlage oder ein Drehbuch, geeignete Schauspieler und einen Regisseur zusammen und bot diese Kombination dann zur Finanzierung einem Studio an, das später auch die Distribution des Films übernehmen würde. Firmen wie Vestron oder Cannon und Tri-Star oder Orion als Ableger der großen Studios entstanden so. Nach ihrem Niedergang kamen dann Ende der 80er Jahre die sogenannten »Neo-Indies« auf, die nur kleine Filme selbst produzierten und sich ansonsten jeweils eng an eines der großen Studios banden.

Nachdem die Herstellungskosten von 20000 Dollar für Lynchs ersten langen Spielfilm ERASERHEAD (1977) noch als Studienarbeit vom Center of Advanced Film Studies des American Film Institute finanziert worden waren, waren seine Filme DER ELEFANTENMENSCH (THE ELEPHANT MAN, 1980) und BLUE VELVET (1986) bereits beide nach diesem Schema produziert worden. Das Drehbuch zum ELEFANTENMENSCHEN wurde Lynch von Stuart Cornfeld angeboten, dem Agenten der Produktionsfirma von Mel Brooks. Brooks wiederum gelang es schließlich, NBC, Paramount und EMI für das Projekt zu interessieren. BLUE VELVET sollte Lynch für Dino de Laurentiis' Produktionsfirma DEG (Dino de Laurentiis Entertainment Group) drehen. Nach dem Mißerfolg seiner Großproduktion DER WÜSTENPLANET (DUNE, 1984, nach Frank Herberts Science-fiction-Roman *Dune* für Dino de Laurentiis und Universal) schien das Projekt zunächst zu scheitern, konnte dann jedoch mit Abstrichen beim Honorar und einem gekürzten Budget von 5 Millionen Dollar realisiert werden.

ERASERHEAD mit seinem avantgardistischen Gestus, der Schwarzweiß-Film DER ELEFANTENMENSCH und letztlich auch BLUE VELVET waren bei aller Aufmerksamkeit, die sie Lynch unter Cineasten und der Kritik einbrachten (u. a. zwei Oscar-Nominierungen und mehrere Preise des amerikanischen Filmkritikerverbandes), typische Filme für ein eher intellektuelles Minderheitenpublikum, das die kleinen Lichtspielhäuser der Universitätsviertel frequentiert. Dies änderte sich bei WILD AT HEART. Im Frühjahr 1989 trat der Produzent Monty Montgomery für die Firma Propaganda Films, die bis dahin Musikvideos produziert hatte und nun den Sprung in die Spielfilmproduktion unternehmen wollte, an Lynch heran und bot ihm Barry Giffords gerade erschienenen Roman *Wild at Heart: The Story of Sailor and Lula* zur Umarbeitung in ein Drehbuch an. Lynch strukturierte verschiedene Nebenhandlungen und die Rückblenden um und fügte die Bezüge zum ZAUBERHAFTEN LAND ein. Als dieser erste Entwurf von den großen Verleihern wegen übermäßiger Gewalttätigkeit abgelehnt wurde, gab Lynch der Geschichte auf Anraten von Sam Goldwyn außerdem noch einen neuen Schluß, um auch ein größeres Publikum anzusprechen.

Zu Lynchs Bereitschaft, auch auf die Bedürfnisse eines größeren Publikums einzugehen und dabei Kompromisse zu schließen, trug sicherlich seine Arbeit für das Fernsehen bei. Seit Mitte der 80er Jahre hatten die amerikanischen Fernsehgesellschaften, beunruhigt durch die Konkurrenz der Pay-TV-Kanäle und der Videobranche, versucht, ihre TV-Serien ästhetisch und inhaltlich zu erneuern (ein bekanntes Beispiel ist Michael Mann mit seiner Serie MIAMI VICE). 1989 hatte die Fernsehgesellschaft ABC bei Lynch so TWIN PEAKS als Staffel von zunächst sieben Folgen in Auftrag gegeben. Gleichzeitig war die Werbeindustrie auf Lynch aufmerksam geworden. 1990 beauftragte die Firma Yves Saint-Laurent Lynch mit einem Werbespot für ihr Parfüm *Opium*. Es folgten ein kurzer Informationsfilm für die Stadt New York über Ratten und Abfallbeseitigung und schließlich vier weitere Werbefilme für das Parfüm *Obsession* von Calvin Klein. Lynch ist damit typisch für die breite Arbeitsbasis vieler Regisseure der 90er Jahre. Ihre Tätigkeit beschränkt sich nicht länger auf das traditionelle Medium des Spielfilms, sondern bezieht Fernsehen, Werbung, Musik-Clip, Schauspiel, Textschreiben und auch Produzieren mit ein.

Jenseits der Genres: amerikanisches Kino zwischen Avantgarde, Videoclip und Werbeästehtik

Als WILD AT HEART 1990 bei den Filmfestspielen in Cannes die Palme d'Or gewann, verstand man in Amerika zunächst nicht, warum. Der Film, der die amerikanische Wirklichkeit in manische Bilder von bizarrer Eindringlichkeit verwandelte, erschien in seinem Heimatland zu sehr von dem bildbesessenen Maler David Lynch geprägt, zu europäisch in seiner Haltung des *auteurs*. WILD AT HEART brachte jedoch ästhetisch wie konzeptionell drei Tendenzen auf den Punkt, die typisch für viele amerikanische Filme des Übergangs in die 90er Jahre waren: das Eindringen der Werbeästhetik, die immer drastischere Schilderung und Ästhetisierung von Gewalt und das ironische Spiel mit lang bekannten Genres.

Daß bekannte Filmregisseure auch Werbespots drehten, war in Hollywood schon immer eine gern verschwiegene, aber alltägliche Tatsache. In den Achtzigern dreht sich diese Tendenz jedoch geradezu um. Zunehmend drehen Regisseure, die ursprünglich in der Werbebranche gearbeitet haben, auch Kinofilme. Besonders erfolgreich waren hier die Engländer Alan Parker und Adrian Lyne. Nachdem Parker sich schon 1978 mit THE WALL, der Verfilmung der gleichnamigen Rock-Oper von Pink Floyd, einen Namen gemacht hatte, drehte er 1979 in den USA den Tanzfilm FAME und 1984 seinen vielgelobten Anti-Vietnamfilm BIRDY. Auch Lynes erster Kinoerfolg in den USA, FLASHDANCE (1982), war ein Musik-

und Tanzfilm. 1985 erregte er dann mit 9½ WOCHEN Aufsehen, der hochästhetisch verfilmten Geschichte einer sado-masochistischen Beziehung, ein Erfolg, den er 1987 mit EINE VERHÄNGNISVOLLE AFFÄRE (FATAL ATTRACTION) wiederholte. Gemeinsam ist den Filmen dieser Regisseure, daß die durchgestylte Visualisierung und die erotische Aufladung der Bilder oft die zu erzählende Geschichte belanglos werden läßt und so deren Aussage in ihr Gegenteil umschlägt, wie etwa bei Lynes 9½ WOCHEN, in dem aus der Schilderung einer problematischen Zufallsbekanntschaft durch die extrem ästhetisierende Aufbereitung letztlich die voyeurhaft genossene Verherrlichung einer sado-masochistischen Beziehung wird.

Mindestens ebenso einflußreich wie der Werbefilm aber war das Musikvideo mit seiner von temporeicher Montage und bewegungsbetonter Kameraarbeit bestimmten Ästhetik. 1987 stellte die Regisseurin Mary Lambert, die u. a. bei Madonnas »Material Girl« und »Like A Virgin« Regie geführt hatte, ihren ersten Spielfilm SIESTA vor. Der Film schildert (mit Ellen Barkin in der Hauptrolle) in bizarren Episoden, wie sich die Stuntfrau Claire eines Morgens in einem blutverschmierten Kleid und mit einem totalen Blackout neben einem Flugplatz in Spanien wiederfindet. In einer Melange aus visuellen Erinnerungsfetzen, logischen Brüchen und Zeitsprüngen wird allmählich eine Geschichte von Ehebruch, Eifersucht, orgiastischem Sex, Vergewaltigung und Mord (?) rekonstruiert. Autorin war Patricia L. Knop, Produzenten waren Anthony R. Isaacs und Zalman King, die schon für 9½ WOCHEN verantwortlich gezeichnet hatten.

Schließlich wäre in diesem Zusammenhang auch der ehemalige Fotograf Jim McBride zu erwähnen, der als Debütfilm 1982 mit BREATHLESS (ATEMLOS) ein Remake von Jean-Luc Godards A BOUT DE SOUFFLE (AUSSER ATEM, 1959) umsetzte. 1986 schilderte McBride in dem Film DER GROSSE LEICHTSINN (THE BIG EASY, 1986), wie eine junge Staatsanwältin (gespielt wiederum von Ellen Barkin), die mit einer Serie von Mordfällen in New Orleans befaßt ist, sich wider Willen in den untersuchenden Polizeileutnant verliebt und sich dabei von einer zugeknöpften Jungfer in eine laszive, leidenschaftliche Frau verwandelt. Von der Kritik hochgelobt, setzte McBride die schwüle Hitze und die bedrohliche und zugleich latent aufgeladene Atmosphäre von New Orleans in beklemmend schöne Bilder um.

In den ironisch-satirischen Filmen des ehemaligen Robert Altman-Assistenten Alan Rudolph wiederum kontrastiert die Neon-Photographie mit einer zu echter Kommunikation und tragfähigen menschlichen Beziehungen unfähigen Gesellschaft. CHOOSE ME – SAG JA! (1984) erzählt eine skurril erotische Komödie, TROUBLE IN MIND (1985) ist eine gegen den Strich gebürstete melancholische Hommage an den »Lonely Guy« des

Western und Detektivfilms, kombiniert mit der erotisch aufgeladenen, düsteren Atmosphäre des Film noir, und in MADE IN HEAVEN (1987) versuchte Rudolph, die Klischees der naiv-märchenhaften Liebesschnulze einzusetzen, um die dahinterstehenden Mythen in ihrer Trivialität bloßzustellen.

Die unvermittelte, brutal direkte Darstellung von Gewalt hat eine ältere Tradition. Schon Anfang der 70er Jahre hatten Regisseure wie Sam Pekkinpah in ihren Filmen in Zeitlupe gezeigt, wie Menschen von Kugeln durchsiebt oder ihnen Gliedmaßen abgetrennt wurden. Parallel dazu hatte sich das Genre des »Splatter«-Films entwickelt, d. h., des Films, in dem geradezu übermäßig viel Blut verspritzt wird. WILD AT HEART nimmt Elemente dieser Genres provokativ auf, wenn beispielsweise in der Anfangsszene Sailor in Großaufnahme den Kopf des schwarzen Killers so lange auf den Boden schlägt, bis er eine einzige blutige Masse ist. Ebenso überzeichnet wirkt es, wenn beim Banküberfall Bobbys abgeschossener Kopf durch die Luft fliegt und kurz danach ein Hund mit der blutigen Hand eines der überfallenen Bankangestellten im Maul davonläuft. Allerdings greift diese Ironisierung nicht immer. Szenen wie die, als Bobby Lula durch seine sadistischen Reden zum Orgasmus bringt oder Juana Johnnie tötet, erzeugen nur Ekel.

Überhaupt scheint quer durch die Genres die Verquickung von Gewalt und Erotik eines der Hauptthemen im amerikanischen Film der späten 80er und beginnenden 90er Jahre zu sein, von dem schon erwähnten Film 9½ WOCHEN von Adrian Lyne über Jonathan Demmes GEFÄHRLICHE FREUNDIN (SOMETHING WILD, 1986) bis zu Kathryn Bigelows BLUE STEEL (1989) und BASIC INSTINCT (1992) von Paul Verhoeven. In GEFÄHRLICHE FREUNDIN angelt sich Melanie Griffith als Lulu den harmlosen Angestellten Charles und macht mit ihm eine Reise in ihre Vergangenheit, die unter anderem beinhaltet, daß sie Charles in einem Motel ans Bett fesselt und sich dann ungeniert sexuell an ihm bedient. In BLUE STEEL verliebt sich eine junge Polizistin, ohne es zu wissen, in den wahnsinnigen Mörder, den sie eigentlich sucht. BASIC INSTINCT schließlich schildert die erotische Faszination eines jungen Polizisten durch seine ebenso schöne wie sexuell ungenierte Hauptverdächtige, die ihre Opfer während des Geschlechtsakts mit dem Eispickel umbringt.

Der Kritiker John Powers hat das Kino der Achtziger denn auch »The New American Gothic« genannt. Amerika als Hölle auf Erden, an der Oberfläche glatt und unschuldig, aber dahinter korrupt, pervers und vor allem tödlich. Es ist kein Zufall, daß Lynch in BLUE VELVET ausgerechnet Dennis Hopper zu einem seiner Helden machte, dessen Filme von einem Amerika berichten, das von Psychopathen bewohnt wird und hinter seiner Fassade der Wohlanständigkeit von moralischer und geistiger Korruption beherrscht wird. Hoppers Film THE HOT SPOT – SPIEL MIT DEM

FEUER (THE HOT SPOT), im gleichen Jahr wie WILD AT HEART entstanden, schildert so, wie ein Mann (Don Johnson) in eine texanische Kleinstadt kommt und dort zwischen zwei Frauen gerät. Verliebt in die eine, aber magisch angezogen von der anderen, gerät der Held in ein Komplott aus Mord, Lust und Verrat. In seiner Farbigkeit, der Bluesmusik von John Lee Hooker und Miles Davis und den Zitaten aus dem Film noir zeigen sich hier deutliche Parallelen zum Stil von WILD AT HEART.

Aus den bisher erwähnten Filmen geht schon hervor, daß WILD AT HEART sein filmisches Umfeld nicht in einem Genre, sondern quer durch die zeitgenössische amerikanische Filmproduktion fand. Bereits 1981 hatte Steven Spielberg in seinem Film JÄGER DES VERLORENEN SCHATZES (RAIDERS OF THE LOST ARK) mit dem Wiedererkennungswert von typisierten Genreelementen gespielt. Harrison Ford stellt darin einen Universitätsprofessor für Archäologie dar, der Anti-Nazispezialist und James Bond verkleidet als Cowboy in einer Person ist. Ähnliche Themen liegen anderen Filmen aus der Spielberg-Factory wie DIE JAGD NACH DEM GRÜNEN DIAMANTEN (ROMANCING THE STONE, 1984) von Robert Zemeckis oder den Fortsetzungen der JÄGER DES VERLORENEN SCHATZES zugrunde. Der Unterschied zwischen den genannten Filmen und WILD AT HEART ist in dem Umstand zu suchen, daß Lynch aus diesem Spiel Ernst machte und es zum Symptom einer gesellschaftlichen Wirklichkeit funktionalisierte, die selbst nur noch aus leeren Versatzstücken filmischer und populärkultureller Mythen besteht und so den ungebundenen destruktiven Triebkräften dahinter freien Raum läßt. Wenn es ein »postmodernes« Kino gibt, dann ist WILD AT HEART sein überzeugender Prototyp.

Auswahlbibliographie

Roberta Ahlquist: Film as Culture: The Portrayal of Gender and Psychopathological Projection in David Lynch's BLUE VELVET und WILD AT HEART. In: Ingrid Kerkhoff, Hans-Peter Rodenberg (Hrsg.), Leinwandträume. Film und Gesellschaft. Hamburg/Berlin 1991, S. 93–105.

David Breskin: The Rolling Stone Interview with David Lynch. Rolling Stone, 6. September 1990.

Jean-Paul Chaillet: Sailor et Lula, David Lynch. Première 158: 5 (1990).

Jean-Paul Chaillet, Christine Haas: Le magicien osé: Première 164: 11 (1990).

Richard Corliss: America's Czar of the Bizarre. Time 136: 17 (1990), S. 66–68.

Werner Faulstich, Andreas Vogel (Hrsg.), Sex und Gewalt im Spielfilm der 70er und 80er Jahre. Bardowick 1991.

Heike-Melba Fendel, Hans Stempel: WILD AT HEART – DIE GESCHICHTE VON SAILOR UND LULA. Rezensionen. epd Film 9 (1990), S. 26–28.

Robert Fischer: David Lynch. Die dunkle Seite der Seele. München 1992.

Barry Gifford: WILD AT HEART. The Story of Sailor and Lula. London 1990.

J. Hoberman, Jonathan Rosenbaum: Midnight Movies. New York 1983.

Reinhold Jacobi: WILD AT HEART – DIE GESCHICHTE VON SAILOR & LULA. Rezension. Film-Dienst 43: 19 (1990), S. 24–25.

Andreas Kilb: Der Mann vom Mars. Zeitmagazin 35 (1990), S. 30–33.
Joe Morella, Edward Z. Epstein: Rebels: The Rebel Hero in Films. Secaucus, N. J. ^{3}1973.
Olaf Möller: Schwarzer Drache, rotes Blut. Zu Gewalt und Brutalität im Film. Film-Dienst 9 (1993), S. 8–11.
Kathleen Murphy: Dead Heat on a Merry-Go-Round. Film Comment 26:6 (1990), S. 59–62.
John Powers: Bleak Chic. American Film March (1987), S. 47–51.
Ralph Rogoff: WILD AT HEART. Premiere 4 : 1 (1990).
Wolfram Schütte: Schräger Alptraum. David Lynchs amerikanisches Sex-Märchen WILD AT HEART. Frankfurter Rundschau vom 20. September 1990, S. 23.
Georg Seeßlen: Einsame Monster: Junge Männer. Die sonderbare Welt des David K. Lynch. epd Film 2 (1987), S. 16-21.
Sybille Simon-Zülch: Magisch schön. epd Kirche und Rundfunk 72, 14. September 1991.
Sybille Simon-Zülch: Das Geheimnis selbst. epd Kirche und Rundfunk 82, 19. Oktober 1991.
Meinolf Zurhorst: Die neuen Gesichter Hollywoods. München ^{2}1988.

Auswahlfilmographie

THE WIZARD OF OZ (DAS ZAUBERHAFTE LAND), Victor Fleming, USA 1939
RAIDERS OF THE LOST ARK (JÄGER DES VERLORENEN SCHATZES), Steven Spielberg, USA 1981
CHOOSE ME (CHOOSE ME – SAG JA), Alan Rudolph, USA 1984
TROUBLE IN MIND, Alan Rudolph, USA 1985
THE BIG EASY (DER GROSSE LEICHTSINN), Jim McBride, USA 1986
BLUE VELVET, David Lynch, USA 1986
9½ WEEKS (9½ WOCHEN), Adrian Lyne, USA 1985
SOMETHING WILD (GEFÄHRLICHE FREUNDIN), Jonathan Demme, USA 1986
SIESTA, Mary Lambert, USA 1987
THE HOT SPOT (THE HOT SPOT – SPIEL MIT DEM FEUER), Dennis Hopper, USA 1990
BASIC INSTINCT, Paul Verhoeven, USA 1992

Sequenzprotokoll

Sequenz/ Szene	Einstellungs-nummer	Zeit	Inhalt	Anzahl der Einstellungen	Dauer
			Die Liebenden (Exposé)		
1	1– 3	0′00″	Brennendes Streichholz, Feuerwolken, darüber Titel	3	1′57″
2	4–25	1′57″	Sailor und Lula auf Tanzveranstaltung, Angriff auf Sailor und Tod des Killers, Sailor zeigt auf Marietta	22	2′11″

Sequenzprotokoll

Sequenz/ Szene	Einstellungsnummer	Zeit	Inhalt	Anzahl der Einstellungen	Dauer
3	26–28	4′08″	Einlieferung Sailors ins Gefängnis	3	17″
4	29–41	4′25″	Telefongespräch Sailor mit Marietta	13	1′33″
5	42–47	5′57″	Zwei Jahre später: Lula holt Sailor vom Gefängnis ab	6	49″
6	48–74	6′46″	Lula und Sailor lieben sich im Hotel, Rückblende: Vergewaltigung Lulas durch Geschäftspartner ihres Vaters, Smalltalk im Bett (unterbrochen von Feuerbildern)	27	3′15″
			Das Mordkomplott		
7	75–93	10′01″	Marietta plant Mord an Sailor, Rückblende: Erinnerung Mariettas an Zurückweisung durch Sailor in Herrentoilette	19	3′52″
8	94–107	13′53″	Sailor und Lula im Hotelzimmer, wollen tanzen gehen, Gespräch über Marietta unterbrochen von Rückblenden: Erinnerung Sailors an Szene in Herrentoilette	14	3′05″
9	108–156	16′58″	Sailor und Lula beim Tanzen, Schlägerei und Sailor singt »Love me tender«	49	3′58″
10	157–186	20′57″	Sailor und Lula lieben sich im Hotel, Gespräch danach: Lula hat Angst vor der »Hexe des Ostens«, unterbrochen von Rückblenden: Tod des Vaters durch Feuer	30	4′24″
11	187–191	25′21″	Telefongespräch zwischen Marietta und Johnnie, mit Rückblende: Erinnerung Mariettas, wie Sailor mit blutigem Finger auf sie zeigt	5	37″
			Die Flucht		
12	192–221	25′59″	Parallelmontage von Autofahrt Sailor und Lula, Mordauftrag Mariettas an Santos sowie Johnnie unterwegs	30	6′08″

Sequenz/ Szene	Einstellungsnummer	Zeit	Inhalt	Anzahl der Einstellungen	Dauer
13	222–240	29′13″	Santos bittet Mr. Reindeer im Bordell in New Orleans um Hilfe, Dazwischen: Sailor und Lula unterwegs, Johnnie unterwegs, Mr. Reindeer, umgeben von halbnackten Frauen, telefoniert mit Frau auf Krücken und geheimnisvollem Haus	19	2′56″
14	241–244	32′07″	Ankunft Sailor und Lula in New Orleans, Sailor und Lula lieben sich im Hotel (angedeutet durch sich spreizende Hand Lulas)	4	1′42″
15	245–261	33′49″	Sailor und Lula in Jazzbar, treffen Mann mit Kehlkopfkrebs	17	56″
16	262–270	34′45″	Parallelmontage von Johnnie durch Nacht fahrend, Telefongespräch Mariettas mit Santos und Marietta mit Lippenstift Handgelenke rot anmalend	9	1′11″
17	271–278	35′56″	Mr. Reindeer gibt auf Abendgesellschaft Mordauftrag an Frau mit Krücken weiter	8	1′20″
18	279–290	37′16″	Sailor erzählt Lula in Nachtclub von Sexerlebnis, dabei Rückblenden: Sailor mit Prostituierter	12	2′30″
19	291–319	39′46″	Sailor und Lula lieben sich, danach Gespräch und Rückblenden: Lula erzählt von schizophrenem Cousin	29	4′32″
20	320–341	44′18″	Johnnie vor Fernseher im Hotelzimmer, bekommt Warnanruf von rot bemalter Marietta und berichtet ihr von Abfahrt (Zwischenschnitt) Sailors und Lulas, Marietta erbricht sich und lacht hysterisch	22	2′28″
21	342–364	46′46″	Sailor und Lula an Tankstelle in Texas, Weiterfahrt mit Lula am Steuer, Radio meldet nur Horrornachrichten, daraufhin Tanz neben Auto während Sonnenuntergang	23	2′56″

Sequenz/ Szene	Einstel-lungs-nummer	Zeit	Inhalt	Anzahl der Einstel-lungen	Dauer
22	365–381	49′42″	Treffen Mariettas und Johnnies in New Orleans	17	2′06″
23	382–406	51′48″	Nachtfahrt Sailor und Lula: Sailor gesteht Augenzeugenschaft bei Mord an Lulas Vater, Lula sieht Marietta als Hexe parallel zum Auto fliegen	25	3′26″
24	407–409	55′14″	Kidnapping von Johnnie	3	2′03″
25	410–436	56′17″	Sailor und Lula kommen zu nächtlichem Autounfall mit sterbendem Mädchen	27	4′24″
26	437–453	60′41″	Treffen Marietta und Santos	17	3′28″
27	454–491	64′09″	Mord an Johnnie durch blonde Frau auf Krücken	38	2′39″
			Showdown		
28	492–497	66′48″	Ankunft Sailors und Lulas in Big Tuna, Texas	6	39″
29	498–524	67′27″	Sailor besucht Perdita in geheimnisvollem Haus, Gespräch unterbrochen von Rückblenden: Marietta in Herrentoilette, Santos Benzin ausgießend, brennender Vater von Lula, lachende Marietta, spitzenbestrumpfte Frauenbeine mit roten Pumps	27	2′26″
30	525–541	69′53″	Lula im Bett, hat auf Teppich erbrochen, Vision von Marietta als Hexe	17	3′00″
31	542–617	72′53″	Parade der zwielichtigen Motelgäste: Texaner, Bobby Peru, fette Stripperinnen	76	4′37″
32	618–655	77′30″	Lula hat Angst und gesteht Sailor, daß sie schwanger ist, dazwischen Rückblenden: Vergewaltigung Lulas durch »Onkel«, Abtreibung	38	3′15″
33	656–676	80′45″	Nächster Morgen: Bobby Peru belästigt Lula und zeigt Sailor Waffen	21	5′27″
34	677–706	86′12″	Bobby Peru stiftet Sailor in Bar zu Bankraub an. Lula warnt Sailor vor Bobby Peru	30	8′00″
35	707–715	94′12″	Bobby Peru trifft sich mit Perdita	9	1′33″

Sequenz/ Szene	Einstel-lungs-nummer	Zeit	Inhalt	Anzahl der Einstel-lungen	Dauer
36	716–775	95′45″	Banküberfall	60	6′26″
37	776–787	102′11″	Sailor im Gefängnis, Marietta und Santos treffen dort die wartende Lula	12	2′47″
			Das glückliche Ende		
38	788–800	104′58″	Telefongespräch: Marietta nach wie vor gegen Verbindung von Sailor und Lula	13	1′04″
39	801–845	106′02″	Lula holt Sailor vom Bahnhof ab und kommt an Unfall vorbei. Sailor trennt sich von Lula und seinem Sohn	45	4′57″
40	846–860	110′59″	Sailor wird von Streetgang zusammengeschlagen	15	1′12″
41	861–875	112′11″	Erscheinen der guten Fee	15	1′22″
42	876–895	113′33″	Sailor kehrt zu Lula zurück und singt »Love me tender«	20	2′28″
43	896	116′01″	darüber dann Abspann und Musiktitel auf Schwarz	1	3′19″

Gesamtlänge: 119 Minuten 20 Sekunden (Videofassung)

16. Der neue Thriller: THE SILENCE OF THE LAMBS (DAS SCHWEIGEN DER LÄMMER, 1991)

von Werner Faulstich

DAS SCHWEIGEN DER LÄMMER ist einer der weltweit erfolgreichsten amerikanischen Spielfilme der frühen 90er Jahre. Außerdem wurde er mit fünf Oscars ausgezeichnet: Bester Film, beste Regie für Jonathan Demme, beste weibliche Hauptrolle für Jodie Foster, beste männliche Hauptrolle für Anthony Hopkins und bestes Drehbuch für Ted Tally nach der Romanvorlage von Thomas Harris. Die Frage nach der Bedeutung dieses Films ist von der Frage nach seinen Erfolgsgründen nicht zu trennen.

Eine Antwort darauf ist bisher offenbar noch nicht gelungen. Es dominieren eher zwei Reaktionen: Entweder wird der Film als »mechanisches Kino der Grausamkeit« verurteilt,[1] als Film mit einer »hanebüchenen Handlung«, »unlogischen Beziehungen zwischen den Hauptfiguren« und anderen »dramaturgischen Ungereimtheiten« – eine »dürftige Krimiplotte«, »besonders widerlich dekoriert« und »mit zahllosen blutigen Fleischfetzen behängt«,[2] als Film, der »im Grunde keine Aussage« habe.[3] Oder man interpretiert ihn in Gestalt wilder Projektionen, denen jegliche rationale Begründung fehlt: So sieht der eine in dem Film »eine Liebesgeschichte zwischen Hannibal und Clarice im Zentrum«, inszeniert »mit unverhohlener Lust am Morbiden«.[4] Der andere konstatiert »Verrat als Chiffre des Films« – »Mit Speck fängt man Mäuse, mit jungem Mädchenfleisch geile Massenmörder«.[5] Ein dritter bemüht die komplette Kunst- und Philosophiegeschichte zur angeblichen Entschlüsselung – da erscheinen etwa Billy und Lecter als Verkörperungen von Zeus und Dionysos, der gekreuzigte Polizist als »geopferter Sohn« Gottes und Clarice als Prinzip des Apollinischen, das angeblich die Läuterung herbeiführt.[6]

Eine wissenschaftliche Analyse des Films ergibt, daß man ihn auf mehreren, unterschiedlich komplexen Ebenen betrachten muß, die freilich überraschende Parallelen aufweisen. Entsprechend lassen sich mindestens drei Bedeutungsvarianten vorstellen. Dieser Ansatz bezieht sich auf die narrative Struktur des Films, sucht seinen »Sinn« also nicht mit Hilfe von subjektiven symbolischen Aufladungen singulärer Ereignisse, Aspekte, Motive oder Figuren, sondern im Film als ganzheitlichem Erlebnis. Genau diese Art Filmanalyse, als Erlebnisanalyse, erweist sich hier als ein Stück Sozial- und Filmgeschichtsschreibung.

1. Der Kriminalfilm um Crawford und Buffalo Bill

Zunächst einmal handelt es sich beim SCHWEIGEN DER LÄMMER um einen spannenden Kriminalfilm nach dem Muster: Polizei jagt mörderischen Entführer, befreit das Opfer und bringt den Psychopathen und Verbrecher zur Strecke.
Die Handlung folgt der klassischen 5-Akt-Struktur des Dramas (siehe das Sequenzprotokoll 1 am Schluß):

Vorspann: Es beginnt mit Zeitungsausschnitten des Serienmörders »Buffalo Bill« im FBI-Hauptquartier. Crawford erteilt der Nachwuchs-Agentin Clarice, die sich noch in der Ausbildung befindet, den Auftrag, Kontakt mit Dr. Lecter herzustellen, ebenfalls einem Serienmörder, aber bereits inhaftiert, um möglicherweise Parallelen in den Psychen der Täter zu ermitteln und so auf die Spur von Billy zu kommen.
I. Exposition: Clarice reist zu dem eher widerlichen Dr. Chilton in das Hochsicherheitsgefängnis, und ihr gelingt es in mehreren Gesprächen, wichtige Hinweise von Lecter zu erhalten. Sie führen bis zu seinem Angebot, gegen Verlegung in ein Gefängnis »mit Ausblick« ein komplettes Psychogramm Billys zu erarbeiten und damit zu seiner Festnahme beizutragen (Sequ. 10). Kurz darauf entführt Billy sein nächstes Opfer, Catherine.
II. Steigerung: Was ihr droht, erläutert Crawford beim Fund einer weiblichen Leiche in Clay County, die abgehäutet ist wie alle früheren Opfer Billys. Während die Polizei fieberhaft nach Catherine – einzige Tochter einer US-Senatorin – sucht, erleben wir sie bereits im Erdloch von Billys Haus. Crawford läßt Clarice unter dem zunehmenden Druck der Ereignisse einen Schein-Vertrag mit Lecter abschließen, nach dem ihm die gewünschte Verlegung offiziell zugesichert wird, wenn die Entführte rechtzeitig gefunden werden kann.
III. Höhepunkt/Peripetie: An dieser Stelle schaltet sich Dr. Chilton ein, entlarvt das Crawford/Clarice-Angebot als Lüge und unterbreitet wichtigtuerisch einen eigenen Vertrag, demgemäß Lecter tatsächlich nach Memphis gebracht wird, wo er der Senatorin (falsche) Angaben macht über Billys Identität.
IV. Retardierung: Hinausgezögert wird das Ende der Jagd dadurch, daß Lecter die Flucht aus seinem neuen Gefängnis gelingt. Und während Billy unbeirrt an seiner Nähmaschine sitzt und arbeitet, verfolgt Crawford auf der Grundlage der Lecter-Angaben eine falsche Spur nach Chicago.
V. Lösung: Clarice recherchiert im Auftrag Crawfords derweilen in Belvedere, wobei sie Billys Haus aufspürt, seine Identität als Täter erkennt, ihn jagt und schließlich in Notwehr erschießt. Damit ist Catherine gerettet.

Nachspann: Crawford gratuliert der inzwischen examinierten FBI-Agentin Clarice bei der Abschlußfeier. »Ihr Vater wäre stolz auf Sie gewesen«, lobt er die Tochter eines Streifenpolizisten, der in Ausübung seiner Pflicht zu Tode gekommen war.

Die manifeste Handlung mit dieser Struktur folgt den Gesetzen des üblichen Thrillers, der von der Lust an der Angst, von Gefahr und ihrer Überwindung, von der Wiederherstellung der gestörten Ordnung handelt.[7] Das gilt auch für die Bauformen des filmischen Erzählens, bei denen hier die Kategorie »Zeit« eine besondere Rolle spielt. An drei Beispielen läßt sich das verdeutlichen: an den Retrospektiven von Clarice, an dem Informationsvorsprung des Zuschauers und an der parallelen Handlungsmontage.

- Mit den Retrospektiven (Sequ. 6, 13) wird, im zeitlichen Rückschritt, das Verhalten von Clarice in der Gegenwartshandlung plausibel gemacht und gewinnt durch diese historische Dimension an Tiefe; ihre Entscheidung für die Laufbahn der FBI-Agentin und ihr besonderes Engagement im Billy-Fall werden nachvollziehbar.
- Die Steigerung in der zweiten Handlungsphase, nach der Entführung Catherines (Sequ. 11), wird nicht zuletzt auch dadurch erreicht, daß der Zuschauer das Haus Billys, seine Identität und Catherines Verbleib erfährt (Sequ. 15, 18) und dadurch einen Informationsvorsprung gegenüber Clarice und Crawford erhält. Die Vorzeitigkeit dieses Wissens wirkt spannungserzeugend.
- Vor allem aber wird immer wieder von dem Stilmittel der parallelen Handlungsmontage Gebrauch gemacht (z. B. Sequ. 10/11; Sequ. 14/15/16; Sequ. 23–26). Besonders effektvoll ist das bei denjenigen parallelen Handlungssträngen in Szene gesetzt, die der Suche nach Billy gelten (Sequ. 29): Direkt nachdem die Polizisten um Crawford in Chicago an einer Haustür klingeln, hinter der sie fälschlicherweise Billy vermuten (Kamera von außen auf den Klingelknopf), sieht man die schrillende Klingel an jener Tür, die tatsächlich zu Billy führt (Kamera im scheinbaren Gegenschuß von innen) – nur daß im einen Fall ein hochgerüstetes Sicherheitskommando der Polizei ins Leere läuft, während im andern eine Frau ganz allein dem gefährlichen Psychopathen gegenübersteht. Der Zuschauer wird durch die Handlungsmontage, die einen kausalen Zusammenhang zwischen dem Drücken eines Klingelknopfes und dem Läuten einer Klingel suggeriert, bewußt zunächst in die Irre geführt, um dann mit um so größerem Entsetzen die Bedrohung der Protagonistin zu realisieren.

Erst die Katharsis erlöst hier (wie bei jedem anderen Thriller): Die reaktionsschnelle Clarice schießt schneller und überlebt. Das unschuldige

Opfer Catherine wird gerettet. Beides tröstet den gebannten, mitzitternden Zuschauer. Und Billy wird zur Strecke gebracht, allerdings um den Preis, daß Lecter nun wieder frei herumläuft.
Die manifeste Krimihandlung hat dabei ihre durchaus politische Ideologie, und entsprechend sind Zeichen und Symbole den gesamten Film hindurch präsent: vom Aufnäher »FBI-Academy« auf dem Trainingsanzug von Clarice und der »FBI«-Mütze des Boten bereits in der ersten Sequenz über zahlreiche Bilder von Repräsentanten der Vereinigten Staaten von Amerika und immer wieder die US-Flagge bis zur Feier der frischgebakkenen FBI-Agentinnen und -Agenten in der vorletzten Sequenz. Gelegentlich (insbes. Sequ. 2, 7, 12, 24, 26) wird das FBI derart attraktiv dargestellt, daß man den Kriminalfilm als Polizeifilm, sogar als Werbefilm für die Anwerbung von neuem FBI-Nachwuchs interpretieren könnte. Den Filmschluß ideologiekritisch als Plädoyer für die »starke Frau« aufzufassen, die die Dinge in ihre eigene Hand nimmt und in Solomanier, im klassischen Shoot-out, die Lösung herbeiführt, wäre freilich verfehlt. Denn die Bedeutung von Clarice liegt nachweisbar auf einer anderen Ebene.

2. Der Psycho-Thriller mit Clarice Starling und Dr. Hannibal Lecter

DAS SCHWEIGEN DER LÄMMER erhält, hinter dem manifesten Kriminalfall, mit seiner durchgängigen latenten Handlung eine zweite, psychologische Bedeutungsebene, auf der Clarice als zentrale Figur gemeinsam mit Lecter agiert. Charakteristischerweise werden beide Figuren durch eigene musikalische Motive ausgezeichnet, die harmonisch eine Affinität zueinander aufweisen und im Verlauf der Handlungsentwicklung miteinander verwoben und kombiniert werden. Es wird deutlich, daß es in dem Film eigentlich gar nicht um Jäger und Gejagte, um Täter und Opfer geht, sondern vielmehr um Lehrer und Schülerin, um Partner in einem Entwicklungsprozeß. An die Stelle der Frage »Wer ist der Täter? Wer ist Billy?« tritt die Frage »Wer bin ich, Clarice?« Die Suche nach dem Verbrecher wird durch die Suche nach sich selbst unterlegt. Die Figuren Crawford und Billy sind hier nur noch bloße Versatzstücke. Statt dessen wird das eigentliche Thema des Films deutlich: Schlüsselkategorie zum Verständnis ist »Identität«.
Wichtigstes Indiz dafür sind die eingesetzten Namens- und Handlungssymbole. Nach der Technik der »telling names« heißt es z. B. von Buffalo Bill: »Er häutet seine Miezen ab.« Lecter charakterisiert: »Billy ist kein richtiger Transsexueller. Aber er glaubt es und versucht einer zu sein. (...) Billy haßt die eigene Identität, und er denkt, das mache ihn zu einem

Transsexuellen.« Billy näht sich ein »Kleid« aus der Haut ermordeter Mädchen. Der »verrückte Miggs«, der Clarice im Hochsicherheitstrakt sein Ejakulat ins Gesicht wirft, verweist schon namentlich auf »miggs« (Slang für Hoden); Dr. Chilton auf »chill« (Kälte, lieblos); »Miss Hester Mofet« ist ein Anagramm und heißt »(I) miss the rest of me«; der Firmenname »Self Storage« meint Selbsteinlagerung usw. Auch der Name des ebenso intelligenten wie sensiblen und verrückten Kannibalen Dr. Lecter spricht für sich; eine »lecter« ist eine Dechiffrier- oder Entschlüsselungsmaschine. Und vor allem gilt die Namenssymbolik für Clarice Starling. Clarice ist auf dieser Handlungsebene die wahre Protagonistin des Films, das »alter ego« des Zuschauers. Sie wandelt sich nicht nur von der FBI-Schülerin in Ausbildung zur examinierten FBI-Agentin, sondern sie macht auch als einzige Figur im Film einen psychologischen Entwicklungsprozeß durch: nämlich von der »Agentin Starling« (= kleiner Stern), wie sie im ersten Drittel des Films genannt wird, bis zu »Clarice«, wie sie im letzten Drittel durchgängig heißt (»clarify« heißt 1. aufklären, 2. sich läutern). Erneut läßt sich das mit der dramatischen Handlungsstruktur belegen:

Vorspann: Es beginnt damit, daß Clarice von Lecter hört und zu ihm hingeht. »Wer ist er«, fragt sie Crawford, und Dr. Chilton gibt die (falsche) Antwort: »Oh, er ist ein Monster, ein Psychopath der schlimmsten Sorte.« Später wird Clarice auf die ebengleiche Frage ihrerseits antworten: »Es gibt keinen Namen für das, was er ist« (Sequ. 21): Er darf nicht als Individuum, sondern nur in seiner Funktion gesehen werden. Daraus erklärt sich seine Ambivalenz.

I. Exposition: Es ist Lecter, der ihr den eigentlichen Auftrag erteilt: »Sie müssen in Ihr innerstes Selbst schauen!« Lecter fungiert als Mentor, und in seiner Charakterisierung als Bestie verbirgt sich nur die Brisanz und Gefährlichkeit des Weges, den zu gehen er von ihr verlangt. Clarice nimmt diese Hinweise auf und erinnert sich an ihre Kindheit bzw. ihren Vater, der nach dem frühen Tod der Mutter damals ihre »ganze Welt« gewesen war.

II. Steigerung: Diese Welt ist ihr, nach dem Tod des Vaters (2. Retrospektive: Sarg), nunmehr verschlossen. Statt dessen findet sie einen Kokon (Sequ. 13), der als Schwärmer identifiziert wird (Sequ. 14). Eine Steigerung findet diese Entwicklung mit ihrem Vertrag »quid pro quo«, den sie mit Lecter abschließt: Gegen die Preisgabe ihres schlimmsten Kindheitserlebnisses (manifest: Tod des Vaters) erläutert ihr Lecter den Verweischarakter des Kokons: »Die große Bedeutung des Schmetterlings liegt in der Metamorphose. Die Larve bzw. Raupe wird zur Puppe, die sich nunmehr in Schönheit verwandelt.« Lecter hat, als ersatzhafter Vater, ihr gegenüber Anleitungsfunktion, ähnlich wie Crawford auf der Ebene der Krimihandlung.

VISITOR
PASS

III. Höhepunkt/Peripetie: Höhepunkt und Umschlag auf dieser Handlungsebene erfolgen im fünften Gespräch zwischen Clarice und Lecter (Sequ. 21) im Shelby County Courthouse. Unter großem Zeitdruck – jeden Moment kann Dr. Chilton eintreten und dem Gespräch ein Ende machen – wird der »quid-pro-quo«-Vertrag realisiert. Dabei handelt es sich eben nicht um ein bloßes »Katz-und-Maus-Duell«[8], sondern, wie Gregor Dotzauer hellsichtig anmerkt, um einen »theistischen Teufelspakt«.[9] In einer hochdramatischen Sequenz führt der Psychoanalytiker Dr. Lecter Clarice in der Erinnerungsarbeit zurück bis zu ihrem tatsächlich schlimmsten Kindheitserlebnis (latent: das Schreien der Lämmer). Damit erkennt Clarice ihre verdrängten Ängste, mithin den Weg zu ihrem wahren Ich. Auch Lecter leistet seinen Teil des Vertrags, aber er hält seine entscheidenden Hinweise auf Billys Identität verdeckt: »Oberste Prinzipien, Clarice. Simplifikation. Lesen Sie bei Marc Aurel nach. Bei jedem einzelnen Ding die Frage: Was ist es in sich selbst? Was ist seine Natur?«
Die große Nähe zwischen Lecter und Clarice wird verbal angedeutet, visuell umgesetzt und handlungsmäßig unterstrichen. »Man wird noch sagen, wir seien ineinander verliebt«, merkt Lecter, keinesfalls ironisch, am Anfang an. Bei der entscheidenden Traumarbeit dann (Mittelteil Sequ. 21) rückt die Kamera visuell die beiden Figuren – Lecter im Käfig und Clarice außerhalb – schrittweise in Zooms nach vorne immer stärker aneinander, bis in Schuß-Gegenschuß nur noch ihre Gesichter, insbesondere ihre Augen, gezeigt werden – und die trennenden Gitterstäbe allmählich verschwimmen bis zur Unsichtbarkeit. Wenn Lecter abschließend, beim Überreichen der Akte, mit seiner Hand zart über Clarices Finger streicht, wird die große Vertrautheit der beiden Vertrags»partner« noch einmal zum Ausdruck gebracht. Konsequenterweise hat damit Lecter seine Funktion für die psychische Entwicklung von Clarice erfüllt; die beiden sehen sich nicht mehr wieder.
IV. Retardierung: Vergeblich versucht Clarice mit Hilfe ihrer Freundin im Ausbildungszentrum des FBI den Lecter-Hinweisen Sinn zuzuordnen; sie finden zwar eine handschriftliche Notiz Lecters in der Akte, können sie aber nicht deuten. Clarice muß sich allein, auf sich selbst zurückgeworfen, auf die Suche nach ihrer Identität machen.
V. Lösung: Erst in dieser Selbständigkeit liegt die Chance der Selbstfindung. Clarice beginnt wieder ganz von vorn und legt Verstecktes offen (die Nacktfotos des ersten Mordopfers). Sie recherchiert beharrlich im sozialen Umfeld und entdeckt Mrs. Lippmans Haus als das Billys. Sie steigt hinab in ihr Unterbewußtsein (Keller), konfrontiert sich mit ihren Ängsten (Leichen im Keller, Billy) und überwindet sie.
Nachspann: Lecter, der inzwischen wieder ganz woanders ist, wird ihr seinerseits keine Bedrohung sein: »Die Welt ist schöner mit Ihnen darin, Clarice«, versichert er (Sequ. 32).

3. Der »Thrill« im Angriff auf den Zuschauer

Als Kriminalfilm folgt DAS SCHWEIGEN DER LÄMMER seiner Romanvorlage, als Psycho-Thriller den Erzählmustern zahlreicher anderer Filme. Allerdings ist dabei die latente Handlungsebene stringenter durchgehalten und elaborierter ausgefeilt, als das im Film-Thriller ansonsten üblich ist. Neu dagegen ist der kalkulierte Angriff auf den Zuschauer, das strategische Involvement des Betrachters, wie es vornehmlich bild- und filmästhetisch provoziert wird. Das ist auch den meisten Kritikern des Films aufgefallen, etwa wenn einer formuliert: »...der Film entläßt den Zuschauer mit der starren Aufgeregtheit eines Schlafwandlers, der zwar in den Abgrund geblickt hat, ihm aber erwachend noch gerade entronnen ist.«[10] Oder wenn ein anderer gesteht: Der Film »hat mich ziemlich verstört. Und nicht nur, weil mir während der Vorführung übel war. Sondern (...) der Film ist ein sadistischer Angriff auf das Publikum.«[11] An die Stelle der Fragen »Wer ist der Täter? Wer ist Billy?« bzw. »Wer bin ich, Clarice?« tritt in der Tat hier die Frage »Wer bin ich, der Zuschauer?« Sie wird beantwortet mit der These: »Ich, der Zuschauer, bin – wie Billy.« Der Appellcharakter des Films erweist sich bereits in dieser zirkulären Argumentationsstruktur.
Auf einer dritten, gleichsam didaktisch-philosophischen Bedeutungsebene läßt er sich nachzeichnen:

Vorspann: Schon in der allerersten Sequenz werden für den aufmerksamen Zuschauer Wegzeichen aufgestellt: »Hurt, agony, pain – love it«, lauten die Schilder an dem Baum neben dem Trimm-dich-Pfad, den Clarice stellvertretend für uns als Zuschauer läuft.
I. Exposition: Die Forderung oder Aufgabe lautet: Erkenne dein »innerstes Selbst«: Wer bin ich? Beginne im »Self Storage« (Bestandsaufnahme)!
II. Steigerung: Erkenne das Leben als Metamorphose! Erkenne dich durch deine Vergangenheit! Erkenne dich als Kokon, als Werdenden (Prozeßcharakter)!
III. Höhepunkt/Peripetie: Erkenne dich als Begehrenden! Erkenne deine Natur und die soziale Bedingtheit deiner Ziele! »Wir beginnen das zu begehren, was wir jeden Tag sehen«, enthüllt Lecter und durchbricht damit die individuelle Identitätssuche mit Blick auf gesellschaftliche Kontexte.
IV. Retardierung: Vermeide Irrwege, die nur zu falschen Identitäten führen! So gibt Lecter sich mittels der abgehäuteten Gesichtshaut des getöteten Polizisten als jemand aus, der er gar nicht ist (Sequ. 23). So will Billy sich als Pseudo-Transvestit qua künstlicher Haut ein anderes Ich zulegen, nämlich das einer Frau, die er ebenfalls nicht ist (Sequ. 25). Und

auch Crawford geht in die Irre, wenn er falschen Hinweisen auf die Identität des gesuchten Billy nach Chicago folgt (Sequ. 27).

V. Lösung: Suche deine Abgründe auf, stelle dich den verborgenen Teilen deines Ich und überwinde damit die Dunkelheit (nicht zufällig bricht Licht in dem Moment in den dunklen Raum, als Clarice Billy tötet). Erkenne den verdrängten Rest von dir und damit die Ganzheit deines Ich! Die tiefsten Ängste kulminieren in der Erinnerung an das Schreien der Lämmer, das damit in seinem symbolischen Kern sichtbar wird. Das Frühlingslamm, das getötet wird, steht für Opfer, Auferstehung, Überwindung des Todes, insofern für die Ablösung des Werdens im Sein. Wenn die Lämmer schweigen, ist das Opfer entweder vollbracht oder nicht mehr nötig – das »Schweigen der Lämmer« signalisiert somit eine Utopie (die mit Catherines Rettung in diesem singulären Fall realisiert werden konnte).

Nachspann: Doch dieses »Schweigen der Lämmer« ist ein Balanceakt, der immer wieder bedroht wird und dessen man sich nicht sicher sein kann.

Die Relevanz solcher verführerisch handfesten Handlungsanweisungen für den Zuschauer wird durch eine kalkulierte Wahrnehmungssteuerung mit eingebauten Irritationen vermittelt: Das beginnt schon mit der Kameraführung bei der Erforschung des »Self Storage« durch Clarice (Sequ. 9). Unerwartet und verwirrend steht die Kamera auf einmal *innerhalb* des Autos, in dem sich der abgeschnittene Kopf Raspails befindet; wir sehen durch die darüber gedeckte amerikanische Flagge, wie sich Clarice mit ihrer Lampe *uns* nähert. Kurz darauf sind *wir* es, die das sich nähernde Auto von Catherine durch den Restlichtverstärker in der Spezialbrille beobachten; die Perspektive des Entführers und Psychopathen Billy ist mit *unserer* irritierend identisch. Ähnlich später bei dem Schlüsselgespräch zwischen Lecter und Clarice, wo nicht nur die Gitterstäbe zwischen beiden allmählich verschwinden, sondern die Abfolge von Schuß und Gegenschuß in immer spitzerem Winkel erfolgt, bis schließlich Lecter *uns* direkt anspricht und Clarice sich *uns selbst* offenbart. Programmatisch durchgehalten wird diese identische Sichtweise schließlich bei der Verfolgungsjagd im Keller von Billys Haus (Sequ. 30). Wenn Clarice auf eine Tür zugeht, um sie aufzutreten, folgen wir ihr nicht in den Raum hinein, sondern befinden uns bereits darin: Die aufspringende Tür schlägt *uns* gleichsam ins Gesicht und *wir* sind die Entdeckten und Bedrohten. Wenn Clarice mit ihrer Pistole in der ausgestreckten Hand herumwirbelt, sind *wir* es, auf die sie ihre Waffe richtet. Als das Licht im Keller ausgeht (und *uns* niemand mehr sehen kann), verwandeln *wir* uns vollends in Billy:

E 1: Blick mit Billy durch Restlichtverstärker, Schwenk nach links von Kommode über Mauerwerk zum Türrahmen, Blick auf Spiegel und Waschbecken, bis Clarice sichtbar wird, mit dem Rücken zur Wand, sich langsam vortastend (23 Sek.)
E 2: (Gegenschuß) Schemen von Billys Kopf mit Restlichtverstärker (5 Sek.)
E 3: Clarice tastet sich weiter, stolpert und stürzt (12 Sek.)
E 4: wie E 2 (4 Sek.)
E 5: Clarice erhebt sich, tastet sich vorsichtig weiter in den Raum (10 Sek.)
E 6: wie E 2 (3 Sek.)
E 7: Clarice bewegt sich an kopflosen Schaufensterpuppen entlang, kommt näher bis nah, Seitenansicht, dreht sich mit dem Rücken zu *uns*, tastet in den Raum (9 Sek.)
E 8: *Unsere* Hand nähert sich ihrem Kopf, sie dreht sich nach links, fast können *wir* sie berühren (6 Sek.)
E 9: wie E 2 (2 Sek.)
E 10: *Unsere* Hand ist nahe ihrem Hals, gerät durch Bewegungen von Clarice in die Nähe ihrer Mundpartie, *wir* ziehen die Hand wieder zurück (6 Sek.)
E 11: Clarice tastet sich nach links, *wir* folgen ihr (6 Sek.)
E 12: wie E 2 (2 Sek.)
E 13: *Unsere* Hand taucht wieder auf, *wir* richten den Revolver auf Clarice (4 Sek.)
E 14: wie E 2, dann Fahrt auf Waffe und Hände, Knacken des Abzugshahns (3 Sek.)
E 15: Letzter Blick von *uns* durch den Restlichtverstärker, Clarice wirbelt herum, läßt sich gleichzeitig fallen und schießt auf *uns* (2 Sek.)

Erst nach den folgenden knapp drei Sekunden der optischen und auditiven Verwirrung (Schüsse mit Mündungsfeuer) wird die »alte« Position des Zuschauers mittels einer objektiven Kamera, die Clarice und Billy gemeinsam im Bild zeigt, wiederhergestellt (22 Sek.). Aber für rund 78 Sekunden durften *wir* der voyeuristischen, taktilen, aggressiven Regression nachgeben und *uns* gegen die Gefahr der Entdeckung, Enthüllung wehren. Umgekehrt: DAS SCHWEIGEN DER LÄMMER suggeriert eine Ähnlichkeit des Zuschauers mit dem psychopathischen Billy und stellt damit auch an ihn die Frage: Wer bist du? bzw. die Aufgabe: Erkenne dich als den, der du bist, werde du selbst, versichere dich deiner Identität.

4. Historische Vorläufer im gesellschaftlichen Kontext

Es gibt eine ganze Reihe weiterer Filme, vor allem in der zweiten Hälfte der 80er Jahre, die mit dem Thema der Selbsterkenntnis bzw. dem Problem der Identität, verborgen in psychopathologischen Verhaltensweisen, konfrontieren. DRESSED TO KILL (1980) von Brian de Palma, aber auch BLUE VELVET (1986) und andere Filme von David Lynch wären dafür gute Beispiele.[12] Hier soll demgegenüber mit ANGEL HEART (1986) von Alan Parker (nach dem Roman »Falling Angel« von William Hjortsberg) ein Film eingebracht werden, der – bislang weithin unterschätzt – ähnlich ausgefeilt in Handlungsstruktur und visueller Symbolik die genannte Tiefenstruktur des Psycho-Thrillers entfaltet (vgl. Sequenzprotokoll 2 am Schluß).

Die Phasenaufteilung bei ANGEL HEART ist ähnlich wie beim SCHWEIGEN DER LÄMMER, wenngleich etwas gestreckt, was im wesentlichen auf die Tradition des Film noir zurückzuführen ist, die dieser Film aufgreift und modifiziert: Privatdetektiv Herald Angel erhält, in Annäherung an die Gestalt eines Philip Marlowe, den Auftrag, den verschwundenen Johnny Favorite zu suchen. Fatalerweise kommt jede Person, die er aus der Vergangenheit des Gesuchten aufstöbert, gewaltsam ums Leben. Am Schluß erweist sich, filmästhetisch von Anfang an aber vorbereitet, Angel selbst als der verschwundene Johnny, und die Morde werden als seine eigenen Versuche entlarvt, diese Identität zu verleugnen bzw. auszulöschen:

I. Exposition: Der eigentliche Auftrag lautet: Erkenne dich selbst!

II. Steigerung: Das Auslöschen der Vergangenheit durch die Ermordung des Dr. Fowler wird als Flucht charakterisiert.

III. Scheinbarer Höhepunkt/Scheinbare Peripetie: Ersatzlösungen für die geforderte Selbsterkenntnis werden gesucht: Mit der Figur der Margret Krusemark werden Astrologie und Schicksal bemüht; mit der Figur der Epiphany die christliche Taufe und die Befreiung von der Erbsünde.

IV. Steigerung: Auch das Auslöschen der Vergangenheit durch die Ermordung von Toots Sweet wird als Flucht in einen Traum konterkariert.

V. Höhepunkt/Peripetie: In einer Art Zwischenbilanz seiner bisherigen Suche wird deutlich, daß er weder durch die zwei Morde (Gegenwart) noch durch die Unterdrückung seiner Erinnerungen (Vergangenheit) jene Identität und Selbstfindung erreichen kann, die ihm aufgetragen wurde. Fluchtversuche enden bestenfalls in Idiotie (Zukunft).

VI. Retardierung: Hinausgezögert wird die Ichfindung durch einen letzten Ersatzlösungsversuch, die Liebesvereinigung mit Epiphany, die sich jedoch ebenfalls als Abwehrmechanismus erweist.

VII. Lösung: Schließlich wird deutlich, daß das Auslöschen der Vergangenheit, auch durch Morde an Mr. Krusemark und Epiphany, die Erinnerung an seine Vergangenheit und damit die Erkenntnis seines wahren Ich nicht mehr verhindern kann – und Harald Angel alias Johnny Favorite akzeptiert sich als der, der er ist. »Ich weiß, wer ich bin!«

Auch bei ANGEL HEART finden sich die »telling names«. Das liegt vor allem an einer zweiten Filmtradition, die der Film aufgreift und erneut verändert: dem Faust- oder Satansfilm.[13] Louis Cyphre (besetzt mit dem Chamäleon Robert de Niro), der geheimnisvolle Auftraggeber, steht für »Luzifer«, den gefallenen Engel bzw. den Teufel; Johnny Favorite alias »Liebling« signalisiert Ruhm- und Erfolgssucht, Egozentrik und Eitelkeit; die beiden Krusemarks sind Wegweiser oder Wegzeichen (»cruise mark«) für Johnny bzw. Angel; Epiphany fungiert als die himmlische »Erscheinung« des Reinen usw. Angel selbst, als Antiheld der einzig Anständige im Großstadtdschungel und zunächst unsere Identifikationsfigur – besetzt mit Mickey Rourke, dem ambivalenten Liebhaber aus NEUNEINHALB WOCHEN (1985) –, entpuppt sich als »gefallener Engel«, als Killer: grausam, egoistisch, mit einem Faible für schwarze Magie, »dem Bösen näher als jeder andere«. Angel alias Faust entdeckt »des Pudels Kern« (der Hund taucht symbolisch schon in der ersten Sequenz auf): Im Zuge seiner maßlosen Ruhmsucht hatte er mit dem Teufel einen Pakt geschlossen und ihm seine Seele versprochen; dadurch war er schuldig geworden. ANGEL HEART beschreibt im Kern, wie Faust vergeblich die in der kirchlichen Tradition häufige Übertölpelung des Satans anstrebt, daß er auch nicht erlöst wird durch das »wer ewig strebend sich bemüht« noch durch das »ewig Weibliche, das uns hinanzieht«. Wiedergeburt oder Erlösung werden ihm nicht zuteil, weil er sich nicht als Schuldigen erkennt – um mit dieser Ichfindung dann seine Strafe anzunehmen.

Die elaborierte Symbolik wird handlungsmäßig und motivlich ebenso wie auditiv und optisch in Szene gesetzt (was hier nur angedeutet werden kann): Der Ventilator, Motiv der Schwarzen Serie wie der ständige Regen, wird zum Symbol des Bösen. Das Pochen des Herzens hält die Schuld aus seiner Vergangenheit präsent, deren Erinnerung er sich widersetzt. Treppe, Gitter und Aufzug signalisieren die Unentrinnbarkeit der Verdammnis. Der Low Key Style aus der Schwarzen Serie verweist auf die Finsternis der Hölle. Die immer wieder auftauchende Schale mit Blut bezeichnet den Gral, der ihm verweigert wird bzw. dem er sich entzieht. Spiegel signalisieren die zunehmende Brüchigkeit seiner (falschen) Identität. Das Ei fungiert als »Symbol der Seele«, die bereits Mephistopheles versprochen ist. Angel alias Johnny alias Faust wird von Religion zu Religion (Voodoo-Tanz, Schwarze Magie, Baptisten, Wiedergeburtssekte) die Wiedergeburt verweigert, eben weil er sich nicht als Schuldigen erkennt. Vor allem das Christentum mit seinem Erlösungsversprechen wird dabei als falscher Mythos abgewehrt. Die Reinigung durch Wasser (Regen, Meer, Waschwasser, Taufwasser usw.) oder durch Blut (Erlöser in katholischer Kirche, Blutschalen, Blutstropfen von der Decke, Blutströme an Händen und von Wänden herab usw.) ist nicht möglich. Dem Schuldigen, der sich der Einsicht in seine Identität als Schuldiger verweigert, wird keine Erlösung zuteil, sondern – »Auge um Auge«, wie es Louis Cyphre nach dem Alten Testament formuliert – nur Strafe: »Dafür wirst du brennen, Angel«, heißt es in der Schlußsequenz. In diesem Sinn ist ANGEL HEART ein antichristlicher, antikonfessioneller, aber durchaus religiöser Film.

Mit seiner latenten Handlungsebene, den zentralen Formmerkmalen des klassischen Psycho-Thrillers und seiner ausgefeilten, vielschichtigen Symbolik gehört ANGEL HEART grundsätzlich in dieselbe Gruppe von Filmen wie DAS SCHWEIGEN DER LÄMMER. Nur wendet er im Unterschied dazu seine Tiefenstruktur noch nicht appellativ auf den Zuschauer, sondern konkretisiert sie (Teufelspakt, Schuld durch Ruhm- und Erfolgssucht und Egozentrik) und löst sie quasi ontologisch, religiös auf. Daß DAS SCHWEIGEN DER LÄMMER das Problem der Identitätsfindung demgegenüber abstrakt hält und die inhaltliche Ausfüllung vielmehr dem individuellen Zuschauer überantwortet, markiert die neue Qualität des Mainstream-Thrillers aus Hollywood und begründet seine Attraktivität für die Massen, insbesondere für diejenigen, denen Teufel, Religion, Schuld und Ähnliches keine Betroffenheit mehr abverlangen.

Als bestimmender gesellschaftlicher Kontext muß also auch der allgemeine Werteverlust spätestens seit Mitte der 80er Jahre in Betracht gezogen werden.[14] Bislang etablierte Wertesysteme und Wertehierarchien, speziell unter Einschluß traditioneller, christlicher Normen und Glaubensvorstellungen, waren im Prozeß allgemeiner Relativierung in ihrer subjektiv bindenden Orientierungsfunktion obsolet geworden. Die damit gegebene Destabilisierung kultureller und sozialer Systeme verweist auf das eigene Ich als zentralen Bezugspunkt für zweckrationales Handeln, mit einem entsprechenden Spielraum für Eigenverantwortung und individuelle Sinnkonstruktion. Man kann die Entwicklung von einem Psycho-Thriller wie ANGEL HEART (1986) zum SCHWEIGEN DER LÄMMER (1991), beide im Kern über das Thema Identität, in diesem Sinne auch als Ausdruck begreifen für die Entwicklung von normativer Gesinnungsethik zu individualistisch-subjektivistischer Verantwortungsethik, die aber auch den Ausweg der Unverbindlichkeit bietet.

Anmerkungen

1 So Andreas Kilb in der Zeit vom 12.4.1991.
2 Siehe etwa Günther Jurczyk in der Stuttgarter Zeitung vom 11.4.1991.
3 Vgl. Rüdiger Schmitz-Normann in der Frankfurter Rundschau vom 13.4. 1991.
4 Ebenda.
5 Hellmuth Karasek im Spiegel vom 8.4.1991.
6 Heinrich Niewöhner in der Zeitschrift Lettre International, Nr. 19 (1992), zitiert bei Kurt Scheel im Merkur, Jg. 47 (Februar 1993), H. 2, S. 148ff. Außerdem werden Bezüge hergestellt u.a. zu Leonardo, Rembrandt, Mantegna, Caravaggio, Aby Warburg, Wolfgang Schulz und Karl Kerényi.
7 Vgl. etwa Georg Seeßlen: Kino der Angst. Geschichte und Mythologie des Film-Thrillers. Reinbek 1980.
8 So Otto Heuer in der Rheinischen Post vom 11.4.1991.
9 Frankfurter Allgemeine Zeitung vom 11.4.1991.
10 Andreas Kilb in der Zeit (Anm. 1).
11 Kurt Scheel im Merkur, Jg. 45 (Juli 1991), H. 7, S. 612f. Siehe auch K. Scheel im Merkur, Jg. 46 (Juli 1992), H. 7, S. 616f. (und siehe Anm. 6).
12 Siehe dazu etwa die Analysen bei Werner Faulstich und Andreas Vogel (Hrsg.): Sex und Gewalt im Spielfilm der 70er und 80er Jahre. Bardowick 1991.
13 Vgl. etwa Ricarda Strobel: Der Pakt mit dem Teufel: Faust im Film. In: Faust und Satan – multimedial. LiLi (1987), H. 66, S. 42–60.
14 Siehe z.B. die ausführliche Forschungs- und Literaturdokumentation von Michael Böckler et al.: Wertwandel und Werteforschung in den 80er Jahren. Bonn 1991, oder den knappen Überblick bei W. Faulstich: Grundwissen Öffentlichkeitsarbeit. Bardowick 1992, S. 60–68.

Auswahlbibliographie

Hans D. Baumann: Horror. Die Lust am Grauen. Weinheim 1989 (München 1993).

Gregor Dotzauer: Theistischer Teufelspakt. In: Frankfurter Allgemeine Zeitung vom 11.4.1991.

Werner Faulstich und Andreas Vogel (Hrsg.): Sex und Gewalt im Spielfilm der 70er und 80er Jahre. Bardowick 1991.

Thomas Harris: Das Schweigen der Lämmer (Roman). München 1990 (orig. 1988).

Otto Heuer: Wenn sich Sperling und Kannibale duellieren. In: Rheinische Post vom 11.4.1991.

(Interview mit Jonathan Demme) Film Comment, Nr. 1 (1991).

Günter Jurczyk: Mit Fleischfetzen notdürftig behängt. In: Stuttgarter Zeitung vom 11.4.1991.

Hellmuth Karasek: Alice im Raubtierhaus. In: Der Spiegel 15 (8.4.1991), S. 224–228.

W. Kendrick: The Thrill of Fear. New York 1991.

Andreas Kilb: Schießen Sie auf den Psychopathen! Über Jonathan Demmes Film DAS SCHWEIGEN DER LÄMMER und über das mechanische Kino der Grausamkeit. In: Die Zeit vom 12.4.1991.

Heinrich Niewöhner, in: Lettre International, Nr. 19 (1992).
Rüdiger Schmitz-Normann: Die Zelebrierung des Grauens. In: Frankfurter Rundschau vom 13.4.1991.
Kurt Scheel, in: Merkur, Jg. 47 (1993), H. 2, S. 148ff.
Georg Seeßlen: Kino der Angst, Geschichte und Mythologie des Film-Thrillers. Reinbek 1980.
F. Trebbin: Die Angst sitzt neben dir. Psychothriller, Horror- und SF-Filme seit 1960. Berlin 1990.

Auswahlfilmographie

DRESSED TO KILL, Brian de Palma, USA 1980
BLUE VELVET, David Lynch, USA 1986
ANGEL HEART, Alan Parker, USA 1986
ARACHNOPHOBIA, Frank Marshall, USA 1990
THE SILENCE OF THE LAMBS (DAS SCHWEIGEN DER LÄMMER), Jonathan Demme, USA 1991

Sequenzprotokoll 1 (DAS SCHWEIGEN DER LÄMMER)

Vorspann

1. Waldlauf
2. Rückkehr Starlings ins FBI-Zentrum
3. Büro: Starling und Crawford
   - Starling und Bilder zu Buffalo Bill
   - Gespräch und Auftrag (Lecter)

I. Exposition

4. Chilton und Starling
   - Gespräch im Büro
   - Gespräch auf dem Weg zur Zelle
5. Starling im Hochsicherheitstrakt
   - Starling und Barney
   - 1. Gespräch Starling/Lecter (Ablehnung)
   - Miggs
   - 2. Gespräch Starling/Lecter (Hinweis)
6. Starlings Rückblick (1. Retrospektive: Vater und Tochter)
7. Starling im Ausbildungszentrum
8. Telefonat Starling/Crawford (über Miggs' Tod und Lecters Hinweis)
9. »Self Storage«
   - Tor verklemmt
   - Erforschung des Raums (Kopf)
10. 3. Gespräch Starling/Lecter (Angebot Lecters an Starling)
11. Entführung Catherines durch Billy
12. Starling im Ausbildungszentrum (neuer Auftrag)

II. Steigerung

13. Clay Country:
    - Leichenfund, Bilder, Informationen im Flugzeug
    - Diagnose Starlings im Auto
    - Vorraum (Polizisten und Starling)
    - Starlings Rückblick (2. Retrospektive: Vater tot im Sarg)
    - Starling und die Polizisten
    - Untersuchung der Leiche (Kokon im Hals)
    - Gespräch Crawford/Starling im Auto
14. Starling im Paläontologischen Museum
15. Atmosphäre im Haus von Billy
16. Ausbildungszentrum: Fernsehbericht über Entführung
17. Starling im Hochsicherheitstrakt
    - Konfrontation mit Chilton
    - 4. Gespräch: Pseudoangebot Starlings an Lecter
      - Quid pro quo a) schlimmstes Erlebnis in Starlings Kindheit
      - Quid pro quo b) Bedeutung des Schmetterlings, Billys Problem
      - Chilton hört das Gespräch ab
18. Im Haus von Billy: Catherine im Erdloch

III. Höhepunkt/Peripetie

19. Echtes Angebot Chiltons an Lecter (Kuli)
20. Flughafen in Memphis
    - Vorwurf an Crawford wegen Pseudoangebot an Lecter
    - Übergabe Lecters an die Behörden in Memphis (Kuli)
    - Gespräch mit Senatorin Martin
21. Shelby County Courthouse
    - Wichtigtuer Chilton bei der Presse
    - Starling auf dem Weg zu Lecter
    - 5. Gespräch Starling/Lecter
      - Quid pro quo a) das Schreien der Lämmer
      - Quid pro quo b) entscheidender Hinweis Lecters, aber verdeckt
    - Chilton läßt Starling rauswerfen (Akte)
22. Flug und Ankunft Starlings in Baltimore

IV. Verzögerung

23. Flucht Lecters
    - Zweites Essen (Kuli) und Ermordung der zwei Wachen
    - Reaktionen der Wachmannschaften (Verwechslung der Identität)
    - Lecter im Krankenwagen
24. Starling und Freundin im Ausbildungszentrum
25. Billy näht an der Nähmaschine
26. Starling und Freundin im Zimmer (Notiz in Akte)

V. Auflösung/Happy-End

27. Belvedere, Ohio
    - Starling unterwegs
    - Starling beim Vater des ersten Mordopfers (Fotos, Nähen)
    - Telefonat mit Crawford

28. Billys Haus (in Verschachtelung)
    - Catherine und der Hund
    - Charakterisierung Billys als »Frau«
29. Parallelhandlung Chicago/Belvedere
    - Airport Chicago
    - Starling interviewt Fredrikas Freundin (Mrs. Lippman)
    - Verschachtelung (paralleles Klingeln)
    - Billy bereitet sich vor
    - Sturmangriff auf das Haus in Chicago
30. Starling und Billy
    - Gespräch über Fredrika, Mrs. Lippman usw. (Schwärmer, Pistole)
    - Jagd im Keller (Tod Billys)
31. Starling und Crawford

Nachspann

32. Starlings Ernennung zur FBI-Agentin und Feier (letztes Gespräch mit Lecter)
33. Lecter verfolgt Chilton

Sequenzprotokoll 2 (ANGEL HEART)

Nr. der Sequenz		Geschehen
I.	1	Vorspann (Hund/Katze)
II.	2	Angel auf dem Weg ins Büro (Straße in New York)
	3	Angel im Büro / Telefonat mit Winesap
	4	Angel auf dem Weg in Harlem (Straße)
	5	Wiedergeburtsraum (Gottesdienst)
	6	1. Gespräch mit Louis Cyphre (Auftrag) – Rechtsanwalt Winesap – Selbstmord / Blut auf der Wand – Auftrag: Suche nach Johnny Favorite
III.	7	Angel auf dem Weg ins Sanatorium (Straße, Papiere)
	8	Angel und die Krankenschwester
	9	Angel und Dr. Fowler – Telefonbuch / Auto – Wohnungsdurchsuchung – Gespräch mit Dr. Fowler – Kirchenszene – Angel im Coffee-Shop – Angel im Haus von Dr. Fowler
	10	Angel auf dem Weg zu Cyphre (Straße in New York)
	11	2. Gespräch mit Cyphre
	12	Angel im Wiedergeburtshaus – Voodoo-Altar / Beerdigungszug – Wiedergeburtsraum (Gestalt / Schlägerei / Flucht mit Beerdigungszug)

Nr. der Sequenz	Geschehen
IV. 13	Angel und die Journalistin
14	Angel im Büro (Tonband/Spider-Rückblick)
15	Angel in Coney Island (2 Gespräche)
16	Ankunft in New Orleans, Louisiana (Bahnhof, Straße, Hotelzimmer, Kneipe)
17	Angel und Mme. Zora (alias Margaret Krusemark)
	– Straßenbahn
	– Wohnung
18	Angel auf der Straße (Regen)
19	Angel im Gewürzladen
20	Angel unterwegs (Auto mieten, Fahrt)
21	Friedhof: Epiphany
22	Angel und Epiphany
V. 23	Angel und Toots Sweet (I)
	– Toots Sweet singt Blues
	– Gespräch am Tresen
	– Toilette / Hühnerklaue, Rauswurf
24	Angel und Toots Sweet (II)
	– Straße (Zigarettenkippen, Verfolgungsfahrt)
	– Voodoo-Ritual mit Epiphany
	– Wohnung (Treppenhaus, Kampf, Gespräch)
25	Angel im Wiedergeburtsraum (mit Zwischenteilen, Figur)
VI. 26	Angel im Hotelzimmer (Polizei)
27	Kneipe / Telefonat / 2. Rückblick
28	Angel bei Margaret Krusemark (tot)
29	Wiedergeburt (Kreuzgang usw., Kneipe mit Ventilator, Taufe im Fluß . . .)
30	Fahrt / Verfolgerauto / Hund / Verfolger im Auftrag von Mr. Krusemark
31	Angel und Epiphany
32	Angel im Hotel (Nachricht)
33	3. Gespräch mit Cyphre (in der Kirche)
34	Angel und Epiphany (Visionen)
VII. 35	Angel und Polizei (wegen Margarets Tod)
36	Angel und Epiphany (Badewanne)
37	Angel und Krusemark-Verfolger (Straße, Pferdestall, Hühnerstall)
38	Angel und Mr. Krusemark
	– Hahnenkampf usw.
	– Gespräch auf der Rennbahn
	– Gespräch im Haus
	– Mr. Krusemark in der Suppe
39	Angel in Margaret Krusemarks Wohnung (Fahrt, Zimmer, Cyphre, Rückblick, Rückfahrt)
40	Rückkehr ins Hotel
41	Abspann (Aufzug)

17. Auf der Suche nach der sexuellen Identität

THE CRYING GAME (1992)

von Jens Thiele

1. Ein Bild verändert den Film

THE CRYING GAME, der siebte Spielfilm des irischen Schriftstellers und Regisseurs Neil Jordan, ist ein Film, der seine Geschichte auf eine irritierende Weise erzählt: Nach etwa einer Stunde gibt er der erzählten Story eine schockartige Wendung und verleiht den abgelaufenen Filmbildern damit eine ganz neue Bedeutung. Eine einzige Einstellung auf einen nackten Körper verändert schlagartig alles Gesehene und bestimmt alles Kommende. Wie eine Spiegelung in neuer Lichtbrechung zeigen sich von da an die erinnerten Bilder, holen den Betrachter wieder ein, wirbeln seine aufgebauten Erwartungen und Gefühle durcheinander. Nichts ist mehr so, wie es zu sein schien; die Normen, voran die sexuellen, sind brüchig geworden.

Die Oberfläche des Films gibt sich schillernd als Politthriller aus: Jody, ein schwarzer britischer Soldat (Forest Whitaker), abgeordnet nach Nordirland, wird von der IRA entführt und stirbt durch einen Unfall. Sein Bewacher Fergus (Stephen Rea) verspricht ihm zuvor, seine Freundin Dil (Jaye Davidson) in London aufzusuchen. In diese Frau verliebt sich der IRA-Kämpfer, der untertauchen mußte, da er beim Exekutionsauftrag in Nordirland versagt hat. Seine Verfolger der IRA tauchen aber wieder auf, wollen ihn zu einem erneuten Attentat zwingen. In einem Showdown erschießt Dil die Terroristin Jude (Miranda Richardson). Fergus nimmt aus Liebe zu Dil die Schuld auf sich und geht für Jahre ins Gefängnis.

Jenseits der knallharten Ereignisse erzählt THE CRYING GAME eine ganz andere Geschichte: die einer mühsamen Identitätsfindung. Fergus, der Bewacher des gefangenen Soldaten, ist ein Nobody, einer, der nicht weiß, wer er ist und was er kann. Erst über die Auseinandersetzung, genauer: über die Spiegelung mit dem getöteten Jody kann er sich seiner Gefühle und seiner Sexualität bewußter werden. Die Selbstfindung wird für Fergus aus einem einzigen, entscheidenden Grund unumgänglich: Die Frau, auf die er in London trifft, die ihn fasziniert und in ihren Bann schlägt, ist biologisch ein Mann.

2. Die eigene Fremdheit

»When a Man loves a Woman«: Zu Percy Sledges leidenschaftlichem Song der 60er Jahre blickt die Kamera in der ersten Filmeinstellung unter einer Eisenbahnbrücke auf einen Provinzjahrmarkt direkt am Meer. »Wenn ein Mann eine Frau liebt«, dann kann es, wie wenige Minuten später sichtbar, mit einer Katastrophe enden; die Liebe der Frau kann, wie bei diesem Filmbeginn, trügerisch, verlogen sein. Jody geht der Frau, die ein Lockvogel der IRA ist, auf den Leim und wird brutal entführt.
Während die Story des Films von dieser Entführung erzählt, perfekt ausgestattet mit den Merkmalen einer Kriminalgeschichte, führen uns die Bilder nach einer hektischen Autofahrt sehr bald an einen merkwürdigen Ort. Im Versteck der Untergrundkämpfer steht ein verlassenes Gewächshaus mit verdörrten Pflanzen, in das der Gefangene geführt wird. Dieser Ort wird die Geschichte der beiden Männer erzählen, des gefangenen Jody und seines Bewachers Fergus. Inmitten der politischen Verwicklungen und der Bedrohung des Lebens ergibt sich zwischen dem Terroristen und dem Soldaten eine vorsichtige emotionale Annäherung, die zu der abgebildeten Story eigenartig quer steht (Sequenz 4–8). Das heruntergekommene Gewächshaus wird für beide Männer zu einer Insel inmitten einer emotional kalten Umgebung.
Zum Schutze der IRA-Gruppe wird Jody ein Sack über den Kopf gezogen, so daß er für seinen Bewacher zunächst (auch als Persönlichkeit) unsichtbar bleibt. Es wird rasch deutlich, daß beide Männer den politischen Verwicklungen, in denen sie stecken und die ihr Schicksal bestimmen, mit Distanz, wenn nicht sogar mit Naivität gegenüberstehen. Für Jody ist die Stationierung in Nordirland nur ein Job, und Fergus findet nur simple Worte für die brisante politische Lage. Beide sind Opfer der politischen Bedingungen und suchen in der gegebenen Extremsituation gegenseitig ihre menschlichen Seiten. Fergus nimmt Jody den Sack vom Kopf, er füttert ihn, er hilft ihm sogar beim Pinkeln; später wischt er ihm das Blut vom Mund, nachdem Jude, die linientreue IRA-Kämpferin, Jody brutal geschlagen hat. So entsteht zwischen den ungleichen Männern eine intime, körperliche Nähe. Fergus steht bald auf Jodys Seite, er verteidigt ihn – absurd genug – gegen seine eigene Gruppe. Auf ihn übt der lebensfrohe, erfahrene und sinnliche Mann eine starke Faszination aus. Jody ist das sichtbare Gegenbild zu Fergus, denn er besitzt eine ausgeprägte Persönlichkeit: Er ist ein hervorragender Kricketspieler, er kennt die beste Bar in London, und er liebt eine Frau, die wunderschön ist.
Fergus nimmt ein Foto aus der Brieftasche des Gefangenen. In ganz naher Kameraeinstellung wird nach etwa 15 Minuten zum erstenmal die Schlüsselfigur des Films, Dil, sichtbar. Die Kamera stellt sich dabei schräg, so daß beide Männer, der sitzende Gefangene und der ste-

hende Bewacher, mit dem Foto im Bild erscheinen – eine erste Spiegelung?
»Die Frau würde jedem gefallen«, sagt Fergus beim Anblick von Dils Bild. »Daran darfst du nicht einmal denken, du Wichser«, antwortet Jody heftig. »Warum nicht?« »Sie gehört mir... sie würde auch gar nicht zu dir passen.« »Nein?« fragt Fergus zurück. »Absolut nicht«, versichert Jody.
»When a Man loves a Woman« – später, als der Zuschauer durch Fergus' Blick erfährt, daß Jody in einen transsexuellen Mann verliebt ist, wird deutlich, warum Jody so heftig und verteidigend über sein Mädchen gesprochen hat und warum er Fergus von ihr fernhalten möchte. Wieder einmal erweist sich der Schein als trügerisch. »Wenn ein Mann eine Frau liebt«, dann kann es auch sein, daß die Frau ein Mann ist.
Intuitiv sucht Fergus die Nähe des Soldaten, der ihm trotz der Gefangenschaft Lebenskraft und Selbstsicherheit vermittelt. Die Kamera führt beide Männer in ganz nahen Einstellungen zueinander. Wenn weitere Personen das Gewächshaus betreten, rückt sie auf Distanz. Als Jude in Sequenz 7 das Gefängnis betritt, erscheint sie (in halbnahen Einstellungen) als Bedrohung der beginnenden Männerfreundschaft. Sie schreit und schlägt Jody brutal mit der Pistole. Erst als sie den Raum verlassen hat, fährt die Kamera wieder langsam auf beide Männer zu und verbindet Jodys blutenden Mund in Detailaufnahme mit Fergus' mitfühlendem Gesicht in Großaufnahme (siehe Grafik zu Sequenz 7).

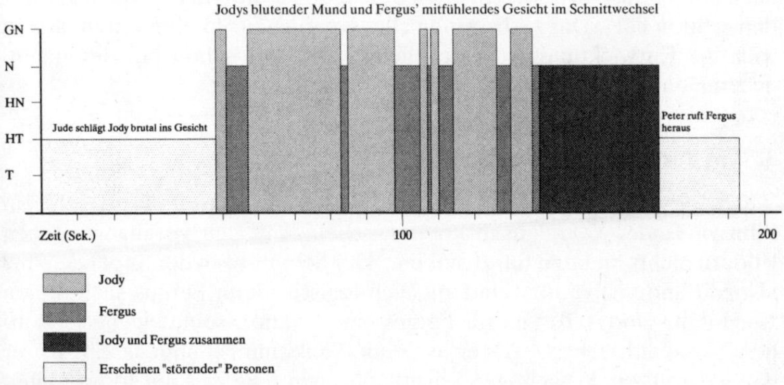

Sequenz 7: Distanz und Nähe der Kamera

Im Prozeß der emotionalen Annäherung werden immer häufiger formal bestimmbare wie assoziierbare Spiegelachsen zwischen beiden Männern sichtbar: wenn sie mit dem Rücken zueinander im Gewächshaus sitzen, wenn sie sich direkt gegenübersitzen und im Schnitt-Gegenschnitt anschauen, wenn sie ihr Leben miteinander vergleichen. Immer dann wird deutlich, daß Fergus sich an Jody spiegelt, sich aber im Spiegel noch nicht selbst erkennen kann. An Jodys komplexer Persönlichkeit nimmt Fergus zunächst nur seine eigene Ohnmacht wahr. Obwohl äußerlich frei, ist er innerlich gefesselt. Er erlebt sich als schwankend, ohne genaue Kenntnis des eigenen Standorts; er bleibt passiv, abwartend, eher fragend als antwortend, und er ist voller Gefühle, weiß aber nicht, wohin damit.

Am Ende der Nordirland-Supersequenz gesteht er sich ein, daß er nichts kann. In der letzten Nacht vor der geplanten Erschießung Jodys soll er, um die Angst des Soldaten vor dem Sterben zu mindern, eine Geschichte erzählen. Jody hatte ihm tags zuvor die Geschichte vom »Frosch und dem Skorpion« erzählt, die sehr beziehungsreich in die psychologische Konfliktstruktur des Films eingreift, indem sie defätistisch auf die grausame »Natur« des Menschen anspielt (die Neigung zur Gewalt), aber auch auf die Bedeutung seiner angelegten Triebe (die noch ausstehende geschlechtliche Selbstfindung Fergus').[1]

Gegenüber dieser bedeutungsvollen Parabel scheitert Fergus' Versuch, eine eigene Geschichte zu erzählen, kläglich: »Als ich ein Kind war, dachte ich wie ein Kind. Aber als ich ein Mann wurde, streifte ich alles Kindliche ab.« »Was meinst du damit?« fragt Jody ratlos. »Nichts, nichts«, gesteht Fergus. Nach einer Weile stellt Jody enttäuscht fest: »Du kannst gar nichts – oder doch?« »Ich?« fragt Fergus resigniert zurück. »Nein, ich bin zu gar nichts zu gebrauchen.« An Fergus' Geschichte wird auch der Verlust an Sinnlichkeit deutlich, den er mit dem Erwachsenwerden erlitten hat.[2] Das »Abstreifen alles Kindlichen« hat ihn reifen lassen; wichtige Entwicklungsprozesse blieben aus (wie schon bei der männlichen Hauptfigur in Jordans MONA LISA, 1986).

3. Auf der Suche – wonach?

Wenn Jody stirbt und das Versteck der IRA in die Luft fliegt, geht ein Film zu Ende. Was danach kommt, scheint mit den vorangegangenen Bildern nichts mehr zu tun zu haben.[3] Der Schnitt nach der Supersequenz »Nordirland« ist radikal und zugleich logisch, denn Fergus sucht einen Neuanfang. Jodys Tod ist für Fergus eine Chance, seine eigene Persönlichkeit zu entdecken.[4] Als er in London ankommt (Sequenz 12), hat er dabei bereits einen wichtigen Schritt vollzogen: Die Zeit mit Jody hat ihm bewußtgemacht, daß sein Platz nicht länger auf dem politischen Kampffeld ist. Es ist die Figur des toten Soldaten, die seinen weiteren Weg lenkt. Vordergründig will Fergus das Versprechen, Dil aufzusuchen, einlösen. Tatsächlich aber will er in die Person des Jody tiefer eindringen, etwas von ihr entdecken, das für ihn selbst unbewußt bedeutsam ist.

Das erste Bild, das sich ihm und dem Zuschauer in London bietet, verweist sogleich auf Jody: Durch ein kleines Loch in einer Mauer sind für Bruchteile einer Sekunde zwei Kricketspieler nebeneinander sichtbar. Das Figurenpaar greift den späteren Spiegelbildern ahnungsvoll vor. Dann wird das Loch größer, und durch den Mauerdurchbruch, den Fergus selbst mit dem Preßlufthammer vollführt, wird der Blick auf ein Kricketfeld freigegeben. Die erste Einstellung am neuen Handlungsort löst die Erinnerung an Jody, den Kricketspieler, aus, und es ist Fergus, der sich diesen Blick selbst verschafft hat.

4. »Wer ist sie?« – Der dramaturgische Knotenpunkt

Der Weg zu Jody führt über die Schlüsselfigur Dil, deren erotische Ausstrahlung Fergus magisch anzieht. Er trifft sie in Millies Frisiersalon. Nachdem sie ihm die Haare geschnitten hat, sagt Dil mit Blick auf die Frisur: »Das wird sie glücklich machen.« »Wer ist sie?« fragt Fergus zurück. »Ich weiß nicht. Wer ist sie?« erwidert Dil geheimnisvoll. Auf sehr subtile Weise deutet die kurze Dialogstelle darauf hin, daß sich Fergus verlieben wird, aber noch nicht weiß, in wen. Wie unter einem Zwang folgt er Dil in die Bar, von der Jody in Nordirland geschwärmt hatte.
Das »Metro« ist der Ort, an dem Gefühle ausgelebt werden, ein Ort des erotischen Spiels, der Musik und der Illusion – es ist Dils Ort (vgl. auch 5). Hier hat sie auch ihren Auftritt als Sängerin des »Crying Game« (Sequenz 16). Der langsame, gefühlvolle Song erzählt von Schmerzen und Tränen der Liebe. Der Songtext gibt ein wenig von Dils Leben preis: »I've had my share of the Crying Game... Don't want no more of the Crying Game.« Dil präsentiert sich auf der Bühne erotisch, rätselhaft, traurig, ganz ohne das leise ironische Spiel, das ihr sonst eigen ist. Wenn zu Beginn des Liedes nur ihre Hand hinter einem Schirm sichtbar wird, so betont diese Inszenierung das Geheimnisvolle, Fremdartige, das sie umgibt.[5] Wie ein Schleier wirkt die fließende Hand- und Armbewegung, die Dil während des gesamten Auftritts vollführt – Fergus schaut ihr fasziniert zu: »Wer ist sie?«
Auch Dils Apartment ist ein Ort der Verhüllung: transparente Vorhänge und Trennwände verrätseln die Gliederung der kleinen Wohnung und schaffen eine unklare, labile Raumatmosphäre.
Erst später (Sequenz 20) findet Fergus eine Antwort auf seine Frage. Zum erstenmal darf er hinter den scharlachroten, durchsichtigen Vorhang treten, wo Dil sich von ihm entkleiden läßt. Die Kamera tastet sie langsam ab und gibt den Blick auf einen Männerkörper frei. Das Bild trifft Fergus und wohl die meisten Zuschauer wie ein Schlag, denn alle bisherigen Lenkungen der Wahrnehmung, alle Erwartungen an eine Liebesgeschichte werden schockartig außer Kraft gesetzt.

Wieder geht ein Film zu Ende, doch der bisherige Film läuft von dem dramaturgischen Knotenpunkt an neu rückwärts ab: Längst abgesunkene Bilder füllen sich auf mit neuer Bedeutung, eine Stunde Film muß neu durchdacht werden (Neil Jordan erhielt 1993 für THE CRYING GAME den Oscar für das beste Drehbuch). Aber auch die noch zu erwartenden Bilder geraten in den Strudel des Verwirrspiels: Führt die eine Kameraeinstellung schlagartig zum Scheitern der Liebesbeziehung, oder kann es trotz dieses Bildes eine Perspektive geben? Die Enthüllung Dils ist vor allem für Fergus' Identitätssuche über die Annäherung an den toten Jody bedeutsam: Das Idealbild ›Jody‹ zerbricht, Fergus muß nun zu seiner eigenen Geschlechtsidentität Stellung beziehen.

Nach der Enthüllung Dils zeigt er heftige körperliche Reaktionen: Er schlägt sie ins Gesicht, ihm wird übel, er knallt die Tür hinter sich zu, er flieht. Er hält noch fest an seinem diffusen Bild von Geschlechterbeziehung: Ein Mann kann nur eine Frau lieben, ein Mann ist nur ein Mann, wenn er eine richtige Frau liebt. Daß Dil ein Mann ist, bedroht seine sexuelle Identität vielleicht nicht unmittelbar, verwirrt ihn aber zutiefst. Aber die Enthüllung zwingt ihn, sich selbst als Mann schärfer wahrzunehmen. Die Frage nach der eigenen Geschlechtsidentität stellt sich nun für ihn unausweichlich.

Damit reflektiert der Film die gesellschaftlich vermittelten Normen der einen Sexualität. Mit der Infragestellung fester Vorstellungsbilder von männlich und weiblich und mit der Inaussichtstellung einer möglichen Beziehung zwischen Dil und Fergus thematisiert der Film auch die Frage der verdrängten, übersehenen gegengeschlechtlichen Anteile in uns. Fergus wird mit der Tatsache konfrontiert, daß im Menschen männliche und weibliche psychische Anteile eng miteinander verflochten sind, daß der äußere eindimensionale Schein oft trügerisch ist. In der Figur des Fergus wird die gesellschaftlich-kulturelle Definition der eingeschlechtlichen Ausrichtung problematisiert.

Im Gegensatz zu Filmen, die die Probleme eines homosexuellen Protagonisten in den Mittelpunkt rücken und um Verständnis für ihn werben (DER KUSS DER SPINNENFRAU, Brasilien/USA 1985; COMING OUT, DDR 1990; PHILADELPHIA, USA 1993), ist THE CRYING GAME nicht länger ein Appell an Toleranz für sexuelle Minderheiten. Die weibliche Identität Dils ist längst gefestigt, sie ist das Faktum, mit der sich eine »normal« empfindende Umwelt auseinandersetzen muß.[6] Obwohl biologisch ein Mann, definiert sich Dil (und auf eine ungewöhnlich authentische Weise der Schauspieler Jaye Davidson) selbstbewußt als Frau, ohne an dieser Ambiguität zu zerbrechen. Nicht sie als transsexuelles Wesen steht im Mittelpunkt des Films, sondern der identitätssuchende heterosexuelle Mann. Es geht nicht mehr um das Verhalten des sexuellen Außenseiters, sondern um das seiner scheinbar normalen Umgebung.

5. Die Bar im »Metro«: der Ort der Gefühle

Es gibt im Verlauf der Beziehung zwischen Fergus und Dil einen Ort, an dem ihre wechselnden Gefühle besonders klar hervortreten. Es ist die Bar im »Metro« (mit ihrem Barkeeper Col), an der sich beide im Verlauf des Films fünfmal treffen. Obwohl inmitten der lauten Betriebsamkeit angesiedelt, erscheinen die Treffen wie aus der Handlung herausgelöste Momente, die viel preisgeben von der Schwierigkeit der Beziehung. Da das »Metro« zu Dils zweitem Zuhause gehört, kann sie ihre Gefühle dort direkter zeigen als Fergus, der der Besucher und überdies der Suchende bleibt. Die fünf Barszenen (Sequenzen 13, 16, 19, 22 und 28) dokumentieren hauptsächlich Dils irritierte Gefühlswelt, nachdem sie Fergus kennengelernt hat.

Im Barkeeper Col besitzt Dil einen Vertrauten, der sie liebevoll bestätigt, der ihr zuhört, der ihr verbales Spiel mit Fergus mitspielt. Col ist dabei Dils Echo und Sprachrohr. Beim ersten Treffen an der Bar fordert sie ihn auf, ihre Fragen an Fergus weiterzugeben und dessen Antworten rückzuübermitteln, obwohl ein direkter Dialog möglich wäre. »Frag ihn, ob er wissen will, was ich trinke!« Col übermittelt an Fergus: »Sie will wissen, ob Sie wissen wollen, was sie trinkt.« Über das Wortspiel und geschnittene Blicke entsteht so ein erotischer Dialog, ein Spiel, in dem Col bereitwillig Mittler und Pufferzone ist; er wiederholt, er bestätigt, er kommentiert, ganz wie Dil es mag. Indem Dil die direkte Kommunikation mit Fergus meidet, schützt sie sich, bleibt über Col auf Distanz, ist weniger verletzbar. Ähnlich dem imaginären Schutzschleier, den sie beim Liedauftritt mit den Händen vor ihrem Körper entwirft, benutzt sie den treuen Barkeeper als Schutz vor verbalen Verletzungen und Niederlagen. Col ist dabei der ruhende Pol, der Fels in der Brandung der Gefühle, der wachsam und sorgenvoll Dils Liebe zu Fergus verfolgt. Seine Blicke deuten an, daß sich Dils »Crying Game« schon oft wiederholt hat.

Viermal verläßt Dil den Ort, der ihr Schutz gibt, weil Männer sie stören (Dave) oder verletzen (Fergus). Die Barszenen erscheinen wie ein Kommentar auf ihren Song vom »Crying Game«: Immer wieder erlebt sie als Frau Enttäuschungen mit Männern. Es gibt nur eine (die dritte) Szene, die für Dil (zunächst) positiv verläuft: Sie tanzt mit Fergus, sie trinkt mit ihm, und sie verläßt das »Metro« mit ihm gemeinsam. Hier ist Dil in ein tiefes, warmes Rot gekleidet. Doch auch dieses Glück erweist sich im nachhinein als trügerisch, denn Fergus schlägt sie kurz danach. Wir sehen Dil in Trauer an der Bar mit schwarzem Kleid und Sonnenbrille. Das letzte Bartreffen zwischen ihr und Fergus kommt einer Katastrophe gleich; das Auftauchen von Jude zerstört das letzte Vertrauen. Viermal verläßt Dil die Bar fluchtartig, viermal läuft Fergus ihr hinterher, hilflos, ohne zu wissen, wie er sich verhalten könnte.

Die Barszenen (als Film im Film) übermitteln dem Zuschauer eine ebenso gebrochene Botschaft wie der gesamte Film: Sie lassen ihn teilhaben an der erotischen Spannung zwischen Dil und Fergus, an dem »Dialog« zu dritt. Sie stellen in Aussicht, daß sich daraus eine Liebe entwikkeln kann. Zugleich, vom dramaturgischen Wende- und Spiegelpunkt an, führen sie vor Augen, daß Dil aufgrund ihrer Androgynität an »ihrem« Ort doch nicht geschützt ist. So bleibt auch dieser Ort ambivalent, trügerisch; er schützt und verletzt.

6. Spiegelungen

Die Persönlichkeit des toten Soldaten wird für Fergus im Verlauf des Films immer bedeutsamer. Immer mehr spiegelt er sich an der Figur Jodys. In drei wiederkehrenden Visionen sieht Fergus Jody auf dem Krikketfeld (Sequenzen 14, 18 und 21). Immer liegt Fergus dabei auf dem Rücken, auch körperlich bereit, sich den inneren Bildern zu öffnen. In diesen Vorstellungsbildern umhüllt ein heller Lichtschein die weiß gekleidete phantasierte Figur, die damit die Funktion einer Lichtfigur einnimmt. Während Jody in den ersten beiden Visionen den Kricketball mit aller Kraft nach vorne wirft, erscheint er in der dritten Vision, unmittelbar nach Dils Enthüllung, lächelnd und gelöst; den Ball wirft er spielerisch in die Höhe. Dieses Bild erscheint wie ein gelassener Kommentar auf Fergus' heftige, angstvolle Reaktion gegenüber Dils Sexualität. Jody lächelt ihm überlegen zu.

In Dils Apartment gibt es eine Gitterwand, die mit Fotos von Jody und Dil bestückt ist. Auf einem Kleiderständer hängt Jodys Sportkleidung: Jody ist in der Wohnung allgegenwärtig. Wenn Fergus zum ersten Male das Apartment betritt, ist es auch ein Eindringen in Jodys Welt. Immer wieder fragt er Dil vorsichtig nach dem Toten aus, will wissen, wie er war, was er gedacht und gefühlt hat. In den Dialogen und Handlungen in Dils Apartment ist Jody als dritte Person stets gegenwärtig. Der Zuschauer spürt, daß die Annäherung an Dil immer auch eine Annäherung an Jody ist.

Ein weiteres Indiz für die Theorie der Spiegelung bietet das Drehbuch zum Film. Dort wird eine Einstellung beschrieben, die im Film (Sequenz 24) nur in modifizierter Form sichtbar wird: Auf der Anzeigentafel des Kricketfeldes ersetzt ein Mann mit einer Stange die Nummer sechs durch die Nummer neun. Unter der Tafel geht Dil entlang.[7] Damit spiegelt das Bild die beiden vertauschten Zahlen direkt an der Figur Dils, die im Moment des Zahlentausches im Bild erscheint.

7. Die Zusammenführung des Männlichen und Weiblichen

Die dramatischen Ereignisse auf der Handlungsebene (die Bedrohung Fergus' und Dils durch das Auftauchen des IRA-Paares; das mißlungene Attentat, die Tötung von Jude) beschleunigen den inneren Entwicklungsprozeß Fergus' und treiben die Klärung seiner Beziehung zu Dil voran. Sie zwingen ihn, die Vergangenheit in die Gegenwart zu holen und mit Dil über den Tod Jodys zu sprechen. Sie zwingen ihn auch, sich seiner eigenen ungelösten emotionalen Situation zu stellen.
Wieder einmal legt Neil Jordan dem Zuschauer eine falsche Spur, wenn sich die äußere Verwandlung Dils zum Mann scheinbar aus den dramatischen Ereignissen der Kriminalstory erklärt. Zum Schutz Dils vor den Verfolgern der IRA, so suggeriert der Film auf der Oberfläche der Handlung, führt Fergus Dil in den Frisiersalon (Sequenz 30) und schneidet ihr die Haare kurz. »Ich möchte dich in einen Mann verwandeln«, gesteht er Dil. »Magst du mich denn so lieber?« fragt Dil zurück. Während sich Dil sichtbar in einen Mann rückverwandelt (für den Zuschauer aber doch die Frau bleibt), spricht sie den entscheidenden Satz aus: »...du willst mich in ihn verwandeln.« Obwohl Fergus verneint, wird in diesen (und den folgenden) Einstellungen deutlich, daß er die Verschmelzung von Dil und Jody zu einer Person anstrebt, um sich selbst über diese Metamorphose zu erkennen. Mit der »Wiederauferstehung« des Toten erst kann Fergus sich seiner Liebe zu Dil vergewissern. Was äußerlich als Tarnung Dils verkauft wird, ist in Wahrheit die Enttarnung von Fergus' unklarer Geschlechtsidentität. Er versucht, die männlichen und weiblichen Anteile zusammenzubringen. So veranlaßt er Dil, nun auch die (männliche) Krikketkleidung Jodys anzuziehen, bis sie schließlich als Spiegelbild des Toten erscheint. Danach führt er sie/ihn in ein Hotelzimmer, als wolle er diese nun gedoppelte, vereinte Person ganz für sich besitzen, sie keinem anderen anvertrauen.
Die neu geschaffene Nähe Fergus' zu der Figur des Jody findet zum Ende des Films in mehreren Bildern ihren sichtbaren Ausdruck. Die erste Einstellung in Sequenz 33 zeigt beide, Fergus und Dil/Jody nebeneinander schlafend auf dem Bett, unbeweglich, wie in einer Traumszene. Die Kamera blickt durch drapierte Schleier von schräg oben auf beide herab. Langsam, wie in Trance, löst Dil dieses gedoppelte Bild auf, indem sie sich erhebt und Fergus fesselt. Wie in einem Rollback entstehen nun analoge Bilder zu denen des Filmanfangs, als der gefesselte Jody von Fergus bewacht wurde. Nun bedroht Dil den gefesselten Fergus mit der Pistole und zwingt ihn, endlich die Hintergründe vom Tod Jodys zu erzählen. Die Bilder kreuzen sich, die Spiegelungen werden deutlicher: Fergus durchlebt Jodys Schicksal; er muß es, denn nur so kann er sich von seiner Ersatzidentität lösen und sich selbst erkennen.

Sein verzweifeltes Aufbäumen gegen die Fesseln, parallel geschnitten zu dem Ablauf des Attentats, erscheint wie ein Versuch, freizukommen von den inneren Fesseln, die ihn binden. Erst als er Dil seine Liebe gesteht, (aus dem Off ist erneut »The Crying Game« zu hören), löst sie die Fesseln, befreit ihn in doppelter Hinsicht.

8. »Stand by your Man« – Ein offenes Ende

Die beiden vorletzten Sequenzen des Films führen noch einmal vor Augen, wie dicht bei Fergus und Dil die widerstreitenden Gefühle in der entscheidenden Phase der Identitätsfindung zusammenrücken: Fergus ist bereit zu sterben (er fordert Dil auf, ihn zu erschießen). Dil versucht vergeblich, ihn zu erschießen; Dil richtet die Pistole gegen sich selbst; sie tötet dann Jude; Fergus schickt sie, als die Polizei naht, ins »Metro« und nimmt Dils Tat auf sich. Die sich überschlagenden, hektischen Ereignisse am Ende, verpackt in den Showdown, erscheinen wie eine letzte notwendige Erschütterung zur Klärung und Lösung der Probleme: Fergus kann endlich zu Dil stehen. »Stand by your Man« erklingt in der letzten Sequenz aus dem Off.
Zuvor sehen wir noch ein letztes Spiegelbild von Fergus und Jody, das sich in drei Einstellungen aufbaut (siehe Storyboard Sequenz 34): Fergus reinigt die Pistole von Dils Fingerabdrücken, blickt auf das Foto von Jody und spricht zum ersten Male mit dem Toten: »Du hättest hierbleiben sollen.« Jody lacht augenzwinkernd aus dem Bilderrahmen zurück. Beide treten in einen gleichberechtigten Dialog. In der letzten Einstellung der Sequenz setzt sich Fergus langsam in einen Sessel und spiegelt sich direkt an einem Foto Jodys. Beide Männer sitzen Rücken an Rücken gelehnt. Würde man die drei Einstellungen zu einem Bild zusammenfügen, so würden sich Fergus und Jody in ihren verschiedenen Ansichten vereinen, ganz wie in René Magrittes »Das Glashaus« von 1939, in dem sich Frontal- und Rückansicht eines Mannes (oder zweier?) durchdringen. Mit diesem Spiegelbild wird der Zuschauer aus der unmittelbaren Handlung des Films entlassen; es folgt ein Schwarzbild von drei Sekunden, das wie eine Besinnungspause wirkt.
Die Schlußsequenz zeigt Fergus im Gefängnis; der Film hat wieder einen spürbaren Zeitsprung gemacht. Fergus erhält Besuch von Dil; sie sitzen sich spiegelsymmetrisch gegenüber; die gläserne Trennwand bildet die Achse. Auf ihre Frage, warum er für sie all die Jahre der Gefangenschaft auf sich nimmt, antwortet Fergus mit der Geschichte vom Frosch und Skorpion. Es ist, wie der Zuschauer weiß, Jodys Geschichte. Aber nun ist es Fergus' Geschichte geworden, der von seiner eigenen »Natur« erzählt. Die Kamera schwebt immer höher und erfaßt den großen Saal in der To-

Sequenz 34: Die drei letzten Einstellungen

Fergus zu Jodys Bild:
»Du hättest hierbleiben sollen.«

Jodys »Antwort«

Spiegelbild

talen; der Regisseur entläßt den Zuschauer mit verhaltener Ironie aus dem Film und seine beiden Protagonisten in ein mögliches Happy-End. Aus dem Off erklingen vertraute Töne: »Sometimes it's hard to be a woman...« Während der alte Song im Original von Tammy Wynette gesungen wurde (»Stand by your Man«, 1968), quasi als Ratschlag von Frau zu Frau, erklingt nun die Männerstimme von Lyl Lovett. Ein letztes Mal spielt Jordan das Irritationsspiel.

9. Bilder der Täuschung – Bilder der Wahrheit

THE CRYING GAME ist ein Film, der eine Liebesgeschichte über Irritationen, Brüche und Verschiebungen transportiert, überdies noch getarnt durch ein Filmgenre, das eine falsche Fährte legt; nichts an diesem Film ist klar einzuordnen, nichts bietet dem Zuschauer Halt.[8] Der Film zeigt die Täuschungen auf, denen wir unterliegen (möchten) und führt die Wahrheiten, die wir verdrängen, ans Licht. Nicht mehr in der Bestätigung vertrauter sexueller Vorstellungsbilder, sondern in der Aufdeckung dahinterliegender, scheinbar dunkler Erlebensbereiche sehen Regisseure wie Neil Jordan oder David Cronenberg die Möglichkeit, Geschlechterbeziehungen schärfer wahrzunehmen, Ambiguitäten sichtbarer zu machen. Männer, die ihre Identität in der Weiblichkeit erleben, sind in der Filmgeschichte meist tragische, groteske oder lächerliche Figuren, die scheitern oder Narrenfreiheit besitzen. Jordan und Cronenberg (mit M. BUTTERFLY, USA 1993) überwinden solche Traditionen, indem sie der Androgynität und der Verschiebung männlicher und weiblicher Trennlinien einen selbstbewußten Platz zubilligen. In M. BUTTERFLY scheitert nicht mehr der weiblich empfindende, sondern der heterosexuelle Mann. Als er erkennt, daß seine Geliebte ein Mann ist, zerbricht er an seiner traditionellen Rolle von Männlichkeit. Die Identitätskrise, so vermitteln Filme wie THE CRYING GAME und M. BUTTERFLY auf eine subtile und analytische Art, ist die Krise der heterosexuellen Gesellschaft als Reflex auf ihre verdrängten Wahrnehmungen von Sexualität. Der sich selbst nicht (er)kennende Fergus in THE CRYING GAME steht prototypisch für die psychische Situation des heterosexuellen Mannes im ausgehenden 20. Jahrhundert. Die Spiegelbilder, die THE CRYING GAME so zahlreich und durchdacht entwirft, sind daher auch Spiegelbilder des Zuschauers, der sich selbst erkennen oder die eigene Fremdheit erfahren kann.

Anmerkungen

1 In einem Interview von 1991 spielt Neil Jordan unbewußt auf die Bedeutung der Gewalt in der Geschichte von Frosch und Skorpion an: »Als ich anfing, Filme zu machen, war ich selbst schockiert über das Vergnügen, das ich fand, Szenen extremer Gewalt zu erfinden. Aber das muß wohl in der Natur des Menschen liegen. Außerdem komme ich aus einem Land, das immer schon mit der Gewalt lebt.« Josef Schnelle: Die Seele der Kamera. Interview mit Neil Jordan. In: film-dienst Nr. 17 vom 20. 8. 91, S. 7.

2 Neil Jordan erzählt von seiner eigenen Pubertät: »Mit 14, 15 oder 16 war ich selbst mir dessen sehr bewußt: daß man in der Pubertät so intensiv fühlt, wie nie mehr im Leben.« Ebd., S. 6.

3 »So läßt er [Neil Jordan] den Film einfach abbrechen – und erneut beginnen. Einen ähnlichen Bruch hatte Hitchcock 1958 in ›Vertigo‹ gewagt. Er ließ die Heldin scheinbar sterben und schickte dann den Helden auf die Suche nach einer Frau, die sie ersetzen könnte. Als er sie findet, drängt er sie, ihr Äußeres seiner toten Geliebten anzugleichen. Er ahnt zunächst nicht ihr Geheimnis: daß sie die Frau ist, die er geliebt hat.« (Der Spiegel, Heft 50/1992, S. 268)

4 Zahlreiche Hinweise zur psychischen Entwicklung Fergus' verdanke ich Sabine Wallach, Oldenburg, die den vorliegenden Text kritisch durchgesehen hat.

5 Auffallend ist die äußere Ähnlichkeit zwischen Jaye Davidson und der weiblichen Hauptfigur Cathy Tyson in MONA LISA (1986), dem Film Jordans, der auch thematisch (in der Identitätssuche des Mannes) eine spürbare Nähe zu THE CRYING GAME aufweist. Vgl. Jonathan Romney in: Sight and Sound, Heft 11/1992.

6 Bezeichnenderweise wechselt dagegen die einzige »echte« Frau (Jude) ihr Verhalten und ihre Erscheinung mehrfach; sie ist es, die keine Identität besitzt. Vgl. Stefan Lux: The Crying Game, in: film-dienst Nr. 25 vom 8. 12. 1992, S. 24.

7 Neil Jordan: THE CRYING GAME. An Original Screenplay. In: ders.: A Neil Jordan Reader, New York 1993, S. 232.

8 Vgl. die Besprechung des Films von H. G. Pflaum in epd Film, Heft 12/1992, S. 28–29.

Auswahlbibliographie

Elisabeth Badinter: Ich bin Du. Die neue Beziehung zwischen Mann und Frau oder die androgyne Revolution. München/Zürich 1991.

Rebecca Bell-Meterean: Hollywood Androgyny. New York 1993.

Geisel im Gewächshaus. The Crying Game. Spielfilm von Neil Jordan, England/Irland 1992, in: Der Spiegel, Heft 50/1992, S. 266.

Neil Jordan: A Neil Jordan Reader. Night in Tunesia and other Stories. The Dream of a Beast. The Crying Game. New York 1993.

H.-G. Pflaum: THE CRYING GAME, in: epd Film, Heft 12/92, S. 28–29.

Jonathan Romney: The Crying Game, in: Sight and Sound, Heft November 1992, S. 40.

Josef Schnelle: Die Seele der Kamera. Interview mit Neil Jordan. In: film-dienst Nr. 17 vom 20. 8. 91, S. 6–7.

Peter Strotmann: Der Schritt vom Wege. Porträt des Regisseurs Neil Jordan, in: film-dienst Nr. 17 vom 20. 8. 91, S. 4–8.

Auswahlfilmographie

DER KUSS DER SPINNENFRAU, Hector Babenco, Brasilien/USA 1985
MONA LISA, Neil Jordan, Großbritannien 1986
COMING OUT, Heiner Carow, DDR 1990
THE CRYING GAME, Neil Jordan, Großbritannien 1992
LEBEWOHL, MEINE KONKUBINE, Chen Kaige, Hongkong/China/Taiwan 1993
M. BUTTERFLY, David Cronenberg, USA 1993
PHILADELPHIA, Jonathan Demme, USA 1993

Sequenzprotokoll

	Vorspann	
	Supersequenz Nordirland	
1	Rummelplatz am Meer: Jody und Jude Off: »When a Man loves a Woman«	1′59″
2	Entführung Jodys durch die IRA	3′47″

3	Fahrt zum Versteck der IRA; Gefangenenlager	4′58″
4	Gewächshaus: Fergus bewacht Jody; erste Annäherungen; Jody zeigt ein Foto von Dil	9′02″
5	Fergus ist Jody beim Pinkeln behilflich	17′54″
6	Jodys Geschichte vom Skorpion und Frosch	21′00″
7	Körperliche Nähe zwischen beiden Männern	26′03″
8	Jodys letzte Nacht im Gefängnis	29′02″
9	Exekutionsgang; Flucht und Tod Jodys Zerstörung des IRA-Lagers	33′01″

10	Irgendwo: Fergus trifft Tommy	36′37″

11	Irische See: Fähre auf dem Wasser	37′29″

12	London: Auf einer Baustelle durchbricht Fergus eine Mauer und erblickt ein Kricketfeld; Millies Salon: Fergus läßt sich von Dil die Haare schneiden und folgt ihr	37′35″
13	Metro: Erstes Dreiergespräch Fergus–Dil–Col an der Bar; Dil verläßt die Bar mit Dave	40′12″
14	Fergus' Zimmer: Erste Vision von Jody	43′12″
15	Baustelle: Fergus übt Kricket	43′42″
16	Metro: Dils Auftritt mit »The Crying Game« Zweites Dreiergespräch Fergus–Dil–Col	44′08″
17	Vor der Bar: Fergus schlägt Dave zusammen und bringt Dil nach Hause	47′49″
18	Restaurant: Dil wartet auf einen Annäherungsversuch; In Dils Apartment: Liebesszene; Fergus' zweite Vision von Jody	50′26″
19	Metro: Fergus und Dil tanzen; Treuetrunk	56′37″
20	Dils Apartment: Dils Enthüllung; Fergus schlägt Dil und flieht	59′27″

---------------------- **Dramaturgischer Wende- und Spiegelpunkt** ----------------------

21	Fergus' Zimmer: Dritte Vision von Jody	1.02′33″
22	Metro: Drittes Dreiergespräch Fergus–Dil–Col; Fergus entschuldigt sich	1.02′50″
23	Vor Dils Haus: Fergus schreibt einen Entschuldigungszettel Off: »The Crying Game«	1.03′46″
24	Baustelle: Dil nimmt die Entschuldigung an und zwingt Fergus zu einer neuen Verabredung	1.04′27″
25	Vor Millies Salon: Fergus holt Dil ab; er versucht, Dil auf Distanz zu halten	1.08′13″
26	Fergus' Zimmer: Jude taucht auf und bedroht ihn	1.09′54″
27	Millies Salon: Jude läßt sich von Dil frisieren	1.13′15″
28	Restaurant und Metro: Jude folgt Fergus und Dil; Letztes Gespräch Dil–Col. Dil verläßt die Bar	1.13′33″
29	Vor dem Metro: Jude zwingt Fergus zum Probelauf des geplanten Attentats; Dil folgt ihnen	1.16′13″
30	Restaurant, Millies Salon, Dils Apartment: Fergus verwandelt Dil in Jody	1.20′35″
31	Baustelle: Jude übergibt Fergus die Pistole	1.25′34″
32	Vor Dils Haus: Fergus entdeckt die betrunkene Dil; In Dils Apartment: Fergus gesteht Dil, Jody gekannt zu haben	1.26′30″

	Vorspann	
33	Parallele Schnitte: Dil fesselt Fergus; Jude und Peter üben das Attentat aus; Tod Peters	1.31′28″
34	Dils Apartment: Fergus gesteht Dil seine Liebe Off: »The Crying Game«; Dil erschießt Jude; Fergus schickt Dil ins Metro und wartet auf die Polizei	1.35′43″
35	Im Gefängnis: Dil besucht Fergus; Fergus erzählt die Geschichte vom Skorpion und Frosch Off: »Stand by your Man«	1.41′12″
	Abspann Off: »The Crying Game«	1.43′37″

18. Computeranimation im populären Film: JURASSIC PARK (1993)

von Lothar Mikos

»Unsere erstaunlichen lebenden Attraktionen werden die Phantasie des gesamten Planeten fesseln.«
John Hammond in JURASSIC PARK

Der Herbst des Jahres 1993 stand ganz im Zeichen der Dinos. Zwar hatten Dinosaurier in den vergangenen Jahren schon immer einen festen Platz in der kindlichen Öffentlichkeit und auf dem Spielzeugmarkt, doch als Anfang September 1993 Steven Spielbergs JURASSIC PARK in die Kinos kam, gab es selbst für den seriösen, erwachsenen Teil der Gesellschaft kein Halten mehr. Am Tag des Kinostarts in Deutschland, dem 2. September, erschien die Wochenzeitschrift »stern« mit einem auf vier Seiten ausklappbaren Titelblatt, das ein Panorama der verschiedenen Saurier-Arten zeigte. Das Lifestyle-Magazin »Max« wartete in seiner September-Ausgabe ebenfalls mit einem ausklappbaren Dino-Titelblatt auf: »Die Dinos sind los! Mythos, Monster, Megatrend.« Selbst »Geo« warb im September-Heft mit einer Dino-Geschichte. Die populären Filmzeitschriften und das Wochenmagazin »Der Spiegel« lagen mit ihren Berichten über den Spielberg-Film und die dort verwendeten Spezial-Effekte voll im Trend. Auch der Roman »Dino Park« von Michael Crichton, der zusammen mit David Koepp das Drehbuch für JURASSIC PARK geschrieben hatte, erlebte neue Auflagenhöhen. Steven Spielberg und die Dinos beherrschten die öffentliche Diskussion wie kaum ein anderer Film zuvor, und sie brachen natürlich wie zuvor schon in den USA auch in Deutschland alle Rekorde. Hatten in den USA bereits in den ersten neun Tagen seit der Kinopremiere 21,7 Millionen Zuschauer den Film gesehen, waren es in Deutschland nach 25 Tagen Laufzeit bereits mehr als sechs Millionen Zuschauer. In den vier Monaten des Jahres 1993, die der Film in Deutschland lief, konnten in den Kinos genau 9124260 Besucher gezählt werden.[1] Und das Dino-Fieber hielt nicht nur in den Kinderzimmern an; bei den Olympischen Winterspielen im norwegischen Lillehammer lief die US-Eiskunstläuferin Tonya Harding am 24. Februar 1994 ihre Kür nach der Musik von JURASSIC PARK.

Der Erfolg des Films ist jedoch weder allein auf seine Präsenz in der öffentlichen Diskussion noch auf den auf insgesamt 30 Millionen Dollar geschätzten Werbe- und Marketingetat zurückzuführen. Auch Dinosaurier sind im Film eigentlich keine besondere Attraktion mehr, weder in Zeichentrickfilmen wie GERTIE THE DINOSAUR (USA 1914) noch als tricktechnisch beseelte Monster in Filmen wie THE LOST WORLD (USA 1925) und ONE MILLION YEARS B.C. (Großbritannien 1966) oder in ihrer skelettierten Variante wie in BRINGING UP BABY (LEOPARDEN KÜSST MAN NICHT, USA 1938). JURASSIC PARK verdankt seinen Erfolg einer Mischung aus bewährten Inszenierungsstrategien und Themen früherer Spielberg-Filme sowie aus dem Einsatz computergenerierter Spezial-Effekte, mit denen eine neue Qualität der Dinos im Film geschaffen wurde.

1. Die Geschichte

Der britische Milliardär John Hammond (Richard Attenborough) hat sich vor der Küste von Costa Rica einen Traum erfüllt: Er hat einen Freizeit- und Vergnügungspark mit lebenden Dinosauriern eingerichtet.[2] Zwar sind die Dinos seit mehr als 60 Millionen Jahren ausgestorben, doch war es nach langen Forschungen einem Team von Genetikern unter Leitung von Dr. Wu (B. D. Wong) gelungen, die Riesentiere zu klonen. Die notwendige Geninformation hatten sie im Blut eines seit Millionen Jahren in Bernstein konservierten Moskitos gefunden. Hammond lädt eine Gruppe von Wissenschaftlern, bestehend aus dem Paläontologen Alan Grant (Sam Neill), seiner Kollegin Ellie Sattler (Laura Dern) sowie dem Mathematiker und Chaostheoretiker Ian Malcolm (Jeff Goldblum), den die Investoren vertretenden Geschäftsmann Donald Gennaro (Martin Ferrero) und seine beiden Enkelkinder, die dreizehnjährige Alexis (Ariana Richards) und den neunjährigen Tim (Joseph Mazello), zu einer Vorbesichtigung ein. Zugleich erhält Hammonds Computerspezialist Dennis Nedry (Wayne Knight) von einem geheimnisvollen Mittelsmann den Auftrag, tiefgefrorene Saurier-Embryos von der Insel zu schmuggeln.

Das ist die Ausgangslage, die in den Einleitungssequenzen des Films erzählt wird. Spielberg versteht es dabei geschickt, hier bereits erste Konfliktpotentiale anzudeuten. Bereits in der Eingangssequenz wird eine Situation der Gefahr und Bedrohung inszeniert, als eine Gruppe von Männern einen Stahlkäfig transportiert. Die Zuschauer können nur ahnen, daß sich im Käfig ein gefährliches Wesen befindet, verdeutlicht durch Gebrüll und den Tod eines der Männer. Aber damit ist eine Erwartungshaltung initiiert, die für die weitere Geschichte Fürchterliches erahnen läßt. Der Paläontologe Grant wird in der dritten Sequenz als Kinderhasser dargestellt, der einem kleinen Jungen eine schreckliche Geschichte von einer gefährlichen Saurier-Art, dem Velociraptor mit seinen todbringenden Krallen, erzählt. Als Zuschauer weiß man nun um die Gefährlichkeit dieser Saurier und wird dieses Wissen spätestens dann aktivieren und aktualisieren, wenn die ersten »echten« Velociraptoren auftauchen; und man weiß um den Kinderhaß Grants und wird Schlimmes befürchten, wenn er mit den beiden Enkelkindern Hammonds zusammentrifft. Spielberg gelingt es so bereits von Anfang an, ein Action- und Spannungspotential aufzubauen, das für das Genre der Action- und Abenteuerfilme typisch ist.

Die Geschichte nimmt denn auch einen entsprechenden Verlauf. Bei einer ersten Besichtigungstour durch das Besucher-Zentrum wird die Gruppe mit den gentechnischen Möglichkeiten und dem Computerzentrum, von dem aus die Sicherheitseinrichtungen der Anlage zentral gesteuert werden, vertraut gemacht. Schließlich brechen sie zu einer Tour durch die Anlage auf, bei der sie die ersten, noch friedlichen Saurier-Exemplare bewundern können. Während der Computer-Spezialist den Totalausfall aller Computer-Systeme sowie die Unterbrechung der Stromversorgung vorbereitet, zieht bereits ein Unwetter herauf. Die Gruppe sieht sich den Naturgewalten ausgeliefert, nicht nur Regen und Sturm, sondern auch den Dinosauriern, die nach dem Stromausfall nicht mehr von den Starkstrom-Zäunen in ihren Gehegen gehalten werden. Ein gewaltiger Tyrannosaurus Rex bedroht die Gruppe in ihren Autos, nur mit Mühe können sie sich retten. Gennaro, der sich von der Gruppe entfernt und ihre schützende Sicherheit verlassen hat, wird allerdings von dem Ungeheuer gefressen. Unterdessen versucht man im Kontrollzentrum der Lage Herr zu werden. Dazu müssen die Generatoren wieder eingeschaltet werden, doch zwischen dem Haupthaus und dem Generatorenhaus lauern die gefährlichen Velociraptoren. So müssen denn noch einige Nebenfiguren ihr Leben lassen, bevor das Mädchen Lex die Computer-Systeme wieder funktionstüchtig macht und dann in der Eingangshalle des Besucherzentrums ein Showdown mit »lebenden« Sauriern und zwei großen Saurier-Skeletten stattfindet, aus dem eine fast glückliche Familie hervorgeht.

Die Geschichte folgt dem klassischen Strickmuster. In der Exposition wird das Konfliktpotential aufgebaut. Danach darf sich die Gruppe der Protagonisten zunächst in einem zwar latent bedrohlichen, aber doch eher harmonischen Alltag bewegen, bevor die Konflikte aufbrechen, die Gruppe von den Naturgewalten sowie der außer Kontrolle geratenen Technik bedroht wird. Die einzelnen Protagonisten müssen sich nun in der Gefahr bewähren und loten dabei ihre Grenzen und ihre Potentiale aus. Mut und Intelligenz werden mit dem Überleben belohnt – Angst, Bestechlichkeit oder mangelnde Solidarität werden mit dem Tod bestraft. Am Ende ist zwar für die Protagonisten wieder ein friedfertiger Alltag hergestellt, aber die Bedrohung ist noch in der Welt. Zahlreiche Horror-,

Fantasy-, Action- und Abenteuerfilme arbeiten mit diesem Plot-Schema. Was JURASSIC PARK jedoch aus der Masse dieser Filme heraushebt, ist die Art und Weise, in der Spielberg in der Konstruktion der Spannung mit der Phantasie und dem Wissen der Zuschauer spielt. Es ist außerdem die für ihn typische Art der Inszenierung von »Kindheitsträumen« sowie der exzessive Einsatz attraktiver Spezial-Effekte.

2. Spannung und »Kindheitsträume«

Diese spezifische Mischung ist es, die Steven Spielberg mit Filmen wie der INDIANA JONES-TRILOGIE, JAWS (DER WEISSE HAI, USA 1975), CLOSE ENCOUNTERS OF THE THIRD KIND (UNHEIMLICHE BEGEGNUNG DER DRITTEN ART, USA 1977) und E.T. – THE EXTRATERRESTRIAL (E.T. – DER AUSSERIRDISCHE, USA 1982) zu einem der erfolgreichsten Regisseure der Filmgeschichte haben werden lassen.[3] Die »Kind-Perspektive« als dominanter Grundzug in den meisten Spielberg-Filmen zeigt sich nicht nur darin, daß viele seiner Helden Kinder sind,[4] sondern auch in Erwachsenen, die ein kindliches Gemüt ihr eigen nennen können oder die sich auf der Suche nach der verlorenen Kindheit befinden. In JURASSIC PARK sind es der Milliardär Hammond, der sich mit dem Dino-Freizeitpark einen Kindheitstraum erfüllt, und der Paläontologe Grant, der allerdings das Kind im Manne verleugnet und den Haß auf Kinder überträgt, mit denen er zu tun hat. Zentral ist in den meisten Filmen jedoch eine kindliche Perspektive auf die Welt – besonders deutlich in E.T.[5] –, in der handlungsleitende Themen der kindlichen und jugendlichen Zuschauer aufgegriffen und bearbeitet werden. Einerseits erscheint die Welt der Erwachsenen den Kindern fremd und oft genug auch bedrohlich oder unheimlich wie z. B. die Sequenzen mit den rituellen Praktiken in INDIANA JONES AND THE TEMPLE OF DOOM (INDIANA JONES UND DER TEMPEL DES TODES, USA 1984), in denen u. a. noch lebenden Menschen von einem Zauberer das Herz herausgerissen wird.[6] Andererseits werden den Kindern und Jugendlichen in den Spielberg-Filmen zahlreiche Übertragungsangebote gemacht, die zur Projektion von nicht gelebten Erfahrungen einladen. Kinder können zeigen, daß sie die besseren Menschen sind. Sie sind es, die kindliche Aspekte in Außerirdischen entdecken (CLOSE ENCOUNTERS OF THE THIRD KIND, E.T.) und in diesem Sinne »normal« mit den fremden Wesen umgehen, welche von den Erwachsenen lediglich als Bedrohung oder als Studienobjekt wahrgenommen werden. Sie sind es, die in manchen gefahrvollen Situationen ihre Ängste überwinden und Mut zeigen, und die ihre Kompetenz beweisen, wenn die Erwachsenen längst hilflos sind, wie Alexis in JURASSIC PARK, die sich als Computer-Expertin entpuppt.

Mut und Angst liegen jedoch dicht beisammen, denn die Überwindung der eigenen Ängste zur Meisterung der Situationen heißt ja nicht nur Überlegenheit demonstrieren, sondern auch, sich für die anderen (Freunde, Eltern, Erwachsene etc.) zu opfern. Das Opfer-Motiv spielt denn in den Spielberg-Filmen fast immer in einem doppelten Sinn eine Rolle: Einerseits opfert sich jemand für die anderen auf, um die Rettung zu ermöglichen, andererseits müssen im Kampf gegen die Naturgewalten oder tierische Monster auch immer menschliche Opfer gebracht werden, wie in JAWS (DER WEISSE HAI) die Badenden und der eigenbrötlerische Haifänger Quint oder in JURASSIC PARK die Wärter, der Computerspezialist Nedry und der die Investoren vertretende Gennaro. Da die Opfer-Thematik bei Spielberg als quasi mythisches Element vorhanden ist, bietet sie sich für die kindlichen Zuschauer an, damit bedrohliche Erlebnisse einordnen und bewerten zu können. So findet ein elfjähriger Junge eine Argumentationshilfe, um sich von zwei für ihn bedrohlichen und angstauslösenden Szenen in JURASSIC PARK zu distanzieren: die Fütterung der Velociraptoren mit einem ausgewachsenen Ochsen und den Versuch, den Tyrannosaurus Rex mit einer noch lebenden Ziege anzulocken.[7]

Spielberg inszeniert in seinen Filmen, die vor allem auch ein jugendliches Publikum ansprechen, sowohl Gefühle von Ohnmacht und Ausgeliefertsein der Kinder als auch Phantasien von der allmächtigen Beherrschung bedrohlicher Situationen wie auch der Überlegenheit gegenüber Erwachsenen. Vor allem E. T. und JURASSIC PARK können als symbolische Objektivationen elementarer kindlicher Erfahrungsmuster angesehen werden, zumal in dem Dino-Film eine der zentralen Kindheitsphantasien bearbeitet wird, die Rettung der eigenen Eltern vor monströsen Angreifern.[8] Die Inszenierungen Spielbergs müssen in diesem Sinn vor allem unter rezeptionsästhetischen Gesichtspunkten gesehen werden. Er inszeniert nicht nur Geschichten, sondern auch »eine bestimmte psychologische Erlebnisstruktur. Spielberg zwingt seine Zuschauer, beim Ansehen seiner Filme weniger bestimmten Inhalten, einer bestimmten Story oder einer bestimmten, quasi äußerlichen Handlung zu folgen als vielmehr einem bestimmten innerlichen Erlebensmuster.«[9] Und diese Erlebensmuster sind eng mit den alltäglichen lebensweltlichen Erfahrungen vor allem der kindlichen und jugendlichen Zuschauer verbunden.

Die Inszenierungen orientierten sich dabei größtenteils an bekannten Genremustern der Spannungserzeugung, bei denen es vor allem auf die emotionale und kognitive Mitarbeit der Zuschauer ankommt. Das Grauen spielt sich in der Phantasie des Publikums ab, nicht auf der Leinwand. Das wird sowohl in der Eröffnungssequenz mit dem nicht sichtbaren Tier im Stahlkäfig deutlich als auch bei der Fütterung der Velociraptoren mit dem Ochsen, bei der man nur die Geräusche aus dem Käfig hört und anhand der heftigen Bewegungen von Pflanzen erahnen kann, mit

welcher Kraft und auf welch grausame Art der Ochse zerteilt wird.[10] Zugleich dient diese Fütterungsszene der Aktivierung und Intensivierung des Wissens der Zuschauer von der Gefährlichkeit des Velociraptors, die bereits in der dritten Sequenz der Exposition durch die Erzählung Grants eingeführt wurde. Spätestens nun geht von diesen Sauriern eine latente Bedrohung aus, die bei entsprechender Inszenierung für die Zuschauer in das Erleben von Angstlust und die Erwartung schrecklicher Metzeleien münden kann. Außerdem wird das Publikum mit dem schon klassischen Mittel der Parallelmontage in Spannung versetzt, wenn der neunjährige Tim während des Stromausfalls versucht, über einen Starkstrom-Zaun zu klettern, während gleichzeitig die Paläontologin Ellie im Generatorenhaus versucht, den Zaun wieder unter Strom zu setzen. Hier wird Suspense im klassischen Sinn von Hitchcock inszeniert: Die Zuschauer wissen mehr als die handelnden Figuren. Das Erlebnis der Spannung resultiert sowohl aus der Spannung auf den Ausgang (Was wird passieren?) als auch aus der Spannung, wie die Protagonisten als Objekte der Projektionen und Identifikationen der Zuschauer mit dem Problem bzw. der Konfliktsituation fertig werden (Wie wird die Situation gemeistert?).
Das Spiel mit den Gefühlen und dem Wissen der Zuschauer gelingt jedoch nur aufgrund eines größtmöglichen Realitätseindrucks.[11] Realitätseindruck bezieht sich weniger auf das Abbild von Realität im Film – was im Falle der Dinosaurier auch recht schwierig wäre, da kein Zuschauer lebende Dinos aus eigener Erfahrung kennen dürfte – als vielmehr auf die Erzählung einer möglichen Welt, in der Bezug auf unser Wissen genommen wird. Das Dargestellte stimmt »mit einer von uns im Rahmen unserer pragmatischen Realitätsannahmen [...] als möglich angenommenen Wirklichkeit« überein.[12] Das hängt einerseits mit der grundlegenden Funktion von narrativen Filmen zusammen, die unter Bezugnahme auf die Fähigkeit der Zuschauer, sich einen möglichen Alltag vorzustellen, Modelle von Wirklichkeit aufbauen,[13] andererseits mit dramaturgischen Mitteln, um die entsprechenden emotionalen und kognitiven Zuschaueraktivitäten zu fördern, sowie mit Inszenierungsstrategien, zu denen auch der Einsatz von »künstlichen« Spezial-Effekten gehört. Letzteres hat Spielberg in JURASSIC PARK durch den extensiven Einsatz alter und neuer Techniken perfektioniert.

3. Computeranimation und andere Spezial-Effekte

Der Film war schon immer das Medium der Illusionisten, die mit zahlreichen Spezial-Effekten nicht nur für phantastische Bilder sorgten, sondern zudem mit zahlreichen Tricks versuchten, den Realitätseindruck des Phantastischen zu optimieren. Waren in der Frühzeit des Films noch Projektionstricks üblich, änderte sich dies sehr bald zugunsten zahlreicher mechanischer und optischer Tricks, die bereits während der Aufnahme eingesetzt wurden – außerdem bilden die Arbeit der Stunt-Spezialisten sowie der Maskenbildner ein großes tricktechnisches Potential. Trick-Spezialisten wie Willis O'Brien und Ray Harryhausen bestimmten jahrelang die Szene, bevor sich seit Ende der 70er Jahre eine neue Schar von Tricktechnikern etablierte, die vor allem Computer für die Erzeugung von Spezial-Effekten einsetzten. Die von George Lucas gegründete Firma »Industrial Light & Magic« (ILM) wurde zum Sammelbecken kreativer Tricktechniker und zeichnet inzwischen für die Mehrzahl der Spezial-Effekte in den populären Hollywood-Großproduktionen wie die STAR-TREK-Filme, INDIANA JONES AND THE TEMPLE OF DOOM (USA 1984), TERMINATOR 2 – JUDGEMENT DAY (USA 1990), DEATH BECOMES HER (USA 1992) oder eben JURASSIC PARK verantwortlich, zumal sie eng mit der Spielberg-Firma »Amblien Entertainment« zusammenarbeitet.[14] Computer wurden zunächst lediglich zur Steuerung von Kameras eingesetzt – wie die Motion-Control-Kamera in STAR WARS (USA 1977), mit der die Flugbewegungen der statischen Raumschiffmodelle simuliert werden konnten; der ILM-Techniker Stuart Ziff entwickelte daraus das Go-Motion-Verfahren, bei der das Stop-Motion-Modell, von einem Computer gesteuert, in leichte Bewegung versetzt wird. Oder Computertechnik wurde zur Verfeinerung bereits vorhandener optischer Tricks genutzt – wie in WHO FRAMED ROGER RABBIT? (USA 1988) –, um Hintergründe für die Cartoon- und die Live-Action-Szenen herzustellen. Computer waren im wesentlichen ein Mittel, um die ästhetischen Qualitäten des Films zu verfeinern. Inzwischen entsteht jedoch eine eigene ästhetische Qualität durch Computeranimation. So wurde zunächst in Filmen wie THE ABYSS (USA 1989) oder TERMINATOR 2 (USA 1990) vor allem das Morphing-Verfahren eingesetzt, bei dem Personen und Objekte sich dank der Morphing-Software sukzessive in andere Personen und Objekte verwandeln.[15] Die Faszination dieses Verfahrens besteht unter anderem darin, daß die Grenzen personaler Identität der Filmfiguren fließend und die Zuschauer dadurch in Spannung versetzt werden, da nicht mehr sicher ist, hinter welcher äußeren Form sich ein entsprechend als gut oder böse eingeführter Charakter verbirgt. Gerade in TERMINATOR 2 erzielte das Verfahren seine besondere rezeptionsästhetische Wirkung, weil es nicht um seiner selbst willen eingesetzt wurde, sondern James Cameron es verstand, es als integralen Bestandteil von Handlung und Geschichte zu präsentieren, und so einen größtmöglichen Realitätseindruck in einer vom Zuschauer als möglich angenommenen Welt erzielte. In JURASSIC PARK wurde nun eine weitere Stufe der Computeranimation erreicht: Lebende Wesen (die Dinos) wurden computergeneriert und in die Filmbilder einkopiert.

Dinosaurier verdankten ihre Existenz im Film bisher verschiedenen tricktechnischen Verfahren. Willis O'Brien setzte in ONE MILLION B. C. (USA 1940) lebende Reptilien ein, die »überlebensgroß auf eine Rückprojektionsleinwand projiziert wurden, vor der die menschlichen Schauspieler dann agierten«,[16] und die Animation des Tyrannosaurus Rex und des Gorillas in KING KONG (USA 1933) erfolgte im Stop-Motion-Verfahren. Ray Harryhausen, ein Schüler O'Briens, perfektionierte das Stop-Motion-Verfahren, vor allem auch dank des Erfindungsreichtums der Modellbauer, die die Dino-Modelle immer »lebensechter« und beweglicher bauen konnten, wie den Brontosaurus in ONE MILLION YEARS B. C. (Großbritannien 1966). Steven Spielberg wollte jedoch mit JURASSIC PARK alle bisher dagewesenen Effekte in Dinosaurier-Filmen übertreffen und kombinierte die bisher üblichen Verfahren mit Computeranimationen. Dazu wurden vier der versiertesten Trick-Spezialisten angeheuert. Stan Winston, der für seine optischen Effekte bei TERMINATOR 2 einen Oscar bekommen hatte, und sein Studio bauten die Saurier-Modelle für die Action-Szenen, die lebensgroß und beweglich sein mußten. Allein ein zwölfköpfiges Team arbeitete an dem etwa sechs Meter großen Tyrannosaurus-Rex-Modell. Es bestand aus einem Fiberglas-Rahmen und 1500 Kilogramm Ton; dieser »Rohling« wurde mit einer dünnen Latexschicht bespannt und in verschiedenen Farbschattierungen bemalt, die den Saurier-Darstellungen in paläontologischen Fachbüchern entsprachen. Das Modell wurde dann auf einen sogenannten »Dinosimulator« gestellt, eine Plattform, auf der man das Tier mittels Computer-Fernsteuerung bewegen konnte. Zugleich wurde eine Zweitversion des Tyrannosaurus Rex im Verhältnis 1:5 gebaut. Die Bewegungen dieses Modells wurden manuell von vier Puppenspielern ausgeführt. Nachdem man mit dem kleinen Saurier alle Aktionen einer bestimmten Szene geprobt hatte, wurden die Bewegungen in einem Computer gespeichert. Mit Hilfe einer speziellen Software konnte dann das Sechs-Meter-Modell so programmiert werden, daß es sich entsprechend verhielt.[17] Während das Team um Stan Winston die Modell-Dinos baute und sie animierte, waren Michael Lantieri und seine Mitarbeiter für mechanische Abläufe zuständig, sie konstruierten die hydraulischen Anlagen zur Bewegung der Saurier. Phil Tippett entwickelte die Go-Motion-Effekte für JURASSIC PARK, während Dennis Muren, der wie Winston für die TERMINATOR-Effekte einen Oscar erhalten hatte, mit einem Stab von Computerexperten bei Industrial Light & Magic an einer Software arbeitete, die es ermöglichte, »lebensechte« Saurier zu animieren, die in die Filmbilder einmontiert werden konnten.

Aus der Zusammenarbeit dieser Spezialisten und ihrer Teams und der Kombination verschiedener Trick-Verfahren entstanden die Effekte in JURASSIC PARK. In der Sequenz, in der der Tyrannosaurus Rex die beiden

Safari-Autos mit den Protagonisten bedroht, wurden sowohl das Saurier-Modell selbst bewegt, das Go-Motion-Verfahren angewendet als auch ein computergenerierter sich bewegender Saurier, der den flüchtenden Paläontologen Grant verfolgt, in das Filmbild einmontiert. Nach dem gleichen Muster ist die Sequenz entstanden, in der die beiden Kinder Tim und Alexis von den Velociraptoren in der Küche des Besucher-Zentrums angegriffen werden. Während es sich bei dem kranken Triceratops, dem die Protagonisten-Gruppe während ihrer Besichtigungstour begegnet, um ein klassisch animiertes, abgefilmtes Modell handelt, wurde die Stampede der Gallimimus-Saurier per Computer in das Filmbild einmontiert, wobei die Bewegungen dieser Saurier nach einem Modell von Winston berechnet und programmiert wurden. Aus der Kombination dieser Effekte, die auf einem hohen Maß an technischem und paläontologisch-biologischem Wissen bei der Konstruktion der »lebensechten« Saurier beruhen, entsteht der für das Publikum überwältigende Realitätseindruck der Dinos. In JURASSIC PARK agieren computeranimierte und -generierte Dinosaurier ebenso realistisch wie die »realen« Schauspieler im Rahmen der erzählten, möglichen Welt. Darin liegt die neue Qualität der Special effects, die in TERMINATOR 2 erstmals in größerem Umfang eingesetzt wurden. Und diese Effekte werden auch von Spielberg nicht um ihrer selbst willen besonders herausgestellt – eine Ausnahme bildet vielleicht die Gallimimus-Sequenz –, sondern in die eigentliche Handlung und Geschichte von JURASSIC PARK integriert. Die Faszination, die der Film auf das Publikum ausübt, gründet in dem mit der Perfektionierung der Special-Effekte durch Computeranimation erzeugten Realitätseindruck, verbunden mit der Spielberg-typischen Kombination von Suspence-Dramaturgie und der Verarbeitung von »Kindheitsträumen« und archetypischen Motiven, sowie, speziell im Fall JURASSIC PARK, von kollektiven Ängsten angesichts von Genmanipulation und vermeintlicher Computerallmacht.

4. Ausblick: Auf dem Weg zum Computer-Film

Computeranimation in Filmen wie TERMINATOR 2 oder JURASSIC PARK ist bisher ohne die Arbeit »konventioneller« Trick-Spezialisten, die sich zwar auch der Hilfe von Computern bedienen, nicht möglich. Es bedarf klassisch animierter Modelle, um die Bewegungen von »lebenden« Wesen mit Hilfe geeigneter Computer-Software zu simulieren, und es bedarf des »Einlesens« der Eigenschaften von unbeweglichen Objekten, um im Morphing-Verfahren Wandlungsprozesse darzustellen. Computeranimation kommt dabei vor allem in der Postproduction-Phase zum Einsatz, um im Computer erzeugte Bilder in das reale Filmbild einzukopieren. Aller-

dings ist der Weg nicht mehr weit, ähnlich den Saurier-Modellen in JURASSIC PARK auch Menschen mit den Möglichkeiten der Computer-Grafik zu animieren. Im Jahr 1987 wurde ein erster Schritt in diese Richtung versucht, als der Schweizer Daniel Thalmann einen komplett computergenerierten Sieben-Minuten-Film realisierte. In RENDEZ-VOUS A MONTREAL (Schweiz 1987) agierten Marilyn Monroe und Humphrey Bogart als synthetisch erzeugte Charaktere. So »lebensecht« wie die JURASSIC-Dinos wirkten sie jedoch nicht. Inzwischen arbeitet man sowohl bei Industrial Light & Magic als auch bei der Firma Medialab in Frankreich an Verfahren der sogenannten »Real-Time-Animation«. Wie bei den animierten Dino-Modellen werden dabei die Bewegungen eines real existierenden Schauspielers in ein Computerprogramm eingelesen, das nun entsprechend dieser Informationen einen bewegten Menschen generieren kann. 1995, im Jahr des einhundertjährigen Jubiläums des Films, soll in Frankreich der erste lange Spielfilm fertig sein, der komplett in Computern entstand: In 20000 MEILEN UNTER DEM MEER agiert der software-geklonte Schauspieler Roger Berenger in einer künstlich erzeugten Kulisse, in der er mit anderen errechneten Wesen konfrontiert wird. Doch der Film macht noch einen sehr künstlichen Eindruck, wie erste Bilder zeigten, die auf der »Imagina '94« in Monte Carlo vorgestellt wurden.
Sicher wird es weiterhin solche Versuche geben, doch werden komplett im Rechner erzeugte Filme vermutlich nicht den Markt erobern. Eher werden computeranimierte Schauspieler bei gefährlichen Stunts eingesetzt, wie in LAST ACTION HERO (USA 1993), und so vielleicht mittelfristig die Berufsgruppe der Stuntmen überflüssig machen. Zwar können im Computer erzeugte Bilder täuschend echt sein, doch den Realitätseindruck des Films können sie Mitte der 90er Jahre noch nicht erzeugen. Der Industrial Light & Magic-Mitarbeiter Mark Dippé ist davon überzeugt, daß man »Wirklichkeit nicht ersetzen« kann.[18] Denn damit ein Film einen großen Realitätseindruck beim Publikum erreicht, bedarf es nicht nur computeranimierter Special-Effekte oder computergenerierter Schauspieler – die ja sowieso nach lebenden oder, wie im Fall Monroe und Bogart, zumindest in Filmen existierenden errechnet werden –, sondern einer perfekten Kombination dieser Effekte mit klassischen Erzähl- und Darstellungsmustern. Nur so können Filme von möglichen Welten erzählen, die sich auf das Wissen des Publikums und seine pragmatischen Realitätsannahmen beziehen. In dieser Hinsicht hat Steven Spielberg mit JURASSIC PARK zu Beginn der 90er Jahre die Maßstäbe gesetzt.

Anmerkungen

1 Quellen: Filmecho/Filmwoche, Heft 7, 1994, S. 30; dpa-Meldung »Attenborough nahm Preis für Rekordfilm JURASSIC PARK entgegen« vom 9. Oktober 1993; bf: JURASSIC PARK entwickelt sich zum Kinohit im Monster-Format« in: Frankfurter Allgemeine Zeitung vom 26. Juni 1993.

2 Auf die Unterschiede sowohl hinsichtlich der Gestaltung der Charaktere als auch der thematischen Entwicklung der Geschichte zwischen Michael Crichtons Roman »Dino Park« und Steven Spielbergs Film JURASSIC PARK gehe ich hier nicht weiter ein. Vgl. dazu auch Ortwin Thal: Digitales Durchgangsstadium – Jurassic Park. In: Medien + Erziehung, Heft 5, 1993, S. 286f.

3 Vgl. auch Helmut Korte/Werner Faulstich (Hrsg.): Action und Erzählkunst. Die Filme von Steven Spielberg. Frankfurt/M. 1984; Frank Schnelle: Die Spielberg-Factory. Kindheitsträume im Kino. München 1993.

4 Vgl. Werner Faulstich: Spielberg als Erfolgs-Regisseur: Vom DUELL (1971/73) bis zur FARBE LILA (1985). In: Helmut Korte/Werner Faulstich (Hrsg.): Action und Erzählkunst (vgl. Anm. 3), S. 200.

5 Vgl. Gerd Albrecht: Steven Spielberg: seine Entwicklung – sein Stil – seine Bedeutung. In: Helmut Korte/Werner Faulstich (Hrsg.), a. a. O., S. 20; Jan-Uwe Rogge: E. T. – DER AUSSERIRDISCHE (1982) – Märchen, Melodram und Kinder-Perspektive. In: Helmut Korte/Werner Faulstich (Hrsg.), (Anm. 3), S. 178–199; Darren Slade/Nigel Watson: Supernatural Spielberg. London 1992, S. 59–69.

6 Zur Verarbeitung dieser Szene durch einen neunjährigen Jungen vgl. Helga Theunert u. a.: Zwischen Vergnügen und Angst – Fernsehen im Alltag von Kindern. Berlin 1992, S. 146f.

7 Vgl. Ben Bachmair: Jurassic Park: »Mama hat gesagt, eigentlich nicht, aber ich durfte trotzdem.« Unveröffentlichtes Manuskript. Kassel 1993, S. 3.

8 Vgl. dazu Peter Wollen: Theme Park and Variations. In: Sight and Sound, July 1993, S. 8.

9 Werner Faulstich: Spielberg als Erfolgs-Regisseur (vgl. Anm. 4), S. 202.

10 Vgl. auch Siegfried Kohlhammer: Filme. Eine Kolumne. In: Merkur, Februar 1994, S. 145; sowie Hellmuth Karasek: Die Saurier schlagen zurück. In: Der Spiegel, Heft 35, 1993, S. 186.

11 Vgl. dazu auch am Beispiel JAWS (DER WEISSE HAI) Helmut Korte: DER WEISSE HAI (1975) – Das lustvolle Spiel mit der Angst. In: Ders./Werner Faulstich (Hrsg.), (Anm. 3), S. 110ff.

12 Siegfried Kohlhammer: Filme (vgl. Anm. 10), S. 146.

13 Vgl. Hans Jürgen Wulff: Die Erzählung der Gewalt. Untersuchungen zu den Konventionen der Darstellung gewalttätiger Interaktion. Münster 1985, S. 13.

14 Vgl. zu »Amblien« auch Frank Schnelle: Die Spielberg-Factory (vgl. Anm. 3).

15 Robin Baker: Computer Technology and Special Effects in Contemporary Cinema: In: Philip Hayward/Tana Wollen (Ed.): Future Visions. New Technologies of the Screen, London 1993, S. 40.

16 Bernhard Kempen/Thomas Deist: Das Dinosaurier-Filmbuch. Von GERTIE THE DINOSAUR bis JURASSIC PARK. München 1993, S. 54.

17 United International Pictures: JURASSIC PARK. Ein Abenteuer, das vor 65 Millionen Jahren begann. Frankfurt/M. 1993, S. 20ff.; Don Shay/Jody Duncan: JURASSIC PARK. Wie aus dem Bestseller »Dino Park« der Kinoerfolg von Steven Spielberg wurde. München 1993, S. 93ff.

18 In der Sendung »Traumwelten aus dem Computer. Imagina '94 in Monte Carlo« von Bernhard Foos. Produktion: SWF 1994. Gesendet in der ARD am 8. Mai 1994.

Auswahlbibliographie

Ben Bachmair: JURASSIC PARK: »Mama hat gesagt, eigentlich nicht, aber ich durfte trotzdem.« Unveröffentliches Manuskript. Kassel 1993.

Michael Crichton: Dino Park. Aus dem Amerikanischen von Klaus Berr. München 1993.

Rolf Giesen: Special Effects. Die Tricks im Film. Vom Spiegeleffekt bis zur Computeranimation. Ebersberg 1985.

Philip Hayward/Tana Wollen (Ed.): Future Visions. New Technologies of the Screen. London 1993.

Hellmuth Karasek: Die Saurier schlagen zurück. In: Der Spiegel, Heft 35, 1993, S. 184–186.

Bernhard Kempen/Thomas Deist: Das Dinosaurier-Filmbuch. Von GERTIE THE DINOSAUR bis JURASSIC PARK. München 1993.

Siegfried Kohlhammer: Filme. Eine Kolumne. In: Merkur, Februar 1994, S. 145–155.

Helmut Korte/Werner Faulstich (Hrsg.): Action und Erzählkunst. Die Filme von Steven Spielberg. Frankfurt/M. 1984.

Herbert Krill: Nichts ist echt. Steven Spielbergs Dino-Epos JURASSIC PARK. In: Agenda, Heft 9, 1993, S. 6–8.

Chris Pizzello: Forecasting the Digital Future. In: American Cinematographer, March 1994, S. 22–30.

Frank Schnelle: Die Spielberg-Factory. Kindheitsträume im Kino. München 1993.

Georg Seeßlen: Böse Jungs der Naturgeschichte. Die Wiedergeburt der Saurier aus dem Geist der Postmoderne. In: Frankfurter Rundschau vom 27. Juli 1993, S. 8.

Don Shay/Jody Duncan: The Making of JURASSIC PARK. New York 1993 (dt. JURASSIC PARK. Wie aus dem Bestseller »Dino Park« der Kinoerfolg von Steven Spielberg wurde. München 1993).

Henry Sheehan: The Fears of Children. In: Sight and Sound, July 1993, S. 10.

Darren Slade/Nigel Watson: Supernatural Spielberg. London 1992.

Ortwin Thal: Digitales Durchgangsstadium – JURASSIC PARK. In: Medien + Erziehung, Heft 5, 1993, S. 285–289.

United International Pictures: JURASSIC PARK. Ein Abenteuer, das vor 65 Millionen Jahren begann. Frankfurt/M. 1993 (Presseheft zur Premiere von JURASSIC PARK in Deutschland).

Peter Wollen: Theme Park and Variations. In: Sight and Sound, July 1993, S. 6–9.

Hans Jürgen Wulff: Die Erzählung der Gewalt. Untersuchungen zu den Konventionen der Darstellung gewalttätiger Interaktion. Münster 1985.

Auswahlfilmographie

GERTIE THE DINOSAUR, Windsor McCay/George McManus, USA 1914
THE LOST WORLD (DIE VERLORENE WELT), Harry Hoyt, USA 1925
KING KONG (KING KONG UND DIE WEISSE FRAU), Merian C. Cooper/Ernest B. Schoedsack, USA 1933
BRINGING UP BABY (LEOPARDEN KÜSST MAN NICHT), Howard Hawks, USA 1938
ONE MILLION B. C. / THE CAVE DWELLERS (TUMAK, DER HERR DES URWALDS), Hal Roach/Hal Roach jr./D. W. Griffith, USA 1940
THE LOST WORLD (VERSUNKENE WELT / DER VERLORENE KONTINENT / URUPARA, DIE VERSUNKENE WELT), Irwin Allen, USA 1960
ONE MILLION YEARS B. C. (EINE MILLION JAHRE VOR UNSERER ZEIT), Don Chaffey, Großbritannien 1966
WHEN DINOSAURS RULED THE EARTH (ALS DINOSAURIER DIE ERDE BEHERRSCHTEN), Val Guest, Großbritannien 1969
JAWS (DER WEISSE HAI), Steven Spielberg, USA 1975
CLOSE ENCOUNTERS OF THE THIRD KIND (UNHEIMLICHE BEGEGNUNG DER DRITTEN ART), Steven Spielberg, USA 1977
STAR WARS (KRIEG DER STERNE), George Lucas, USA 1977
ALIEN (ALIEN – DAS UNHEIMLICHE WESEN AUS EINER FREMDEN WELT), Ridley Scott, Großbritannien 1979
RAIDERS OF THE LOST ARK (JÄGER DES VERLORENEN SCHATZES), Steven Spielberg, USA 1981
E. T. – THE EXTRA-TERRESTRIAL (E. T. – DER AUSSERIRDISCHE), Steven Spielberg, USA 1982
INDIANA JONES AND THE TEMPLE OF DOOM (INDIANA JONES UND DER TEMPEL DES TODES), Steven Spielberg, USA 1984
RENDEZ-VOUS A MONTREAL, Daniel Thalmann, Schweiz 1987
WHO FRAMED ROGER RABBIT? (FALSCHES SPIEL MIT ROGER RABBIT), Robert Zemeckis, USA 1988
THE ABYSS (ABYSS – ABGRUND DES TODES), James Cameron, USA 1989
INDIANA JONES AND THE LAST CRUSADE (INDIANA JONES UND DER LETZTE KREUZZUG), Steven Spielberg, USA 1989
TERMINATOR 2 – JUDGEMENT DAY (TERMINATOR 2 – TAG DER ABRECHNUNG), James Cameron, USA 1990
DEATH BECOMES HER (DER TOD STEHT IHR GUT), Robert Zemeckis, USA 1992
JURASSIC PARK (JURASSIC PARK), Steven Spielberg, USA 1993
LAST ACTION HERO (LAST ACTION HERO), John McTiernan, USA 1993

19. Nach einhundert Jahren Film – ein Ende des Films oder ein neuer Anfang in einer digitalen Medienwelt?

von Knut Hickethier

Daß Kino und Fernsehen nur »Zwischenspiele in der Geschichte« auf dem Wege zu einem neuen gigantischen Medium der Audiovision seien, zu dem sie sich jetzt, nach hundert Jahren Kinofilm und einer ähnlich langen Fernsehgeschichte, verschmelzen – dieses Szenario einer künftigen Medienwelt von Siegfried Zielinski wendete Ende der 80er Jahre den üblichen säkularen Kulturpessimismus in eine nüchterne, stellenweise auch euphorische Beschreibung anbrechender zukünftiger Audiovisionszeiten.[1] Es trifft sich mit den Prognosen der Medienindustrie, die gezielt auf einen Ausbau des audiovisuellen Medienkomplexes hinarbeiten, sowie mit kulturkritischen Visionen vom Untergang traditioneller Kultur in einem medienindustriellen Supermarkt. Den gradlinigen, in die Zukunft gerichteten Konstruktionen gegenüber ist jedoch Skepsis angebracht; weniger gegenüber der Perspektive des weiteren Ausbaus der Medien als vielmehr gegenüber der Vision vom Ende des Kinos und des Fernsehens. Die Geschichte der Medien ist reich an Utopien, und sie hat immer wieder gezeigt, daß die Konzepte der Medienzukunft, die sie entworfen haben, sich nie realisiert haben und daß immer alles anders kam.

1. Ausdifferenzierung und Vernetzung der audiovisuellen Systeme

Die Perspektiven der Weiterentwicklung von Kino und Fernsehen sind vor allem mit dem technischen Ausbau der Produktions- und Distributionsmittel verbunden, deren Basis nicht die chemofotografische Technologie des Films, sondern die elektronische des Fernsehens ist. Parallel mit der Durchsetzung des Kinos als Massenmedium begann seit dem Ende des 19. Jahrhunderts die technologische Entwicklung des Fernsehens aus der Bildtelegraphie, das sich ab Mitte der 30er Jahre unseres Jahrhunderts zuerst in Deutschland, dann auch in den USA und in Großbritannien als Programmbetrieb etablierte. Damit war zum einen bereits das Monopol des Kinos auf das audiovisuelle Erzählen und Darstellen gebrochen (so wie am Anfang des 20. Jahrhunderts das Kino das Monopol des Theaters auf das schauspielerische Darstellen aufgelöst hatte): Mit dem

Fernsehen hatte sich ein weiterer Präsentationsort des Films etabliert, denn die elektronische Übertragungstechnik Fernsehen konnte noch vor der elektronischen Wiedergabe von nichtfilmischer Realität Filme abtasten und übertragen. Zum anderen waren die technischen Systeme nicht ›fertig‹, sondern hatten und haben die Eigenschaft, sich ständig zu verbessern und fortzuentwickeln, so daß die damit in Gang gesetzte Dynamik, beschleunigt durch kommerzielle Verwertungsinteressen, eine immer weitere Entfaltung der technischen Systeme auslöste. Die Ausdifferenzierung der elektronischen Bildspeicherung im Videobereich (Magnetaufzeichnung), der Bildplatte etc. gehört dazu, auch die der Bildübertragung (per Kabel, Satellit, Kassette) sowie der Bildproduktion (Kombination von Film und Elektronik). Durch die grundsätzliche ›Elektrifizierung‹ der audiovisuellen Medien ließ sich mit diesen ein weiteres Medium verkoppeln: der Computer bzw. die Datenverarbeitung, die zur Digitalisierung der audiovisuellen Bildproduktion und -distribution führte. In diesem Prozeß des Umbaus in Verbindung mit dem Computer befinden sich die audiovisuellen Medien Kino und Fernsehen am Ende des Jahrtausends.

Diese Entwicklung ist durch Ungleichzeitigkeiten und Paradoxien bestimmt. Weil die Medienentwicklung primär von außen, durch Verwertungsinteressen, politische Rahmensetzungen und individuelle Verhaltensweisen und nicht allein durch die Entfaltung einer technologischen Systematik geprägt wird, gibt es in ihr Widersprüche, Irritationen und unerwartete Brüche. Zwar schien das Grundprinzip des Mediums Film frühzeitig ausgereift (und seine frühe und weitgehende Standardisierung bildete eine Basis der weltweiten Expansion des Kinofilms), aber auch hier gab es immer Weiterentwicklungen (z. B. in den Formaten, in der Kameraentwicklung), die jedoch die zentralen Standards (etwa des kinematographischen Prinzips von Filmtransport, Materialbelichtung und Bewegungseffekt) nicht außer Kraft setzten. Den wesentlichen Sprung in der Technologie brachte das Fernsehen mit seiner elektronischen Bildaufzeichnung, die eine grundsätzliche Abkehr von den chemofotografischen Verfahren und eine durchgehende »Elektrifizierung« der Bildproduktion darstellte. Bereits hier deutete sich an, daß diese nicht etwa, wie anzunehmen gewesen wäre, zu einer weiteren Standardisierung der Bildherstellung führte, sondern daß sich daraus mehrere Standards entwickelten, die sich zudem weiter ausdifferenzierten.

Es ist auch auffällig, daß sich zwar das Kino frühzeitig zu einem internationalen Medium mit einer weltweiten Verbreitung einzelner Produkte entwickelte, das Fernsehen jedoch lange Jahrzehnte eher national determiniert und regional begrenzt blieb und den weltweiten Verbund erst spät ausbaute, obwohl das Prinzip des weltweiten ›Dabeiseins‹ und der zeitgleichen Übertragung elektronischer Bilder ein Differenzmerkmal des

Fernsehens gegenüber dem Kino darstellen. Fernsehen blieb über lange Zeit hinweg – trotz seiner technischen Möglichkeit zur weltumspannenden Bildproduktion – ein vor allem auf nationaler Ebene organisiertes Medium. Das beginnt sich erst jetzt mit der weltweiten Kommerzialisierung des Fernsehens und der Konzentration im Medienbereich zu ändern. Die weltweite Expansion der amerikanischen Audiovisionsindustrie seit den 50er Jahren bediente sich dazu bezeichnenderweise nicht des elektronischen Bildspeichers (Magnetaufzeichnung seit 1956), sondern des Films. Der Fernsehserien- und Fernsehfilmexport erfolgte als Filmvertrieb, nicht als elektronischer Bildaustausch, der sich erst in der aktuellen Berichterstattung mit der Satellitenvernetzung durchsetzte. Für die fiktionale Illusionsproduktion wird weiterhin der Film benutzt.
Die Ausdifferenzierung der audiovisuellen Bilderwelten in ihrer Produktion und Distribution stellt für die absehbare nächste Zeit ein wesentliches Merkmal der Entwicklung dar. In den älteren Mediendiskussionen seit dem Aufkommen des Films bestanden Substitutionsängste vor allem bei den Vertretern der älteren Medien. Das Kino selbst hatte vorgeführt, daß es seine Vorformen (Panorama, Diorama, Stroboskop u. a.) weitgehend verdrängte und sich deshalb in den ersten Debatten (z. B. in der Kino-Theater-Diskussion vor dem Ersten Weltkrieg) massive Verdrängungsängste bei den Vertretern der traditionellen Medien formulierten. Doch die Entwicklung der Medien lief generell nicht auf Substitution, sondern auf eine Ausdifferenzierung der Medien als ›Sinnes- und Wahrnehmungsprothesen‹ der Menschen hinaus, die die menschliche Wahrnehmung steigerten, so daß sich die verschiedenen Medien eher ergänzten und eine mögliche Funktionsgleichheit durch Akzentverlagerung in den Angeboten umgingen. Das Fernsehen verdrängte das Kino nicht, sondern führte – wie schon beim Verhältnis Theater/Kino – zu Aufgabenverschiebungen. Ebenso erweiterte der Videorecorder das Nutzungsspektrum gegenüber dem Fernsehen, ohne das Fernsehen deshalb zu verdrängen und zu ersetzen. Auch die kommenden Erweiterungen werden zu weiteren Auffächerungen des Zugriffs auf die Angebote, zu Rezeptionsdifferenzierungen und zu neuen Angebotsformen und Differenzierungen, nicht zu Verdrängungen führen. Auf mindestens vier Ebenen finden in den nächsten Jahren Ausdifferenzierungen statt.

a) Differenzierungen in der Distribution von audiovisuellen Produkten

Am deutlichsten wird derzeit die Differenzierung der Distributionswege von audiovisuellen Angeboten betrieben: Vom gesonderten Vorführraum Kino über den zusätzlichen Heimempfang des Fernsehers zu dessen mobiler Version als Koffergerät, vom Autofernseher bis zum Watchman am Handgelenk, von der Kinoprojektion zur terrestrischen Ausstrahlung, von der Satelliten- und Kabelverbreitung bis zur Kassetten- und Bildplattendistribution hat sich eine Vielzahl von Verbreitungsmöglichkeiten entwickelt, die sich in die verschiedensten Lebensgewohnheiten einschmiegen, um neue Kontakt- und Nutzungsmöglichkeiten mit dem Betrachter auszunutzen.[2]

Diese Tendenz wird sich fortsetzen. Dabei geht es darum, »Restzeiten« der Menschen in ihrem Alltag für die Betrachtung audiovisueller Angebote zu nutzen. Das implizite Ziel ist dabei, den Menschen tendenziell überall die Nutzung von Filmen und Fernsehsendungen zu ermöglichen, dabei auch in einer Vielzahl von anderen Lebenssituationen den Gebrauch von Bildschirminformationen zu integrieren, ihn damit beständiger und kontinuierlicher in Verwertungszusammenhänge der Kommunikationsindustrie einzubinden.

Die Apparate-Entwicklung läuft dabei einerseits auf eine Mobilisierung und Miniaturisierung, zum anderen auf eine technische Vergrößerung der Projektionsflächen und Schaffung ›stehender‹ Erlebnisräume hinaus. Neben der Miniaturisierung im Watchman steht der Ausbau der Kinos zu Erlebniszentren (Cinemax-Entwicklung). Eine vergleichbare Entwicklung findet derzeit auch im Theaterbereich mit dem Ausbau von speziellen Musical-Spielstätten statt.

Der Ausdifferenzierung verschiedener Funktionsformen steht die Vermischung und Kombination von Nutzungsmöglichkeiten gegenüber. Die Bildschirmgeräte sollen, so die Tendenz, immer stärker zu multifunktional und interaktiv genutzten Bildschirmterminals werden. Die Funktionsmischung wird traditionell zunächst bei den fest installierten Geräten betrieben und von dort aus in einem zweiten Schritt die mobilen Gerätesysteme erfassen.

Basis der Entwicklung, die zur bevorstehenden Jahrtausendwende voraussichtlich einen neuen Schub erfahren wird, ist die Transformation von der analogen zur digitalen Bildspeicherung. Dabei werden die verschiedenen analogen Systeme auf einer neuen technologischen Ebene vermutlich (aufgrund des hohen Kapitaleinsatzes) einen zentralen Standard erhalten, um von hier aus neue Ausdifferenzierungen zu ermöglichen. Gerd G. Kopper spricht hier jedoch von einer »allmählichen Umrüstung der Hardware- und Übertragungsindustrie«, nicht von einem schockartigen technologischen Bruch in den Mediensystemen.[3]

Diese Entwicklung der Informationsdistribution ist jedoch nicht allein vom Planungswillen und Innovationsgebaren der Kommunikationsindustrie abhängig, sondern auch davon, daß sich für die intendierten Nutzer daraus Gebrauchswerte ergeben müssen, die sich erkennbar von denen der bestehenden Medien abheben und in einem vom Publikum akzeptierten Preis-Leistungs-Verhältnis stehen müssen. Nicht alle Angebote, Geräte und Medienveränderungen haben in der Vergangenheit diese Bedingungen erfüllt und wurden entsprechend nicht angenommen (z. B. Btx, Bildplatte, verschiedene Videorecordingsysteme u. a.). Dennoch wird vor allem hier von der Kommunikationsindustrie, die sich seit den 70er Jahren als eine »Wachstumsbranche« versteht, versucht, immer wieder neue Innovationen zu etablieren. Die Schaffung neuer technischer Verbreitungsformen, neuer »hardware«-Systeme erweist sich als besonders gewinnträchtig, vor allem dann, wenn in ihnen auch die schon vorhandene »Programmware« erneut eingesetzt und verwertet werden kann.

b) Differenzierungen in den Angebotsstrukturen

Auch das Angebot selbst differenziert sich aus, es entstehen vielfältige audiovisuelle Angebotsformen, die sich immer wieder neu verändern und sich den wandelnden Erwartungen des Publikums anpassen. Dabei wird der tradierte Werkbegriff, von dem auch die produktorientierte Filmgeschichte ausging, mehr und mehr in Frage gestellt. Neben den fortbestehenden ›klassischen‹ Produktgattungen des Spiel-, Dokumentations-, Animationsfilms mit ihren zahlreichen Genres und Subgenres haben sich auch zahlreiche Mischformen (von dokumentarisch-fiktionalen bis zu animatorisch-fiktionalen Formen) ergeben, die auch in Bereichen des Lehr-, Werbe- und Musikfilms immer neue zielgruppen- und verwendungsspezifische Formen hervorbringen.
Im Produktbereich werden weitere Differenzierungen stattfinden, ohne daß sich die großen Gattungszusammenhänge, die ja produktions- und rezeptionsbezogene Orientierungssysteme darstellen, völlig auflösen. ›Genremischungen‹ beispielsweise finden bereits seit den 60er und 70er Jahren im Kino statt, ohne daß sich die Genres völlig aufgelöst haben. Die Mischung setzt vielmehr ihre Weiterexistenz voraus. Alle neuen Medien im großen AV-Verbund versuchen zwar, die bestehende »Programmware« intensiv noch einmal zu nutzen, doch bedarf es immer auch Adaptionsstrategien, werden auch neue, für das jeweils neue Medium spezifische Angebote und Präsentationsformen zu entwickeln sein, die dann auch eine Einzelstellung des jeweils neuen Mediums gegenüber den bestehenden legitimieren.
Der Tendenz, Angebote so zu gestalten, daß sie für die verschiedenen Distributionssysteme vielseitig nutzbar, ja austauschbar sind, hat seit Mitte der 70er Jahre zur verstärkten Koproduktionspraxis zwischen Kinofilmindustrie und Fernsehanstalten und damit zu den sogenannten »amphibischen« Filmen (Günter Rohrbach)[4] geführt, die sowohl im Fernsehen als auch im Kino (und dann auch auf dem Videomarkt) optimal verwertbar sein sollten. Doch mit ihrer Etablierung hat sich auch

gezeigt, daß dies keine generelle Perspektive, etwa hin zum »bildschirmuniversalen Film« (Werner Faulstich)[5], war, sondern sich daneben spezifische Angebote für einzelnen AV-Medien entfaltet haben, die nur in einem Medium verfügbar und nachfragbar sind. Darauf verweisen zahlreiche Beispiele im Fernsehfilm ebenso wie im Kinofilm. Etabliert haben sich die nur im Fernsehen zu sehenden Informations-, Unterhaltungs- oder Sportsendungen ebenso wie die nur als Videokassette erhältlichen Minderheitenangebote, die für spezifische Berufsgruppen angeboten werden oder auch für Publikumsteile, weil – etwa im Horror- oder Pornofilm – bestimmte gesellschaftliche Tabus durchbrochen werden und sie deshalb von Programmrichtlinien oder Jugendschutzrichtlinien aus den öffentlich zugänglichen Abspielstationen wie Kino und Fernsehen ausgegrenzt bleiben.

Eine Einheitlichkeit der verschiedenen audiovisuellen Angebotsformen wird durch den digitalen Standard der Bildaufzeichnung inklusive Datenkompression angestrebt, daran lassen die gegenwärtig erkennbaren Tendenzen keinen Zweifel. Doch besteht bei der Programmknappheit in den vorhandenen Kanälen eine wachsende Notwendigkeit der Ausnutzung alter (analoger) Programmbestände, so daß sich eine Einheit im digitalen Träger nur sehr langsam durchsetzen wird.

Seit den 50er Jahren bestehen verschiedene Verwertungshierarchien, die vor allem vom Kino über Fernsehen zur Videokassette und zum weiteren Medienverbund mit Merchandising reichen. Doch diese Hierarchien werden entsprechend der Dynamik der Marktentwicklungen, so ist zu erwarten, auch Umkehrungen erfahren.

Der Programmarkt wird noch weit intensiver als bisher Zweit-, Dritt- und Mehrfachverwertungen ausgesetzt sein. Bei dem immer noch steigenden Programmbedarf für die wachsende Zahl der Kanäle[6] werden hier stärker als bisher die großen Gewinne zu holen sein, wird der Besitz von Verwertungsrechten an AV-Produktionen wichtiger werden als die Neuproduktion von Filmen. Die Entstehung des Kirch-Konzerns (mit seinen zahlreichen Beteiligungen an kommerziellen Sendern, mit eigenen Verwertungsfirmen für die verschiedensten Medienbereiche) aus der Verwertung von Film und Fernsehen, ohne daß wesentlich aus eigenen Produktionsleistungen geschöpft wurde, steht für diese Entwicklung.[7] Die Konzentrationsbewegungen im europäischen Medienbereich (Bertelsmann, Kirch/Springer, Berlusconi, Hachette, CLT) werden sich forcieren, da regulative Tendenzen der Gegensteuerung nicht erkennbar sind.

In der wachsenden Bedeutung der Verwertung von Programmbeständen liegt am Ende des ersten Jahrhunderts der Filmgeschichte auch eine deutliche Differenz gegenüber den Anfängen und der Zeit bis Ende der 50er Jahre. Hatten sich damals die Filme in wenigen Jahren nach ihrer Produktion zu amortisieren und wurden, nachdem sie »abgespielt« waren, oft achtlos fortgeworfen oder vernichtet, so bilden die Programmstöcke heute ein Kapital, mit dem langfristig Programmgestaltung und Programmpolitik betrieben werden kann. Auch die Fernsehanstalten mit ihren jahrzehntelang gering geachteten Fernsehfilmbeständen haben dies inzwischen begriffen.[8] Die neue Einschätzung der Film- und Fernsehgeschichte, die daraus resultiert, wird sich, weil die Programmproduktion nicht wesentlich zu steigern ist, in den nächsten Jahrzehnten noch verstärken. Das bedeutet wiederum eine Differenzierung der Angebotspalette, weil dann, stärker noch als heute, Produkte aus verschiedenen Entstehungszeiten umstandslos nebeneinander stehen werden.

c) Vielfältigkeit der Rezeptionsweisen

Vielfältiger als in vergangenen Jahrzehnten stellt sich auch die Rezeption des audiovisuellen Angebots dar, die von der fasziniert-gebannten Betrachtung, dem sich »Hineinversenken« bis zum zerstreuten Nebenbei-Zuschauen, zum Switchen und Zappen durch die verschiedensten Angebote reicht. Die monolithische Vorstellung eines allgemeinen und linearen Wirkungs- und Nutzungsmodells der AV-Medien ist längst passé, auch wenn es in öffentlichen Debatten von der Wirkung des Fernsehens noch weiterwirkt. Rituelles und kulthaftes Sehen ist weiterhin existent wie auch eine nur punktuelle Zuwendung und ein Nebenbei-Zuschauen in Verbindung mit anderen Tätigkeiten. Die milieuhafte Einbindung des Zuschauens wie die situations- und gelegenheitsabhängige Zuwendung zeigen, daß sich mit der Film- und Fernsehgeschichte auch die Geschichte des Zuschauens historisch verändert hat und weiter verändert. Diese Veränderungen sind einerseits als eine tendenziell immer neue Freisetzung des Zuschauers von überkommenen dispositiven Zwängen zu verstehen, andererseits als ein Versuch der Medien, ständig neu Mediendispositive als die Wahrnehmung organisierende Strukturen zu schaffen.[9]

Erkennbar ist ein Nachlassen der Faszinationskraft der Medien insgesamt, doch gibt es demgegenüber wiederholt Angebote, die sich als besonders zuschauerattraktiv erweisen, weil sie durch Themenwahl, Stoffaufbereitung, Darstellungsweise und nicht zuletzt ein geschicktes Marketing Zuschauer anziehen. Hinter dem langfristigen Faszinationsverlust[10] steht kulturgeschichtlich eine Entwertung der narrativen und präsentativen Formen von Weltvermittlung, die sich, so ist zu vermuten, eher fortsetzen wird. Dieses nachlassende Interesse von Zuschauern an audiovisuellen Angeboten, wie es immer wieder konstatiert wird, ist nur im Sinne einer auf Optimierung ausgerichteten Kommunikationsindustrie negativ

einzuschätzen; sie kann auch als Ausdruck einer wachsenden Resistenz gegenüber den Medien positiv gedeutet werden.
Gewachsen ist auch, und dies ist kein Widerspruch zur These der wachsenden Entwertung der einzelnen audiovisuellen Angebote, die filmische Erfahrung der Zuschauer. Die kommunikative Kompetenz im Umgang mit den Medien ist jedoch nach wie vor sozial unterschiedlich verteilt, und es besteht die nicht unberechtigte Vermutung, daß diese ungleiche Verteilung eher zu- als abnimmt. Dennoch setzen bestimmte neue Rezeptionsformen, wie z. B. das Zapping und Switching, die nicht an eine bestimmte formale Bildung oder an einen sozialen Status gebunden sind, eine intensive Kenntnis filmischer Präsentations- und Erzählstrategien voraus, so daß der Zuschauer relativ rasch Filmformen erkennt und einzuschätzen weiß und er sein »channel hopping« weiterbetreiben kann. Das permanent zur Verfügung stehende audiovisuelle Angebot hat – in ganz anderer Weise, als dies noch Ende der 60er Jahre den Medienkritikern denkbar schien, die eine »Alphabetisierung« der Zuschauer forderten – die filmische und televisuelle Wahrnehmung trainiert und zu einer medienspezifischen Wahrnehmungskompetenz geführt, die auch Widerstände gegen Beeinflussungsversuche ermöglicht.
Die Vorstellung einer von Medien zugestellten Welt, in der die ›wirkliche Wirklichkeit‹ nicht mehr erkennbar ist, weil diese durch die Medien verstellt sei, die Furcht vor einem ›Leben aus zweiter Hand‹, scheint am Ende des Jahrtausends unbegründet. Die Mehrheit der Zuschauer weiß durchaus zwischen den medialen und nichtmedialen Erfahrungen zu unterscheiden, und das Mißtrauen gegenüber den Medien nimmt generell zu, weil medialer Schein und Wirklichkeit oft ununterscheidbar scheinen.[11]

d) Auffächerung der Produktionsweisen

Vielfältiger geworden ist schließlich auch die Produktion, wenngleich sich hier die Differenzierung begrenzt hält, weil mit der Öffnung der europäischen Fernsehsysteme für kommerzielle Anbieter und Produzenten eine allgemeine Durchsetzung des Marktprinzips stattgefunden hat. Gleichwohl hat auch hier eine Differenzierung stattgefunden, die von der kapitalstarken Hollywood-Produktion bis zur öffentlich geförderten Low-Budgetproduktion, von der rein filmischen über die rein elektronische Produktion bis zu den digitalen Mischformen reicht. Auch hier werden weitere Differenzierungen im Finanzierungs- und Produktionsmittelbereich, aber auch in der Form der Produktionsorganisation stattfinden. Die Unüberschaubarkeit der Filmproduktionsformen und -möglichkeiten führte dazu, daß sich selbst im engbegrenzten Produktionsbereich der

Filmproduktion nur noch schwer eine wirkliche Übersicht herstellen läßt.[12] Die Digitalisierung wird durch die Verzahnung der audiovisuellen Produktion mit der Computertechnologie zu einer weiteren Komplexion der Entwicklung führen.

Nichtlineare Entwicklung

Kennzeichen dieser Differenzierungsprozesse im audiovisuellen Bereich insgesamt ist, daß sie nicht linear und stetig erfolgen, also durch Hochrechnungen technischer Entwicklungen einfach zu prognostizieren sind, sondern daß sie schubweise, sprunghaft vor sich gehen. Zwar folgen sie dem Drang nach optimaler Verwertung, sind letztlich durch kommerzielle Interessen geprägt, doch sie suchen sich ihre Veränderungspotentiale auf den verschiedensten Feldern: auf den politischen der Rahmenbedingungen, auf den technischen der Medien-»Hardware« oder auf den ästhetischen der Produktinnovationen der Medien-»Software«. Ihre Prognostizierbarkeit ist deshalb dort begrenzt, wo konkrete Aussagen über die Ausgestaltung einzelner Entwicklungen erwartet werden. Selbst die Prognosen über den Programmausbau, die es seit Mitte der 80er Jahre gegeben hat, sind deshalb längst Makulatur geworden. So hat auch die Prognose über die technische Entwicklung der AV-Medien (z. B. die Einführung des hochauflösenden Fernsehens HDTV) unerwartete Korrekturen durch die Entwicklung der Digitalisierung erfahren, die in dieser Weise vor einigen Jahren noch nicht absehbar war.

2. Veränderungen der Öffentlichkeiten – Medien als gesellschaftliche Kommunikationsorte

Mit dem Film, noch mehr aber mit Radio und Fernsehen, haben sich auch die für die bürgerlichen Gesellschaften konstitutiven Formen der Öffentlichkeit verändert. Die Medien haben zunächst die tradierten Formen des argumentativen Austausches, der gesellschaftlichen Konsensstiftung durch neue Zugangsformen und die Überwindung sozialer Ausgrenzungen sowie durch andere nichtschriftsprachliche Angebote ergänzt. Immer wieder haben sich dabei die Teilöffentlichkeiten verändert und in ihren Aufgabenstellungen neu strukturiert.
Das Kino als Ort der filmischen Schaukunst besaß in der ersten Hälfte des 20. Jahrhunderts eine schichten- und klassenübergreifende Integrationsfunktion; darin unterschied es sich vom Theater. Mit seinen Programmformen – im Dritten Reich beispielsweise standardisiert in der Abfolge von Wochenschau/Kulturfilm/Spielfilm – stiftete es auf der informativen, der bildenden und der emotional-erzählenden Ebene kommunika-

tive Gemeinsamkeiten, formulierte kollektive Sehnsüchte aus, artikulierte Mentalität und Befindlichkeiten. Eine Verschiebung zum reinen Unterhaltungs- und Kunstraum erfolgte in den 60er Jahren in Abgrenzung zum Fernsehen, das viele informative und belehrende Aufgaben übernahm, so daß sich ein anderes Kinoprogrammuster durchsetzte: Werbung und Spielfilm.

Die gesellschaftliche Integrationsleistung des Kinos übernahm das Fernsehen. Vor allem durch das Fernsehen wurden langfristig soziale, regionale und lokale Segmentierungen, Klassen- und schichtenspezifische Differenzen wenn nicht aufgehoben, so doch eingeebnet. Joshua Meyrowitz hat dies für die USA an drei exemplarisch ausgewählten Bereichen demonstriert: a) in der Entgrenzung der Kindheit, also der Aufhebung der durch das Bürgertum etablierten Trennung von Erwachsenen- und Kinderwelt, b) in der Aufhebung der sozialen Abgrenzungen zwischen den Geschlechtern und c) im Abbau von Autorität im politischen Bereich durch eine medial erzeugte Nähe des Publikums zu den politischen Leitfiguren.[13] Deutlich werden hier Folgen einer Transformation der traditionellen Öffentlichkeiten durch die kulturindustriellen »Produktionsöffentlichkeiten« der Medien, wie sie Negt/Kluge beschrieben haben, formuliert.[14]

Die Medien fördern jedoch nicht nur emanzipative Prozesse, wie sie Meyrowitz beschrieben hat, sondern tragen auch zur Schaffung neuerer sozialer Distinktionen bei.[15] Vor allem im Bereich der Politikvermittlung ist die Schaffung neuer, durch die audiovisuellen Präsentationen geschaffener Autoritäten zu beobachten. Die Gefahr einer medialen Transformation der politischen Repräsentation wird mit dem Begriff der »Telekratie« mehrfach beschrieben. Damit sind disfunktionale Tendenzen der Medienöffentlichkeiten benannt, die auf mögliche antidemokratische Effekte (Diskriminierungen, Desintegrationseffekte etc.) verweisen. Vor allem die Konzentrationstendenzen in den kommerziellen Medienunternehmen, die wachsende internationale Verflechtung läßt »Berlusconi-Effekte« in der Vermischung von Medienmacht und politischer Macht befürchten. Wichtig bleibt deshalb der Erhalt nichtmedialer Steuerungsmechanismen, um mediale Machtballungen zu verhindern.

Vor einer Überschätzung oder einer ›Dämonisierung‹ des Medieneinflusses ist jedoch auch zu warnen. Die wachsende Internationalisierung steht eher gegen einen möglichen ideologischen Machtmißbrauch durch die Medien, weil er sich oft als verwertungsabträglich erweist. Zwar sind diese Internationalisierungstendenzen im demokratischen Sinne wenig identitätsstiftend, weil sie als kapitallogische Entwicklungen an den Inhalten der Medienvermittlung im Grunde desinteressiert sind, doch steht die im europäischen Bereich bereits strukturell angelegte Integration der europäischen AV-Industrie nationalen Entdemokratisierungstendenzen eher entgegen. Zu vermuten ist auch, wie die osteuropäischen Umbrüche und der Niedergang des Staatssozialismus seit Mitte der 80er Jahre zeigen, daß gerade die grenzüberschreitenden elektronischen Medien auch auf eine subversive Weise ideologische Systeme destruieren.

Eine in den 80er Jahren von vielen Kritikern befürchtete Entfunktionalisierung der medialen Öffentlichkeiten durch eine forcierte Ausrichtung der Medienangebote auf Unterhaltung und Fiktion scheint langfristig nicht in Sicht. Zwar hat z. B. die Einführung kommerzieller Programme zu einer Verstärkung der Unterhaltungs- und Fiktionsangebote geführt, doch zeigen sich nach zehn Jahren Existenz kommerzieller Anbieter auch Ermüdungserscheinungen der Zuschauer gegenüber einer beständigen Unterhaltungsorientierung. Auch hat sich ein Bedarf nach nichtunterhaltenden Angeboten generell erhalten. Nicht die uniforme Vereinheitlichung des Rezeptionsverhaltens, sondern im Gegenteil eine weitere Ausdifferenzierung der Publikumsinteressen wird deshalb die Zukunft der Audiovision bestimmen.

Die vom Fernsehen gestiftete Öffentlichkeit hat sich in den 80er Jahren in Deutschland am nachhaltigsten durch den Wechsel vom Paradigma des Kulturauftrags zum Marktprinzip verändert. Bei der gleichzeitig mit der Durchsetzung des Marktbegriffs prognostizierten Ausweitung der Zahl der Programme setzt eine verschärfte Desintegration ein. Sie bildet die Kehrseite der Differenzierung der Rezeption, und sie wird zunehmen, wenn Digitalisierung und Datenkompression, wie in den USA bereits geplant, eine Ausweitung des Angebots auf etwa 500 Programme in den Ballungszentren Wirklichkeit werden lassen. Noch ist zu hoffen, daß der europäische (bzw. deutsche) Markt mit der Notwendigkeit der Werbefinanzierung solcher Programme ein solches Programmüberangebot verhindert. Doch das sich hier bereits abzeichnende Modell vom Fernsehen als einer Art Warenhaus oder Bibliothek, auf deren Angebot man – nach Katalog – gezielt zugreift, bedeutet vom Prinzip her eine strukturelle Vernichtung der tradierten, auf Integration abzielenden audiovisuellen Öffentlichkeit. Zu vermuten (und zu hoffen) ist jedoch, daß sich – zumindest im europäischen Raum – eine solche Programmballung nicht vollständig durchsetzt bzw. sich dann ganz unterschiedliche Formen von weiterhin integrativen Programmen einerseits, Spartenprogrammen und spezialisierten Minderheitenprogrammen andererseits und divergierende Nutzungen entwickeln.

3. Die Steigerung der Illusionierungen des Zuschauers

Neben der Ausdifferenzierung der audiovisuellen Produktions-, Distributions-, Angebots- und Rezeptionsformen und der Desintegrationstendenzen in den medialen Öffentlichkeiten ist vor allem die Steigerung der Illusionierung des Zuschauers als eine zentrale Tendenz der audiovisuellen Entwicklung wirksam.

Die Entwicklung der Bildmedien seit der Renaissance ist von einer zunehmenden Illusionierung des Betrachters geprägt, in der die Projektion bewegter Bilder eine entscheidende Steigerung darstellte, ebenso auch die Wiedergabe farbiger fotografischer Bilder und schließlich (im Fernsehen) die zeitgleiche Übertragung eines Geschehens an einen entfernten Ort. Der Eindruck des »Dabeiseins« ist ein im Fernsehen wesentliches neues Merkmal.

Die Illusionierung durch die Perfektion der fotografischen Abbildung, die im Kino bereits frühzeitig weit entwickelt ist, wird in dem hinter diesen Standard eher zurückgefallenen Fernsehen wieder forciert. Die Verbesserung der Bildauflösung durch die Einführung des hochauflösenden Fernsehens (HDTV) zielt auf diese Illusionssteigerung, ebenso auch die Steigerung der Bildbearbeitung durch Digitalisierung (Paint Box), die als Verbindung der Audiovision mit dem Computer auch längst in die filmische Illusionsproduktion (z. B. in Wim Wenders' BIS ZUM ENDE DER WELT, Peter Greenaways PROSPEROS BOOKS) Eingang gefunden hat. Dabei wird es in Zukunft nicht mehr um die Perfektion einer filmisch-fotografischen Realitätsabbildung gehen, sondern um die Erzeugung eines suggestiven Eindrucks vielfältiger möglicher Realitäten, von denen die tatsächlich vorhandene nur eine von vielen denkbaren sein wird.[16]

Zur fotografischen Realitätsillusion gehört die räumliche Illusionsbildung. Auch sie hat eine ähnlich lange kulturgeschichtliche Tradition und führt über die fotografische Abschilderung realer Räume durch die filmische Montage zu synthetischen Raumsuggestionen in der zweidimensionalen Projektion von Raumfolgen. Auch hier lassen sich in der Filmgeschichte Strategien der ästhetischen Steigerung (etwa in den Montageregeln Hollywoods in den 30er und 40er Jahren) feststellen. Weitere Entwicklungen in der Perfektionierung der räumlichen Illusionsbildung sind bereits konzeptioniert. Die Holografie ermöglicht eine ungleich größere plastische Illusion, doch scheint ihre technische Weiterentwicklung, nach einer Euphorie in den 70er und 80er Jahren, eher zu stagnieren. Statt dessen ist unter dem Stichwort der ›virtuellen Realität‹, des Cyberspace, die räumliche Illusionsbildung durch Datenbrille, -handschuh und -anzug derart gesteigert, daß der Betrachter nicht ein vorstrukturiertes Bildgeschehen erlebt, sondern selbst illusionsfördernd in das audiovisuelle Geschehen eingreift und dieses durch Bewegungen,

Blicke, Aktionen nach eigenen Wünschen organisiert. Die Grenze zwischen Realität und bildlicher Illusion scheint (wieder einmal) zu verwischen, bis der Mensch neue Differenzmerkmale akzentuiert.[17]
Zur Illusionsbildung gehört auch die Entfaltung und Steigerung von Zeitdramaturgien und die Verkürzung der Differenz zwischen der Geschehenszeit und der Erlebniszeit. Brachte der Film und nach ihm das Fernsehen eine erhöhte Realitätssuggestion, so zielen die derzeit erreichten Beschleunigungen in den Schnittfrequenzen und Darstellungsabfolgen oft auf Erzeugung rauschhafter audiovisueller Zustände.
Entscheidender sind jedoch neben allen technisch bedingten Illusionierungsdimensionen die Strategien durch ästhetische Mittel der Dramaturgie, Erzähltechnik, der Montage und Blickführung. Vor allem hier haben sich in den letzten Jahren zahlreiche, oft wenig bemerkte Intensivierungen ergeben. Die traditionellen Erzählformen, wie sie das Kino vom Theater und der Literatur übernommen hat, sind weiterentwickelt worden. Das Prinzip der medialen Transparenz, die die Illusion der Teilhabe an einer gezeigten filmischen Realität steigerte, setzte sich gegenüber den im Autorenfilm und im experimentellen Avantgarde-Kino vertretenen Prinzip der medialen Materialität (sichtbar machen, daß es sich beim Film um Film handelt) durch. Nicht nur im Kino, sondern auch im Fernsehfilm und vor allem in den Fernsehserien wurde es zum vorherrschenden Prinzip und prägte damit die filmische Wahrnehmung des Publikums. Emotionale Dramaturgien und induktive Spannungserzeugung, wie sie sich heute in den Produktionen Hollywoods zeigen, führen zu immer ausgefeilteren Konzepten der Illusionierung, Spannungs- und Identifikationsstiftung.[18]
Daß dabei überwiegend konventionelle Erzählmuster und -rahmen für das Erzeugen filmischer Fiktion benutzt werden,[19] verweist auf eine Kontinuität der Filmgeschichte als einer – erweiterten – Geschichte der audiovisuellen Erzähl- und Darstellungskunst, die sich, allen Veränderungen im Technikbereich zum Trotz, behauptet und auch weiter behaupten wird. Sie wird vielfältiger sein als bisher, aber schon jetzt ist zu sehen, daß bestimmte Grundprinzipien fortbestehen, die auf eine hohe Konstanz in den Dramaturgien und Erzählformen verweisen. Es scheint, als ob die künstlerischen Innovationen, die die Moderne im Zeichen des frühen Films freisetzte, am Ende des ersten Jahrhunderts durchexerziert sind. Ein auch ästhetisch vergleichbarer Umbruch, wie ihn die Avantgarde in den 20er Jahren vollzog, ist gegenwärtig nicht abzusehen. Die Medienentwicklungen werden wohl auch in Zukunft weniger vom künstlerischen Experiment und mehr von der Logik des Medienkapitals bestimmt.
Die Suche nach medialen »Erlebnissen« in der Angebotsflut wird sich in Zukunft noch verstärken, sie lenkt zunehmend die Prozesse der Ausdifferenzierung der Medienangebote. Die kulturgeschichtliche Tendenz zur

permanenten Steigerung der Illusionierung durch immer neue mediale Erfindungen bedeutet gleichzeitig, daß diese Illusionierungskonzepte immer wieder vom Attraktionsverlust bedroht sind: das Publikum, zunächst fasziniert von einer neu erreichten Steigerung des Wirklichkeitseindrucks, durchschaut bald die Inszeniertheit, mediale Konstruktion und Simulation von Welt, so daß es neuer Intensivierungen bedarf, um die Zuschauer medial zu illusionieren und zu täuschen.[20] Diese Dynamik wird auch in Zukunft weiter bestehen, nur werden sich, so ist zu vermuten, die Steigerungsintervalle verkürzen, weil die Entwertung der bestehenden Angebote durch die heute schon bestehende Angebotsdichte eskalieren wird.

Eine Veränderung der auf Illusionierung bauenden Geschichte des audiovisuellen Erzählens und Darstellens könnte durch die Entwicklung interaktiver Medienangebote entstehen, die über die Form der »virtuellen Realitäten« die Illusionierung steigern können (und insofern in die Tradition des audiovisuellen Erzählens hineingehören), andererseits die bisherigen Parameter des Films transzendieren. Der Übergang von Fiktion zu Simulation ist fließend geworden,[21] es liegt im Prozeß medialer Illusionierung als Selbsttäuschung der Betrachter, die die Grenzen zwischen beiden verwischen will.[22] Die hitzige Diskussion in der Gegenwart verweist jedoch darauf, daß es vor allem die Möglichkeit einer solchen Entwicklung ist (weniger die tatsächlich schon vorhandenen Formen, die, gemessen am Illusionierungsstandard des Kinofilms, ausgesprochen dürftig sind), die die Phantasie der Diskutanten erregt. Zwar wird auf vielen Ebenen heftig an der Entwicklung derartiger Angebote gearbeitet,[23] auch werden erste TV-Kanäle mit interaktiven Angeboten in den USA bereits Mitte der 90er Jahre geplant, doch vorsichtige Skepsis ist angebracht.

Die interaktiven Formen, die in der Fortentwicklung der Illusionierung der Betrachter liegen, werden das bisherige audiovisuelle Erzählen und Darstellen nicht verdrängen (wie schon in der Mediengeschichte das Kino nicht das Theater verdrängt hat), sondern allenfalls ergänzen. Wir werden auch weiterhin auktorial erzählten Geschichten zuhören und zuschauen, weil sie im Kalkül des Erzählens uns – bislang noch – durch ihre Überraschungen, Einfälle mehr faszinieren als die selbst gestaltbaren Geschichten. Das auktoriale Erzählen suggeriert gerade dadurch eine Teilhabe an einer fremden, erfüllten Welt, daß es in seinen Geschichten Anfang und Ende zu einer Einheit, zu einem sinnstiftenden, filmisch vermittelten Kosmos zusammenschließt. Danach besteht in einer auch in Zukunft sich weiter differenzierenden, komplexer und damit unübersichtlicher werdenden Welt Bedarf.

4. Aufgaben für die Filmgeschichtsschreibung

Ist der Film also nach hundert Jahren am Ende, und mit ihm die Filmgeschichte? Nun ist eine Geschichtsschreibung der Zukunft noch nicht entwickelt,[24] doch lassen sich die Umrisse eines Umbruchs erkennen. Es sind gerade auch die Paradoxien und Widersprüche, die auf notwendige Veränderungen aufmerksam machen.

Filmgeschichte findet ihr Sujet unausgesprochenerweise technisch definiert, in der kinematographischen Technik, ohne daß sich deshalb Filmgeschichte allein als Technikgeschichte verstünde. Im Gegenteil werden gerade die Technik und ihre Veränderungen zumeist ausgegrenzt, ist Filmgeschichte in erster Linie Produkt-, Werk- und Stilgeschichte. Wenn die Zukunft aber die technischen Gegebenheiten grundlegend umwälzt, muß sich auch die Filmgeschichtsschreibung neu über ihr Sujet und ihre Verfahren verständigen.

Eine Filmgeschichte, die sich, produktbezogen, nur als *Kino*filmgeschichte versteht – ist schon seit den 60er Jahren obsolet. Spätestens seit dieser Zeit ist sie nur noch als Filmgeschichte zu schreiben, die sowohl den Kinofilm als auch den *Fernseh*film (einschließlich seines elektronischen Vorläufers, des Fernsehspiels) umschließt. Eine deutsche Filmgeschichte, die beispielsweise die Namen Egon Monk, Peter Beauvais, Eberhard Fechner, Klaus Wildenhahn, Heinrich Breloer nicht enthält, nur weil sie ausschließlich oder überwiegend Fernsehfilme produzierten, wäre heute schon unvollständig. In den 70er Jahren kam die *Video*kunst hinzu, und in Zukunft werden weitere audiovisuelle Formen hinzukommen. Umgekehrt hat der Kinospiel- und -dokumentarfilm Traditionen ausgebildet, die auch für Fernsehspiel, -film und -serie wichtig und dominant geworden sind, lassen sich auch die bewußten Negationen narrativer und präsentativer Strategien des Films in der Videokunst, im Videoclip nur in bezug auf diese Traditionen sehen. Filmgeschichte ist deshalb nicht am Ende, aber sie wird sich verändern müssen.

Als Geschichte der audiovisuellen Erzähl- und Darstellungskunst verstanden, kann sie sich nicht mehr allein durch den materiellen Träger (den Zelluloid- oder Acetatfilm) definieren, wenn dieser Träger durch einen anderen ersetzt wird. Wenn sich die Zukunft der Audiovision »auf Siliziumbasis« begründet,[25] muß sich auch Filmgeschichte in ihrem methodischen Selbstverständnis neu fundieren.

Das filmische Erzählen aber, wie das Erzählen überhaupt, wird als eine Form, Welt lesbar und dartstellbar zu machen, erhalten bleiben.

Anmerkungen

1 Siegfried Zielinski: Audiovisionen. Kino und Fernsehen als Zwischenspiele der Geschichte. Reinbek 1989.
2 Ebd., auch ders.: Zur Geschichte des Videorecorders. Berlin 1986.
3 Gerd G. Kopper: Ein Europa der sechs erfolgreichen TV-Konglomerate. In: Wolfgang Wunden (Hrsg.): Öffentlichkeit und Kommunikationskultur. Hamburg/Stuttgart 1994, S. 126.
4 Günter Rohrbach: Das Subventions-TV. Plädoyer für den amphibischen Film. In: Jahrbuch Film 1977/1978. München 1977, S. 77–100.
5 Werner Faulstich: Auf dem Wege zur totalen Mediengesellschaft. In: Christian W. Thomsen (Hrsg.): Aufbruch in die Neunziger. Köln 1991, S. 118.
6 Vgl. z. B. Jeanette Peasey: Der Markt für Fernsehprogramme in Westeuropa 1988 bis 1998. In: Media Perspektiven 1989, H. 8, S. 481–489; Martina Kessler/Klaus Schrape: Fernsehmarkt Westeuropa. In: Media Perspektiven 1990, H. 1, S. 25–32.
7 Vgl. z. B. Horst Röper: Formationen deutscher Medienmultis. In: Media Perspektiven 1994, H. 3.
8 Vgl. dazu auch: Egon Netenjakob: TV-Filmlexikon. Frankfurt/M. 1994.
9 Vgl. Knut Hickethier: Zwischen Einschalten und Ausschalten. Fernsehgeschichte als Geschichte des Zuschauens. In: Werner Faulstich (Hrsg.): Vom ›Autor‹ zum Nutzer. Handlungsrollen im Fernsehen. München 1994, S. 237–306. (Geschichte des Fernsehens der Bundesrepublik Deutschland, hrsg. v. Helmut Kreuzer und Christian W. Thomsen, Bd. 5).
10 Vgl. Barbara Sichtermann: Fernsehen. Berlin 1994, S. 9ff.
11 Vgl. Florian Rötzer/Peter Weibel (Hrsg.): Strategien des Scheins. Kunst Computer Medien. München 1991.
12 Vgl. Jan Berg/Knut Hickethier (Hrsg.): Filmproduktion, Filmförderung, Filmfinanzierung. Berlin 1994.
13 Joshua Meyrowitz: Die Fernsehgesellschaft. Weinheim 1987.
14 Oskar Negt/Alexander Kluge: Öffentlichkeit und Erfahrung. Frankfurt/M. 1972.
15 Vgl. auch Gerhard Schulz: Die Erlebnisgesellschaft. Frankfurt/M. 1992.
16 Vgl. Florian Rötzer/Peter Weibel (Hrsg.): Strategien des Scheins. München 1991.
17 Vgl. Florian Rötzer/Peter Weibel (Hrsg.): Cyberspace. Zum medialen Gesamtkunstwerk. München 1993.
18 Vgl. Christian Mikunda: Kino spüren. Strategien der emotionalen Filmgestaltung. München 1986.
19 Vgl. Knut Hickethier: Film- und Fernsehanalyse. Stuttgart/Weimar 1993.
20 Vgl. dazu auch Dieter Prokop: Faszination und Langeweile. Frankfurt/M. 1979.
21 Vgl. Rötzer/Weibel 1991 (a. a. O.).
22 Vgl. auch Florian Rötzer (Hrsg.): Digitaler Schein. Ästhetik der elektronischen Medien. Frankfurt/M. 1991.
23 Vgl. Manfred Waffender (Hrsg.): Cyberspace. Reinbek 1991.
24 Vgl. dazu auch Knut Hickethier (Hrsg.): Filmgeschichte schreiben. Berlin 1989.
25 Friedrich Kittler: Die Zukunft auf Siliziumbasis. In: Form + Zweck 1993, H. 78, S. 28–35.

Kurzbiographien der Herausgeber, der Autorinnen und Autoren

Ute Bechdolf, Jg. 1960, Kulturwissenschaftlerin und Amerikanistin, arbeitet als wissenschaftliche Angestellte am Ludwig-Uhland-Institut für Empirische Kulturwissenschaft an der Universität Tübingen. Schwerpunkte: Geschlechterforschung, Populäre Kultur, Medienrezeption (Musikvideos), amerikanischer Dokumentarfilm, Nationalsozialismus. Veröffentlichungen: Wunsch-Bilder? Frauen im nationalsozialistischen Unterhaltungsfilm, Herausgabe von Heft 52 der Zeitschrift »Frauen und Film« (Dokumentarfilm. USA) und des Sammelbands »Watching Europe: A Media and Cultural Studies Reader«, sowie weitere Aufsätze zu den Schwerpunktgebieten.

Margit Dorn, Jg. 1963, Wissenschaftliche Angestellte im Fach Medien und Öffentlichkeitsarbeit an der Universität Lüneburg. Verschiedene Aufsätze zum Produktverbund von Film und Fernsehen. Promotion über »Vampirfilme und ihre sozialen Funktionen«.

Peter Drexler, Jg. 1942, lehrt als Professor an der Technischen Universität Braunschweig anglistische und amerikanistische Literaturwissenschaft. Veröffentlichungen und Arbeitsschwerpunkte u. a.: Kriminalliteratur, Phantastik des 19. und 20. Jahrhunderts, moderne Lyrik und Gegenwartstheater, Wechselbeziehungen zwischen Literatur und Film.

Werner Faulstich, Jg. 1946, Professor für Medienwissenschaft an der Universität Lüneburg, Leiter des Instituts für Angewandte Medienforschung (IfAM). Monographien u. a. über Filmanalyse, Filmästhetik, Filminterpretation, Bestseller, Radiotheorie, Ästhetik des Fernsehens, Rockgeschichte, Leser- und Buchmarktforschung. Zahlreiche Aufsätze in Fachzeitschriften und Sammelbänden. Herausgeber u. a. der »Kritischen Stichwörter zur Medienwissenschaft«, verschiedener Sammelwerke zum Film und mehrerer Buchreihen. Gemeinsam mit Helmut Korte zeichnet er auch verantwortlich für die Bände »Filmanalyse interdisziplinär« und »Action und Erzählkunst – Die Filme von Steven Spielberg« (Fischer Cinema, Bd. 4476).

Hans Gerhold, Jg. 1948, Filmhistoriker, lebt als freier Journalist in Münster. Zahlreiche filmkundliche und filmhistorische Aufsätze. Autor einer Monographie über Jean-Pierre Melville (1982), von »Kino der Blicke. Der französische Kriminalfilm« (1989) und von »Woodys Welten. Die Filme von Woody Allen« (1991).

Lawrence Guntner, Jg. 1941, Akademischer Oberrat an der Technischen Universität Braunschweig. Veröffentlichungen und Arbeitsschwerpunkte u. a.: Shakespeare-Verfilmungen, Wechselbeziehungen Literatur und Film sowie US-amerikanische Kultur des 20. Jahrhunderts.

Knut Hickethier, Jg. 1945, Professor für Medienwissenschaft an der Universität Hamburg; Teilprojektleiter im DFG-Sonderforschungsbereich Bildschirmmedien an der Universität Siegen–Marburg; Film- und Fernsehkritiker. Veröffentlichungen: Monographie zum Fernsehspiel, Beiträge zur Rundfunk-, Fernseh- und Filmgeschichte, u. a. »Film- und Fernsehanalyse« (1993), »Geschichte der Fernsehkritik« (1994). Zahlreiche Aufsätze in Fachzeitschriften und Sammelbänden.

Peter Hoff, Jg. 1942, Studium der Theaterwissenschaft/Kunstgeschichte in Berlin (Humboldt-Universität), Diplom 1966, danach Arbeit am Theater (Dramaturg/ Regisseur) und beim Deutschen Fernsehfunk (Regieassistent und Autor), ab 1969 wissenschaftlicher Assistent an der Humboldt-Universität Berlin, 1971 Zusatzstudium an der Staatlichen Lomonossov-Universität, Moskau (Ästhetik), seit 1972 an der Hochschule für Film und Fernsehen Babelsberg als Lehrbeauftragter für Theorie und Geschichte des Fernsehens. Promotion zum Thema: Grundprobleme der Gattungsspezifik dramatischer Fernsehkunst (Kurztitel) 1984. Chefredakteur, seit April 1992 Co-Herausgeber der Schriftenreihe »Beiträge zur Film- und Fernsehwissenschaft«. Seit 1973 Publikationen in wissenschaftlichen Zeitschriften des In- und Auslands und Mitarbeit an Buchprojekten. Film- und Fernsehkritiken in Tageszeitungen und Publikumszeitschriften.

Helmut Korte, Jg. 1942, Professor für Filmtheorie und Filmgeschichte an der Hochschule für Bildende Künste in Braunschweig, Institut für Medienwissenschaft und Film (IMF). Film- und Fotopraxis. Monographien u. a. über »Film und Realität in der Weimarer Republik« (Fischer Cinema, Bd. 3661), zur »Systematischen Filmanalyse« und zu »Kunst und Künstler im Film«. Zahlreiche Aufsätze in Fachzeitschriften. Gemeinsam mit Werner Faulstich zeichnet er auch verantwortlich für die Bände »Filmanalyse interdisziplinär« und »Action und Erzählkunst – Die Filme von Steven Spielberg« (Fischer Cinema, Bd. 4476).

Lothar Mikos, Jg. 1954, Dr. phil., Dipl.-Soz., Studium der Soziologie, Psychologie, Publizistik und Theaterwissenschaft in Berlin. 1984 bis 1986 Redakteur in der ARD/ZDF-Videotext-Zentrale. Seit 1987 freier Autor, Journalist, Medienkritiker und Medienwissenschaftler. Lehraufträge zu den Themenbereichen Film- und Fernsehanalyse, Medientheorie, Filmgeschichte und Drehbuchschreiben an der Freien Universität Berlin, Hochschule der Künste, Berlin, Universität/Gesamthochschule Kassel, Hochschule für Film und Fernsehen »Konrad Wolf«, Potsdam-Babelsberg. Università degli Studi di Firenze, Universität Rostock. Arbeitsschwerpunkte: Kultursoziologie, Medientheorie und -forschung, Populäre Kultur, Trash, Filmgeschichte als Rezeptions- und Wirkungsgeschichte.

Uwe Müller, Jg. 1955, Dr. phil., DFG-Stipendiat 1990–1992, Arbeitsschwerpunkte: Italienischer Film, Phänomenologie der Wahrnehmung. Veröffentlichung: »Die filmischen Wirklichkeiten von Michelangelo Antonioni« (1994), Aufsätze.

Fred Ritzel, Jg. 1938, Prof. Dr., Musikwissenschaft, Carl von Ossietzky-Universität Oldenburg, Schwerpunkte: Musik in den Massenmedien, Sozialgeschichte der populären Musik; Veröffentlichungen zu den Arbeitsbereichen, darunter zur Filmmusikdidaktik, Film- und Fernsehanalyse.

Hans-Peter Rodenberg, Jg. 1952, Professor für amerikanische Kulturgeschichte an der Universität Hamburg. Vorher stellvertretender Abteilungsleiter Kulturfeature und -magazine beim Norddeutschen Rundfunk–Fernsehen. Produktion von diversen Features und Magazinbeiträgen. Wissenschaftliche Arbeitsgebiete: Kulturtheorie, Kunst, Literatur, Film der USA. Monographien zur Lyrik der amerikanischen Gegenkultur und zum Bild des Indianers in der amerikanischen Kunst und Literatur sowie diverse Sammelbände und Aufsätze zu den Arbeitsgebieten.

Gottfried Schlemmer, Jg. 1934, Geschäftsführer von SYNEMA – Gesellschaft für Film und Medien, Wien. Lehraufträge für Theorie des Films, Theorie der Wahrnehmung und Audiovisuelle Medien. Veröffentlichungen über den österreichischen Film, die Filmavantgarde und zur Geschichte des Films. Schwerpunkte: Wahrnehmung, Filminterpretation.

Jens Thiele, Jg. 1944, Professor für Visuelle Medien an der Carl von Ossietzky-Universität Oldenburg. Monographien u. a. »Das Kunstwerk im Film«, »Trickfilm-Serien im Fernsehen«, »Neuere Erzählformen im Bilderbuch«. Mitherausgeber der Ausstellungskataloge »Lichtbilder – Lichtspiele«, »Künstler illustrieren Bilderbücher« sowie des kunst- und kulturpädagogischen Jahrbuchs »Zwischenräume«. Aufsätze zur Film- und Bilderbuchanalyse.

Walter Uka, Jg. 1947, wissenschaftlicher Mitarbeiter an der Universität Lüneburg, Veröffentlichungen, Dokumentarfilme und Videos zur Mediengeschichte der Weimarer Republik (Münzenberg), zur Geschichte der alternativen Medien (speziell Video), zur Geschichte der Pressefotografie.

Bildquellenverzeichnis

Deutsches Filmmuseum, Frankfurt am Main: S. 22, 43, 62, 73, 92, 111, 122, 158, 179, 193, 219, 238, 275, 304
Deutsches Institut für Filmkunde, Frankfurt am Main: S. 141, 249
Senator Film Verleih GmbH, München: S. 288

Titelregister der erwähnten Filme

Fischer Filmgeschichte

Herausgegeben von
Werner Faulstich und Helmut Korte

100 Jahre Film: 1895-1995

Band 1 Von den Anfängen bis zum etablierten Medium (1895-1924)
Band 2 Der Film als gesellschaftliche Kraft (1925-1944)
Band 3 Auf der Suche nach Werten (1945-1960)
Band 4 Zwischen Tradition und Neuorientierung (1961-1976)
Band 5 Massenware und Kunst (1977-1995) *in Vorbereitung*

Diese fünfbändige Filmgeschichte versteht sich als Ergänzung zu den vorliegenden filmhistorischen Überblicksdarstellungen. Neu gegenüber anderen Ansätzen ist hier die Orientierung an einzelnen Filmen. Filmgeschichte wird nicht vorrangig aufgefaßt als Geschichte von Darstellern und Stars, auch nicht als Geschichte normativer Stilrichtungen, bestimmter Gattungen oder spezieller geistesgeschichtlicher Konzepte – sondern als Werk- bzw. Produktgeschichte, das heißt als chronikhafte Abfolge von Einzelfilm zu Einzelfilm. Der Kanon der behandelten Filme wurde nach verschiedenen Kriterien zusammengestellt und umfaßt neben ästhetisch herausragenden Werken auch Bestseller-Filme und repräsentative Beispiele für die verschiedenen Film-Genres. Dem Prinzip der Annalistik folgend, wird jeweils ein »Schlüsselfilm« im gesellschaftlichen und filmhistorischen Kontext exemplarisch analysiert.

Fischer Taschenbuch Verlag

fi 1185 / 1

Rainer Werner Fassbinder

Filme befreien den Kopf

Essays und Arbeitsnotizen

Herausgegeben von Michael Töteberg

Band 3672

Der Band versammelt verstreut publizierte sowie bislang unveröffentlichte Texte Fassbinders, Standortbestimmungen, an denen sich der Weg des produktiven Filmemachers abzeichnet. Sein Werk umfaßt kongeniale Literaturverfilmungen und gesellschaftskritische Sozialstudien, Melodramen und selbstquälerische Bekenntnisfilme, Low-Budget-Produktionen und Filme im »Hollywood-Format«. Fassbinder: »Ich möchte ein Haus mit meinen Filmen bauen. Einige sind der Keller, andere die Wände, und wieder andere sind die Fenster. Aber ich hoffe, daß es am Ende ein Haus wird.« Die in diesem Band gesammelten Texte sind Zugänge zu diesem Haus, zu allen seinen Etagen. Das Buch enthält die großen Essays über Döblins »Berlin Alexanderplatz« und Genets »Querelle«, es dokumentiert die öffentlichen Kontroversen und veröffentlicht erstmals Texte aus dem Nachlaß, darunter die aufschlußreichen Überlegungen zu dem Spielfilm-Projekt »Kokain«. Ob Fassbinder die eigene Arbeit reflektiert oder sich mit Claude Chabrol und Werner Schroeter auseinandersetzt, ob er über die von ihm entdeckte Schauspielerin Hanna Schygulla schreibt oder für den politischen Film plädiert: nie versteckt er sich hinter abgesicherten, vorgefaßten Meinungen, immer bezieht er radikal und subjektiv Stellung. Deshalb sind die hier gesammelten Essays nicht bloß Texte über Filme, sondern über Liebe, Sehnsucht, Abhängigkeit, unterdrückte Wünsche und Träume.

Fischer Taschenbuch Verlag

fi 1186 / 1

Rainer Werner Fassbinder

Herausgegeben von
Peter W. Jansen und Wolfram Schütte
in Zusammenarbeit mit der Stiftung Deutsche Kinemathek

Mit Beiträgen von
Peter Iden, Peter W. Jansen, Yaak Karsunke,
Hans Helmut Prinzler, Wilhelm Roth, Wolfram Schütte
und Wilfried Wiegand

Band 11318

Rainer Werner Fassbinder, 1945 in Bad Wörishofen geboren, 1982 in München gestorben, hat zwischen 1965 und 1982 mehr als 50 Filme, Fernsehserien, Theaterinszenierungen und Hörspiele, zumeist nach eigenen Vorlagen, Stoffen und Bearbeitungen hergestellt. Unter den Regisseuren des Jungen Deutschen Films war er der vielseitigste und produktivste Autor. Er hat Methoden von Andy Warhols »Factory« und später der arbeitsteiligen Hollywood-Produktion (weitgehend festes Team von Darstellern, Kameraleuten, Bühnenbildnern und Musikern) mit Darstellungsformen des Volksstücks, des Melodrams und des (amerikanisch-französischen) Gangsterfilms verbunden. Diese Monographie (1974 in der Reihe Film im Carl Hanser Verlag erschienen und mehrfach aktualisiert) war das erste Buch, das Fassbinders Entwicklung, die Vielfalt seines Talents umfassend dokumentierte, beschrieb und analysierte. Die im Datenteil auf den letzten Stand gebrachte Taschenbuchausgabe behandelt sämtliche Filme Fassbinders.

Fischer Taschenbuch Verlag

fi 1187 / 1

Horst Schäfer und Dieter Baacke

Leben wie im Kino

Jugendkulturen und Film

Band 10048

Film und Kino prägen – wie Musik und Mode auch – die Kultur und den Lebensstil junger Menschen. »Leben wie im Kino« befaßt sich mit den Kino-Spielfilmen als einem Medium, das die jugendlichen Lebenswelten aufnimmt, widerspiegelt und weiterentwickelt. Im Mittelpunkt des Buches stehen die Filme, in denen das Verhältnis von Jugend und Filmästhetik deutlich wird und deren Produktionsgeschichte der Entwicklung der Jugendbewegungen entspricht. Dabei wird auch die Vermarktung von Jugendkulturen und des Jugendthemas angesprochen. Die Bandbreite der Filme reicht von den »Halbstarken«- und »Schlager«-Filmen der 50er Jahre über die »Undergroundfilme«, »Musikfilme«, »Jugendbanden-Filme«, »Kultfilme« und »Szenen-Filme« bis hin zu den nostalgischen Rückblicken von heute. Besondere Bedeutung wird den Filmen beigemessen, die dem Lebensgefühl der Jugendlichen entsprechen, die Bedürfnisse und Erwartungen junger Menschen ernst nehmen und ihre Lebenswirklichkeit realistisch darstellen. Das Buch informiert auch über die Jugendkulturen im 20. Jahrhundert, ihre Differenzierungen, ihre ästhetischen Anschauungen, ihre Lebensstile und ihre Haltung zu den Medien. Der Schwerpunkt liegt dabei auf der Zeit seit 1950.

Fischer Taschenbuch Verlag

fi 1182 / 1